郭齊勇 主編

儒家文化研究

第十一輯

青年儒學專輯

丁亥之春 蕭萐父題

岳麓書社
長沙

《儒家文化研究》編委會

目　録

弁　言

近年來，隨著儒學在中國大陸獲得復興的迹象，以及儒學作爲議題而被不斷納入國際學界的討論中去，儒學與儒家文化的研究，進一步嚮著多元化、縱深化的方嚮演進。在這個過程中，青年一代的儒家學者與儒學研究者，逐漸參與到中西學術思想界的各種議題中去。我們確實有必要通過一個專輯，呈現出當代青年儒家學者的研究與思考的基本面貌。

不過，若要達成此想，則委實不易，因爲青年學者關於儒學的研究與思考，尚在演進的過程中，其問題意識的凝聚，學術與學派方嚮的自覺等事，亦尚有待進一步落實。不過，試圖呈現出當代青年儒學的基本面貌，或其中一二側面，則有助於我們看到當代哲學思想之諸流派與儒學的互動性關係，也可窺見儒學在未來的走嚮之一端。

我們可以明顯地看到，當代青年儒學的一個特點是思路、視野與研究進路的多元化。傳統（古典）與現代的張力，現代與後現代的激蕩，主體性視角與關係性視角的差异，是青年一代儒學研究者繼續要面對的問題。在這個過程中，青年學者偏重各別，視野殊异，難以一概論。而這種多元化的面貌，既與當代中西哲學思想的演進息息相關（此即當代的現象學、分析哲學、語言分析、政治哲學、後現代思想等諸多思想方嚮，給儒學的研究帶來諸多啓發、借鑒以至衝擊），同時在某種意義上也曲折地體現出當代全球的文明走嚮。

在這當中，我們也隱約可以看到當代儒學研究的一些進路。首先，全球化進程帶來思想文化的在地化或全球在地化趨勢的出現，同時也多少促進了中國的古典學研究的復興。經學是儒家的一個大傳統，不過傳統經學與古代中國的皇權意識形態糾結甚多，經過現代性的洗禮之後，傳統經學研究逐漸嚮著古典學研究的方嚮轉化，而成爲當代儒學研究不可忽視的力量。當然，在經學復興的過程中，如何反思與超越傳統的政治意識形態，而將傳統經學中優良的古典學元素提取出來，加以詮釋、探索，應是經學研究的合理進路。其次，東亞儒學的研究，亦仍在持續之中。日本與臺灣地區的東亞儒學研究起步較早，視野豐富，成果斐然，中國大陸的東亞儒學研究，也逐漸形成氣候，這和中青年學者的研究，關聯甚大。再次，現代新儒家及其所繼承的儒家心性論傳統，仍然在港臺以至中國大陸地區，有其承繼性的力量。許多青年學者在立足於儒家心性之學的基礎上，融合了現象學等學派的視野與進路，對儒家心性之學作出新的探明。最後，儒學研究的積纍及其多元化方嚮，也刺激了中青年儒學研究者系統呈現出其原創性的哲學思考的努力；同時，一些研究西方哲學的青年學者，也往往將其哲學視野引申至儒學，從而激發出哲學思路。這是一個積極、可喜的現象。同時，我們也注意到，青年儒家學者的思考觸角趨嚮廣泛，他們知道儒家不但有“思”與“修”，而且兼有“做”或“行”的維度。至於如何協調與界定儒家的“思”、“修”、“做”及其關係，則仍需要各自的努力。

上述四方面，是我們所可以見到的青年儒學研究的若干方嚮。在本專輯中，這些方嚮也約略可以體現出來。同時，本著我們目前所見到的青年儒學研究的方嚮，我們或許可以從如下三方面，對之有某些展望或期待。首先，我們應該繼續通過比較或跨文化的視野，以定位儒學思想的意義與價值。與“他者”的互動，不但可以增進視野，提升自身的開放度，而且更有助於界定自身，明確自身所處的層面。其次，除了比較，或參與哲學與思想之諸議題的討論外，我們還需要進一步回到自身，也即我們不但要問“儒學應該做什麼”，兼且應問“應該如何理解儒學”。誠然，儒學是一個大傳統，不同的思想取嚮，對儒學自身的意義，有不同的理解與界定。但是，當儒學與其他思想互動的時候，其自身的不可化約的獨立性之意義何在？它與信仰及哲學論證，是同是別？這些問題，看似樸素平凡，而實則意義深遠。這正如木之有本，水之有源也。最後，我們亦需要理解到，儒學的現代性轉進尚處於進行時，而遠未進入完成時。我們應該如何理解與定位儒學，以及儒學與公共理性的關係如何，是實現儒學的現代性轉進的一個關鍵。在這個方嚮上，現代新儒家的前賢已經做出了貢獻，而同時亦尚留下許多有待推進的空間。我們没有理由在原有的基礎上，再倒退回去，訴求儒學與公權的結合，而再次成爲一種意識形態話語。

"人禽之辨"：中華傳統文化之始基

劉 强

内容提要： 在中華傳統文化的形成發展史上，由孔孟原始儒學所開出的"人禽之辨"，具有源頭性價值和始基性意義，不唯催生了孝道與禮制、仁心與善性、德治與仁政等一繫列人倫正道，而且，作爲一種藴含人類學和倫理學雙重視域的視角和方法，在詮釋中華傳統文化核心價值、解決中西文化的現代性差异方面，"人禽之辨"比之司空見慣而多有遮蔽的"中西之辨"和"古今之辨"，更能超越時間和空間等平面物理維度之局限，從一種較爲宏觀的垂直倫理維度或曰價值維度看問題，因而具有更爲終極的文化學價值和更爲有效的方法論意義。從"人禽之辨"這一角度切入對中西文化的比較研究，則近代以來基於"西方中心論"而展開的對中華傳統文化的衆多指摘和批判，其荒謬性和專斷性可一目了然，無處遁形。

在中國傳統文化的研究和詮釋中，常見的視角和方法有兩個：一是中西之辨，一是古今之辨。中西之辨屬於空間維度的横嚮比較，無論是"中學爲體，西學爲用"，還是"以西釋中"或"以中化西"，常常要借助"西學"來反觀"中學"，從而凸顯中國傳統文化相較於西方文化的特點。古今之辨則是時間維度的縱嚮比較，或借古察今、古爲今用，或以今律古、厚今薄古，常常帶有先入爲主的進化論色彩，尤其是以所謂“現代性”來反觀古代文化時，不免帶有某種基於知識或時代的“傲慢與偏見”。在對傳統文化做具體的闡釋時，這兩種視角和方法不能説毫無作用，但對於一些根本性的文化差异問題，却常常陷入詮釋的困境。比如，對於孝道和禮制、宗教與祭祀、性善與性惡以及理學、心學中天理人欲之辨等問題，采用中西文化差异或者古今文化演變之類的視角論説，儘管不無道理，却常常主題先行，得出的結論未必能讓人心悦誠服。這就不得不讓人思考一種更爲可靠、或者説更爲徹底究竟的詮釋理路。竊以爲，由孔孟原始儒學所開出的“人禽之辨”，在中華傳統文化的形成發展史上，具有源頭性價值和始基性意義，其作爲一種藴含人類學和倫理學雙重視域的命題，可以超越時間和空間等平面物理維度的局限，轉而從一種更爲宏觀的垂直倫理維度或曰價值維度看問題，因而具有更爲終極的文化學價值和更爲有效的方法論意義。

一、“人禽之辨”與傳統孝道

在對傳統文化的詮釋和討論中，常常存在著一種理想主義或者烏托邦式的悖論：本來是基於正義和進步的對於傳統文化弊端或慣性的批判——如對禮制、孝道、家庭、婚姻乃至私有制的批判——最終却矯枉過正，得出了徹底顛覆這些文化現象的結論，其結果衹能有一個：就是是將人類文明推倒重來！造成這樣的悖論，歸根結底，是言説者僅以“古今之辨”和“中西之辨”爲參照，而没有注意到作爲中華文化甚至人類文明始基的“人禽之辨”。

衆所周知，新文化運動以來，有一種對於傳統文化的激進批判，尤其對家庭與孝道，竟有斥之爲“萬惡之源”者。如傅斯年在《萬惡之原》一文中說：“想知道中國家族的情形，衹有畫個猪圈。”[①] 魯迅在《我們現在怎樣做父親?》一文中，更認爲“父子間没有什麽恩”，“飲食的結果，養活了自己，對於自己没有恩；性交的結果，生出了子女，對於子女當然也算不了恩”。[②] 這兩位新文化運動的旗手，在反傳統的戰陣中沖在最前面，手裏拿著自以爲先進的西方武器（説穿了不過是將人“生物化”或者“禽獸化”罷了），却最終使文化的批判轉嚮了反文化和反文明的一面。

吊詭的是，傅斯年的“猪圈論”恰恰反用了儒家的“人禽之辨”。他也許忘了，原始儒學的家庭建構和親情倫理，本來就是以讓人擺脱“禽獸”和“犬馬”爲目的的！儘管“家”的字形中確乎有一個“猪”（豕），但家之所以爲家，不是因爲有猪圈，而是因爲有人倫！竊以爲，傅斯年之所以産生家庭與猪圈的認識論反差，正是原始儒學苦心建構的“人禽之辨”長期作用於國人心理的結果。换言之，如果傳統文化中没有“人禽之辨”的倫理設計，人類的家庭和猪圈相差無幾又有什麽可驚詫的呢?

通常以爲，“人禽之辨”肇端於孟子，其實在孔子關於孝道的言論中，早已十分注意人與“犬馬”之别。《論語·爲政》篇載：“子游問孝，子曰：‘今之孝者，是謂能養。至於犬馬，皆能有養，不敬，何以别乎?’”[③] 這裏，孔子已將“養父母”與“養

---

①《新潮》第一卷第一號，1919 年 1 月 1 日。參丁守和主編：《中國近代啓蒙思潮》中卷，北京：社會科學文獻出版社，1999 年，第 69 頁。

②《新青年》月刊第六卷第六號，1919 年 11 月，署名唐俟。

③本文所引《論語》《大學》《中庸》《孟子》，均參朱熹《四書章句集注》（中華書局 1983 年），頁碼不詳注。

犬馬”做了明白斬截的區分。由此可以看出，孔子對於孝道的詮釋，已經藴含著不易覺察的“人禽之辨”。《禮記·坊記》：“子云：‘小人皆能養其親；君子不敬，何以辨？’”① 這裏又把“養親”的敬與不敬，作爲區分君子與小人的重要依據了。又《大戴禮記·曾子大孝》引曾子曰：“孝有三：大孝尊親，其次弗辱，其下能養。”言下之意，僅知贍養父母而不知愛敬，乃最下等之孝行。就孝子事親而言，僅提供口腹之欲的滿足，而没有發自内心的敬愛，便是把孝行本身的人文價值抽空了。養父母與養犬馬在結果處有著某種相似性，但在起點處和過程中却有著本質的不同。而敬愛之情，毋寧説就是“現象背後的本質”！

孔子將養父母與養犬馬相提并論，指出敬愛之情的重要，實已開啓了孟子的“人禽之辨”。孟子説：“食而弗愛，豕交之也；愛而不敬，獸畜之也。”（《孟子·盡心上》）毫無敬愛之情的贍養，缺乏良知靈明的孝行，其實就是孟子所説的“豕交”“獸畜”，衹能謂之小人之孝。孟子還以曾子及其子曾元爲例，將孝行做了“養其志”與“養口體”的分判②。曾子是大孝子，其對父親曾晳敬愛有加，有求必應，而其子曾元對他則按部就班，例行公事，無視其内在需求。孟子稱曾子之孝爲“養其志”，曾元之孝爲“養口體”，真是一針見血！“養其志”便是孝中有敬，而“養口體”則無法體現敬愛之情。正是在此意義上，孟子纔要説：

①孫希旦：《禮記集解》（下册），北京：中華書局，第 1289 頁。下引同此，頁碼不詳注。

②《孟子·離婁上》載：“曾子養曾晳，必有酒肉。將徹，必請所與。問有餘，必曰‘有’。曾晳死，曾元養曾子，必有酒肉。將徹，不請所與。問有餘，曰‘亡矣’。將以複進也。此所謂養口體者也。若曾子，則可謂養志也。”

"人之所以异於禽獸者幾希？庶民去之，君子存之。"（《離婁下》）孟子并未說庶民接近於禽獸，祇是强調，相比君子，庶民或小人更容易喪失"人禽之辨"的持守，放弃人類應有的文明性和倫理性的生活追求，尤其在對父母的贍養中，更容易祇養口體，不養心志。

不僅孝道的外在行爲隱含"人禽之辨"，進而言之，孝心和孝行的産生本身就是"人禽之辨"的自然結果。孟子與墨者夷子論厚葬，講了一個故事："蓋上世嘗有不葬其親者。其親死，則舉而委之於壑。他日過之，狐狸食之，蠅蚋姑嘬之。其顙有泚，睨而不視。夫泚也，非爲人泚，中心達於面目。蓋歸反虆梩而掩之。掩之誠是也，則孝子仁人之掩其親，亦必有道矣。"（《滕文公上》）此人由"不葬其親"到"掩其親"，正是孝道萌生於内心的自然反應。而人類的喪葬之禮，實亦可以視爲人類擺脱禽獸狀態，由野蠻走嚮文明的開始。正是孝道的産生，直接將人與動物區分開來。

因爲孝道關乎"人禽之辨"，孔子纔將其提升到"德之本"的地位。《孝經·開宗明義章》："子曰：'夫孝，德之本也，教之所由生也。'"同書《三才章》又說："子曰：'夫孝，天之經也，地之義也，民之行也。'"① 這裏的"民之行"其實也即"人之行"。也就是説，如果背離了孝，人將非人！正如謝幼偉先生所說："中國文化在某一意義上，可謂爲'孝的文化'。孝在中國文化上作用至大，地位至高；談中國文化而忽視孝，即非於中國文

①李隆基注，邢昺疏：《孝經注疏》，北京：中華書局，2009年，第3、28頁。

化真有所知。”① 所以，在“以孝治天下”的中國古代，不僅有人會因孝行而受到表彰，也會有人因不孝而受到刑律制裁，甚至以不孝處死的亦不乏其例。

與此形成鮮明對比的是，西方的價值體繫中并無孝道的地位。在西方，不孝不是問題，因爲瀆神而治罪的却大有人在。據統計，從 1481 年到 1808 年的 327 年中，歐洲天主教的异端裁判所就處罰了犯有瀆神罪的 34 萬人，其中用火燒死的大約三萬二千人②。我們會問：爲什麼在西方的文化中，没有出現這種孝道與人性的張力？究竟應該如何解釋這種中西兩大文明的差异呢？其實也不難理解。因爲中西兩大文明所以産生的文化根基不同，價值原點不同：中國文化是“以人爲本”的文化，故强調“人禽之辨”，衹有擺脱禽獸之性纔能提升人的道德品位，并獲得人的價值和尊嚴；西方文化則是“以神爲本”，更强調“神人之辨”，神或上帝的價值是絶對的，人是上帝的“子民”，且一生下來就犯有“原罪”，必須通過神的信仰纔能獲得救贖。正是因爲最初的文化原型或價值起點不同，所以兩種文化同樣都能獲得自己的合法性和有效性：在中國，因爲有“人禽之辨”，非人的行爲比如不孝非禮，便會受到貶抑；而在西方，因爲有“神人之辨”，瀆神便是一項大罪，會受到嚴厲的制裁。兩種文化，是從不同的起點立論，故皆能獲得提升人類自身價值的動力和源泉：在中國，是盡力擺脱禽獸狀態，敬天法祖，戒慎恐懼，起敬起孝，希聖希賢，從而完成作爲人的道德生命和“内在超越”；在西方，

①謝幼偉《孝與中國文化》中語。轉引自梁漱溟：《中國文化要義》，上海：上海人民出版社，2003 年，第 31 頁。

②參黄啓祥：《孝的哲學基礎——評〈家與孝：從中西間視野看〉》，《中華讀書報》2017 年 3 月 1 日。

則是盡力擺脱人類的“原罪”，通過信仰無限嚮神靠近，懺悔告解，痛改前非，希望獲得救贖，從而實現“外在超越”。

其實，孝道也不僅限於東方文明。西方文化中雖無“孝道”這一概念，但親子之間的“愛”一直被主流文化所强調。《舊約》中也有一些和孝道相似的箴言①。新的人類學研究發現，“使用工具、自身意識、運用語言符號、政治權術等，都在動物中發現”，因此也不是人特有的，唯有“孝”，這種需要“更深長的時間意識”纔能擁有的情感，纔使人成其爲人。“孝即孟子所講的‘不忍人之心’的發端，不忍見年老之父母有凄涼晚景，如老年黑猩猩之遭遇。‘無惻隱之心，非人也。’（《孟子·公孫丑上》）作爲人的標志，這惻隱或不忍人之心以孝爲源頭。動物特别是鳥類和哺乳類，也有親代對子代的不忍之心，但缺少子代對於親代的不忍之心。人從能孝開始，纔算是與其他動物有了不同生活世界的人。”② 這和本文從“人禽之辨”去看待中華傳統文化所宣導的孝道及其本源性價值，不謀而合。這説明，孝道在人類社會中産生，絶非偶然，孝不單純是文化發展的結果，更幾乎是一種人類先天具有的“天賦”或曰“良知良能”。

新文化運動對於孝道的批判常常與對“父權”的批判結合在

---

①如：“當孝敬父母，使你的日子在耶和華你神所賜的地上得以長久。”（《舊約·出埃及記》第二十章）“我兒，要聽你父親的訓誨，不可離弃你母親的法則。”（《箴言》1：8）“不忍用杖打兒子的，是恨惡他；疼愛兒子的，隨時管教。”（《箴言》13：4）“趁有指望，管教你的兒子，你的心不可任他死亡。”（《箴言》19：18）“管教你的兒子，他就使你得安息，也必使你心裏喜樂。”（《箴言》29：17）

②張祥龍：《家與孝——從中西間視野看》，生活·讀書·新知三聯書店，2017年，第110頁。

一起。如吴虞就説："孔子所謂修身，不是使人完成他的個性，乃是使人犧牲他的個性，犧牲個性的第一步就是盡'孝'。君臣關係的'忠'，完全是父子關係的'孝'的放大體。因爲君主專制制度完全是父權中心的大家族制度的發達體。"① 以爲衹要是對權力的批判，就天然占據某種道德制高點，這是激進主義者常犯的"左派幼稚病"。對積重難返的君主集權專制和父權中心予以嚴正批判是一回事，爲了批判而徹底否定父子、君臣之義則又是另一回事。② 其實，若從人類學和社會學的角度看，家族制度和父權中心的確立恰恰是人類文明的一大進步。

要解決這一問題，還是不得不訴諸"人禽之辨"。中國古代典籍對於"父子之親"確立的重要意義早有論説。《吕氏春秋·恃君覽》説："昔太古嘗無君矣，其民聚生群處，知母不知父。""知母不知父"，"從母不從父"③，正是母繫氏族社會的基本狀態。人類學的研究表明，相比其他靈長類動物，"人類的夫婦關係模式"并非後天文化發展所導致，"夫婦形成的理由既有生理性的，也有超生理性而又非體制性的"，是一種"不尋常的人性特徵"。④《禮記·中庸》説："君子之道，造端乎夫婦。"同書

①吴虞：《家族制度爲專制主義之根據論》，《新青年》第二卷第六號，1917年2月1日。

②筆者對此有專文論析。參劉强：《〈論語·微子篇〉"不仕無義"新詮——兼論儒學"君臣之義"的人學意涵與現代價值》，原載《中山大學學報（社會科學版）》2018年第3期。

③干寶《搜神記》卷三："宣帝之世，燕、岱之間，有三男共取一婦，生四子，及至將分妻子而不可均，乃致争訟。廷尉范延壽斷之曰：'此非人類，當以禽獸，從母不從父也。'請戮三男，以兒還母。"

④張祥龍：《家與孝——從中西間視野看》，第89頁。

《郊特牲》：“夫昏（婚）禮，萬世之始也。取（娶）於异姓，所以附遠厚別也。……男女有别，然後父子親，父子親，然後義生。義生，然後禮作。禮作，然後萬物安。無别無義，禽獸之道也。”這裏説到“男女有别”，其實是從遺傳學和優生學角度出發而言，其實質是源於人類社會自覺形成的“亂倫禁忌”。“就是將性别原則推及人類，在家庭和家族内防止男女亂倫，將親親之愛（親愛）與男女之愛（性愛）嚴格區别和隔離，於是就必須‘取於异姓，所以附遠厚别’。……從這種‘别’‘區别’或‘男女有别’出發，纔有‘父子親’。”① 這也即是《郭店楚簡・六德》中所謂“男女不别，父子不親”。换言之，祇有確立了“父子有親”，人類纔真正有了禮義廉耻，從而擺脱了禽獸世界。“從現實的生成順序看，有夫婦纔有親子；但從人類學、哲學人類學或人類形成史的發生結構上看，有親子纔有夫婦。”② 《晋書・阮籍傳》載：“有司言有子殺母者，籍曰：‘嘻！殺父乃可，至殺母乎！’坐者怪其失言。帝曰：‘殺父，天下之極惡，而以爲可乎？’籍曰：‘禽獸知母而不知父，殺父，禽獸之類也；殺母，禽獸之不若！’衆乃悦服。”阮籍説“殺父，禽獸之類”，正説明父子一倫的確立乃是人類擺脱禽獸狀態的重要標志。至於“殺母，禽獸之不若”，乃出於修辭性義憤，本身并無實踐意義。

美國當代人類學家康拉德・科塔克（Conrad Kottak）在《人類學：對於人類多樣性的探討》一書中説：“人類從自己出生社群之外的社群中選擇性伴侣，因此夫妻兩人中至少有一個是外來的。然而，人類終生都與兒子們和女兒們保持聯繫。維持這些親

①張祥龍：《家與孝——從中西間視野看》，第145頁。

②張祥龍：《家與孝——從中西間視野看》，第97頁。

屬和婚姻關係的體制造就了人類與其他靈長類的主要區别。"① 在另一部關於父親的文化人類學的書中，作者也坦言父親這一角色在孩子成長中的重要意義："我們確實不僅僅是在年幼時依賴父親的關照，在我們成熟時期，甚至年老時，我們仍然渴望得到他的贊許并譴責他的缺點。父親給與孩子的記憶遠遠超出了他自己在世的這段時間，并且對孩子們的深刻意義一直持續到孩子自己去世時爲止。"② 就此而言，母繫氏族的社會狀況，就好比母親"愛上了一個不回家的人"；而父繫氏族取代母繫氏族則意味著，那個"衹管生不管養，更不管教"的男人回歸了家庭，開始承擔起了家庭的責任和父親的義務。你可以批判父權中心極端化帶來的種種社會弊端，及其對女性權利的現實壓抑，并力求改善之，但不能釜底抽薪地認爲，家庭和父權的形成從根本上就不該發生甚至慘無人道！

恩格斯在其名著《家庭、私有制和國家的起源》一書中，詳細徵引19世紀中期以來的人類學及倫理學著作，初步梳理了家庭（包括婚姻）、私有制和國家的起源。儘管他表示"母權制底顛覆，乃是女性底具有全世界歷史意義的失敗"，語氣中不無惋惜之意，但也不得不承認："自有了家長制的家庭，我們纔進入成文歷史底領域，……它在這裏確實引起了很大的進步。"③ 不過，在恩格斯用經濟基礎和階級地位來論證未來的無産者的婚姻時，却主觀得不可思議。他說："在這種場合之下，古典的一夫

①轉引自張祥龍：《家與孝——從中西間視野看》，第68頁。

②亞瑟·科爾曼，莉比·科爾曼：《父親：神話與角色的變换》，劉文成，王軍譯，上海：東方出版社，1998年，第74—75頁。

③恩格斯：《家庭、私有制和國家的起源》，張仲實譯，北京：人民出版社1956年版，第54、56頁。

一妻制底全部基礎，也就除去了。在這裏沒有任何財産，而一夫一妻制與男子底支配權原是爲了保存和繼承財産而建立的；因之，在這裏是没有確立男子支配權底任何衝動了。”① 這種對人類家庭和婚姻的顛覆性展望，等於取消了人類婚姻和家庭的人類學價值和經濟學基礎，衹能説是一種烏托邦式的“革命浪漫主義”，經不起人類歷史和邏輯的雙重考量。

二、“人禽之辨”與傳統禮制

1915年9月15日，《青年雜志》第一卷第一號刊發了陳獨秀的《敬告青年》一文，文中説：“固有之倫理，法律，學術，禮俗，無一非封建制度之遺。……吾寧忍過去國粹之消亡，而不忍現在及將來之民族，不適世界之生存而歸削滅也。”又説：“忠孝節義，奴隸之道德也。”② 被胡適譽爲“隻手打孔家店的老英雄”的吴虞更是大聲疾呼：“我們如今應該明白了！吃人的就是講禮教的！講禮教的就是吃人的呀！”③ 不用説，這顯然又是基於“古今之辨”的立場對於傳統禮教的誤判和偏見。

誠然，滿腦子自由、民主、平等、人權及個性的現代人在閲讀《儀禮》《禮記》這樣的禮學經典時，難免會爲書中記載的繁文縟節而頭昏目眩，以爲不近人情。但是，如果心平氣和地探討傳統禮制的産生，恐怕不得不承認，禮之制定蓋本乎人性人情，所謂“稱情而立文”（《禮記・三年問》）、“緣人情而制禮，依人

---

①［德］恩格斯：《家庭、私有制和國家的起源》，第68頁。

②陳獨秀：《獨秀文存》，合肥：安徽人民出版社，1987年，第5—6頁。

③吴虞：《吃人與禮教》，《新青年》第六卷第六號，1919年11月1日。

性而作儀”（《史記·禮書》）也。《禮記·冠義》説：“凡人之所以爲人者，禮義也。”同書《曲禮》：“道德仁義，非禮不成。教訓正俗，非禮不備。分争辨訟，非禮不決。君臣、上下、父子、兄弟，非禮不定。宦學事師，非禮不親。班朝治軍，莅官行法，非禮威嚴不行。禱祠祭祀，供給鬼神，非禮不誠不莊。”又説：“鸚鵡能言，不離飛鳥。猩猩能言，不離禽獸。今人而無禮，雖能言，不亦禽獸之心乎？夫唯禽獸無禮，故父子聚麀。是故聖人作，爲禮以教人，使人以有禮，知自别於禽獸。”這説明，禮本就是爲“自别於禽獸”而設計的。

一方面，禮的制定是爲“自别於禽獸”；另一方面，禮的情感源頭，也有對鳥獸行爲的進一步提純和升華。《禮記·三年問》就特别强調：

> 凡生天地之間者，有血氣之屬必有知，有知之屬莫不知愛其類。今是大鳥獸則失喪其群匹，越月逾時焉，則必反巡，過其故鄉，翔回焉，鳴號焉，蹢躅焉，踟蹰焉，然後乃能去之。小者至於燕雀，猶有啁噍之頃焉，然後乃能去之。故有血氣之屬者，莫知於人，故人於其親也，至死不窮。將由夫患邪淫之人與？則彼朝死而夕忘之，然而從之，則是曾鳥獸之不若也。①

這一事實説明，在人類“自别於鳥獸”之前，還有一個“比德於鳥獸”的心理過程。《詩經》中廣泛運用的比興手法，通過“引譬連類”“以彼狀此”以興發志意，不僅能“多識鳥獸草木之名”，且能與萬物感通與共振。通常所説的“虎毒不食子”“螻蟻尚且貪生”“狐死必首丘”……何况人乎？正是基於這種人與

①孫希旦：《禮記集解》（下册），北京：中華書局，第1373—1374頁。

動物的“通感”和“移情”作用。所以，針對上引吴虞的那種激進反文化之狂言，我們也可以反駁他：如果没有禮教，人將非人，又何來“吃人”一説？若無忠孝節義，則人類文明將墮入無父無君的禽獸之域，弱肉强食，群居亂倫，不過回到叢林罷了，又談何自由與平等、進步與解放?!

事實上，在原始儒家對於“人禽之辨”的預設中，“禽獸”代表了與人類不同出處的三種存在。首先，“禽獸”和“洪水”一樣，最初是作爲一種“害人之物”而被認知的。孟子説：“當堯之時，水逆行，泛濫於中國，蛇龍居之，民無所定；下者爲巢，上者爲營窟。……禹掘地而注之海；驅蛇龍而放之菹；水由地中行，江、淮、河、漢是也。險阻既遠，鳥獸之害人者消，然後人得平土而居之。”又説：“堯舜既没，聖人之道衰，暴君代作。……邪説暴行又作，園囿、污池、沛澤多而禽獸至。及紂之身，天下又大亂。周公相武王誅紂，伐奄三年討其君，驅飛廉於海隅而戮之。滅國者五十。驅虎、豹、犀、象而遠之，天下大悦。”（《滕文公下》）這裏，堯、舜、禹和武王、周公這些聖王對於暴君暴行的消除，是跟驅逐禽獸對人類的危害等量齊觀的。

其次，“禽獸”還是人的“异類”。孔子雖然説讀《詩經》可以“多識於鳥獸草木之名者”，却也指出“鳥獸不可與同群，吾非斯人之徒與而誰與？”（《論語・微子》）朱熹《集注》説：“言所當與同群者，斯人而已，豈可絶人逃世以爲潔哉？”正是“人禽之辨”的意思。“同群”，即“同類”；既不“同類”，便不可與“同群”。孔子之後，孟子更將“人禽之辨”整飭化和謹嚴化，説：“犬馬之與我不同類也。”“故凡同類者，舉相似也。”“夜氣不足以存，則其違禽獸不遠矣。”（均見《孟子・告子上》）又説：“豈惟民哉？麒麟之於走獸，鳳凰之於飛鳥，泰山之於丘垤，河海之於行潦，類也。聖人之於民，亦類也。”（《公孫丑上》）可以説，在明辨“人禽”差异這一點上，儒家比主張“齊物”的道家更具人文價值和人道精神。

第三，“禽獸”雖然在生物本能上與人相似，但衹能“發乎情”，不能“止乎禮義”。孟子説：“人之有道也，飽食、暖衣、逸居而無教，則近於禽獸。”（《滕文公上》）换言之，人類所以是人類，關鍵在於人能够明教化、知禮義，否則與禽獸何异？正如《詩經·鄘風·相鼠》所唱：“相鼠有體，人而無禮。人而無禮，胡不遄死？”人而無禮，連老鼠都不如，活著又有何意義？而且，人類的禮義和良知“非由外鑠”，而是本心自具，并貫穿於飲食起居、行止坐臥等整個人類生活之中。《禮記·禮運》説：“禮之始，始諸飲食。”“未有火化，食草木之實，鳥獸之肉，飲其血，茹其毛。”同書《王制》也説：“東方曰夷，被發文身，有不火食者矣。”人類在尚未掌握“火食”技術之前，茹毛飲血，被發文身，雖説已與禽獸有别，但究竟尚未開化。《論語·鄉黨》篇記孔子“食不厭精，膾不厭細。食饐而餲，魚餒而肉敗，不食。色惡，不食。臭惡，不食。失飪，不食。不時，不食。割不正，不食。不得其醬，不食”。試想，茹毛飲血、刀耕火種之原始初民，斷不至於“割不正不食”也。孔子平素對於飲食的這種近乎挑剔的審美性講求，其實也是人性自覺後的禮之自覺，其中隱含著不易覺察的“人禽之辨”。飲食如此，服飾亦然。《左傳·哀公七年》云：“大伯端委以治周禮，仲雍嗣之，斷髮文身，裸以爲飾，豈禮也哉？”又《淮南子·原道訓》：“九疑之南，陸事寡而水事衆，於是人民斷髮文身，以象鱗蟲。”“斷髮文身”“被髮左衽”在今天或以爲時髦，在遠古則無异於野蠻和非禮。在《論語·雍也》篇出現過一次的子桑伯子，被孔子稱爲“簡”，劉向《説苑·辨物》則載其“不衣冠而處”，直斥其“欲同人道與牛馬”。而三國魏末時竹林七賢的阮籍“嗜酒荒放，露頭散髮，裸袒箕踞”，引起西晋貴游子弟如阮瞻、王澄輩的效尤，王隱《晋書》記載此事時，故意説他們“去巾幘，脱衣服，露醜惡，同禽獸”。“蓋莊生齊物之論，本自天真，然亦常導人入此邪道”，以至不辨人禽也①。

所以，從“人禽之辨”去解釋傳統禮制，往往左右逢源，易入腠理。比如，古代設“男女之大防”，《禮記·曲禮上》規定“取妻不取同姓。故買妾不知其姓則卜之。寡婦之子，非有見焉，弗與爲友”，“男女不雜坐，不同椸枷，不同巾櫛，不親授。嫂叔不通問，諸母不漱裳”。同書《内則》：“禮始於謹夫婦。爲宫室，辨内外。男子居外，女子居内。……男不入，女不出。”“道路，男子由左，女子由右。”等等。這些禮制規定，今人多以爲迂腐可笑，缺乏人道，甚而以爲那是對女性的一種壓制和歧視。然若换一個角度看，在尚無禮教約束的“父子聚麀”“奔者不禁”“匪寇婚媾”的遠古時代，女性被劫持和强暴的事情時有發生，設計這些看似煩瑣的禮，完全可以理解爲對强者（男性）的約束，以及對弱者（女性）的一種保護。反觀今日的“米兔”運動②，正可見出傳統禮制中“男女大防”的設計至少初心良善，

①劉强：《有竹居新評世説新語》，長沙：岳麓書社，2013 年，第 13 頁。

②女性反對性侵的維權運動。2017 年 10 月，好萊塢製片人哈威·韋恩斯坦性騷擾醜聞曝光，女星艾麗莎·米蘭諾轉發了自己朋友的“Me too”口號，并附上文字：“如果你曾受到性侵犯或性騷擾，請用‘我也是’（MeToo）來回覆這條推文。”米兔，即 Me Too 或 MeToo，直譯爲“我也是”，中文音譯爲“米兔”，象徵著弱小對象被强勢一方所侵犯。“米兔運動”作爲女性反抗“性侵”的維權運動，迅速由美國蔓延至全世界。

有俾於公序良俗的建構。儘管在某些特殊的歷史時期，禮教被統治者推至極端，確有“吃人”“殺人”之可能，然不能倒果爲因，懷疑禮教最初設計之正當性和必要性。俗話説：“寧防君子，不防小人。”竊謂禮教的設計初衷，恰是防小人，而非防君子。换言之，禮教的目的，不是壓抑正常、正當的“人性”（所謂“飲食男女，人之大欲存焉”“食色性也”），而恰恰是遏制人的隨時可能會出現的“獸性”的！所以，當有人對送嫂子回娘家的阮籍説三道四時，阮籍纔會説：“禮豈爲我輩設也?”（《世説新語·任誕》）阮籍一言道出了禮教的真諦和奥秘，以往常有以此爲“反禮教之宣言”者，實亦未能窺破阮籍之深衷心曲矣！

而且，儒學的禮義并非鐵板一塊的教條，不容變通。孔子説：“君子之於天下也，無適也，無莫也，義之與比。”（《論語·里仁》）孟子也説：“大人者，言不必信，行不必果，惟義所在。”（《孟子·離婁下》）義者，宜也。“禮”必須合乎“義”。若不合於義，亦必不合於禮。《禮記·樂記》云：“仁近於樂，義近於禮。”正此意也。下面這個“嫂溺援手”的辯論最能説明問題：

> 淳於髡曰：“男女授受不親，禮與?”孟子曰：“禮也。”曰：“嫂溺，則援之以手乎?”孟子曰：“嫂溺不援，是豺狼也。男女授受不親，禮也；嫂溺援之以手，權也。”（《孟子·離婁上》）

孟子所説的“權”，與“義”略同，正是對“禮”的極端化的一種調適和矯正。换言之，禮本來是爲“區别人禽”而設，如果爲了守禮竟然到了見死不救的地步，便背離了禮的真正價值。那不是人性的自然狀態，恰恰是獸性（豺狼之性）的故態復萌！這裏，孟子再一次精彩闡釋了“人禽之辨”之與傳統禮制的辯證關係。今有論者説：“中國人的責任感無論看起來多麽自覺、多麼堅定、多麼坦蕩，衹要追溯到它的最終根據，我們總可以得出某種并非自己自由選擇的前提（三綱五常之類），最後則總是歸結到生物學上的生殖和世代繁衍上去。……既然我們的傳統文化植根於生物學上的傳種接代，它就没有能力用真正人性的東西去溶化人心中非人性的、獸性的東西，而衹是掩蓋、包容甚至保存和維護著獸性的東西。”① 這種把人類試圖擺脱獸性的努力，統統説成是“非人性的、獸性的東西”的論調，甚至連尖刻都談不上，根本就是無知！

再比如三年守喪之禮，原爲“散哀”而設，蓋“事死如事生，事亡如事存，孝之至也”（《中庸》）。《禮記·三年問》：“三年之喪，二十五月而畢。”爲何要守三年之喪？孔子的理由是，“子生三年，然後免於父母之懷”，父母亡故，子女却“食夫稻，衣夫錦，於女安乎？”（《論語·陽貨》）此一禮制規定，看似不近人情，實已充分考慮到生者的現實需要，也與人類嬰兒期的成長過程不無關係。西方心理分析理論有“心理學的出生”一説，認爲孩子并非一生下來就意識到自己是一個獨立的實體并與父母分離，“心理學的出生”比肉體上的出生更爲複雜，而且需要更長的時間。“這種分離和個體化的簡單過程一般認爲至少需要三年”。② 這與孔子的“子生三年，然後免於父母之懷”不謀而合。孔子的理由不是基於科學，而是基於人情和人性，因爲父母給了我們“三年之愛”！孔子擔心的是，死生事大，若無養生送死之

①鄧曉芒《靈之舞》。參氏著：《文學與文化三論》，武漢：湖北人民出版社，2005 年，第 108—109 頁。

②亞瑟·科爾曼，莉比·科爾曼：《父親：神話與角色的變換》，劉文成，王軍譯，第 76 頁。

禮，則人心必然奸惡叢生，放辟邪侈，甚至淪爲禽獸而不自知矣。故孟子説："養生者不足以當大事，惟送死可以當大事。"（《離婁下》）儒家所以重視喪祭之禮，正在敦化人心，不使其因生死存亡而有別，此正儒學與宗教相通之處也。①

如上所述，因爲禮的創設乃爲人類"自別於禽獸"，"禽獸"無形中就替代了西方宗教意義上的人類"原罪"，故在中國傳統文化中，并無"救贖"一説，一神論的宗教也不發達，這是因爲禮制中的祭祀和喪葬之禮等的精密設計，基本上可以滿足人們的宗教訴求和靈魂安頓。"儒教徒并不希望通過弃絶生命而獲得拯救，因爲生命是被肯定的；也無意於擺脱社會現實的救贖，因爲社會現實是既有的。儒教徒祇想通過自製，機智地掌握住此世的種種機遇。他没有從惡或原罪（他對此一無所知）中被拯救出來的渴望。他唯一希望的是能擺脱社會上的無禮貌的現象和有失尊嚴的野蠻行爲。祇有對作爲社會基本義務的孝的侵害，纔是儒教徒的'罪孽'。"② 這個罪孽，其實也是基於"人禽之辨"的"罪孽"。因爲"祭如在，祭神如神在"，則祖先與神靈并不自外於人而存在，而是存在於每個參與祭祀的人心中。所以孔子一面説"敬鬼神而遠之，可謂知矣"，"獲罪於天，無所禱也"，一面又説"吾不與祭，如不祭"。從這個意義上説，中國人不是没有宗教信仰，祇是其宗教形式有別於西方罷了。敬天法祖，祭祀祖先、神靈和聖賢，皆是中國特色的宗教信仰。如果説西方宗教是"神教"，中國宗教（無論儒釋道）則可謂是"人教"。孔子説："興

①劉强：《論語新識》，長沙：岳麓書社，2016 年，第 498 頁。

②馬克斯・韋伯：《儒教與道教》，洪天富譯，南京：江蘇人民出版社，2010 年，第 165 頁。

於詩，立於禮，成於樂。”詩教、禮教、樂教，皆“人教”應有之義也！

三、“人禽之辨”與善性仁心

“人禽之辨”還與性善論密切相關。西方的人類學和人性論研究，由於有一宗教神學的背景作爲支撑，“上帝面前衆生平等”，故比較專注於人的動物性或生理和心理現象及行爲的研究，無論其研究多麼科學和精密，最終依然無法擺脱對人的動物性認知。西方學者致力於發現人類本性的統一性和同質性，到最後却發現，這種莫須有的統一性和同質性，竟然衹能落實在人的動物性之上。所以，無論是盧梭的“沉思默想的人乃是一種墮落的動物”，還是尼采對人的權力意志的公開贊揚；無論是弗洛伊德對人的性欲本能的突顯，還是馬克思對人的經濟本能的發現和推崇，并没有從根本上提升人類作爲“上帝的映射”的神聖性和崇高性。儘管卡西爾致力於把人定義爲“符號的動物”，以便取代“理性的動物”，似乎在對人的研究中“與時俱進”地實現了哲學的“語言學轉嚮”，但他的結論“换湯不换藥”，依舊没有超越自然主義或曰莊子式的“齊物論”思維理路。正如馬克斯·舍勒所説：“在人類知識的任何其他時代中，人從未像我們現在那樣對人自身越來越充滿疑問。……從事研究人的各種特殊學科的不斷增長的複雜性，與其説是闡明我們關於人的概念，不如説是使這概念更加混亂不堪。”① 西方思想史對於人的認識和定義的種種坎

①馬克斯·舍勒：《人在宇宙中的地位》。轉引自恩斯特·卡西爾：《人論》，甘陽譯，上海：上海譯文出版社，1985年，第29頁。

陷，或許正是“神人之辨”帶來的後果。也就是説，因爲神的絶對價值的確定和神在人的現實世界中的不確定，導致其對人的認知衹能走嚮無窮無盡的“分析”，而不能達到本質意義上的“綜合”。

與此相反，中國傳統文化中的“人禽之辨”則有效地解決了這一難題。在中國人“天人合一”的思維模型中，作爲“三才”（天地人）之一的人，既是生物界唯一具有“參贊天地化育”之能力的存在，故人爲“天地之心”“萬物之靈”，有著某種天賦的超越性稟賦，所謂“天生烝民，有物有則；民之秉彝，好是懿德”（《詩經·大雅·烝民》）。同時，在“人禽之辨”的原型思維模式中，因爲“禽獸”作爲人的參照物是可見可感的真實存在，故人類對自性的確認便是確定無疑的，人可以在對“禽獸”的認知和排拒過程中，達到對人的自我本性的“綜合”性認知。從西周以來，禮樂文明的建構便已達成了這樣一種效果，即人類不再憑靠神和上帝的恩賜來改變自己的命運，完成所謂“救贖”，而是衹要發現和擴充“人之所以爲人”的“良知良能”，善根善性，便可以“自别於禽獸”，獲得自我認識和完善的契機和可能。《荀子·王制篇》説：“水火有氣而無生，草木有生而無知，禽獸有知而無義，人有氣、有生、有知，亦且有義，故最爲天下貴也。”相比“神人之辨”，“人禽之辨”自然更接近於理性主義和人文主義的價值精神。

正因爲没有神來引領，衹有靠自己把握自己的命運，通過與禽獸的區分彰顯人的自性和價值，以孔孟爲代表的原始儒家纔特别强調人的“仁心仁性”和“善根善性”。性善論便由此導源而出。孔子説：“天地之性人爲貴。”（《孝經·聖治章》）又説：“性相近也，習相遠也。”“十室之邑，必有忠信如丘者焉，不如丘之好學也。”正是從根本上確定人有著天賦而且相近的忠信之質，善根善性。孔子的後兩句話，孟子取前者，開創了“性本善”論，荀子取後者，認爲“人之性惡，其善者僞也”（《荀子·性惡》），故其極力“勸學”，以改善人之惡性。相比荀子的基於現象認知和功利訴求的“性惡論”，孟子的基於本源性和體認性的性善論，可以通過每一個人都具有的普遍心理活動加以驗證。如孟子講“心之四端”：“無惻隱之心，非人也；無羞惡之心，非人也；無辭讓之心；非人也；無是非之心，非人也。惻隱之心，仁之端也；羞惡之心，義之端也；辭讓之心，禮之端也；是非之心，智之端也。人之有是四端也，猶其有四體也。”（《公孫丑上》）又説：“惻隱之心，人皆有之；羞惡之心，人皆有之；恭敬之心，人皆有之；是非之心，人皆有之。惻隱之心，仁也；羞惡之心，義也；恭敬之心，禮也；是非之心，智也。仁義禮智，非由外鑠我也，我固有之也，弗思耳矣。故曰：‘求則得之，捨則失之。’”（《告子上》）正是從“人禽之辨”立論。既然這種心理活動是普遍的，因此性善就是有根據的，是出於人的本性、天性的，孟子稱之爲“良知”“良能”：“人之所不學而能者，其良能也；所不慮而知者，其良知也。”（《盡心上》）并在此基礎上，反復辯難，論證人性本善。與其説孟子的性善論是一種學説，不如説是一種信念和信仰來得更準確。孟子深刻地認識到“人性惡”這一觀點彌合“人禽之辨”後的危害性，説：“言人之不善，當如後患何?”（《孟子·離婁下》）焦循解釋説：“孟子距楊墨，比之爲禽獸，正所以息其無父無君之患也。若言人之不善，而轉貽將來之患，則患不在人之不善，而轉在吾之言矣。”①

①焦循：《孟子正義》（下册），北京：中華書局，1987 年，第 554 頁。

由此可見，孟子辟楊墨、言性善，正爲絶其後患，所謂“防患於未然”。

“性善論”徹底成了儒家“天人合一”之文化模型。孟子説：“盡其心者，知其性也。知其性，則知天矣。存其心，養其性，所以事天也。殀壽不貳，修身以俟之，所以立命也。”（《盡心上》）《中庸》衹講“天命之謂性”，乃從“上”往下講；至孟子講“性善”“良知”“心之四端”“盡心、知性而知天”，存心養性以事天立命，則是從“下”往上講，通過“心”“性”這一入口，使“人”與“天”徹底貫通。馬克斯·韋伯對於中國傳統文化的誤讀雖然比比皆是，但他説“人性本善，惡乃是由外部通過感官侵入内心的；……這種特殊的觀點是由於缺乏一位超世的倫理之神”①，這一判斷，還是值得肯定的。有論者説：“中國傳統倫理講善惡，總是有意無意地繞開了人的自由意志，取消了人的本原自發性和選擇權。人行善或作惡都與人的自由意志没有根本的關聯，獎懲總是針對著人身上的自然存在（肉體及肉體所屬的家庭宗法體繫）。”② 針對此一謬論，大可用錢穆先生的話回應之：“蓋孟子道性善，其實不外二義：啓迪吾人向上之自信，一也。鞭促吾人向上之努力，二也。故凡無向上之自信與向上之努力者，皆不足以與知孟子性善論之真意。若從别一端論之，則孟子性善論，爲人類最高之平等義，亦人類最高之自由義也。人人同有此嚮善之性，此爲平等義。人人能到達此善之標的，此爲自由義。凡不主人類性善之論者，此皆不主人類有真平等與真自由

①馬克斯·韋伯：《儒教與道教》，第156頁。

②鄧曉芒：《靈之舞》，上海：上海文藝出版社，2009年，第187頁。

者。”① 誠哉斯言也！

可能有人會説，既然“人禽之辨”如此嚴格界定了人與禽獸的差别，儒學豈不成了自絶於衆生和自然萬物的狹隘學問？這種擔心其實是多餘的。針對“人禽之辨”或曰禮樂文明所可能造成的“道德優越”或“道德自閉”，古聖先賢們一直在進行著彌縫和推擴的努力。這其中最重要的便是“一體之仁”的發明。如果説孝道、禮制和性善論，有效地將人類與禽獸做了倫理學和人類學的斬截切割的話，那麽，孔子所開創的仁學以及後儒所標舉的“一體之仁”，則又將儒學的宇宙意識和道德生命推廣拓展，“仁愛”不僅可以“博施濟衆”，而且可以普惠萬物，這就使“人禽之辨”的局限性得到了有效彌補。孔子一方面説“鳥獸不可與同群”，但另一方面，又能“釣而不綱，弋不射宿”，正是將人的善性仁心由“人”進一步推及於“物”。孟子説：“萬物皆備於我矣。”“君子之於物也，愛之而弗仁；於民也，仁之而弗親。親親而仁民，仁民而愛物。”（《盡心上》）在這裏，“禽獸”這個貶義詞被“物”或“萬物”所置换，從而將“人禽之辨”的社會倫理，嚮“萬物一體”的宇宙倫理巧妙轉换，并獲得了精神上的不斷飛躍。

以此推衍開去，遂有“以天地萬物爲一體”的思想，也即“一體之仁”。《禮記·禮運》説：“故聖人耐以天下爲一家，以中國爲一人者。”此一論説，開啓了後儒對於仁學的不懈研探和發揮。如宋儒程顥認爲“人與天地一物也”，“仁者以天地萬物爲一體”，“仁者渾然與物同體”。② 張載《西銘》亦謂：“民吾同

①錢穆：《四書釋義》，北京：九州出版社，2011 年，第 193 頁。

②參見黄宗羲：《宋元學案》卷十三《明道學案》，北京：中華書局，1986 年，第 540、552 頁。

胞，物吾與也。”王陽明將此意表述得更爲婉轉動人：

> 大人者，以天地萬物爲一體者也。其視天下猶一家，中國猶一人焉。若夫間形骸而分爾我者，小人矣。大人之能以天地萬物爲一體也，非意之也，其心之仁本若是，其與天地萬物而爲一也。豈惟大人，雖小人之心亦莫不然，彼顧自小之耳。是故見孺子之入井，而必有怵惕惻隱之心焉，是其仁之與孺子而爲一體也。孺子猶同類者也，見鳥獸之哀鳴觳觫，而必有不忍之心焉，是其仁之與鳥獸而爲一體也。鳥獸猶有知覺者也，見草木之摧折而必有憫恤之心焉，是其仁之與草木而爲一體也。草木猶有生意者也，見瓦石之毀壞而必有顧惜之心焉，是其仁之與瓦石而爲一體也。是其一體之仁也，雖小人之心亦必有之。是乃根於天命之性，而自然靈昭不昧者也，是故謂之明德。（《大學問》）①

往聖先賢無不有此“一體之仁”，此亦可謂儒家之慈悲也。劉宗周説：“善無窮，以善進善亦無窮。……而過無窮，因過改過亦無窮。”（《劉子全書·人譜》）杜維明先生認爲：“宗周的《人譜》是一個不確定性的開放系統。人是不確定性的，人既可以成聖成賢，也可以成魔成鬼，可以作禽獸，這裏的幅度非常大，所以它絶對是一個開放的系統。”②

准乎此，則孔子建構的“仁學”，其實也是“人學”；孟子標舉的“善性”，其實正是“人性”。其出發點并非抬高人類，貶低

①吴光等編校：《王陽明全集》（下），上海：上海古籍出版社，1992 年，第 967 頁。

②杜維明、東方朔：《杜維明學術專題訪談録——宗周哲學之精神與儒家文化之未來》，上海：復旦大學出版社，2001 年，第 117 頁。

禽獸，目的在於提醒人類之良知良能，使其存養不失。朱熹說：“仁者，人之所以爲人之理也。”[①] 就此而言，“仁”是“人的本質規定性”，是“人之所以异於禽獸”的根本所在。郭沫若認爲這是“人的發現”[②]，切中肯綮。孔子的仁學和孟子的性善論，在“人禽之辨”基礎上又提出一“凡聖之辨”，即人在擺脱“獸性”確立“人性”之後，還應當擴充此仁心善性，法地則天，養成君子，希賢希聖。曾國藩說：“不爲聖賢，便爲禽獸。”正此意也！

四、結語：“人禽之辨”與治理之道

“人禽之辨”，由仁心善性生發，還可在現實層面的治理之道上結出果實。就儒學而言，禮爲政治儒學之開端，仁爲心性儒學之始基，然歸根結底，仁爲禮之本，無仁不禮，無禮不仁。因爲儒學是仁學，主張“天地之大德曰生”，“生生之謂易”（《周易·繫辭》），故凡真儒家，必主張德治、禮讓和仁政，反對苛政、極權與暴政。孔子說“苛政猛於虎”，正是從“人禽之辨”的角度反對暴政。孔子還説：“子爲政，焉用殺？”“人而不仁，如禮何？人而不仁，如樂何？”“能以禮讓爲國乎，何有？不能以禮讓爲國，如禮何？”也是主張用人的方法來對待人，而不是率獸食人、貪殘好殺。

孟子在推崇“堯舜之道”“法先王”“保民而王”“民貴君輕”等的“仁政”思想時，也反復從“人禽之辨”上立論。如

---

①朱熹：《四書章句集注》，北京：中華書局，1983 年，第 367 頁。

②郭沫若：《十批判書》，北京：人民出版社，1976 年，第 78 頁。

説："君之視臣如手足，則臣視君如腹心；君之視臣如犬馬，則臣視君如國人；君之視臣如土芥，則臣視君如寇仇。"（《離婁下》）"行一不義，殺一不辜，而得天下，皆不爲也。"（《公孫丑上》）孟子還把"邪説暴行"當作"禽獸"加以反對，説："聖王不作，諸侯放恣，處士橫議，楊朱、墨翟之言盈天下。天下之言不歸楊，則歸墨。楊氏爲我，是無君也；墨氏兼愛，是無父也。無父無君，是禽獸也。……楊墨之道不息，孔子之道不著，是邪説誣民，充塞仁義也。仁義充塞，則率獸食人，人將相食。"（《滕文公下》）清儒顧炎武以"仁義充塞，而至於率獸食人，人將相食"爲"亡天下"，又説"魏晋人之清談何以亡天下？是孟子所謂楊墨之言，至於使天下無父無君而入於禽獸者也"，①其所依據者也是"人禽之辨"。《孟子·梁惠王上》記載了孟子與齊宣王的一段著名的辯論，其最精彩處亦涉及"人禽之辨"。齊宣王見殺牛，"不忍其觳觫，若無罪而就死地"，欲"以羊易牛"。孟子説："君子之於禽獸也，見其生，不忍見其死；聞其聲，不忍食其肉。是以君子遠庖厨也。……今恩足以及禽獸，而功不至於百姓者，獨何與？"勸其"推恩"於百姓。可以説，孟子的性善論和良知説，由天道下貫及人事，推演出一繫列類似古希臘哲學"自然法"意義上的"正義體繫"，形成了一整套涉及天下治理、公序良俗的良知公義系統，不僅能够貫通形上與形下，直接啓發了王陽明的良知學，還可接通西方政治學；其民貴君輕説、君主易位説、商紂一夫説，都與西方近代的民主政治若合符節。

有必要指出的是，道家思想也不是没有"人禽之辨"，但其

①顧炎武《日知録》卷十七"正始"條。張京華校釋：《日知録校釋》，長沙：岳麓書社，2011年，第557—558頁。

價值方嚮却不是"向上"而是"向下"。老子的"天地不仁，以萬物爲芻狗；聖人不仁，以百姓爲芻狗"（《老子》第五章），莊子的"至德之世，同與禽獸居，族與萬物并。惡乎知君子小人哉！"（《莊子·馬蹄》）正面看是無私無欲"齊萬物"的超然，反面看則是"同禽獸""無君無父"的墮落。老子所標榜的"小國寡民""鷄犬之聲相聞，民至老死不相往來"的無政府主義烏托邦，不僅古代的儒家不能同意，即便生活在二十一世紀的我們，怕也不能苟同。就此而言，作爲傳統文化始基的"人禽之辨"，與儒家和儒學關係更密切，效用更積極，惠澤更普遍。蓋儒家所弘揚者，乃人文主義與人道主義之普遍原則，悖離此一普遍原則，無論多麼先進的學説，多麼發達的時代，都有可能驅人類入於蠻貊之邦、禽獸之域。牟宗三先生在論及儒學之普遍原則有功於人類時説：

> 儒家學術之責任在擔負普遍之原則。……此普遍原則作爲特殊原則之根據，然後可以用心不濫。商鞅變法，旨在成事，儒者不反對，而以法家精神爲根據，即以之爲變法時之特殊原則之普遍原則，則儒者必反對。推之革命，儒者不反對，然以唯物史觀爲根據，則必反對。故人民有飯吃，儒者不反對，以人民爲號召，儒者尤不反對，然祇是吃飯，或盜竊以食之，或依唯物史觀而清算鬥争以食之，則儒者必反對。祇是人民而忘其國，而剥奪其歷史文化，使之成爲光秃秃之"人民"，則儒者尤反對。爲其與禽獸無以异也。清算鬥争，儒者亦非一往反對。以古語言之，不仁不義不忠不孝，貪污瀆職，罪大惡極，法所必誅，豈止清算鬥争而已哉？然鬥争無辜之農民，而又出之以殺戮，則尤罪大惡極，天理難容。依此衡之，孰謂儒家學術無功於人類？人不防

> 濫，必歸於禽獸；人無所守，必至於濫行。普遍原則之功效即在防濫也。小之，防一身一家之濫；大之，防一國之濫，再大之，防人類之濫。①

"人不防濫，必歸於禽獸"，言猶在耳，真可爲萬世之鑒！

行文至此，不由想起2012年發生的一個事件。是年夏天，學者秋風帶領學生在曲阜孔林跪拜孔子，一時掀起軒然大波。很多網友怒斥跪拜禮是"奴性與專制的根源"，說什麼"衹怕這一跪就從此站不起來了"，甚至説這是"千年來封建思想愚弄華夏"，義正辭嚴，不容置辯。不用説，這還是基於新文化運動以來的"古今之辨"和"中西之辨"。面對質疑，秋風從古代起居禮俗加以解釋，并説："儒者所跪拜者，實乃通體是道的孔子，儒者所跪拜者乃是道，貫通古今之間、天人之際的中國文明之道。經由跪拜，孔子駐留於自己的身體，道灌注於自己的生命。"② 這些解釋誠然在理，但我總覺得陳義過高，且未撓到癢處。其實，回答今人對於宗教信仰及傳統禮制的諸多現代性困惑，還是"人禽之辨"最爲斬截痛快！我們衹須問一句："禽獸"世界既無宗教，也無祭祀，更無跪拜之禮，是否意味著它們比人類更先進，更文明，更具獨立精神，更"站起來了"呢？説實話，某些以批判文化來反文化的"新青年"們，骨子裏是最無文化，也最具"獸性"的，跟他們談文化，不祭出"人禽之辨"這樣的"拔本塞源"之論來，恐怕衹能是郢書燕説、對牛彈琴！

反觀今日，中華傳統文化一陽來復，百廢待興。朝野上下，

---

①牟宗三：《道德的理想主義》，長春：吉林出版集團有限責任公司，2010年，第9—10頁。

②秋風：《我爲什麼跪孔子》，《南方都市報》2012年8月20日。

雖不同程度地認識到復興傳統文化的必要性和緊迫性，但由於對傳統文化的理解存在分歧和誤區，故在操作層面上問題多多，泥沙俱下。職是之故，不少有志之士對今天儒學之復興冷眼旁觀，憂心忡忡，甚至以爲孔子或如古代一樣有再度被利用之可能。揆諸當今之現實，吾亦不能不深懷隱憂。然而，事情總有兩端，兩害相權取其輕，相較孔子在“十年浩劫”時被侮辱、被踐踏、被詛咒，我更願意看到孔子被理解、被尊敬、被信仰。換言之，孔子被野心家利用，或可培養一大群順民甚至是愚民；但孔子若被當權者毀弃，則會豢養出一大批暴民甚至是禽獸！此有浩劫殷鑒在前，何勞辭費？嗚呼！一個什麼都不信，动辄欺師滅祖、毀聖侮賢的民族，禍哉禍哉！故以爲尊孔或使國人陷入愚昧者，似右實左，皆囿於一時一地之功利得失，衹能兼顧中西，而未能會通古今、分際人禽者也。一言以蔽之：執兩用中，守中達權，不偏不倚，無過不及，方是王道正途；而極左或極右，皆悖離吾土文化之本，絶非蒼生之福也。

“人禽之辨”對於中華傳統文化之始基價值已如上述。最後，我想引用兩位近世大儒的話收束此文。一是陳寅恪先生在《馮友蘭〈中國哲學史〉上册審查報告》中所説：

> 凡著中國古代哲學史者，其對於古人之學説，應具瞭解之同情，方可下筆。蓋古人著書立説，皆有所爲而發。故其所處之環境，所受之背景，非完全明瞭，則其學説不易評論，而古代哲學家去今數千年，其時代之真相，極難推知。吾人今日可依據之材料，僅爲當時所遺存最小之一部，欲藉此殘餘斷片，以窺測其全部結構，必須備藝術家欣賞古代繪畫雕刻之眼光及精神，然後古人立説之用意與對象，始可以真瞭解。所謂真瞭解者，必神游冥想，與立説之古人，處於

同一境界，而對於其持論所以不得不如是之苦心孤詣，表一種之同情，始能批評其學説之是非得失，而無隔閡膚廓之論。否則數千年前之陳言舊説，與今日之情勢迥殊，何一不可以可笑可怪目之乎?①

一是錢穆先生在《國史大綱》卷首所説：

一、當信任何一國之國民，尤其是自稱知識在水平綫以上之國民，對其本國已往歷史，應該略有所知。二、所謂對其本國已往歷史略有所知者，尤必附隨一種對其本國已往歷史之温情與敬意。三、所謂對其本國已往歷史有一種温情與敬意者，至少不會對其本國歷史抱一種偏激的虛無主義，亦至少不會感到現在我們是站在已往歷史最高之頂點，而將我們當身種種罪惡與弱點，一切諉卸於古人。四、當信每一國家必待其國民備具上列諸條件者比較漸多，其國家乃再有向前發展之希望。②

重温兩位先生的教言，不能不使人油然而生敬意。歷朝歷代，無論世道多麼屯蹇動蕩，總有人能將此一種“瞭解之同情”與“温情與敬意”牢牢守住，并傳之後世，托諸來者。此正吾中華文化所以歷數千年，迭遭摧折磨難，而能薪盡火傳、永續不亡者也!

2018年10月18日完稿於滬上守中齋

①陳寅恪：《金明館叢稿二編》，北京：生活·讀書·新知三聯書店，2001年，第285頁。

②錢穆：《國史大綱》修訂本（上册），北京：商務印書館，1996年，第1頁。

作者簡介：劉强，男，1970年生，河南正陽人。文學博士，同濟大學人文學院教授，博士生導師。研究方嚮爲中國古代文學、儒學与古典詩學、先秦諸子經典、筆記小説等。地址：上海市楊浦區四平路1239號同濟大學人文學院（雲通樓）劉强收（200092）；郵箱：dubbleblade@hotmail.com。

古代“公義”傳統及其倫理後果
——差序格局中的道德理由與公共生活

賈沛韜

内容提要：本文著重回顧一種中國古代“公義”傳統，并借助社會學中的“差序格局”概念刻畫該傳統在國人道德推理與社會生活中的種種持久影響。與基督教的“愛人如己”誡命形成顯著對照，本文把我們這種以德相待之道概括爲“事兄以公”，并以三個層次分析其倫理後果：就個人的道德自我主體性來説，它導致了道德理由的萎縮和貧乏；就人際互動、社會結構和社會網絡來説，它既導致了個人無視同儕，又導致了共同體無視成員身份；就政治倫理來説，它導致了權力中心的卸責和制度正義的架空。

一、“私愛”、“公義”與道德理由

晚近國内學界在圍繞道德與美德、公共性與共同體這類基本主題展開研究和討論時，常常忽略我們的真實倫理教化傳統及道德風尚所導致的問題意識獨特性。就倫理學的近年熱點來説，我們的古今問題恐怕無法簡單還原爲古典美德倫理與現代道德哲學之間的對立；就政治哲學的恒常焦點來説，我們的公共生活中的真正切膚之痛恐怕也很難借助私人領域—公共領域的現成分析框架而獲得透徹解釋。

當我們談論某種似是而非的傳統時，總可去典籍中尋找一些訓教典範，以作道德推理示例。西漢《列女傳》“節義”章“魯義姑姊”篇講述了一個彰顯大義的故事，該故事也常被晚近女性主義者援用爲表明中國傳統中男女同爲道德主體、甚至女性也不被限制在内帷私人領域的證據①。可惜這類當代解讀多有混淆。

故事大意是：齊國攻打魯國，一魯國婦人在郊野遭遇齊兵，逃跑時力有不逮，衹好丟弃自己的孩子，却堅持救助了自己兄長的孩子。被齊將盤問時，她給出的道德理由推演呈現了一種“私愛”與“公義”對立且不可得兼、捨私愛而取公義的傾嚮：

“己之子，私愛也；兄之子，公義也。

“夫背公義而嚮私愛，亡兄子而存妾子，幸而得幸，則魯君不吾畜，大夫不吾養，庶民國人不吾與也。

“夫如是，則脅肩無所容，而累足無所履也。

“子雖痛乎，獨謂義何？

“故忍弃子而行義，不能無義而視魯國。”②

而這番話甚至有大義救國之效，齊將聞之决定“按兵而止”，差人嚮其君報告稱“魯未可伐”，因爲：

“山澤之婦人耳，猶知持節行義，不以私害公，而況於

---

①此類解讀一例，見 Robin R. Wang，“Virtue，Talent，and Beauty：Authoring a Full – Fledged Womanhood in Lienuzhuan（Biographies of Women）”，in *Confucian Cultures of Authority*，edited by Peter Hershock and Roger Ames，Albany：SUNY Press，2006.

②《列女傳·節義·魯義姑姊》，一份在綫開源文本可見於：https：//ctext.org/lie-nv-zhuan/lu-yi-gu-zi/zhs。爲清晰展示道德推理層次，此處引用刻意分行展示。

朝臣士大夫乎。”

以一般現代眼光來看，或是就我們對儒家傳統的刻板見解來説，這種在血緣紐帶尚在的個體之間援用“公義”原則的理由與做法似乎令人耳目一新。按今人之常情和直覺，總説視如己出，這意味著如果親人共同體親密融洽，則自己的孩子是“私愛”，兄長的孩子也是“私愛”；反觀《列女傳》的時代，却以故事倡導賢婦對自己兄長的公事公辦的態度。對她來説，道德選擇的“私”“公”兩難之所以成立，可能根源於女性的家庭地位特殊性，既嫁從夫，自己兄長的後嗣反而已經是外姓外人了。

内而爲“私”，外而爲“公”，内而有“愛”，外而講“義”——在這種倫理關係與道德心理機制下，顯然尚未有界限分明的私人領域和公共領域，也不能算是有了己與群、私利與公義、隱私與公開、私性合作與公共事務、社會與政治這樣一些我們後來討論公私問題時默定爲前提的明確所指。

魯義姑姊的捨愛取義，克私秉公，無非是基於“己之子，私愛也；兄之子，公義也”這一設定。在私愛與公義的對立之下，不應“背公義而嚮私愛，亡兄子而存妾子”，這是那位并不擁有姓名的“魯野之婦人”（齊將差人轉述中則稱“山澤之婦人”）所展示的道德推理的第一步。而故事中的齊將最終“賢其推理”，并由此深信魯國“朝臣士大夫”必會同樣“不以私害公”，道德推理在此有一步類推跳躍：齊將顯然不止於認爲魯國朝臣士大夫也能做到不以己子的獲救機會而“害”兄子的獲救機會，這對於戰爭征伐而言并無直接意義。任何生活在這個“公義”推理傳統中的讀者都不難補出此處之留白：不以臣害君，不以孝害忠，不以小家害大家，等等。

山澤賢婦和合格的朝臣士大夫都能够做到“不以私害公”，

前者也在故事中同時獲得了“雖在匹婦，國猶賴之”的評價。借助當時的女性視角，這個故事進一步將《大學》八目細節化了：不僅“齊家”與“治國”高度相關，而且就齊家本身來説，尚有己與兄、己子與兄子、自家與兄家這類已被刻畫爲内外私公之别的區分。另一方面，内外關係和私公取捨也在此有進一步闡發：當内與外、愛與義、私與公發生衝突時，理當犧牲私愛而成全公義。對於山澤婦人來説，這意味著犧牲己之子而成全兄之子；對於朝臣士大夫來説，這可能意味著犧牲己身而成全家，犧牲己身而成全國，或犧牲家而成全國，如此種種。

那麼，與私人領域—公共領域的截然劃分不同，在魯國的義姑姊和朝臣士大夫那裏，有著内與外、私與公的明顯相對性。這種内外和私公的相對性描述了個人生活邊界和整體社會關係結構的某種典型的外嚮遞推模式。借用費孝通的術語，該模式即“差序格局”：

> 我們儒家最考究的是人倫，倫是什麼呢？我的解釋就是從自己推出去的和自己發生社會關係的那一様人裏所發生的一輪輪波紋的差序。“釋名”於淪字下也説“倫也，水文相次有倫理也”……在差序格局裏，公和私是相對而言的，站在任何一圈裏，向内看也可以説是公的。①

如此，先拋開“天下”一層不講，朝臣士大夫站在魯國的立場上向内看，魯國的立場即爲公義，這自不待言；婦人站在兄長的立場上向内看，比之於更爲“内”、更爲“私”的私愛，兄長的立場就也是“公義”了。既然儒家總説宗族是基層倫理秩序的

①費孝通：《鄉土中國》，載《費孝通全集》第六卷，呼和浩特：内蒙古人民出版社，2009 年，第 128—130 頁。

骨幹，那麼在婦人之子與其兄長之子之間，換了姓就變"公"義的道理，大致正是差序倫理格局的典型體現。而在《列女傳》的叙事中，齊軍就此毫無遲疑、毫無隔閡地對魯國有了某種普遍化的"不以私害公"聯想，或許也意味著差序格局在漢代儒家倫理訓教中已經塑造了人們的道德標準和道德直覺。

但是，"私愛"真的無法成爲坦坦蕩蕩的可辯護的道德理由嗎？進一步説，私愛真的無法成爲成就個人美德的可靠動力嗎？若是如此，同理心、愛及關懷這樣一些倫理生活中的重要主題將如何措置？再换言之，如果"公義"成爲社會生活圖景中唯一凸顯的道德理由和倫理根基，會有哪些顯而易見的本可避免的惡果？如果道德行爲通常意味著道德主體對其行爲對象公義以待，道德行爲在實利意義上的受益者該如何自處？

對這些問題的回應涉及個體道德生活、社會合作模式及政治權責關係等若干層次，又不妨從經典文獻中的一個簡單反例入手：

同樣涉及戰爭中克敵制勝的要訣而又不同於"持節行義，不以私害公"的是，柏拉圖在《會飲篇》第一份愛神頌詞（178A—180B①）中借斐德羅（Phaedrus）之口講述了一番真愛無敵的道理：

> 所以我們如果能想出一種辦法，讓一個城邦或一支軍隊完全由情人和愛人組成，就會治理得再好不過，人人都會互相爭著避免做醜惡的事，努力做光榮的事。這些人如果并肩作戰，衹要很小的一支隊伍就可以征服全人類了。……縱然

①以下中文譯文均采納王太慶譯本。見柏拉圖：《會飲篇》，王太慶譯，北京：商務印書館，2013 年，第 11—16 頁。

> 是最怯懦的人也會受到愛神的鼓舞，變成一個英雄，做出最英勇無畏的事情來。(178E—179B)
>
> 祇有相愛的人們肯爲對方犧牲性命，不但男人，連女人也是如此。貝利亞的女兒阿爾革絲蒂就在全希臘的人面前爲我這句話提供了强有力的證據。祇有她肯代替她丈夫去死，雖然她丈夫也有父親和母親。她的愛超過了父母的愛，所以父母顯出對於兒子有如路人，祇有姓氏的關係。她成就了她的英勇行爲，不但人，連諸神也欽佩這行爲的高尚。(179B—C)

在第一段引文中，同樣是旨在邦國的良治和軍隊的得勝，柏拉圖的文本强調互愛之人同時能够成全共同體，而不必犧牲私愛以成全公義。在第二段引文中，同樣是涉及犧牲一人性命而換取另一人的存活機會，同樣是以女性爲主角的叙事，擁有姓名的阿爾革絲蒂（Alcestis，一譯"阿爾刻提斯"）的行爲理由恰源於私愛，也僅止於私愛。

此外，就近年一個學術争訟熱點來説，《列女傳》所引文本和《會飲篇》所引文本之間還關乎另一處重要區别：對魯義姑姊的贊頌强調的是做正確之事，即"行義"；雖然文中也提及這位賢婦本人有某種"果於"行義的特質，而她能够"果於行義"或因具備"公正誠信"之美德，但對如何獲得并葆有這類美德始終語焉不詳。相比之下，形諸斐德羅之口的認定愛能够激發勇氣、促成美德、導致幸福的立場（178C，180B），則明確得多。在美德倫理學當代復興的潮流中，尤其受伯納德・威廉斯和阿拉斯戴爾・麥金太爾等人的影響，國内學者也多有關於反思現代道德話語、復歸倫理生活的相應强調。但是，就真實的道德理由教化模式來説，我們真的也有一種可被"復興"的古典美德倫理傳統嗎？

至少，差序格局式道德推理所導致的尚公抑私造成了人倫親情與道德行爲之間原本可以輕易避免的對立（這裏并非要主張親情與道德之間毫無衝突或張力，衹是要强調總該不致如此根本地不相容），以美德倫理的眼光看也恰恰導致了倫理生活的萎縮：一方面，魯義姑姊果決於義行的動因，在於魯國彼時看起來確實已有一種强大的促使其舉國上下皆奉“公”行“義”的壓倒性氛圍（如齊將所推測），以至於若不如此則會面臨“不吾畜”“不吾養”“不吾與”及至“脅肩無所容”“累足無所履”的境遇。另一方面，即便民風如此，這種從義如流的價值基礎仍然衹不過是那種内私外公、私公相對、捨私取公的單薄的差序道德理由。就前者來説，全民有必要如此，則個人不得不如此，這意味著道德推理在形式上的萎縮；就後者來説，道德主體的一切人際互動和社會關係中值得辯護的道德性都被簡化爲自我中心的外擴網絡中錨定於某個位置的内嚮私愛和外嚮公義之間的取捨，這意味著道德推理在内容上的萎縮。

這樣的道德風尚在我們的當代社會境遇中仍然暢行無阻。衹需稍稍觀察現實生活中的父母子女或密友情侣的日常互動，就會輕易發現差序格局式枯燥單薄的二元化道德推理的宰製地位：親人和愛人間倘若相安無事，或者倘能不動聲色地化紛擾爲諧和，就都配不上道德贊美甚至配不上道德關注。處理選擇困境、取嚮衝突和資源矛盾等問題麻煩時越是笨拙吃力，越是擴大了代價并又（不得不）用非凡的犧牲平息事態，就越是感人且偉大。這種模式，我們恐怕是再熟悉不過的。對這類問題及其成因源流的細緻梳理，可説是比從文本到文本的建構倫理話語和歷史話語、誤認啓蒙困境也是我們的困境有意義得多。

二、公義與公家：從無視對象的利他主義到無視成員的共同體

可是，就連已經極度貧乏的公私二元差序道德理由本身，也是自我消解和自我挫敗的。因爲這導致了一種無視對象、無視受惠者的利他主義。不難看出，在“魯義姑姊”公事公辦的道德叙事中，是没有幸而獲救的兄長之子的任何位置的。兩相對照：在阿爾刻提斯捨己救夫的故事中，高尚行爲的施動主體所在乎的是具體倫理關係中自己的丈夫，是生命有望得以幸存的那個人本身。在無名無姓的魯國郊野賢婦捨己子救兄子的故事中，“公義”的踐行者在乎的是“吾畜”“吾養”“吾與”，是“脅肩”之所“容”和“累足”之所“履”，是比喪子之痛更痛的道德孤立與“獨謂義何”——借用今天的流行語説，她在乎的是她自己的社會性死亡。

邁克爾·斯托克（Michael Stocker）在一篇發表於1976年的論文中提醒人們注意現代倫理理論盡數導致了精神分裂症（schizophrenia）：快樂論式利己主義、種種功利主義和種種義務論等現代倫理理論版本都使得它們的遵奉者無法真正獲得和享受愛、友誼、温情（affection）、同儕感（fellow feeling）和共同體這樣一些重要生活内容所帶來的美好價值，因爲他們的動機結構必然導致理由（reason）與動機（motive）之間的分裂。概言之，那些現代倫理理論都存在著“人”（the person）的缺席。以愛爲例：

> 這些理論在愛方面的缺陷并不是它們不看重愛……而是它們不看重所愛之人。事實上，一個僅衹是看重并致力於愛的人，所看重并致力於的無非是一般而論的愛、甚或無非是

> 由這個人所範例化的一般而論的愛，那麼他無疑“錯失”了自己意圖去愛的那個人。①

由此反觀漢代作者講述的先秦“魯義姑姊”故事，那種道德推理脉絡既屬於古代，又顯得毫不利己專門利他，甚至還與現代道德個人主義的種種版本之間都頗有抵牾。但是，現代道德哲學的有力批評者所針對的一些根本困境，却也同樣令我們在面對那種古代“公義”傳統時感到熟悉：

斯托克的論文在批評動機和道德意圖的外在性（externality）及非人性（impersonality）時，描繪了這樣一種情形：你久病住院，你的朋友千里迢迢來看你，花很多時間幫你振作精神。在面對你的溢美和感激之辭時，他却自我剖白稱來看你并不是因爲你是你，并不是因爲你們是朋友，而是因爲他在盡他所認定的道德義務（基於某種義務論），或是在試圖導嚮最優結果（基於某種後果論）。他的義務感可能源於你們是基督教同儕或共産主義同志，他的權衡可能在於認定幫助病人振奮精神是好的，但又碰巧不認識什麼人比你更需要振奮也更易於振奮。②

著眼於“魯義姑姊”故事中被選擇救助的兄長之子，不難重構一個類似的窘迫處境：你與自己的姑表兄弟在魯國郊野遭遇來犯的齊兵，抱子携侄的你的姑姑選擇了弃子不顧，抱你逃跑。你感激於她危急時刻直覺之下的救命之恩，并對那位兄弟的生命險境和姑姑即將遭受的喪子之痛感到憂慮悲傷。但被敵將問及“力

---

①邁克爾·斯托克：《現代倫理理論的精神分裂症》，譚安奎譯，載徐向東編：《美德倫理與道德要求》，南京：江蘇人民出版社，2007 年，第 64 頁。文字略有改動。

②同上，轉述自第 66 頁。

不能兩護”時的取捨緣由時，剛剛給了你更大的生命希望的你的姑姑却説：她救你并不是因爲你是你，并不是因爲對你視如己出，并不是出於你的某些特質或其他一些特殊化的背景原因；她衹是在踐履一種與“私愛”相對的“公義”，爲的是免得被自己所在的道德共同體離弃不容。而且似乎有理由相信，衹要處於亡一存一的兩難抉擇之下，節義如她，總是會捨内取外、捨私取公，衹是碰巧這次的選項之一是你，同時你又碰巧在被取捨的兩人之間是關係更爲疏遠、以致成爲公義原則運用對象的那一個。

進一步説，無視對象的利他主義，甚至要比無視對象的利己主義和道德個人主義諸版本更具“分裂”特質。蓋因這種古代儒家利他指嚮的“公義”原則版本雖然承諾犧牲“私”而成全“公”，却根本上未能真正裨益於作爲具體他人的受惠者（beneficiary）。至此，我們已經關注了那種總是要求在内與外、私與公的相對關係中捨私愛取公義的差序道德推理的兩類後果：其一，私愛在道德選擇中的缺席造成了道德理由與道德動機的貧乏單一，無法可辯護地顧念私情、優先施救親生骨肉，意味著倫理生活和美德動因的可能性範圍的顯著縮減。其二，“人”在道德選擇中的缺席既割裂了情感生活與道德推理，也消解了人倫關係的道德意味，不僅可能導致外在化、非人化的道德高調，而且確實導致了在“魯義姑姊”這位施惠者（benefactor）的利他決策中，無論被援救的孩子還是被放弃的孩子，無論從事件後果看的受惠者還是犧牲者，他們的鮮活生命都衹不過成了道德選擇主體獲得行爲道德性的手段——而這裏的道德性，目標指嚮是邦國大義而非具體他人（“不能無義而視魯國”）。

施惠者和受惠者這一對角色關係，借用自西儒一項頗爲激進的當代理論構建：作爲道德個人主義（moral individualism）的替代方案的“儒家角色倫理”①。依相關説明來看：

> 受惠者角色表現出一繫列恰適於該地位的行爲——感恩、服從、關注，等等；施惠者的行爲與之不同，在其行爲中表現出關懷、敏感、勇氣等。……（受惠者角色）需要努力培養一種適當的、不必訴諸阿諛乞憐（fawning）的感激欣賞（appreciative）之感；在保持禮貌和得體的同時提出异議；感恩而不變得奴顔婢膝。同時，我們必須繼續成長爲更好的施惠者，幫扶協助而不專横跋扈，毫無怨言地大力奉獻自己，優雅地接受對我們的努力的感謝而不去尋求不必要的認可，等等。②

與此同時，兩種角色并不是固定化的。在從家庭開始的畢生倫理生活中，我們最初以受惠爲主，後來發展爲施惠占據重要分量。在社會合作中，每個人都時而施惠與人，時而受惠於人，裨益的獲得與負擔的承受總是動態的，而良好的互利關係意味著施惠者不桀驁，受惠者不卑諂。

深深植根於美國化的問題意識，角色倫理的著述者强烈批判以競爭和個人主義作爲其意識形態基礎的社會形態，并主張取而代之以圍繞合作以及動態的施惠—受惠關係而展開的倫理生活世界：

> 當今世界要求人們基本上不應將彼此視爲競争者，而是

①晚近在跨文化視野中建構起來的“角色倫理”在何種程度上可被認爲是“儒家的”，恐怕本身就成問題。不過對本文主綫來説，這并不是重點。

②Henry Rosemont Jr.：“How to Think about Morality without Moral Agents”, in *Encountering China：Michael Sandel and Chinese philosophy*, edited by Michael J. Sandel and Paul J. D’Ambrosio, Cambridge, Massachusetts: Harvard University Press, 2018, p. 217.

> 視爲合作者；不應將人類存在者看作孤立且自主的，而應看作相互依賴且相互關聯的；不是自力更生和單獨存活，而是成爲他人的施惠者和受惠者；不是自由的（自由去做我們所選擇之事），而是有負累的（受負累於履行我們的責任）……現在，孩子們學習“每個人的家都是他的堡壘”這一洞見，遠不如開始感受和感激“没有人是一座孤島”的真理更爲重要得多。基督徒父母尤其應該少花些時間教導“天助自助者”，多花些時間表達“愛人如己”的誡命。①

可惜的是，如果仔細考察此處引文提供的觀點，同時對比參考本文至此已經提及的漢代“魯義姑姊”叙事、雅典真愛無敵叙事、以及對現代倫理理論“精神分裂症”的當代批評，就會發現在盎格魯—美利堅語境内强行植入一種“儒家角色倫理”，不僅捨近求遠，而且矯枉過正，甚至可能是引鴆止渴。

捨近求遠之處在於：古希臘倫理理想中自有情愛和友愛對美德的促進和對城邦共同體團結的維護，基督教倫理理想中推己及人、推家户及比鄰的團契（fellowship）精神和平等合作氛圍。相比之下，在漢代作者那種“事兄以公”的倫理叙事中，反而是最没有愛鄰如愛己這類道德理由的。不僅如此，他人甚至進一步矮化爲主體自我行爲道德性的手段。

矯枉過正之處在於：自尊自主和相互依賴遠非不相容，自力更生和合作互惠遠非不相容，自由選擇和承擔由種種自然偶然性和社會偶然性加諸己身的責任義務也遠非不相容。上述引文却把這些對比絶對化了。一個典型的現成例子是，自由主義者們有一種已經直覺化了的警惕權力、懷疑國家的傾嚮，但同時，這種傾

①Ibid，p. 203.

嚮恰恰常以重視自願合作、榮耀社會聯合爲基礎。羅伯特·諾齊克在其1974年的著作《無政府、國家與烏托邦》的結尾即這樣總結道：

> 最小國家將我們作爲不受侵犯的個體加以對待，這樣的個體不可被他者用作手段，或工具，或器物，或資源；……它允許我們盡自己所能、受助於擁有同等尊嚴的其他個體的自願合作（voluntary cooperation）而去單獨地、或與我們所選之人一起選擇我們的生活，去實現我們的目的和我們的自我觀。任何國家或人群如何敢於做得更多呢。或者，（如何敢於做得）更少。①

諾齊克的結尾字眼衹是簡潔有力的“Or less”。并不更多，并不更少，剛剛好就是這樣，人與人之間自尊且互賴，自力且互惠，可選擇獨行或同行——合而爲人群也是如此，聚而爲國家也是如此。有趣的是，此書的兩個中譯本都把全書末句點睛之筆翻譯錯了，或許倫理生活的最真實處境已經足以影響成熟學者的理論想像力。我們當然不必同意諾齊克的全盤論述，不過，既然角色倫理理論家同樣身處個人主義傳統，他們在自我與他人、個人與群體、競爭與合作等之間虛構出的絶對對立和捨此取彼就衹會反而大大降低其自身的可信度和適用性，也使得另一種倫理傳統（姑且認爲是儒家）在他們的跨文化轉述中令人遺憾地變得更加難於接受。

---

①Robert Nozick：*Anarchy*, *State*, *and Utopia*, New York：Basic Book, 1974, pp. 333—334. 另參兩個中譯版本：羅伯特·諾齊克：《無政府、國家與烏托邦》，何懷宏譯，北京：中國社會科學出版社，1991年，第330頁；羅伯特·諾奇克：《無政府、國家和烏托邦》，姚大志譯，北京：中國社會科學出版社，2008年，第399—400頁。引文中的著重强調標識爲原作所有。

最後，角色倫理方案的引鴆止渴之處則在於：相關理論家甚至進一步要求消解自律自主的道德主體，這在“魯義姑姊”式的倫理關係與人際道德互動中已經明明白白地展示了教訓。總是捨私愛而取公義，這種差序道德推理模式中固然飽含了一種拒斥個人主義、弱化道德主體性、甚至泯滅自我的古代特色，但它深困於道德分裂症的程度恐怕絲毫不亞於當代批評者眼中的啓蒙現代性。從故事結果看，“魯義姑姊”是一份以義服人、不戰而屈人之兵的典型儒家文本；但同時，從道德取捨模式二元化和道德理由之單一看，它又暗合於秦制——“不能無義而視魯國”，直指魯國大義而罔顧其他具體而又密切的紐帶，放弃了他人和自我的主體性却又未能塑造出豐富而動人的角色關係。以此爲鑒，那種欲取彼之砒霜而爲汝之蜜糖的最終以“如何在不考慮道德主體（moral agents）的情況下思考道德”① 爲根本理論抱負之一的角色倫理論説，未免在病急亂投醫的道路上走得太遠了。

但公允而論，基於動態施惠—受惠關係的解釋框架是頗具生産力的，角色倫理論説已經展開的關於施惠者角色和受惠者角色各自美德的前引刻畫也相當精微縝密而又令人心嚮往之。而且，就當前討論來説格外重要的是：由於一個關鍵區别，角色倫理可能的當代實踐，它的那些捨近求遠、矯枉過正、引鴆止渴的傾嚮，在它所誕生的國内社會中或許不會導致多麼嚴重的現實後果。這個區别恰可借助費孝通所概括的團體格局國家與差序格局國家之間的對照加以刻畫：

> 在西洋社會裏，國家這個團體是一個明顯的也是唯一特

①前引羅思文（Henry Rosemont Jr.）的論文標題即是“How to Think about Morality without Moral Agents”。

> 出的群己界綫。在國家裏做人民的無所逃於這團體之外，像一根柴捆在一束裏，他們不能不把國家弄成個爲每個分子謀利益的機構……在我們傳統裏群的極限是模糊不清的"天下"，國是皇帝之家，界限從來就是不清不楚的，不過是從自己這個中心裏推出去的社會勢力裏的一圈而已。所以可以著手的，具體的祇有己，克己就成了社會生活中最重要的德性，他們不會去克群，使群不致侵略個人的權利。①

兩相對照，在一種團體格局式國内社會之中，理論家盡可設想取消個人主體性内核而代之以角色化的身份界定，社會成員也盡可把自己設想成大大小小各類共同體中各异的動態施惠—受惠關係的角色集合。但，國家制度和政治權力却無法正當要求强行參與國民個人的社會角色建構，有時還會被要求爲個人角色建構提供支持性條件。

差序格局國家則相反：以權力中心爲"天下"中心，制度和權力恰會直接提供個人角色界定和價值取捨的依據。其内處於社會結構各層級的普通個人一方面缺乏多元社會組織與豐富社會網絡的支持（因而值得注意的是，在這樣的社會中學術化地討論社會資本和社會信任等，始終解釋力有限），另一方面直接裏挾在顯著的社會分層和有限的、動力單一的社會流動中②。换言之，基於差序結構的共同體不可能均等地設想每個具體成員的成員身份。回到"魯義姑姊"的故事看，我們此前曾籠統説她捨私愛而取公義的心理基礎是唯恐不見容於自己置身其中的道德共同體，但這還不够確切。

---

①費孝通：《鄉土中國》，《費孝通全集》第六卷，第131頁。

②然而流動性并非平等。這是後話。

道德共同體亦有團體與差序之别。“魯君不吾畜，大夫不吾養，庶民國人不吾與”，這段排比不祇具有修辭意義。在國野制的社會等級中，這位匿名賢婦的居民身份是野人（所謂“魯野之婦人”），而她的道德理由陳説依照從邦國權力中心逐層下降和外推的次序展開。她没有説共同體不吾畜，社會網絡不吾養，或國民同胞不吾與，當她堅稱“不能無義而視魯國”時，能够裁决魯國這個邦國共同體中的個人道德勝任狀態的，看起來并不是與她擁有相同成員身份的、能够同情共感的具體個人。而重新審視“不以私害公”的魯國風尚，也不難發現“公”這一概念在此的真正所指并非共同體，而是政治權力。借用黄宗羲著於清初的《明夷待訪録》中所言：“使天下之人不敢自私，不敢自利，以我之大私爲天下之大公。”①

費孝通則進一步認爲差序格局濫觴了私人化、“自我主義”之弊害，團體格局則能提供公共性之藥方：

> 在（差序格局）這種富於伸縮性的網絡裏，隨時隨地是有一個“己”作中心的。這并不是個人主義，而是自我主義。個人是對團體而説的，是分子對團體。在個人主義下，一方面是平等觀念，指在同一團體中各分子的地位相等，個人不能侵犯大家的權利；一方面是憲法觀念，指團體不能抹煞個人，祇能在個人們所願意交出的一分權利上控制個人。這些觀念必須先假定了團體的存在。在我們中國傳統思想裏是没有這一套的，因爲我們所有的是自我主義，一切價值是

---

①黄宗羲《明夷待訪録·原君》，一份在綫開源文本可見於：https://ctext.org/wiki.pl?if=gb&chapter=319647

以“己”作爲中心的主義。①

這裏在對照中點明了差序格局的兩個困境：一是（也最重要的是）相較於團體格局中典型的個人主義式“平等觀念”，差序格局中的個體恐怕不僅難以體驗平等，也甚至很難想象平等。這倒不是説有着差序格局式認知和心態的人們無法組成團體，而是説，對於每個具體的人來説，他人在其角色、關係、事件和生活中的地位，已經處在被給定了的一個遠近親疏各异的位置。於是，在出於某種社會合作動機而組成團體時，那些原本已經被給定了地位的形形色色的他人很難被這個具體的人重新視爲共同體中的平等者，同時，這個具體的人也并不容易基於其置身其中的相應具體共同體的共同目標或取嚮而重新形成成員間共通共享的身份認同。

二是相較於團體格局如何能够做到“不能抹煞個人”這個關鍵要點來説，存在着一類更顯吊詭的現象。差序格局既然根本并未形成典型的團體狀態，是否也就談不上對個人的抹煞呢？固然，差序格局中并不存在真正的團體（或曰真正的共同體）對個人的抹煞，但仍存在着（或者説，也就更加可能存在着）穩固的社會結構及這個社會結構的真實主宰者對普通個人的持續支配與盤剥。從真實主宰者的角度看：差序格局下的僞共同體本身，就是基於社會結構中的强勢支配者的自我中心外擴而建立的。同時，社會結構的重新洗牌則意味着大差序體繫的中心發生了變化。

質言之，克私奉公、“義而視魯國”的真正道德心理基礎首先在於“魯君吾畜”，指嚮的是權力中心而不是共同體。而魯野

①費孝通：《鄉土中國》，《費孝通全集》第六卷，第129頁。

賢婦所稱“不能”無義而視其國，與黄宗羲所論天下人“不敢”自私自利，兩者又何其相通。道德生活考量優先於本能和親情的考量，這固然是社會化的題中之義。但這樣一來，問題也就同時在於：社會價值觀和道德輿論發展至此，以費孝通的思路説，既需要對“克群”的必要性加以檢討，又需要對“群”的類型加以甄别。

就此，可以識别出“公家”與“公共”的區别。公共生活與共同體合作及成員互惠相匹配，公家則與私愛—公義二元對立下那種絶不“背公義而嚮私愛”的要求相匹配。公共性是團體格局國家中平等國民的共同善與共同生活的基礎，而公家則成爲差序格局國家内權力中心嚮“從自己這個中心裏推出去的社會勢力”各圈層要求服從與奉獻的依據。在有公家而無公共的差序格局中，克群即克權。

重新回顧前節的私愛—公義討論中已經展示的捨愛取義和真愛無敵兩種迥异的古代倫理觀的示例對比，我們至此也可進一步强調：雅典的城邦治理和軍隊作戰涉及真正的公共領域和公共生活；相比之下，誠如梁啓超《新民説》中曾强調過的，儒家傳統五倫——包括看似屬於社會倫理的朋友一倫和看似屬於國家倫理的君臣一倫——實則皆爲私德①。

①參見梁啓超：《新民説》，載《梁啓超全集》第三卷，北京：北京出版社，1999 年，第 660—661 頁。

三、差序公德的兩面及建立公共生活的出路

舶來的西方經典政治理論中也可識别出對公共領域和公私邊界的不同理解：一是以個體自我爲邊界的群己劃分，例如J. S. 密爾深受浪漫主義影響的《論自由》（嚴譯《群己權界論》）即是聚焦於政治壓迫已不再顯著時的社會專暴問題；二是以家爲邊界的内外劃分，例如古典城邦所區分的非全權公民與全權公民（主要以性别和年齡資格爲區分標準）即典型地分别以家内私域和家外公域爲主要活動空間，後來得到女性主義的持久關注；以社會合作和政治事務之間的區分爲邊界的屬性劃分，這在契約論式自由主義和各種版本的共和主義那裏都很典型。但無論采納何種理解，公私邊界在相應闡釋者那裏都是確定的，不可能是相對的。

差序格局中的公私理解則不然：

> 爲自己可以犧牲家，爲家可以犧牲族……這是一個事實上的公式。在這種公式裏，你如果説他私麼？他是不能承認的，因爲當他犧牲族時，他可以爲了家，家在他看來是公的。當他犧牲國家爲他小團體謀利益，争權利時，他也是爲了公，爲了小團體的公。①

費孝通以此段論述直接回應了他刻畫差序格局的最初問題意識。他要解釋"鄉土"國人何至於"最大的毛病是'私'"，何至於"一説是公家的，差不多就是説大家可以占一點便宜……有權利而没有義務"，何至於"私的毛病在中國實在比了愚和病更

①費孝通：《鄉土中國》，《費孝通全集》第六卷，第130頁。

普遍得多”①。

對比本文前兩節的論述焦點，我們至此已經看到了差序“公”德的兩面：捨私愛而取公義的服務於公家而非公共的道德要求導致了無視日常互動中的真實具體他人、無視多樣的共同體成員的抽象道德高調；與此同時，處於差序格局國家中不同位置的個人又在各自的差序社會關係中假公濟私。

藉由分析差序公義傳統導致的雙重倫理後果，我們即可開始意識到差序格局式國内社會中的公域—私域問題和公德—私德問題無法便利地套用任何一種舶來的現成理解。當我們真正開始反復思考自己置身其中的公共互動與社會合作的可能性（或不可能性）時，或許終會發現有兩個令人困擾的共存窘況實則源自同一根由：

一方面，我們中國人可以説是再“個人化”不過了。從正面説，這表現爲自力更生；從負面説，這表現爲孤立無援。從正面説，我們有令人驕傲的勞動參與率；從負面説，我們有令人絶望的福利水平。從正面説，絶不去指望救世主，每個人都要靠自己的雙手過上幸福生活；從負面説，想指望救世主也指望不上，别説救世主，凡不以自我意志爲轉移的他人、群體、社會、制度統統靠不住，甚至，他者即地獄。從正面説，個人都能够獨當一面；從負面説，個人也不得不獨當一面，畢竟，當灾難來臨，我們甚至常常看到同林鳥獸各奔前程，父母將子女拒之門外。

另一方面，我們中國人又可以説再“無私”不過了。從正面説，我們從不缺少烈士，更是從不缺少因大大小小的奉“公”理由而做出犧牲的機會。從不那麼正面的角度説，我們的倫理道德

①費孝通：《鄉土中國》，《費孝通全集》第六卷，第124—125頁。

理由似乎相當貧乏，在人際互動和社會生活中除了贊美犧牲，就很少贊美、甚至無從設想其他德行。我們不缺好人，甚至不缺英雄和聖賢。不過，我們的道德楷模的形象似乎總是顯得單薄，可一旦豐滿起來，又難免讓人覺得不過如此——仿佛一旦開始重視人性和人格的豐富性，就難免削弱榜樣的聖潔和光輝。

綜合整個社會結構來看，要是簡單認爲一部分人無私犧牲、另一部分人在搭便車，也説不通。就自主自立的責任來説，就隨時準備爲更宏大的目標犧牲來説，它們不僅是我們每個社會成員的覺悟，而且是時刻懸在我們頭頂的義務；與此同時，我們從來搭不上社會系統的便車，却又時時刻刻在搭、或預備去搭具體他人的便車。

受困於既極度自我又極度無私的人性二重性窘况太久，就既妨害局中人理解美德，又妨害其理解公正；既妨害其理解榮光，又妨害其理解苦難。不少同胞學者之所以令人驚疑地對我們的傳統和我們的現時問題常年保持外行狀態，一定程度上正是因爲深陷對上述兩類現象的錯覺。這樣一來，也就一方面根本缺乏思考平等、思考苦難的有力動機和恰當立場，另一方面缺乏衡量價值、衡量規則的合宜資源和基本能力。

一種有效的對困境與出路的理解可以從對差序格局中普通社會成員的基本權利—責任處境和他們相應的道德推理特徵的大致總結（詳見表1）開始。而説到底，這些又衹不過都是“被統治的藝術”，甚至可算高度精密的工具理性。

表 1　基本權責處境與相應的道德推理

	（個體自我的）權	（個體自我的）責
［對］内	［徹底"私"化/私利化］ 自我中心。	［僞責］ 假公濟私，占更外層"公家"的便宜。
［對］外	［僞權］ "衹能靠自己"：一種所有人對所有人的孤立（甚至敵對）狀態，真正的"陌生人社會"。	［徹底"無私"/"公"化］ 事親以公："專門利人"這類既反私性的（"克己"的）又不訴諸任何群體認同的犧牲式理由，成爲唯一被接受、被承認、被贊許的道德理由。

團體格局的形成方式是平等個體的聚合，其内發生的問題困境則引嚮對聚合善和共同善的典型討論，平等互助的個體之間行事的道德理由大致可用"愛人如己"概括。差序格局則有不同，一切關係都有某種相對性：向内與更私人化的關係比，當前處理的關係即是公；向外與更無私化的關係比（我竭力避免使用"公共化"這個術語，因已有"公共"與"公家"的區分），當前處理的關係即是私。

從這種穩定恒常的相對性看，處事與爲人的理由亦僅餘"公""私"兩類；而從自我中心的格局維繫和行事動機看，"私"永遠顯得是一種悖離道德的方嚮。於是，就差序格局的倫理想像力而言，這種從出發點看最講究關係的多樣化和細緻化的處世模式就反而導嚮了最單一的二元化道德標準——無私即善（或至少總是相對善），私利即惡（或至少總是相對惡）。

吊詭的是，團體格局看似關係無涉，道德原則却更近於推己及人；差序格局看似打從一開始就建基於自我與不同他人的關係，道德原則却反而顯得無私至上、關係無涉了。但這并不意味著差序格局中單薄的倫理原則不遵從慣常所説的黃金律（golden rule）：形式上看，兩種格局都未繞過那個以你所希望别人待你的方式待人的原則。

衹不過，團體中的個人面對著與自己有著同等尊嚴的成員，在差序格局中，不同的他人則有不同位置——自我給他們的角色和地位各不相同，對他們的期待和希望各不相同，對待他們的方式也就相應地各不相同。這又回到了同一個問題：差序格局中的個體并不違背黃金律，而衹是無法設想平等的人性和尊嚴，也無法依平等尊重和平等以待的原則行事。

最終我們將會發現的極端後果是：差序格局中固然難有平等的人際自我，因爲每個人都衹在自己的波紋中心，且又在不同人的不同角色位置，别人眼中的自我與自己眼中的自我差距甚遠。與此同時，自我同一性（self-identity）不立，難道就有合理的共同體認同（community identity）和共同體團結嗎？如果每個被視作擁有成員身份（membership）的個體都缺乏上述認同，那麽，難道可能有任何友愛團結而又互助和諧的共同體嗎？

差序格局與個人尊嚴互斥，也與共同體團結互斥。同樣，如前所論，差序格局與主體性互斥，也與公共性互斥。那麽還剩下什麽？可公開坦陳的，恰好就是魯義姑姊那種典型"公義"推理：衹有單薄的角色（直接提供了反駁西儒"角色倫理"的一類理由），單薄的相對性，單薄的基於公—私二元對立的道德理由。這類單薄的道德理由又難免通嚮一個結果：贊美犧牲。若以反私性的無私和犧牲而營造自我感動、自我强化、自我洗腦的獨斷氛圍，甚至整個社會結構都傾嚮於認爲犧牲是唯一值得贊頌的德行，就很成問題。而這裏的問題又不是公共性帶來的真正的"公德”問題，而是政治權力中心帶來的官德問題。

從另一角度看，由於公私的相對性，又導致我們常有此疑：日常生活中那些感動常在的大大小小的犧牲，真都是很了不得的“公”嗎？不妨説個簡單且典型的故事。我剛任教那會兒，受同事的感召和鼓勵，一起給學生開讀書會，就收到學生誠摯而又誇張的贊詞。學生説：老師犧牲周末或其他休息時間，無償陪大家讀書，體現了“毫不利己專門利人”的精神，體現了“爲人民服務”的精神。獲贊當然先是開心，但我還是潑冷水説：哪裏不太對勁。

先澄清“不太對勁”的幾層理由：師生一起讀書，先有求知之樂。其次，有共同做事并獲得意義的友誼之樂。其間，悦己是强大動力，既是如此，也就擔不起“毫不利己”或是“專門利人”的誇張贊美。另一方面，比起這些豐富且有力的動機，“利人”和“服務”既單薄又虛僞，看起來還不可持續。何況眼下在讀的書還是《尼各馬可倫理學》。又何況，間或開次讀書會罷了，能算什麼大不了的“犧牲”呢？

可見倫理經典并不容易内化爲行動理由，單薄的差序格局式公—私道德推理輕易主宰著研究院學生的日常判斷力。不過學生是聰明的，萬一他們衹是認爲社會（亦即“群”，尤其，表現爲未能經由“克群”而對個體成員無侵害且有保障的群）承認且推行那套“利人”話語，或者衹是認爲彼此尚不熟識的教師（無論如何强調尊嚴與人性的平等，師生關係中，教師總是占據互動性結構或場域中的權威地位和支配性角色，若要捍衛實質平等，就更要以對不平等前提的承認爲出發點）偏好那套“服務”話語呢？這不就與“魯義姑姊”的受制於“國君畜”“大夫養”“庶民國人與”的古典處境并無二致了麼？

我後來常提起這個故事，衹是作爲道德推理理由之貧乏之一例。現在對差序格局的再檢視自然告訴我們，價值理由貧乏也并不自成原因。脱困之道可能在於援用和形成一些團體格局式道德直覺（這部分涉及倫理學學術訓練的現實教益）：比如，我傾嚮於相信自己之所以在收到誇贊時“先是開心”并且其後總是樂於承認這一點，是因爲在理當重視的團體成員關係中受到了認可，而不是因爲那套碰巧被使用的道德話語有任何吸引力。但同時又要承認，在現實的差序格局中奉行團體格局式倫理，也常遭困境，甚至多數情形下困境纔是常態。本例之所以幸運地顯得成功，與兩項好運氣密不可分：一是涉及的具體互動合作關係和諧有愛、鬆散靈活且無資源匱乏和利益衝突，二是我本人的自我主體性在差序權力結構中處於强勢地位。

作者簡介：賈沛韜（1984—），哲學博士，歷史學博士後，現爲山東大學政治學與公共管理學院助理研究員。

再論德福一致：基於《圓善論》之探討

王林偉

内容摘要：圓善或德福一致是康德在其道德哲學中所提出的議題，牟宗三接續康德此議題并試圖依照中國哲學智慧對其加以徹底的解決。通過對無限智心的肯認以及圓教觀念的引入，牟氏試圖以德與福同體相即的方式作成圓善。本文清理出該理路的具體内容并對其做批判性的考察：通過對德、福等觀念的現象學澄清，圓善問題被置於生存論的視野中重新加以規定。經過重新確定後，德福一致問題被歸結爲個體存有與社會整體兩個方面。牟氏之圓善論所作成者衹是個體存有之超化形態下的德福一致，但他并未觸及社會全體的德福相配問題。此超化形態是信仰體繫之共同屬性，非儒釋道三家所獨有，而社會全體之德福相配所隱含的正義問題在中華傳統文化中則有待繼續推進。

追求幸福是人類的本性，對德行的尊崇亦深植人性之中。以此之故，古今哲人無不引導世人去追求那德福兼備的完滿生活，德福兼備由此成爲人類哲思的永恒話題。然則德福兼備的完滿生活具有何種規定性？我們又如何纔能達到它？無數哲人曾爲此殫精竭慮，例如近世大哲康德便將此德福的圓滿諧和視爲哲學系統的究極問題，正是它構成了整個哲學知識系統的拱心石。當代大儒牟宗三亦對此加以肯認并稱之爲圓善問題，他試圖通過東方的智慧對其做出徹底的解答。本文即意在對他們的相關討論進行檢視，看看能否站在巨人的肩膀上就此永恒話題做些新的展開與推進。具體而言，本文的探討將以牟氏的《圓善論》爲基點，首先清理該書所開拓的理路，進而對此理路做批判性的考察，最後則試圖依批判的指引對問題做可能的推進，以下依次展開論述。

一、《圓善論》對德福問題之探討

中國古代的思想家對德與福都有過討論，但很少將德福相配作爲客觀問題加以探討，不過相關的討論却隱含或可以引申出此問題。而在西方基督教的思想傳統中，此德福相配問題却始終縈繞在思想家的心頭上。康德撰寫《實踐理性批判》即意在對此問題做最終的解答。牟氏則將康德的解答作爲基礎，重新在中國思想的語境中來探索此問題，并試圖藉孟子的思想以及圓教的觀念對其做真正的解决。《圓善論》即是對此工作的完整展示，以下即概述其思路以爲此後的批判性考察奠定較爲堅實的基礎。

1.1　從孟子著手切入德福問題

牟氏首先藉對《孟子》中相關文本的疏解來切入德福問題，其思路如下。

①從“生之謂性”到“本心即性”

通過對《孟子·告子上》篇的疏解，牟氏彰顯出純粹德性的領域，亦即通過區分“生之謂性”與“本心即性”這兩個路嚮，彰顯出内在的道德性。“生之謂性”是老傳統，它所彰顯的性是所謂的生之自然之質，屬於經驗層，故有中性、材料等方面的意涵（動物性、氣質之性和才性，總而言之是氣性）；“本心即性”

則是孟子繼承孔子之仁教而提出的創辟性見解，它所彰顯的是超越層面的道德理性（内在道德性、本心性體或實踐理性，總而言之是理性），此與生之謂性是异質异層的關係。

②天爵與人爵、性命對揚

由内在道德性的發現可進而引出天爵與人爵的對照以及性命對揚的問題。孟子以仁義忠信、好善不倦爲天爵，以現實社會中的政治地位爲人爵。牟氏將前者歸入純粹德性的領域，後者歸入幸福的領域。求德與求福具有不同的特征：前者是孟子所謂“求在我者也”，而後者則是孟子所謂“求在外者也”①。天爵方面，祇要人努力去做操存的工夫，就能得到德性上的不斷進步，這與仁義内在、持志養氣説内在相通。人爵方面，雖然人以恰當的方式、盡最大的努力去追求，然而却未必能得到他所追求者，因爲其中有命的成分。實際上，不管是在德性領域還是幸福領域，裏面都牽涉到命的問題。但在德性領域内，不能藉口有所謂的命而不去做進德的工夫，蓋進德相應於本性之不容已，是不當懈怠的；而在幸福領域内，則不能藉口食色性也去追求無節制的欲望滿足，蓋幸福之獲得本有命的因素，故需正視此因素；此即牟氏所云之性命對揚②。

③德福之諧和作爲客觀問題

在此上分梳之後，牟氏又藉孟子對所欲、所樂、所性的區分來彰顯德福一致的問題。所欲者往往在外——如財富、名望等，如果人們將生命向外攀援附著在它們之上，那就得不到内心的真正快樂。所樂者亦有種種不同，如王天下之樂，又如孟子所謂的

①朱熹：《四書章句集注》，北京：中華書局，1983年，第350頁。

②牟宗三：《圓善論》，臺北：學生書局，1985年，第150—152頁。

基本三樂（天倫之樂等），這些快樂已具有較高的價值。但如果人們將生命附著在它們之上，則其德性生命依然不能得到真正的自由和圓滿的實現。此德性生命乃孟子所謂的“所性”，它纔是價值的終極源泉。而所欲和所樂雖有價值層級上的不同，却同屬於“求在外者”。簡言之，所性歸屬於德行界、理性界，而所欲、所樂則歸屬於幸福界、存在界。它們并不處在同一層面上：“言所性者旨在成德，所性與德之關係是分析的；言所樂者旨在幸福，所性與福之關係是綜合的。”① 這就是說：有德并不必然有福，有福也不必然有德。但幸福既有其積極的價值，自然爲人所追求，而有德者也當享有相應的幸福，故衹有德與福之諧和纔是最圓滿的狀態。由此德福一致就成爲有待解決的客觀問題，孟子之未詳言并不礙其客觀性，康德的探討即直接由此入手。

1.2　康德論德福問題及牟氏之批評

由孟子引出德福一致問題之後，牟氏即轉入康德關於德福問題的探討。蓋康德對此德福問題既有清晰的界定，同時也提出了相應的解答。牟氏即以康德的探討爲基礎，先理清康德的思路并進而對其提出批評。

①康德對德、福的界定

康德是從實踐理性來切入德福問題的，因爲衹有在實踐理性的範圍内纔會有德的問題以及由此而來的德福相配問題。在康德那裏，所謂的德即是對道德法則的無條件服從，他是以道德法則爲首出來決定行爲的善（此即自律），而非以任何對象或圓滿的理念抑或絶對存在爲首出來決定道德法則（此即他律）。因而德

---

①牟宗三：《圓善論》，第168頁。

的根源是在純粹實踐理性或智思界的範圍内，它所彰顯的是意志的因果性而非落入經驗世界的自然因果性。關於幸福，康德則有如下説明："幸福是世界中這樣一個理性存有之狀態，即在此理性存有身上，每一東西皆依照他的願望與意志而進行——幸福即是這樣一個存有底狀態；因此，幸福是基於'物理的自然與此理性存有底全部目的并亦同樣與此理性存有底意志之本質的决定原則之相諧和'上的。"① 這個説明是十分清楚的，此如牟氏所言，幸福即是個體現實存在方面的"事事如意"②。這就清楚地表明：幸福與個體存有的具體存在狀態密切相連，因而其處所是在經驗界、現象界，與意志所處的智思界是异質异層的關係。

②康德對圓善之界定

對康德而言，善是實踐理性的直接對象，而德即是善的不斷實現。然而德作爲善在康德那裏衹是純善、極善，却不是最圓滿的善。牟氏將康德所謂最圓滿的善稱爲圓善。圓善亦是實踐理性的對象，更確切地説，是"純粹實踐理性之對象與最後目的"③，而促進圓善之實現則是每個理性存有的義務（直接被意識到的義務）。根據康德，圓善可從如下兩方面加以確定："道德是極善（圓善底第一條件），而幸福則構成圓善底第二成分，但是衹當它是道德地被制約的，然而却又是前者（即道德）底必然結果時，它始能是圓善底第二成分。衹有依此隸屬關係，圓善始是純粹實踐理性的整全對象。"④ 簡言之，圓善包涵德與福兩個成分，但福

①牟宗三：《康德的道德哲學》，臺北：學生書局，1982 年，第 372 頁。

②牟宗三：《圓善論》，第 230 頁。

③牟宗三：《康德的道德哲學》，第 379 頁。

④牟宗三：《康德的道德哲學》，第 363 頁。

當以德爲基礎并與德相配稱，亦即德與福在圓善理念中有某種必然的關聯。然如此上所言，德與福在根源上分屬兩界（德之根源在智思界、福之根源在現象界）。在現實生活中，有德者未必有福（非如斯多葛學派所言：有德即有福），有福者亦未必有德（非如如伊壁鳩魯學派所言：有福即有德），所以德與福這兩者并不是分析的關係，它們是綜合的關係。在現實生活中，這種德福諧和的綜合却是偶然的、無法得到必然保障的。然則圓善理念中德與福的必然綜合如何能有其可能性？這就涉及到達成圓善的可能性條件問題。

③達成圓善之可能性條件

康德認爲圓善之達成需要建立兩個設准：靈魂不滅和上帝存在。前者是依以下思路而建立：就德而言，究極之善的實現在於“心靈之完全符順於道德法則”（亦即神聖的意志，圓善之可能性需預設此神聖意志之可能性），然而現實的理性存有却不能有此神聖意志，他衹能無限地嚮之而趣，由此就逼顯出某種成德的無限進程；而這種無限進程又必然要預設“同一理性存有底存在之無底止的延續以及這同一理性存有底人格之無底止的延續”①，此無限延續即是靈魂不滅的設准。上帝存在的設准則是如此建立的：圓善的理念要求德福之間的必然關聯，然幸福處在自然界，其與德之關聯（幸福比例於道德）并非理性存有所能把握者（此是在其力量之外者），是故德福之匹配必然要預設某種絶對的存在。這種絶對的存在乃是睿智體，祂一面與理性存有之意志相應和，一面創造自然并使之與理性存有的意志之本質原則相應和，衹有這樣纔能保證圓善之可能。通過圓善的理念及其設准，康德

①牟宗三：《圓善論》，第213—214頁。

爲信仰保留了地盤，信仰是實踐理性的必然需要。

④牟氏對康德式解答的批評

牟氏認同康德所提出的圓善理念，但認爲康德的解答并不究竟，或者説不能真正落實。其根本原因即在於上帝設准之無法落實，此則可從兩方面講：關聯於理性存有之意志而言，“上帝無所謂‘應當’，則其智意之因果性不必能與成人之道德品質的因果性相同，因而亦不必能與人之道德品質相應和”；關聯於自然而言，“上帝所創造的那個‘自然’就是我原有的那個‘自然’，安上個上帝衹是爲的説明之，并未重新調整之使其適合於吾人之德”①。此即是説，上帝存在的設准對於現實的德與福并未做任何改變，既然未做任何的改變，則建立此設准并不能保障德福相配的真實可能性。在牟氏看來，將“絶對而無限的智心人格化而爲一絶對而無限的個體存有……是非理性的，是情識决定，非理性决定”②。牟氏認爲這種做法堵塞了作成圓善的真正道路。

1.3 圓善之圓成：從圓教到圓善

如果康德的解答不能被證成，那麼是否有其他方式可作成圓善？牟氏認爲：衹有化去上帝理念中所隱含的虚幻性，由此回到絶對而無限的智心，然後再通過圓教的觀念方能作成圓善。這是依中國哲學的智慧而作成者，其思理如下。

①無限智心之肯認：德福一致所以可能之機

康德承認上帝理念的超越性，但他認爲：如果我們將此理念對象化并進而實體化、人格化爲某種絶對無限的個體存有，那就

---

①牟宗三：《圓善論》，第240頁。

②牟宗三：《圓善論》，第241頁。

成爲純粹理性的誤用（因爲這在知解理性中根本是無法被證明的），此則應予以批判地廓清；如果將其視爲由實踐理性而來的設准，那麼該理念是有其真實意義的，這正好爲信仰保留了地盤。牟氏則認爲：不但前者是誤用，就算後者也仍舊是情識決定而非理性決定。恰當的做法是：化去上帝概念中的虛幻性及其情識決定的成分，直接回到絶對而無限的智心本身。依中國哲學的傳統，此無限智心并不祇存在於虛擬的上帝處，儒、釋、道三家均肯認此無限智心并認爲人人皆有之。以儒家爲例，此無限智心即由孔子以來之仁教而得到彰顯。牟氏且認爲："有此無限而普遍的理性的智心，故能立道德之必然且能覺潤而創生萬物使之有存在。祇此一無限的智心之大本之確立即足以保住'德之純亦不已'之純凈性與夫'天地萬物之存在以及其存在之諧和於德'之必然性。此即開德福一致所以可能之機。"① 這就是説：德福一致祇有基於無限智心纔有其真實的可能，儒家如此，佛家與道家亦是如此，雖然它們所謂的德與福在内容上并不完全相同。

②圓教觀念之確立：作用的圓與存有論的圓

無限智心之肯認雖然開出德福一致所以可能之機，但祇有通過圓教的觀念方能真切地落實此可能性。所謂的教，牟氏界定之如下："能開啓人之理性使人運用其理性通過各種型態的實踐以純潔化其生命而達至最高的理想之境。"② 圓教則是指圓實（實者不虛）、圓盈（盈者無偏無欠）的終極之教。此圓教觀念來自佛學中的判教，而天臺宗則完滿地表達出圓教的獨特模式。此獨特模式之精神可被展示如下：凡分别説（分别説即是分解地説

①牟宗三：《圓善論》，第 263 頁。

②牟宗三：《圓善論》，第 269 頁。

明，不管此分解是經驗分解、邏輯分解還是超越分解）者皆是别教非圓教；蓋有分别即有其系統相與限定相，而有限定即非真圓。因而凡圓教皆屬非分别説，但此間又有兩種情形，一是般若之融通淘汰的非分别説，一是就法之存在而言的非分别説；前者是作用的圓，後者則是存有論的圓。真正的圓教應該包含這兩個方面的非分别説而以存有論的圓爲主導，以般若爲共法故也。就傳統儒、釋、道三家而言，佛、道兩家皆以“詭譎的相即”（天臺宗之“一念三千”與老莊之“迹本圓融”）來達成存有論的圓，此是所謂的“縱者横講”；儒家則以仁體之創生與潤澤來達成之，此則是“縱貫縱講”。唯有儒家方能圓滿地具備無爲無執的作用層以及道德創造之存有層，故牟氏認爲儒家之圓教方是大中至正之圓教①。

③從圓教説圓善：圓善之圓成

通過以上兩個步驟，康德所意謂的圓善即可被真實地作成：“無限智心能落實而爲人所體現，體現之至於圓極，則爲圓聖。在圓聖理境中，其實義完全得見：既可依其自律而定吾人之天理，又可依其創生徧潤之作用而使萬物（自然）有存在，因而德福一致之實義亦可得見：圓聖依無限智心之自律天理而行即是德，此爲目的王國；無限智心於神感神應中潤物、生物，使物之存在隨心轉，此即是福，此爲自然王國（此自然是物自身層之自然，非現象層之自然）。兩王國‘同體相即’即是圓善。”② 此即消融康德之分别説（目的王國、自然王國、上帝王國）及其實踐

①此爲綜括《圓善論》第六章“圓教與圓善”第三至第五這三節内容而論者。

②牟宗三：《圓善論》，第333頁。

理性之設准（自由意志、靈魂不滅、上帝存在）而歸於無限智心之圓神存在。牟氏之根源洞見在於：無限智心既可以當體呈現（心性本體）又能遍及萬物（通乎道體，在牟氏爲同乎道體）而潤生之，在此本源的呈現中并無自由與自然之分裂，故德與福自始即是同體相即的。

二、對此上思路的批判性考察

由此上梳理可見，《圓善論》確爲體大思精之作，對東西思想的會通有相當大的啓發意義。然而可以追問的是：該會通所遵循的理路能被證成嗎？如果其理路是可行的，那麼對其是否可做更深的推進？抑或其理路存在著某些缺陷，以至於衹有在彌補這些缺陷之後纔能談及更真切的會通工作？以下即帶著這些問題對《圓善論》中所提出的思路展開批判性的考察。具體而言，該考察將從如下四個方面展開：首先是對某些關鍵的概念（德、福）進行澄清；然後再對德福相配的圓善問題進行檢視，看它是否依然具有客觀的意義；再接下來則對以圓教成圓善之思路加以考察，看其解答是否充分；最後則從整體上探求《圓善論》帶來的啓發，以便從中發掘出更多的可能性。

2.1　對某些關鍵概念的澄清

如果圓善被規定爲德、福一致，那麼對德、福的領會與界定就構成理解圓善問題的先決條件。正是在這兩個關鍵概念上，康德的解説是不充分的，牟氏之闡述亦順此不充分之解説而進行。因而有必要率先突破康德的解説、達成對德與福的充分領會并由此做出清晰而完整的界説。這就牽涉到價值意識及其感受的基本結構，如果不能明晰地清理出該結構及其所藴含的義理，我們就無法對德、福形成真切而完整的領會。此下即對康德解説的不充分之處加以闡明，并同時藉助現象學、倫理學（尤其是馬克斯·舍勒）的視野，以回到事情本身的方式對德、福概念做出最終的澄清與界定。

在康德那裏，善是實踐理性的直接對象，德即是善的實現。但康德特別指明：善是由道德法則來決定的，符合道德法則并出於對道德法則的敬重而行動即是對善的實現，所以遵循道德法則而行動即是德行。康德如此界定德行，是因爲其道德哲學以義務概念爲首出，在《道德底形上學之基本原則》中康德正是從義務概念出發而證成其自律道德①。康德所謂義務實是某種應然的意識，但這種應然意識又從何而來？據實而論，它來自某種價值意識；如果切斷價值意識這個根源，就不再會有應然意識，因而也就不會有義務感。例如：要把人當作目的而不僅僅是手段來對待，這對我們而言是個義務。但我們何以要如此呢？這是因爲我們能意識到人格的無限價值與尊嚴。馬克斯·舍勒指出：這種對價值的意識是直接的，亦即價值在某種情感體驗中直接給予自身，這是自明的因而是無法再往後追溯的自身給予性（immediate self-givenness）。衹有在這種價值之自身給予性的基礎上，我們纔能談論道德的善惡：善或有德即是對正面或較高價值的實現，惡

①牟宗三在《圓善論》中亦提到："康德是從義務之分析入手，由此悟入道德法則、無條件的命令，以及意志之自律與自由。他是環繞這些詞語來建立他的'以法則決定行動'的道德哲學。"（第184頁）

或不德即是對負面或較低價值的實現[1]。如果抽掉這些基層的價值給予性而純然形式地談論格言是否可以普遍化，那就祇能成就空洞、形式的倫理學而不是質料的價值倫理學，這就是康德的倫理學被稱爲形式主義倫理學的原因。真正的德行絶不僅僅是對某些抽象道德法則的自覺遵守，它毋寧是在某種原初湧現的情境中對正面或較高價值的積極實現，因爲原初的價值祇有在原始展開的情境中纔能被給予。這就意味著：真正的道德實踐是以生存論的方式（existentially）被作成的。這也就是説：道德實踐自始即扎根於原始展開著的生存情境中，意志所具有的超越性祇有關聯於此情境纔有切實的意義。意志并不是孤零零地處在虛無縹緲的智思界，而原始情境也絶非某種源於被動接受的自然現象。真切的道德實踐自始即扎根於具體情境之中，其間并無意志因果與機械因果的截然區分。如此，以回到事情本身的精神爲指引，我們完成了對德這個概念的生存論轉化。

福或幸福則被康德用來意指理性存有的某種存在狀態，在此狀態中物理的自然與該理性存有的所有目的以及意志要求相諧和，亦即俗語所謂的心想事成、萬事如意。在康德那裏，幸福與主體的感受狀態密切相關。康德曾明確地表示説："主體底特性是苦與樂的情感，此情感是一'屬於内部感取'的接受性"[2]。這就是將幸福之感受歸結爲快樂或痛苦的接受性情感，這種情感歸屬於感性領域。但如果回到真實的感受現象當中，那麼康德將所有的感受狀態化約爲苦和樂這兩種感性情感的做法是不能成立

①馬克思·舍勒：《倫理學中的形式主義與質料的價值倫理學——爲一門倫理學人格主義奠基的新嘗試》，倪梁康譯，北京：生活·讀書·新知三聯書店，2004年，第28—29頁。

②牟宗三：《康德的道德哲學》，第208頁。

的。首先，如此上所言，原初的情感是某種價值感受而非某種感受狀態；其次，即便就感受狀態本身的情形而言，其間亦存在著相當複雜的層級結構，絶不僅僅衹有快樂、痛苦兩種感受。以情感行爲而論，作爲意嚮行爲它首先朝嚮某種價值，與此同時該價值的呈現會在主體上引生出某種感受狀態。此處關涉到兩種情感：首先是作爲意嚮行爲的情感，其次是作爲主體之感受狀態的情感。這是兩種截然不同的情感，不能將二者加以混淆，更不能將價值本身還原爲價值對象在主體上所激起的感受狀態（康德即有此嫌疑）。在意志行爲、具體行動（康德分别稱之爲根源的行動與派生的行動）中，我們也能發現類似的結構。此感受狀態因應不同的價值層級而呈現出不同的樣態與層級：與感性價值相應的是感性感受，與生命價值相應的是生命感受，與精神價值相應的是精神感受，與神聖價值相應的是神聖感受。這些感受狀態具有各自不同的表現方式，它們本身復又歸屬於種種不同的價值層級。正面或較高價值的實現引生正面或較高的感受狀態，由此而來的存在狀態即是幸福，反之則是不幸福①。康德認爲存在狀態總體而言衹有快樂與痛苦兩種——哪怕對此做最寬泛的理解②，

①馬克思·舍勒：《倫理學中的形式主義與質料的價值倫理學——爲一門倫理學人格主義奠基的新嘗試》，倪梁康譯，第128—132頁。

②牟宗三將幸福歸結爲“尊生保命”（《圓善論》，第171頁），同樣對感受狀態的複雜性認識不足。當然，在其他地方他也提到“成德中之主觀心境”的“自得自足之樂”（《圓善論》，第165頁），但在牟氏看來此樂作爲福被淹没在德之中，自身并無獨立的意義。根據我們此上對福這個概念的澄清，這種福在某種程度上的確可被視爲主觀心境，但却是具有客觀意義與獨立意義者。若無此福所帶來的内在充實，那就根本不可能有任何意義的德福一致，就連牟氏所謂的圓聖之境的超化亦無可能。實在説來，此圓聖之境也無非就是某種“主觀心境”而已。

這是對感受狀態的狹隘理解。在真實的情感體驗中，與其所生發於其間的價值層級相應，幸福本身亦有其層次之分，由較高價值感受而來之幸福往往更爲内在、悠久，反之則更爲外在、短暫。由此則幸福本身可有内在與外在、高與低等形態上的區分。但康德指出幸福關聯於主體的感受狀態，這却是正確的；而且福作爲感受狀態的總和，也確實具有接受性、被動性的特征。正因爲如此，幸福的領域中充滿了命的因素，因爲幸福有待於各種價值的給予與實現，而這種給予與實現取决於變動不居的生存情境。

對德、福概念作如上澄清之後，我們發現：康德對德、福的界定有其明顯的局限性。這種局限性源於其形而上學方面的總體設定，亦即：世界在開端上就被分裂爲兩塊，由意志因果决定的自由界和由機械因果决定的自然界。但真實的世界并非如此，如果我們無所拘束地投身於世界的本源展開之中，我們就能看到：在談論自由與自然的根本區分之前，世界作爲密不可分的整體就已預先被給予，亦即作爲包含有無限内容與脉絡的意義發生場而預先被給予。實際上，自由與自然的區分衹有回溯到這個原初世界當中纔能赢得其切實之義。如果我們劈頭就設定自由與自然的截然對立，那麽如何再讓這兩者得到統一就會成爲絶大的困難。而這就是擺在康德面前最大的困難，圓善論、判斷力學説的提出即意在解决這個困難。但因著那内在的分裂，這些彌合工作當然會是曲徑迂迴的。

接下來略論諧和觀念以及命的觀念。所謂的諧和，在康德那裏是指幸福比例於道德，亦即讓有德的人享有相應的幸福。此處可以追問的是：何以會有此德福相配的觀念出現？它的理性及現實根源在哪裏？根據此上對德、福概念的澄清，我們可以這麽回答：德行作爲善的實現自然有其積極的價值，幸福本身也有其積極的價值，而人的價值意識總是企嚮價值總量的充量圓滿以及價值匹配的均匀得當（圓滿與得當本身是價值理念），這就是德福相配的理性根源。但在現實生活中，價值總未能充量地圓滿，其匹配亦總未能均匀得當，這就反過來更加凸顯德福相配的理念及其可被追求、需被追求性，這就是德福相配的現實根源。此現實根源與命的觀念直接相關：德之成就、福之降臨皆有命的因素。這種命的因素歸根結底體現爲世界的預先被給予性及其變動不居、周流六虛之特性。正因爲如此，命的概念有其牢固的實在性，它指示著那股始終裹挾著衆生的不息洪流。牟氏將命視爲“實踐上的一個虛概念”，它所指明的衹是個體生命與氣化方面相順或不相順的一個“内在限制”，這種限制最終是可以被超化的①。我們認爲：在個人修身的層面上的確可以談及對命運的某種超化，但是就人類整體而言，命運之實在性却是無法被超化的，它深深地扎根在人類的有限性之中。

2.2 重新確立圓善問題之客觀性及其内容

經過此上澄清之後，圓善問題是否還有其客觀意義？亦即：在更新關於德、福概念的領會之後，康德所提出的圓善問題是否還能成立？如果它依然成立，其客觀性意義何在、其具體内容爲何？以下就此展開論述。

康德之所以將圓善作爲客觀問題提出來，其原因可歸結爲兩點：一是促進圓善的實現是吾人當下即感受到的義務（道德與幸福在圓善的理念中是必然的結合關係，且幸福是作爲道德的結果而與之相諧和），二是在現實世界中道德與幸福的關係并不是分

①牟宗三：《圓善論》，第142—144頁。

析的關係，而是某種偶然結合的關係。理念如此而現實如彼，故理念會牽引我們不斷地轉化現實以達成其圓滿實現，這就是圓善問題的客觀意義所在。現在的問題是：在更新關於德、福概念的理解之後，此上所言是否依然成立？我們的回答是：依然成立，且意義變得更爲明晰。就第一點而言，如前所説，康德的道德哲學以義務觀念爲首出。但吾人何以會有此促進圓善之實現的義務，這衹能歸結到吾人的價值意識，這裏纔是圓善理念的誕生地。圓善理念所表達的無非是價值意識所内含的如下企求：價值内容的充量完滿以及價值匹配的均勻得當。在更新關於德的理解之後，圓善理念即會歸於價值意識這個根源，這在理性上是更充分、更根源的説明。關於第二點，在更新關於福的理解之後，我們需要對康德的觀點做些改動。在現實世界中（事實上我們衹能回到現實世界來做討論），道德和幸福并不僅僅是偶然的綜合關係。如此前所言，道德實踐本身作爲正面或較高價值的實現必然會帶來正面或較高的價值感受狀態（絶不僅僅是感性的快樂），在這裏道德與幸福的關係是必然的、分析的。但是總體而言，道德與幸福的關係仍舊是綜合的，這是因爲幸福作爲感受狀態具有被動性與接受性的特點，而價值給予實現的範圍遠遠大於道德實踐的範圍（命的因素），所以康德視道德與幸福爲綜合關係，這在總體上依然可以成立。這就意味著：在更新關於德、福的理解之後，圓善問題依然能够成立，且其客觀意義變得更爲明顯。

圓善問題之客觀性既已被重新確立，那麼接下來可以繼續追問的是：此客觀問題到底包含哪些方面的具體内容？實際上，這就是圓善理念所包含的内容，但我們必須將其具體化、現實化。這可從兩個層面、三個子目來講：一是成德之不斷進程，這是關聯與道德這面而言的，進德本是圓善之先決條件、首要因素；二是福與德之相配，這種相配又分爲兩種類型，個體存在之德福諧和以及社會全體之德福諧和。此即如牟氏所云："圓善之所以爲圓善正因爲它亦應含有幸福。這應含有幸福，需要有幸福，不衹是依個人之偏面眼光看起來需要之，而且甚至依一無偏的理性之判斷而言亦需要之……前者如吾前文言就個人所言的需要有幸福，後者如吾前文言就社會所言的公共地需要有幸福。"① 個體存有的德福相配與修身養性之實踐工夫密切相關，而社會全體的德福相配則更與制度的公道或正義相關。在康德那裏，這兩者被統會爲一，但其實際内容則包含此兩者且尤爲重視後者，蓋康德在以上帝存在的設准保障德福相配時曾特别提到"無私的理性""公正而無偏"②。

2.3 圓教觀念與圓善問題之徹底解决

在重新確立圓善問題的客觀性及其内容之後，我們現在對牟氏以圓教成圓善的思路進行檢視。牟氏認爲：康德提出靈魂不滅與上帝存在這兩個設准來保障圓善之可能性這種做法是不究竟的，因爲事實上這并不能對圓善的真實可能性做出説明。在牟氏看來，圓善之真實可能性衹有在肯認無限智心的前提下以圓教的方式作成之。由此就引出本小節所要探討的兩個問題：一是牟氏以圓教成圓善的理路能够被證成嗎？二是康德基於設准的理路是否需要徹底被放弃抑或其理路仍有其價值？以下分别討論之。

牟氏對圓善問題的理解基本是按照康德而來的，其關於德、福等概念的領會當然也需要更新，但因這些更新無礙問題本身的

---

①牟宗三：《圓善論》，第174頁。

②牟宗三：《康德的道德哲學》，第371—372頁。

客觀性，故此處仍以其證成理路爲主展開討論。牟氏認爲圓善之真實可能性不需要康德那兩個設准就可以被作成，其根本原因在於：牟氏肯認無限智心及其當體呈現，由此無限智心即可以化去靈魂不朽和上帝存在這兩個設准。蓋無限智心本是不朽的，而上帝無非是此無限智心的人格化。此無限智心既得肯認，通過作用上的圓與存有論上的圓（此即圓教），道德與幸福即構成某種“詭譎的相即”關係。在此相即關係中，無限智心之自律即是德，無限智心對存在的遍潤即是福，此二者同體相即即是圓善之具體實現。在此我們可以追問：該理路真的解决了康德的圓善問題嗎？依據此上對圓善問題的界定，我們的回答是：并未能完全解答。即便我們承認此上理路能够成立，那麼它所指明的衹是個體存有以超化的方式所達成的德福一致，它并没有正面回答社會整體的德福相配問題。此外即就超化而論，其間或許存在著多種可能性，而牟氏之理路衹居其一。

接下來考察康德的理路，它是否真如牟氏所言，需要徹底地被超越？康德提出圓善問題并建立兩個設准來保障其可能性，他是在哲學思辨的層次上來展開其考量的。我們承認：康德確實未能建立圓善的真實可能性，依其思路，此真實可能性在現實世界中甚至是不可能實現的。所以康德説促進圓善是吾人之義務（這是直接被感受到的），但靈魂不滅、上帝存在作爲設准衹是實踐理性的需要、信仰。以這種方式，康德通過實踐理性爲信仰保留了地盤。如此前所言，促進圓善作爲義務源於價值意識之無限企嚮，信仰所表達的無非是對所有價值之圓滿實現的無限企求與仰望；衹要人心不死、價值意識不亡，信仰就會存在。這難道不是康德的圓善論所隱含的永恒意義嗎？另外，就德福相配的現實作成而言，康德也并非没有思考。事實上，康德不僅確立了義務論的自律道德，他還進而由此提出了關於法律與國家的學説，他對德福相配的個體面與社會面都有照顧到——此下我們還會再回到這個問題。要而言之，康德的相關思考爲人類理性及其實踐確立了永恒的目標與任務，這種思考可以被推進却無法徹底地被超越。

2.4 牟氏圓善論之思路的啓發

牟氏雖未能完整地解决圓善問題——康德之理路仍有其意義，但其思路仍然具有啓發意義。這主要體現爲以下兩點：一是對理性自身的信賴與極成，二是圓教觀念所藴含的回到世界整體的傾嚮。就前者而言，他曾批評康德説："依康德的道德哲學而於圓善問題上猶仍歸於上帝之信仰，這乃是其道德哲學之不徹底，實踐理性之未充其極，此祇可説是實踐理性之始教或别教。"① 事實上，康德本是啓蒙精神照耀下的理性主義者。牟氏之所以如此説是因爲康德未能在純粹實踐理性的範圍内直接作成圓善。牟氏以無限智心爲基礎作成圓善，其間所展現的是道德理想主義之極致、是道德的形上學之充量發展。這種對理性的信賴與極成大體是可以贊同的（因爲即便談及信仰，也當是基於理性的信仰），但是同時也必須明白：人類理性總有其局限性，不承認這種局限性而過度强調良知的無限功用，難免會引來"良知的傲慢"之譏諷。就後者而言，牟氏以圓教作成圓善的做法實際上展現出某種以不即不離的方式在世界之中存在的形態：不即者，無所執著、無所粘滯（作用上的圓）；不離者，因順成全、參贊化育（存有論上的圓）。存有論上的圓尤其指明了對世界整體的回

---

①牟宗三：《圓善論》，第332頁。

歸，牟氏正是以這種方式超化了康德對自由與自然的區分。最後需要補充説明的是，如果跳出《圓善論》之外，那麽我們可以發現：牟氏實際上并未忽視社會全體層面上的德福相配問題。牟氏提出三統并建的主張以及内聖開外王的理路，實際上就是對此問題的回應。他爲此曾提出所謂的對列之局以及理性的架構運用，但其討論仍被限定在受知解理性規約的現象世界中。這却是我們所不能認同的，蓋社會全體的德福相配所蘊含的制度正義問題，本來就是實踐理性範圍内的事情，在某種意義上它甚至是首要問題，以下討論即圍繞此展開。

三、對德福問題的進一步探討

此上的批判性考察爲進一步探討圓善問題提供了方嚮。誠如康德所言，促進圓善的實現是吾人需承擔的義務。現在的問題是：以何種方式纔能真切地促進圓善在此現實世界中的逐步實現？根據以上的分梳，這種促進可從兩方面來説：一是就個體存有而言，二是就社會全體而言。牟氏之圓善論已爲前者指明了方嚮，而後者的方嚮則有待進一步明確。下文即試圖就此兩面加以推進，然介於篇幅與學力，很多問題衹能點到爲止。

3.1　個體存有之超化：德福諧和作爲人格之完滿

在促進圓善之實現方面，確有不同的致思與致力途徑。茲先就個體存有而言，個體作爲存有，在世界之中存在（In-der-Welt

-sein）是其基本處境[①]。如此前所表明的，在此預先被給予的世界中，各種價值不斷地給予自身并由此構成個體存有進行抉擇的價值場域。作爲價值性的存有，個體朝嚮價值并企求價值的圓滿實現：這是自價值面嚮而言人生在世的基本處境。在這種處境中，人是某種既有限而又無限的存有：它企嚮無限、通於無限，然而在現實中却又被種種條件限定而落於有限。個體存有就是在這種處境中去追求他的德與福。

根據此前對德、福概念的澄清，個體之追求德、福及其諧和是以如下的方式展開的。德行即是指對正面或較高價值的積極實現，而福則是正面或較高價值之呈現或實現所帶來的積極感受狀態。因而成德即意味著：在各種價值不斷被給予的世界中努力去實現正面或較高的價值，而這種價值的給予是無限展開的，所以成德本身也是無有止境的。在此需要特別説明的是：由道德實踐之不容已本身所帶來的積極感受是內在於德性生命本身當中的（正面或較高價值的實現引生正面或較高價值的感受，這兩者的關聯是先天的），衹要德行有其不容已的表現，那麼這種內在的充實亦不容已[②]。但求福的情形却與此不同，成德可以自己決定，但是福的降臨（福作爲感受狀態有其被動性、接受性）却不是自己所能決定的，因爲各種價值的呈現與消失完全取決於瞬息萬變的總體世界狀況，所以由外部的價值給予性而來的幸福與不幸總

①馬丁·海德格爾：《存在與時間》，陳嘉映、王慶節合譯，北京：生活·讀書·新知三聯書店，1987年，第65頁。

②宋明儒所追求的孔顔樂處，此樂是何樂？又明代王艮有所謂的《樂學歌》，其詞有云："樂是樂此學，學是學此樂。不樂不是學，不學不是樂。樂便然後學，學便然後樂。樂是學、學是樂。"（按：學即致良知，此描述德性工夫與充盈之樂的一體同流）。

是變動不居的。在現實世界中，個體的存有莫不有其各自的幸與不幸，衹是其具體構成情形不同罷了。如果將眼光停駐在這種外部幸福上，德福一致就永遠無可能。衹有超越并轉化此外部幸福，德福一致纔有可能。這種超越轉化是可能的，它可以如下方式被作成：接受現實因緣所帶來的幸與不幸并通過德行之不容已及其内在充實對整個生命加以超化、提升，使德與福俱融化在人性與人格的完滿之中，這就是超化形態的德福一致。牟氏在《圓善論》中談及德與福詭譎相即的圓聖理境，實際上就是這種超化的某個形態。古代儒者對這種超越形態已經有非常明確的意識，如張載在《西銘》中所云的“富貴福澤，將厚吾之生也；貧賤憂戚，庸玉汝於成也”，又如王船山關於致德命與致福命的經典論説①。

歷史上的大教（各種教化或宗教傳統）其實都包含有某種超化的形態。中國傳統的儒釋道三家，如牟氏所展示的（儒家之外，佛、道兩家分别以解心無染、無爲無執的境界來實現這種超化），自然是具有這種超化形態的。基督宗教、伊斯蘭教、印度教等思想傳統同樣也有其超化形態。以基督宗教爲例，牟氏曾評論説：“基督教衹神話式地講原罪，而無真切的罪惡意識，亦以其有宗無教，主體之門不開，無慎獨之實踐工夫故也。一切都交給上帝來決定，這真成了命定主義，亦無實踐上命之觀念乃至正命之觀念也。”筆者認爲：這種批評是片面而不中肯的，未能公

①王船山：《周易外傳》，《船山全書》第一册，長沙：岳麓書社，1988 年，第 935—936 頁。

正地體察基督教思想傳統中所蘊含的豐富靈修或神修思想[①]。此處以奧斯定與艾克哈爲例對此略作説明，我們可將他們分别視爲教父哲學與中世紀哲學的代表。如果人們仔細地研讀《懺悔録》，那就會發現：奥斯定藉其回憶所展示的正是精神生命不斷超越、超化自身的道路，以至於卡耶爾曾説："奥斯定思想之整體，首先是一種'神修學'，而他的哲學在根本上是一種'精神主義'。"[②] 而艾克哈的密契學説在這方面表現得更爲明顯。陳德光在其研究中指出：艾克哈的密契修養論讓人"一方面走出自我中心的所'有'，捨空不爲人意識與發現的自私與自愛……另一方面走進天主自身無别或'不二'的所'是'……最後，在活動的玄同中分享天主自身'至一'的生命，以同等心或天主之心打破分别心與不平等：世界的有無、人間的得失、各種對立都得到和諧與化解。"[③] 由此可見，靈修之路亦是超化之路：由主體開始并最終實現對主體的徹底超化與提升。

實際上，康德通過實踐理性來爲信仰保留地盤，其意圖即是爲價值世界保留其相應的園地，信仰之真意應該在價值世界的無比廣闊與價值意識的無限企求中而被尋找到。就此而言，我們也許可對信仰做如下的廣義界定：追求真、善、美、聖諸種價值的圓滿實現與某種人格形態的完滿。至於此完滿境界的具體依歸，

---

①事實上，即以"開主體之門"而論，牟氏曾特别表彰契爾克伽德（kierkegaard）并認爲他能開主體之門以回到耶穌的精神、基督教的内在性。參見牟宗三：《王陽明致良知教》（聯經全集版），第3—4頁。

②卡耶爾：《奥斯定哲學導論》，劉俊餘譯，臺南：碧岳學社，2014年，第252頁。

③陳德光：《艾克哈研究》（修訂二版），新北：輔大書坊，2013年，第136頁。

不管是説爲自性、説爲道、説爲佛、説爲梵天，抑或説爲天主、安拉，這些都是可以被接受的。這可以依文化傳統與具體方便而定，衹需知道這些語詞所表征的是某個無限奥秘的源泉。如果能秉持這種理念，那麽各種信仰或教化體系就可以如《中庸》所言“萬物并育而不相害，道并行而不相悖”，又或者如費孝通所言“各美其美，美人之美，美美与共，天下大同”。若反之而落於偏執、封限，則各個文化與宗教傳統之間很難避免亨廷頓所謂的“文明的衝突”。

3.2　社會公正：保障德福相配的制度性架構

如果説德福相配的超化形態是就個體或主體性（subjectivity）而言，那麽德福相配所藴含的公道或正義要求則指嚮交互主體性（intersubjectivity）。這裏所涉及到不僅是個體意志如何完成自身追求的問題，它更多地是關涉到意志之間的相互共存問題。用康德的話來説，就是如何確保每個人都作爲目的而存在，這就涉及到公道或正義的法律與政治制度的建設問題。此制度建設提供某個平臺，每個人都可以在這個平臺的基礎上去追求各自的價值實現。這與個體存有之超化所處的問題層次并不相同：後者關涉到意志追求的具體方嚮和自覺要求，而前者則衹在保障此意志追求的基本自由。超化的生命形態中包含有某種持續向上的意志，但這種向上的意志衹能是自覺地對自己做要求，而不能將其轉嚮他人，更不能强迫他人。因爲這種向上的意志本是自覺、自立、自强的意志，就其本性而言它是某種律自而非律他之物。雖然在現實生活中它可以通過感動與興發讓别人也産生類似的意志，但即便是這種産生也衹能由他人的自覺意志去落實。這種持續向上的意志當然有其不可磨滅的獨立意義，依其本性它的價值不能爲任何外部因素所摧毀。但是這種獨立性不能替代社會公正的制度正義，後者亦有其獨立性。蓋若無社會公正，則在社會中必然會有人淪爲他人的工具，因而失去其作爲目的的存在特性，而一個并非所有人都是作爲目的而存在的社會是與圓善的理念背道相馳的。因爲在這種缺乏公正的社會中，那些淪爲工具的人既被剥奪了成德的自由，也被剥奪了追求幸福的自由，哪裏還會有幸福與道德的圓滿和諧？

社會公正或制度正義由此就成爲圓善問題之解決的本質構成部分，此問題若不能得到妥善的解決，則圓善無真切實現之可能。而要確保社會公正，首先就必須依照此理念建立起相應的制度性架構來作保障。在這種制度性架構的建設方面，我們必須采取與超化形態不同的致思方嚮。在超化形態中，人們不斷向上超越而達於無限；但在制度建設中，我們却必須從最基本的權利保障入手。它的原則是：提供某種基本架構讓人們能够自由地追求他所意願的價值而不致産生相互衝突乃至相互毁滅的情形。這就是説，它首先要在基層、有形的價值層面做出明確的規範：例如生命或生存權的確立，因爲生命的消失同時就意味著自由的消失；又比如財産權及其使用權，因爲若全無物質保障則生命亦不能得其正常延續（事實上財産與幸福有直接關聯）；再接下來則有政治、信仰等方面的自由選擇權。簡言之，社會公正的制度建設是爲了確保個人的基本自由（以及較高價值方面的自由選擇權），在此基礎上還可以酌情附帶增進社會公共福利的功能，這就是現代政府、政治的基本功能。在促進社會的整體福利方面，科學技術的進步當然有其相當關鍵的積極作用，但在此也必須防範科技思維（科學主義、片面的理智主義）的弊端，亦即當以價值理性爲主來規範、引導科技的發展。現代政治哲學即是嚮此而趣的，羅爾斯的《正義論》便是其顯著代表。事實上，羅爾斯的正義理論正是以康德的道德哲學爲基礎而發展出來的。正義論所要處理的正是圓善如何實現的問題，衹不過它是在融會康德道德哲學的精髓之後，再以具體、細密的分析來應對現實生活中的制度安排、政策評估等問題。在西方文化的脉絡中，這點是處理得比較好的。

然就東方尤其是中華文化而言，此社會公正的落實依然任重而道遠。這種現狀與文化傳統的特性當然有關係：傳統的政治文化以儒法并運爲底色且與道德倫理、宗教信仰等維度混淪爲一，因而始終未能發展出現代政治的基本架構。關於這點，清末以來的學者是有明確意識的，如嚴復就曾因此而大倡“群己權界論”，牟宗三亦指出傳統中國政治“有治道而無政道”并由此提出“政統開出”之説。但是他們的思路依然受到文化傳統的過多限制，因而有必要接續其思考做更深的推進。在這方面，蔣年豐曾有過不少思考，值得我們加以重視。他認爲傳統中國的思想對道德主體這面開發得較多也較成熟，但是對於法制主體與政治主體（合爲法政主體）這兩面的開發却遠遠不够。但在自由社會、民主政治的建設中，這兩方面却是缺一不可的。蔣氏認爲：“法政主體雖然不是從固有的中國文化中開發出來的。儒家的原始思想中也的確没有這個精神側面在……但它却以其道德主體爲法政主體預定了位子。”蔣氏是通過以下的理路來進行相關論證的：“康德的道德形上學所凸顯出來的形式主義性格的道德主體可以輾轉轉化成法政主體，而與真實的道德主體并立。就在這樣的意義之下，我們可以説儒家的道德主體爲法政主體預定了位子。”[①] 蔣氏且認爲羅爾斯的《正義論》即遵循此理路而真正地作成之。簡言之，民主與法制的建設纔是保障社會公正的有效方式。衹有在這套制度性架構之下，社會全體的德福相配纔有實現之可能。當然，所有這些思考仍舊是從哲學思辨并且是以主體爲出發點來面對問題的，這衹能給現實的社會公正建設提供指引而不能替代現實生活中其他層面的種種努力。還需進一步指出的是：這裏的社會公正仍然是在現代民族國家的意義上考慮的，它并沒有完全應對全球化時代的世界聯合問題，也沒有秉承深厚的歷史文化意識去關注各個歷史文化傳統的相處問題與代際問題。

3.3 個體成德與社會公正之關聯

在闡明此上兩個面嚮之後，有必要再對它們之間的關係做個簡要的説明。粗略而言，這種關係可被展示如下：相對獨立而又互補互成（relatively-independent and complementary）。相對獨立性依以下特性而被規定：一方面，個體的成德關聯於持續向上的意志追求并有其不可磨滅的永恒意義，任何外部因素都不能摧毀成德的内在價值，這也就是説價值上的信仰與成聖成賢在某個層面上超越了具體的政治文化形態，此即爲個體成德及其超化的獨立性；另一方面，具體而現實的社會并不是聖人的聯合體且無法要求人人都成爲聖人，它的運作是依照社會個體單位之相互限制與聯合情形而展開的，這種相互限制與聯合有其自身的規範與規則（公道與正義），不依個體存有之賢與不肖或智與愚而轉移，

①蔣年豐：《海洋儒學與法政主體》，臺北：桂冠圖書，2005年，第257—258頁。

此即爲社會公正的獨立性。正是出於這種相對的獨立性，現代政治纔發展出政教分離的基本原則。但與此同時，我們也要特別地指出：它們是相對獨立而非截然割裂的關係，因爲它們都處在實踐理性或價值理性的範圍内；或者用康德話來説，它們都被包含在圓善的理念之中且在此理念中必然地結合在一起。回到現實情形來説，這兩者之間顯然不是相互割裂的關係，而是相輔相成的關係：一方面，個體的成德有利於社會公正的落實，亦即道德主體的建立有助於法政主體的建立；結合歷史而言，孟子的王道政治和民本思想、黄宗羲對皇權專制的反思顯然都可以與現代的自由民主政治相接榫；另一方面，社會公正的落實反過來亦有利於個體的成德，亦即法政主體的建立爲道德主體的自由成就開放了更爲廣闊的空間，古代中國之所以出現那麽多賢人志士的悲劇，其中最關鍵的原因即是道德主體與法政主體不分。這兩方面之所以能相輔相成，是因爲它們都植根於價值意識當中；衹要能秉承“將人視爲目的而不僅僅是手段”的理念，它們就可以携手并進而共同促進圓善之實現。關聯於今後中華文化的建設而言，致思與致力的重點在於法政主體的確立與完善，而在道德主體這方面則應該做適當的鬆動，應將其從家國天下的全面負擔中加以解放（當然并不是要抛弃士大夫精神）。

結　語

此上思考是以牟宗三的《圓善論》爲基礎并通過批判性考察而作成的，所有這些討論實際上都是圍繞著圓善問題而展開的。誠如康德與牟氏所言，圓善問題可謂是哲學系統中的究極問題，它是所有實踐理性問題的匯聚點，而因著實踐理性相對於觀解理性的優先性，它亦可被稱爲整個理性系統的拱心石。對於這麼重大的問題，即便是思辨能力超群、智慧不凡的哲人如康德與牟宗三，其相關討論仍舊是不够的，遑論筆者這篇小小的論文。本文雖盡力對《圓善論》的思路進行了清理并結合更多的思想資源對其做了批判性的考察，指明其間所存在的啓發意義與不足之處并進而嘗試做更進一步的闡發，但關聯於圓善如此重大的議題而言，這些思考依然衹是初步的因而是遠遠不够的，唯願它作爲學思道路上的足迹能够夯實自己的思考并唤起學界對此問題更多的關注。

作者簡介：王林偉，江西安福人，現爲武漢大學中國傳統文化研究中心教師，研究興趣爲儒家哲學、現象學及東西方哲學比較。

"樂壞"現象的背後：春秋時期"王權"與"學統"關係評議[①]

王順然

《論語·八佾》記："孔子謂季氏，'八佾舞於庭，是可忍也，孰不可忍也？'"[②] 孔子以"八佾舞於庭"描述季氏對禮樂制度的踐踏，"是可忍孰不可忍"更指季氏在魯國對君權的僭越。由此亦可見，春秋以降的禮崩樂壞，既是禮樂文化、制度傳承（亦即"學統"[③]）的斷裂，又是天子、諸侯、士大夫權力（亦即"王

①本文繫國家社科基金重大項目（20ZDA024）、教育部青年項目（19YJC720030）、廣東省教育科學規劃課題（2018GXJK154）階段性成果。

②何晏、邢昺：《論語注疏》，北京：北京大學出版社，1999 年，第 30 頁。

③"學統"概念常與"道統""政統"等連用，并稱爲"三統"，是北宋道學家爲復興儒學、重振儒家仁義之義理核心而提出的。牟宗三先生認爲"禮樂刑政"是"一綫之相承而不斷，以見其爲中華民族文化之命脉"的"道統"表現於"客觀政治社會之制度"。（見氏著：《心體與性體》，正中書局，1981 年，第 191 頁。）又講到"道統指内聖言，政統指外王言，學統則既是此内聖外王之學，而内聖外王是一事，其爲一事，亦猶仁義之與禮樂爲一事"。（見氏著《道德的理想主義》，學生書局，1978 年版，第 260 頁。）就本文而言，依憑於"樂制"而建立的教化系統更近於"學統"的概念。關於"學統"的説法，近來學者給出了不同的解釋，如景海峰認爲："'統'往往是在歷史延續的脉絡化和事件累積的豐厚性上生成的，没有時段的銜接和足够的可叙述性，也就没有所謂的'統'。西學東漸以來，

權"[①]）的旁落。而在回溯春秋以降"樂壞"現象的同時，我們可以看到王權對學統的毀弃，亦是對自身根基的動摇。

道、政、學三統完全裂散掉，甚或早已没有了所謂的統緒可言，衹剩下現代學術意識關照下的知識譜系觀念。"見氏文《經典解釋與"學統"觀念之建構》，《哲學研究》2016 年第 4 期。）姚中秋認爲："學是中國文明的根本，道統、政統最終都歸於學統。人類應當從以神爲中心或者以各種相互撕裂的觀念爲中心的文明樣態，轉嚮以學爲中心的文明樣態。"（見黄光國、羅志田、丁紀等：《範式轉移與學統重建》，《天府新論》2016 年第 1 期。萬俊人則認爲："學統是由學術教育群體創造的制度化了的知識教育體系和思想創造樣式。獨特、連貫而又持續有效的教育傳統和學術傳統，即'學統'。"（見氏文《重説學統與知識譜系》，《讀書》2012 年第七期。）

①我們討論的周代樂制相關史料從時間上看應早於諸子學説的産生，然而很多争議與討論是在諸子的文獻中出現的。在這個轉折，亦即禮崩樂壞的階段，"王權"與"學統"關係的問題被不斷反思。這裏與西方"王權"與"教權"的相互作用有些相通之處。（見顧鑾齋：《在王權與教權之間——論歐洲中古後期教會學者的政治理論及其體系》，《文史哲》2019 年第 1 期。）而後，士階層慢慢擔當起"學統"傳承之責，士與"王權"之間的結合方式有了不同的選擇。（見朱漢民：《先秦諸子政治態度平議》，《現代哲學》2017 年第 2 期。）士也在不斷反思"王權"的合法性來源，對"王權"形成新的制衡，如荀子直接認爲"禪讓制"無法體現最高政治權力轉移的正當性要求，這對殷周以降的"王權"合法性形成了巨大的挑戰。（見吴根友、劉軍鵬：《荀子的"聖王"觀及其對王權正當性的論述》，《浙江學刊》2013 年第 5 期。）

一、周代的樂制與學統

按照《周禮》《禮記》等文獻中的記載，以“樂”爲支撑，周代發展出了“學校”“典樂”“采風”等相關制度。① 這一系列制度的建立，保證了文化和教育的有序傳承，形成了周代禮樂文化的學統。樂制對學統的影響，突出體現在以下四個方面：

第一，樂制建立了王權與學統的緊密關係。以“大司樂”爲首的樂官承擔著國家“學政”的職責，尤其在“大學”教育中，樂官直接承擔相應的教學工作，對國子、俊士有親傳之功。《禮記·王制》曰：

> 樂正崇四術，立四教。順先王“詩”“書”“禮”“樂”以造士。春秋教以“禮”“樂”，冬夏教以“詩”“書”。②

孔穎達注曰：“樂正，樂官之長，掌國子之教。”樂正奉“夔”爲祖，有《虞書》爲證，曰“夔，命汝典樂，教胄子”。樂正有大、小之别，《周禮·春官宗伯》改“大、小樂正”爲“大司樂”和“樂師”，其謂：

> 大司樂掌成均之法，以治建國之學政，而合國之子弟焉……以樂德教國子：中、和、祇、庸、孝、友。以樂語教國子：興、道、諷、誦、言、語。以樂舞教國子：舞《云門》、

---

①相關討論見馬宗榮《中國古代教育史》（1942）論“周代學制與教育”、陳東原《中國古代教育》（1931）論“所謂庠序教育”、林琳《中國古代教育史》（2006）論“夏商西周時期的教育”等七種，本文參考郭齊家：《中國古代學校》，北京：商務印書館，1998 年，第 21 頁。

②鄭玄、孔穎達：《禮記正義》，北京大學出版社，2000 年，第 472 頁。

《大卷》、《大咸》、《大磬》、《大夏》、《大濩》、《大武》。①

在學校教育中，“樂”是教育之載體，“德”“語”“舞”是教育之科目。無論是“國子”“國之子弟”，還是“典樂教胄子”，可以説從“夔”以降的“樂正”“大司樂”都承擔著貴族繼承人的培養、人才的選拔舉薦之責任。《禮記·王制》又曰：

> 王大子、王子、群后之大子，卿大夫、元士之適子，國之俊選，皆造焉。大樂正論造士之秀者，以告於王，而升諸司馬，曰進士。……將出學，小胥、大胥、小樂正簡不帥教者，以告於大樂正，大樂正以告於王。王命三公、九卿、大夫、元士皆入學。不變，王親視學。不變，王三日不舉屏之遠方，西方曰棘，東方曰寄，終身不齒。②

對那些優秀的人才，大司樂就舉薦他們入朝承擔工作；不遵循教導的子弟，大司樂就報告天子。對於這些不受教的子弟，天子命三公、九卿、大夫、元士到學校去幫助教導這些子弟；如果還没有改進，天子就親自到學校勸誡；如果還不改變，天子三天用膳不奏樂，并驅逐這些不遵循教導的子弟。總之，天子、三公等要選取人才、培養後繼者，就要對樂官、對“學校”教育保持相當的尊重與信任；士人通過大司樂舉薦，也會對樂官有著相當的親切；這便使得學統有了王權的護持。③ 同時，作爲周代文化的中堅力量，士人對文化的推廣與發展，使得學統有了普遍的價值。

---

①鄭玄、賈公彦：《周禮注疏》，北京大學出版社，2000 年，第 573—575 頁。

②鄭玄、孔穎達：《禮記正義》，第 473 頁。

③參見郭齊勇：《〈禮記〉哲學詮釋的四個嚮度——以〈禮運〉〈王制〉爲中心的討論》，收氏著《中國哲學史十講》，上海：復旦大學出版社，2020 年，第 155 頁。

第二，樂制使學統現實化，切實地成爲國之柱石。“國之大事，在祀與戎”，祭祀儀式中，“大司樂”下“樂師”“大師”兩系的樂官們通力合作，一方面承擔祭祀儀式的“典樂”工作，一方面示範并引導學子參與祭祀實踐之中。① 《周禮·春官宗伯》對“樂師”有過這樣的描述：

> 凡樂成，則告備，詔來瞽、皋舞。詔及徹，帥學士而歌徹，令相。②

“詔來瞽、皋舞”是説“樂師”讓視瞭扶瞽者進來吟咏詩歌，并指揮負責樂舞的國子開始表演舞蹈；“詔及徹，帥學士而歌徹，令相”，是説“樂師”在祭祀完畢時，就率領學士歌唱并徹去祭祀用器，令視瞭攙扶瞽師退場。曾釗在《周禮注疏小箋》中補充説“學士非專爲舞而不歌”，可以説“學士”在“樂師”的引導下，適當、適度地參與祭祀表演。可見，“樂師”是言傳身教，學士是躬身實踐。這一方面證實了前文所論樂官與繼承者、士人之間的密切關係，另一方面也反應出樂官們在國家大小祭祀之中起到的重要作用。

第三，除祭祀外，樂官對兵戰演習、策略提供亦負有重要責任。以“鼓人”“舞師”二官爲例，《周禮·地官司徒》記：

> 鼓人，掌教六鼓、四金之音聲，以節聲樂，以和軍旅，以正田役。
>
> 舞師，掌教兵舞，帥而舞山川之祭祀；教帗舞，帥而舞

---

①參見黎國韜：《先秦至兩宋樂官制度研究》，廣州：廣東人民出版社，2009年，第193頁；又見王順然：《周秦時期具有“戲劇”性質的“樂”如何承擔道德教化》，《中國哲學史》2018年第3期。

②鄭玄、賈公彦：《周禮注疏》，第701頁。

社稷之祭祀；教羽舞，帥而舞四方之祭祀；教皇舞，帥而舞旱暵之事。凡野舞，則皆教之。①

鄭注“鼓人”段“以和軍旅”曰：“田獵所以習戰，則田鼓當與軍事同。”“鼓”之用本就在“節奏”與“氣氛”之上，這在祭祀典樂、田獵行軍中是一致的。賈公彦疏“舞師”段“六小舞”云：“‘干舞者，兵舞’者，此有干舞，‘舞師’有兵舞。”無論是“干舞”還是“兵舞”，均是説手持干戚武器、演練行軍队列之舞。② 這一類舞的一種作用就是讓國子在教學中獲得演練戰争、田獵的機會。可見，衆樂官中既有直接參與戰争的“鼓人”等，也有間接爲戰争提供助力的“舞師”等，周代樂制、樂官對於國之祭、戎大事的支撑和參與，對學統的實踐起到了重要的作用。

第四，更重要的是，周代“采風”制度使得樂官具備“諫言”的職責與議政的權力，這令學統發揮對王權監管與輔助的作用。《漢書·藝文志》云：“古有采詩之官，王者所以觀風俗，知得失，自考正也。”在“采風”制度的支撑下，樂官參政議政、瞭解彙報各地風俗。文見：

“天子聽政，使公卿至於列士獻詩，瞽獻曲，史獻書，師箴，瞍賦，矇誦，百工諫，庶人傳語，近臣盡規。”（《國語·周語上》）

“孟春三月，行人振木鐸徇於路以采詩，獻之大師，比其音律，以聞於天子。”（《漢書·食貨志》）

“行人”即負責采訪的樂官，將所采之風俗交給“大師”來

①鄭玄、賈公彦：《周禮注疏》，第371、377頁。

②鄭玄、賈公彦：《周禮注疏》，第378頁。

審查、修飾，編訂設計祭祀“典樂”。樂官通過行使“采風”的職責，向上彙報各地民風民情。從《詩》三百篇，尤其是“出於里巷歌謠”的《國風》一百六十篇中，我們能看到西周到春秋末社會生活的方方面面：有暴露政治弊端、權貴荒淫的詩，如《魏風·伐檀》《魏風·碩鼠》；有控訴徭役的詩篇，如《齊風·東方未明》《王風·君子於役》；有贊美愛情的詩，如《周南·關雎》《秦風·蒹葭》；也有愛國抗敵詩，如《秦風·無衣》《鄘風·載馳》。所謂“饑者歌其食，勞者歌其事”，樂官所“采”之各地的詩歌、風俗中蘊含著民衆的喜怒哀樂，表達了對時政的意見，堪稱社會的一面鏡子。通過這種及時、有效的回饋，執政者得以“不窺牖户而知天下”。更重要的是，“采風”旨在使當政者“知得失、自考正”。政令是否合適要以百姓生活的實際現狀爲標準，而“采風”則是瞭解民風、民俗的直接方式，是驗證政策良莠的重要途徑。樂官作爲行使這一職責的主體，在“采風”“典樂”參政議政的過程中，强化了學統對於王權的監督與輔助。

以上，我們以“學校”“祭祀”“兵戰”“采風”等四個比較有代表性的方面爲例，簡要説明了周代樂制、樂官對學統的建立與踐行起到的重要作用。可以説，學統對王權的監督與輔助，雖然對王權形成了一定的限制，但更能保證决策的合理性與王權的穩定性。然而，學統對王權所謂的限制并没有客觀條件的保障，更多衹是依賴於執政者對樂制、樂官等學統“化身”的尊重。這種尊重衹是一種主觀的克制與情感的親近，而不具備普遍性和持續性，這便增加了王權毁弃學統的風險。

二、王權與工具化的樂官

王權對於學統的毀弃屢見於典籍記録之中，對樂制、樂官的踐踏也很常見。《國語·周語下》記“王將鑄無射”很有代表性，我們可以抽離出一些關鍵語段：

> 二十三年，王將鑄無射，而爲之大林。
>
> 單穆公曰：不可。……
>
> 王弗聽，問之伶州鳩，對曰：臣之守官弗及也。（不可。）……
>
> 王不聽，卒鑄大鐘。
>
> 二十四年，鐘成，伶人告和。……
>
> 二十五年，王崩，鐘不和。①

周景王二十一年（西元前 524 年），魯大夫閔子馬批評周王室毀弃學統。同年，景王廢小錢、鑄大錢，單穆公勸諫未果。二十三年，景王又想造“無射”大鐘，單穆公又以“聽之弗及、比之不度”且勞民傷財爲由勸諫，景王還是不聽。“典樂”之事以樂官州鳩爲權威，所以就有了景王嚮州鳩的詢問。

引文所用“伶”又作“泠”，是樂官的稱呼。然而“伶人”這個樂官與前文“大司樂”等樂官顯然有差别，其“職守”已經

①徐元誥：《國語集解》，北京：中華書局，2002 年，第 107 頁；又見《左傳·昭公二十一年》記“春，王將鑄無射”，見杜預、孔穎達《春秋左傳正義》，北京：北京大學出版社，2000 年，第 1638 頁。另，音樂學界一般將其中伶州鳩對“七律”的解釋作爲中國古典音律最早的系統性説法，參見鄭祖襄：《伶州鳩答周景王“問律”之疑和信——兼及西周音樂基礎理論的重建》，《音樂研究》2004 年第 2 期。

被局限在奏樂之事上，州鳩説“臣之守官弗及也”强調了這一點。但州鳩對學統的維護尚秉承其傳統：其“夫政象樂”的勸阻，反映出其學養深厚；其犯顔苦諫，反映出其堅守學統的操守。[①] 然而，景王則將造一口鐘看做一個純粹技術的問題，下令伶人、樂官造鐘。大鐘在第二年造成，周景王不幸第三年駕崩，顯然“鐘和”不完全是一個樂器製造的技術問題。[②]

王權與學統的相互作用反映出兩個主要的問題：其一，“合理性”是學統的基礎，也是學統藉以輔助、監督王權的主要依憑；其二，學統對王權的限制并不具備客觀的保障。

什麼是“合理性”呢？例如，州鳩對“鐘不和”給出了三種解釋：第一次是在造鐘之前，他認爲時下已經財力匱乏，如果再進一步“罷民力以逞淫心”，則此鐘必定“聽之不和，比之不度，無益於教，而離民怒神”；第二次是在鐘完成之後，他進一步强調“鐘和”不止於音律，更是“民備樂之”；第三次則見於《左傳·昭公二十一年》，亦即景王駕崩前後，州鳩通過身、心、聲關係對“鐘不和”加以解釋，“物和則嘉成，故和聲入於耳，而藏於心，心億則樂，窕則不咸，槬則不容，心是以感，感實生疾，今鐘槬矣，王心弗堪，其能久乎”[③]。三個解釋涉及“樂”的美感、倫常和節律等不同層面：作爲一種藝術活動，“美”是“樂”的重要原則，形式、音色、樂器乃至舞臺之美都有其價值；而作爲一種社會文化制度載體，“樂”有其政治性、社會性和文

①參見郭齊勇：《儒家政治哲學及其正義論》，收氏著《中國哲學史十講》，第125頁。

②周景王駕崩是周室衰落的重要標志，《國語·周語下》亦曰：“景王崩，王室大亂。及定王，王室遂卑。”

③杜預、孔穎達：《春秋左傳正義》，第1644頁。

化根基，要考慮其對社會政治文化生活的輻射力；同時，“樂”意義的建立依賴參與者的身心感受，身心的對“樂”的接受能力是有限度的，這一點也對審美追求有了規範。總之，不同面嚮的原則相互制衡形成了“樂”理論系統，也就是學統的合理性。①

同時，學統的合理性要經歷歷史的檢驗，有時這個過程還要付出巨大的代價。《吕氏春秋·侈樂》記曰：

> 夏桀、殷紂作爲侈樂，大鼓鐘磬管簫之音，以鉅爲美，以衆爲觀，俶詭殊瑰，耳所未嘗聞，目所未嘗見，務以相過，不用度量。宋之衰也，作爲千鐘。齊之衰也，作爲大吕。楚之衰也，作爲巫音。②

從歷史的經驗看，以“巨、衆、新、奇”爲“大鐘”製造的審美追求，算是王權的一種“共識”；③ 而不加節制的審美喜好是亡國之先兆，其慘痛的後果是歷史留下的經驗教訓。樂論就在這種張力的激蕩間慢慢總結形成，由此可見由合理性彙聚起來的學統，其構建絶非朝夕之間可以完成。

學統一旦形成，其維護便伴隨著對王權的抗争，而抗争便依賴合理性。前文所論單穆公、州鳩是如此，再如《國語·楚語上》記：

> 靈王爲章華之臺，與伍舉升焉，曰：“臺美夫！”對曰：“臣聞國君服寵以爲美，安民以爲樂，聽德以爲聰，致遠以

---

①參見王順然：《周秦樂教管窺：從“三月不知肉味”之辨看》，《中國美學研究》第十二輯，北京：商務印書館，2018 年，第 10 頁。

②高誘：《吕氏春秋》，《諸子集成（第六册）》，北京：中華書局，1954 年，第 48 頁。

③本身也是生産力的一種表現，參見張光直：《商文明》，瀋陽：遼寧教育出版社，張良仁、岳紅彬、丁曉雷譯，2002 年，第 137 頁。

> 爲明。不聞其以土木之崇高、彤鏤爲美，而以金石匏竹之昌大、嚻庶爲樂；不聞其以觀大、視侈、淫色以爲明，而以察清濁爲聰。①

伍舉（伍子胥之祖父）的諫言實則站在“樂”的合理性之上，對楚靈王放縱審美追求進行批判。伍舉并非不認可高臺之美，但他説“不以‘臺高’爲美”是强調單純美感原則之外另有“德”“明”“善”等關乎政治、倫常的原則，這與州鳩“鐘不和”之論相當。然而，學統的合理性對王權的限制并不具備强制性，王權的命令反而更是不可違背。如前引文所見，單穆公諫言，景王“將殺之”；州鳩諫言，景王謂“爾老耄矣！何知?”單國國君、德高望重的樂官尚如此，普通的樂官衹能順從王權，發揮技藝滿足景王的“不合理”欲求。同時，王權一轉，“造大鐘”在“樂”上的不合理就成了技藝的合理嘗試。伶人、樂官在王權的威逼下喪失了對學統的維護而淪爲具備某種技藝的工具，鑄成一口大鐘就是其“工具”價值的明證。②

樂官以技藝取悦君主，君主又憑技藝奬賞樂官，學統貶低爲技藝，樂官淪爲“工具”。《左傳・襄公十一年》記：

> 鄭人賂晋侯以師悝，師觸，師蠲，……歌鐘二肆，及其鎛磬，女樂二八，晋侯以樂之半賜魏絳，……③

①徐元誥：《國語集解》，第 493 頁。

②朱漢民認爲，有一類“士”，“他們認可的國家治理就是君主的獨裁政治，士人參與政治不是要追求自己的政治理想，而是必須知道自己衹是君主權力的工具。”參見朱漢民：《先秦諸子政治態度平議》，《現代哲學》2017 年第 2 期。

③杜預、孔穎達：《春秋左傳正義》，第 1025 頁。

鄭簡公（伯）年幼登基，立足未穩，即遭晋聯軍圍困，被迫結盟於戲。① 爲避免戰事，西元前562年鄭公子嘉嚮晋悼公（侯）賄賂包括三個樂官、兩套編鐘樂器、配器以及女樂十六人在内的禮物，而晋侯又把這些禮物分了一半給魏絳。“鄭音”是有名的“新樂”，“是音聲之至妙，妙音感人，猶美色惑志”（嵇康《聲無哀樂論》）、“好濫淫志”（《禮記·樂記》）。鄭國君侯將“樂”作爲娱樂的手段，將樂官作爲奏樂的工具。因此，樂官、樂器以及女樂都可作爲賄賂的禮物。晋侯將樂官轉送他人，顯然也是將這種觀念延續。

關於“鄭音”的這種娱樂性，魏絳的五世孫魏文侯與子夏有一段討論被記録在《禮記·樂記》之中，也可謂淵源有自。魏文侯説“聽鄭音則不知倦”，子夏批評“鄭音”代表的“新聲”已經放弃“樂”作爲“於是語，於是道古，修身及家，平均天下”的學統價值，轉而追求“進俯退俯，奸聲以濫，溺而不止，及優侏儒獶雜子女，不知父子”的娱樂性。② “新樂”突出娱樂性，事實上代表著樂官以技藝取悦於王權。取悦於王權或者能够獲得一時之利，却失掉了學統的尊嚴。

當然，學統遭毁弃，不衹是樂官將會流離失所——如“太師摯適齊，亞飯幹適楚，三飯繚適蔡，四飯缺適秦，鼓方叔入於河，播鼗武入於漢，少師陽、擊磬襄入於海”③ ——王權也會深受其害。除前文引《吕氏春秋·侈樂》的記録外，《論語》所見魯國之三桓也借對學統的毁弃，把持了魯國國政。失去了學統，

①晋、鄭恩怨由來已久，晋悼公頻繁會盟僭越謀周，至西元前562年鄭國在晋悼公時期已經歷成、僖、簡三代國君。

②鄭玄、孔穎達：《禮記正義》，第1310頁。

③見《論語·微子》，何晏、邢昺《論語注疏》，第289頁。

僭越也不再受到制衡。

通觀本節所論，在王權的威壓下，學統依憑合理性所形成對王權的監督與輔助宣告失效。學統的失效使得樂官丟掉了立身的根基，從學統的傳承者轉成以技藝取悦於王權的工具。由此引發，王權同樣失去了保護，樂官乃至整個周代的政治秩序都受到其牽引與損害。① 面對這種危機，有哪些補救措施重建學統、恢復政治秩序?

三、學統的再塑與王道教化的形成

學統遭毀弃并非是被滅絶，而學統的再塑則如《孟子·盡心上》所説，“求則得之，捨則失之”。這就要求樂官，作爲學統的傳承者，首先要建立對自我價值的肯認。《左傳·成公九年》記録了晋悼公祖父晋景公對待鄭成公所獻楚囚鐘儀一事，文見:

> 晋侯觀於軍府，見鐘儀，問之曰：“南冠而縶者，誰也?”有司對曰：“鄭人所獻楚囚也。”使税之，召而吊之。再拜稽首。問其族，對曰：“泠人也。”公曰：“能樂乎?”對曰：“先父之職官也，敢有二事?”使與之琴，操南音。公曰：“君王何如?”對曰：“非小人之所得知也。”固問之，對曰：“其爲大子也，師保奉之，以朝於嬰齊而夕於側也。不知其他。”公語范文子，文子曰：“楚囚，君子也。言稱先

①事實上，禮樂學統本身就可以説是周代政治文化“王權”合法性的根基，破壞了學統，王權的合法性也失去了依憑。下文將對此進行進一步討論。亦可參見吴根友、劉軍鵬：《荀子的“聖王”觀及其對王權正當性的論述》，《浙江學刊》2013 年第 5 期。

> 職，不背本也。樂操土風，不忘舊也。稱大子，抑無私也。名其二卿，尊君也。不背本，仁也。不忘舊，信也。無私，忠也。尊君。敏也。仁以接事，信以守之，忠以成之，敏以行之。事雖大，必濟。君盍歸之，使合晋、楚之成。”公從之，重爲之禮，使歸求成。①

從鐘儀的命運就能看到自我肯認、自我堅守的價值。與前文引鄭簡公獻“新樂”之樂官比較來看：其一，鐘儀是鄭國違背與楚國之聯盟而獻給晋侯的俘虜，鄭國并未表露鐘儀爲樂官，這與鄭國爲賄賂、迎合晋侯而主動進獻的樂官不同；其二，鐘儀是堅守“先父之職守”，演奏傳統之“南音”，是對學統的傳承，與鄭國求新、求變迎合君主的樂官也不同；其三，借文子之言可知，鐘儀堅守學統，保有仁、信、忠、敏的品質，與鄭國衹聽命於君主的樂官專注於技藝更不同。正因爲鐘儀表現出“不背本、不忘舊、無私、尊君”的這些品質，最終獲得了尊重，成爲晋、楚和談的使節。

樂官對學統的堅守，能够發揮出學統的“自净”能力。《韓非子·十過》記“晋平公求亡國之音”段，曰：

> 昔者衛靈公將之晋，至濮水之上，……聞鼓新聲者而説之，使人問左右，盡報弗聞。乃召師涓而告之，曰：“有鼓新聲者，使人問左右，盡報弗聞，其狀似鬼神，子爲我聽而寫之。”師涓曰：“諾。”……（靈公）遂去之晋。晋平公觴之於施夷之臺，酒酣，靈公起，公曰：“有新聲，願請以示。”平公曰：“善。”乃召師涓，令坐師曠之旁，援琴鼓之。未終，師曠撫止之，曰：“此亡國之聲，不可遂也。”……平

①杜預、孔穎達：《春秋左傳正義》，第833頁。

> 公曰："寡人所好者音也，子其使遂之。"師涓鼓究之。……晉國大旱，赤地三年。平公之身遂癃病。故曰：不務聽治，而好五音不已，則窮身之事也。①

前文講"鄭衛之音"中的"鄭音"，這裏就是"衛音"，《樂記》稱"衛音"有"煩促"之感，顯然也是受國君喜好的影響；而晋平公是晋悼公之子，其父受鄭國影響喜好新奇的音樂，這一點也影響到他。這段文本的關鍵在於"亡國之音"，鄭玄注《樂記》時説"昔殷紂使師延作靡靡之樂，已而自沈於濮水，後師涓過焉，夜聞而寫之，爲晋平公鼓之"，也是概括了這段文本的内容。而文本中學統表現出的"自净"能力可分爲兩層：其一，作爲經歷過歷史檢驗的"合理性"，學統并不因個人喜好而改變。其二，作爲學統的傳承者，樂官有如師涓以技藝取悦君主的，也有如師曠堅守"采風諫言"職守的，學統也對樂官的優劣進行了評判。

當然，不袛是樂官，在這一文化傳統中的諸侯、士大夫都應該對學統尊重與堅守。哪怕是面對王權的威逼，也應借用一些權宜的辦法對學統加以維護。《左傳・襄公四年》記：

> 穆叔如晋，報知武子之聘也。晋侯享之，金奏《肆夏》之三，不拜；工歌《文王》之三，又不拜；歌《鹿鳴》之三，三拜。
>
> 韓獻子使行人子員問之，曰："子以君命辱於敝邑，先君之禮，藉之以樂，以辱吾子，吾子捨其大而重，拜其細，敢問何禮也?"

---

①王先慎：《韓非子集釋》，《諸子集成（第五册）》，北京：中華書局，1954年，第43頁。

對曰：“三《夏》，天子所以享元侯也，使臣弗敢與聞；《文王》，兩君相見之樂也，臣不敢及。《鹿鳴》，君所以嘉寡君也，敢不拜嘉？《四牡》，君所以勞使臣也，敢不重拜？《皇皇者華》，君教使臣曰：‘必諮於周。’臣聞之，訪問於善爲諮，諮親爲詢，諮禮爲度，諮事爲諏，諮難爲謀，臣獲五善，敢不重拜？”①

晉悼公以《鹿鳴》、《四牡》和《皇皇者華》這三個樂章招待魯穆叔是合理的。魯穆叔對此評價説，《鹿鳴》是貴國用以嘉許敝國國君的，怎能不拜謝？《四牡》是貴國國君慰勞使臣的，怎能不拜謝？《皇皇者華》是國君對使臣的指教，又怎麼不重謝呢？與之相對，三《夏》和《文王》，一是天子召見諸侯之樂，一是諸侯間見面之樂，都是錯用了“樂”的意義而生出僭越之嫌。由是，穆叔之“不拜”是一種“去儀式化”的行爲，去除樂禮的儀式感也就是將樂從學統意義轉爲一種娛樂意義。② 作爲一種不得已之計，雖臨時捨弃了樂的禮節，但更長遠地保存了學統的價值。

無論是師曠被迫演奏“清徵”“清角”等新聲也好，還是魯穆叔以權宜之法應對僭越之樂也好，以周景王，晉景、悼、平公等君王爲代表的的王權，纔應該對學統的毀弃負主要責任。前文已經説過，學統是整個政治秩序、社會文化傳統的重要支柱。這就是説，王權其實是學統穩固的最大受益者，《左傳·成公二年》

①杜預、孔穎達：《春秋左傳正義》，第 952 頁，亦見於徐元誥：《國語集解·魯語下第五》，第 178 頁。

②參見王順然：《從〈大武〉“樂”看戲劇教化人心之能效》，《戲曲研究》2017 年第 4 期。

記孔子之言曰："唯器與名，不可以假人，君之所司也。名以出信，信以守器，器以藏禮，禮以行義，義以生利，利以平民，政之大節也。"[①] 關乎名分的器物是最不能隨便賞賜給人的，名分就是威信，器物代表著禮制，威信和禮制就是王權的命脈。

王權與學統的關係是直接的，名分是政治生活中重要的標識，而如鄭晋、衛晋之類將樂官、樂器等隨意賄賂、饋贈，就是在政治生活中的"自甘墮落"。《論語·季氏》有言："天下有道，則禮樂征伐自天子出；天下無道，則禮樂征伐自諸侯出。"[②] 反過來講，對王權之名分的自覺和自尊，是學統重建與維護的第一原則。

基於對名分的自覺與自尊，纔有對樂、對學統之合理性正確理解的問題。《戰國策·魏一》記：

> 魏文侯與田子方飲酒而稱樂。文侯曰："鐘聲不比乎？左高。"田子方笑。文侯曰："奚笑？"子方曰："臣聞之，君明則樂官，不明則樂音。今君審於聲，臣恐君之聾於官也。"文侯曰："善，敬聞命。"[③]

魏文侯與田子方在酒席間評論樂章，文侯當即指出合奏的樂隊音高没有調試好，左側偏高。[④] 田子方進言説："我聽説，主上聖明則關注樂中與政相通的道理，不然則以音律、娱樂爲喜好。

---

①杜預、孔穎達：《春秋左傳正義》，第 798 頁。

②邢昺疏"天下無道，則禮樂征伐自諸侯出"一句，曰："天子微弱，諸侯上僭，自作禮樂，專行征伐也。"

③劉向集録、范祥雍箋證：《戰國策箋證》，上海：上海古籍出版社，2006 年，第 1355 頁。

④依諸侯之禮，樂隊應該是左、中、右三面分布，則至少是三個音高形成的和弦，魏文侯聽出音高差别，足見其"聽音"工夫之精深。

現在，您竟然對音律、技藝理解這麽透徹，我擔心您的吏治昏蔽。”田子方的話與《樂記》所謂“樂與政通”“知聲而不知音者，禽獸是也；知音而不知樂者，衆庶是也；唯君子爲能知樂”的觀點正相呼應。君子（君主）知“樂”，是專注於“樂”中“於是道古，修身及家，平均天下”的思想；衆庶知“音”，則關心樂曲的旋律、舞蹈的進退、詩詞的格律等，獲得樂的美感享受；禽獸知“聲”，就衹能辨别聲音的高下參差、和協與否。魏文侯能如此精准的把握音高的細微差异，就説明他在“賞樂”時注重明辨音高聲響，享受樂的美感而忽略對樂之精神的體察。

對樂的領會代表著對學統、對文化傳統的體貼與接續。《史記·孔子世家》記孔子對“詩”的删減，也是對學統的一個佐證，其曰：

> 古者詩三千餘篇，及至孔子，去其重，取可施於禮義，上采契後稷，中述殷周之盛，至幽厲之缺，始於衽席，故曰“關雎之亂以爲風始，鹿鳴爲小雅始，文王爲大雅始，清廟爲頌始。”三百五篇孔子皆弦歌之，以求合韶武雅頌之音。

孔子删編詩篇，采録從殷周的先祖契、后稷，經殷周之盛世，至幽、厲二王所流傳的篇章，并編起於夫婦之道。國風從《關雎》開始，小雅從《鹿鳴》開始，大雅從《文王》開始，頌從《清廟》開始。同時，彙編的詩篇都要能與韶、武、雅、頌等樂章相配，這也是一條標準。由此可見，學統要注重歷史傳承，能够反映出王權更迭合法性的歷史脉絡；學統要注重社會影響，回歸、貼近百姓的生活；學統要平衡并引導各地風俗，評價《關雎》的“樂而不淫，哀而不傷”就是針對風俗的引導；更重要的是要能够在恰當美感範圍内形成教化，這就是《論語·八佾》所説“子謂韶，盡美矣，又盡善；謂武，盡美矣，未盡善也”。[①]“盡”字除了作爲對“美”“善”的慨嘆外，也突出了一種邊界與限制。换言之，超過了“韶”“武”的美感追求，就流於鄭衛之音、靡靡之音的危險。

王權基於對名分的自覺、對學統的親切與體貼，纔會形成王道教化的局面。《詩經·大雅》言：“天生烝民，有物有則。民之秉彝，好是懿德。”從正面看，民心對“懿德”的追求，與學統合理性是一致的；相反，學統在歷史中形成的過程，也就是在接受民心的選擇。[②] 既然學統與懿德互爲表裏，則《禮記·樂記》所説“其感人深，其移風易俗，故先王著其教焉”，實則是强調王道教化是王權與學統相合的結果。

結　論

通過三節論述，我們以先秦樂壞現象爲切入點，看到春秋以降的禮崩樂壞，既是禮樂文化所代表的學統之斷裂，又是天子、諸侯、士大夫所代表的王權的旁落。在王權與學統的相互作用中，王權看似受到學統的制約而不斷想要對學統加以毁弃，但事實上學統對王權的輔助與監督，是王權合法性與穩定性的重要根基。王權尊重學統、重塑學統的價值，實則是維護名分、尊重理性與民心。衹有王權與學統相合，纔能形成化民成俗的王道

①參見王順然：《“自衛反魯”之後：孔子對“樂”的重建與提拔》，《孔子研究》2019 年第 2 期。

②早期儒家所講的“先王之道”，與上古時期華夏民族的思想文化，特别是與西周時期的禮樂文化、以德配天的政治文明，有著非常明顯的繼承關係。參見朱漢民：《道統論探源》，《求索》2020 年第 1 期。

政治。

作者簡介：王順然，香港中文大學哲學博士，深圳大學饒宗頤文化研究院助理教授、特聘研究員，研究專長：儒家哲學，傳統樂教。電子郵箱：wangshunran@ szu. edu. cn。

孔子有心性論嗎?
——以“心之感通”和“自然善性”爲中心的討論

劉樂恒

摘要: 學界普遍認爲儒家的心性論傳統始於孟子，但孟子則明言其學孔子，爲探索孟子心性論的淵源，我們應重探孔子關於心與性的思想。首先，孔子以“心之感通”説仁，將“原初之仁”上提爲“自覺之仁”。這是孟子以心説仁的源頭。但是，孔子對於心尚持樸素、日常的理解，而孟子則將之轉進爲哲學議題。孔子論“性”，亦不具備哲學性的自覺，不過其相關觀點頗可尋玩。孔子的“性相近”之“性”，既非宋儒所説的“氣質之性”，亦非孟子“性善”之“性”，而是“自然善性”。不過，孔子的“習相遠”之説，以及以心之感通説仁之論，則可延伸至孟子即心言性、以心善説性善的人性論。最後，因孔子尚未形成自覺的心性論，所以他尚未有明確的心性工夫論，但他本其仁學，展示出以“博文約禮”爲脉絡的“仁學工夫論”或“學習工夫論”。雖然我們無法確認孔子的學習工夫論與孟子的心性工夫論有無繼承性關係，但因爲孔子的學習工夫論是關聯於仁或心之感通的，因此兩者在義理上有著内在的相通性。總言之，孔子尚未形成自覺的心性論，但其關於心、性的觀點及其仁學工夫論，啓發了孟子建立儒家的心性論。

“心性論”是儒家哲學的關鍵論題與問題之一。學界一般認爲，孟子的儒學思想是儒家心性論的源頭，孟子對於心與性及其關係，都有明確的表述。可以説，孟子建立了儒家第一個系統而成熟的心性論。在這裏，我們還可以問：我們可否在孟子之前的儒學傳統中，找到孟子心學與心性論思想的淵源呢？他的心性論思想是憑空而出的，還是有所繼承的？按照宋儒特别是程朱理學的理解，孟子繼承了孔子、曾子、子思所傳承下來的“道統”，因此程朱理所當然地認爲孟子的心性論也繼承了孔、曾、思三人的“心性”思想。程朱并將《論語》《大學》《中庸》《孟子》分别歸於四人之名下，合而爲“四書”。宋儒便是以“四書”與“道統”，以對抗佛道之挑戰的。[①] 同時，程朱認爲，孔、曾、思、孟的“道統”之傳承，乃是思想學術史之實情。

不過，就目前所見文獻分析，孟子與曾子、曾子與子思[②]的思想關聯，尚有待確認，而遠未獲定論。今本《禮記·大學》與《禮記·中庸》是否完全體現曾子與子思本人的思想，尚有待繼續研討，因爲《大學》《中庸》二文的内容明顯有受戰國中後期

---

①參見朱熹：《〈中庸章句〉序》，《四書章句集注》，北京：中華書局，1983年，第4—16頁。

②趙岐《孟子注》與《孔叢子》等認爲孟子直接受業於子思，司馬遷《史記·孟軻列傳》則指出孟子受業於子思之門人。今《孟子》一書亦引述子思之言行，但未見其提及孟子與子思有直接的師生關係與學問繼承性關係。司馬遷的説法似更可信。

諸子思想影響的痕迹。[①] 或許原本的《大學》《中庸》確實分別與曾子、子思本人有關係，但其經過了長期的演變，纔在漢代得以定型。因此，通過對比《大學》《中庸》與孟子思想的關聯，而欲得出曾、思、孟三人的思想傳承關係，似乎并不特别讓筆者信服。另外，近年於湖北荆門出土的戰國中期的郭店楚簡，學者多認爲其中的儒家文獻爲子思學派文獻，但從郭店楚簡中儒、道二家的文字相互錯雜，以及儒家簡諸篇的思想尚未能構成一個融貫的儒學系統這一情况來看，我們尚不能自《郭店楚簡》的儒家竹簡内容中，明確地重現出子思的儒學系統與心性論系統。

但是，這當中有一點是明確而無疑的，即孟子與孔子的思想傳承關係，比我們現在所了解到的孟子與曾子、孟子與子思的思想關係，更爲“直接”。從《孟子》一書中，我們可以看到孟子經常引述孔子的話，孟子也明確表達出他要學習孔子之道。其云：“予未得爲孔子徒也，予私淑諸人也。”（《孟子·離婁下》）又云：“吾未能有行焉，乃所願，則學孔子也。”（《孟子·公孫丑上》）可見，孟子的儒學思想來源於孔子，而孟子的儒學思想集中體現爲其心學與心性論，因此我們應該可以從孔子的思想中，發掘出其“心性”思想。本文的旨趣，便是要從孟子的心性論上

①關於《大學》《中庸》究屬戰國早期，抑或戰國後期乃至漢代的文本，學界説法不一。思想史家徐復觀大體認爲《中庸》之書確與子思有關，而《大學》則在秦代之後成書。哲學家唐君毅、勞思光則將《大學》《中庸》的時代放在戰國末期乃至秦漢時期，但二人的論據不一。參見徐復觀：《中國人性論史·先秦篇》，臺北：臺灣商務印書館，1969年，第103—112、263—273頁；唐君毅：《中國哲學原論·導論篇》，《唐君毅全集》（第17卷），北京：九州出版社，2016年，第100—110頁；勞思光：《新編中國哲學史》（第2卷），桂林：廣西師範大學出版社，2005年，第31—64頁。另外學界對此問題尚有許多觀點，今不具引。

溯至孔子，看看孔子對於“心性”問題有無相應的思考。

一、仁與心之感通

衆所周知，要探尋孔子的“心學”或“心性論”，其核心與關鍵，是要深入理解與詮釋其“仁”的思想。據《論語》所載，孔子往往單提一個“仁”字，而并未將“仁”字與其他哲學性的文字概念結合起來，以表達其關於仁的思想。這值得我們思考與琢磨。對比之下，孔子之後的戰國思想界，除了將“仁”字單提之外，也往往會將“仁”與另一個哲學性的字，形成與仁相關的哲學概念，諸如“仁愛”、“仁性”、“仁義”、“仁心”、“仁道”等等。① 在這裏，我們可以問：由孔子單提一“仁”字，到戰國

①按：《孟子》一書除單提“仁”字外，也有諸如“仁義”（《梁惠王上》等篇）、“仁政”（《梁惠王上》等篇）、“仁術”（《梁惠王上》）、“仁智”（《公孫丑下》）、“仁心”（《離婁上》）、“仁義之心”（《告子上》）等詞語。新出土的郭店楚簡儒家文獻也有“●（仁）道”（《緇衣》）、“●（仁）聖”（《唐虞之道》）、“●宜（仁義）”（《六德》）、“●●（仁義）”（《語叢一》）等詞語。（參見荆門市博物館編：《郭店楚墓竹簡》，北京：文物出版社，1998年，第129、157、187、198頁。）《荀子》一書亦有“仁義”（《勸學》等篇）、“仁聖”（《富國》）、“仁知（智）”（《君道》）、“仁心”（《正名》等篇）諸詞。儒家之外，墨、道諸家也有其“仁”説。如《墨子》一書提出了“仁義”（《所染》等篇，筆者按：墨子的“仁義”之説有可能影響了孟子，因此孟子也常用“仁義”一詞，衹不過孟子對於“義”的界定和墨子有所不同）之説；《莊子》除了有“仁義”一詞外，另有“仁義之端”（《齊物論》）、“仁孝”（《天運》）等詞。至於將“仁”、“愛”二詞組成“仁愛”一詞，這最遲應在漢代出現。《淮南子·脩務訓》云：“堯立孝慈仁愛，使民如子弟。”另外，我們在《論語》、《孟子》、《荀子》中未發現“仁道”一詞，出現“仁道”一詞的較早的文獻有《孔叢子》。《孔叢子·記問》假托孔子作“丘陵之歌”，歌中有“仁道在邇，求之若遠，遂迷不復”之語。

時期的思想界衍生出“仁義”、“仁心”等詞，這個過程是否體現出先秦思想在哲學義理上有所深化與豐富？筆者認爲是有的。唐君毅就曾辨析過這個問題。其云：

> 人之最初之仁愛表現，唯中國儒家認識最真。中國儒家言仁愛，恒衹言仁不用愛字，其義甚深。依儒家義，人最初對人之仁，可不表現爲有所事之積極之愛，而衹表現爲渾然與人無間隔之温純樸厚，或惻隱不忍之心情。孔子兩言“巧言令色鮮矣仁”，言“木訥近仁”，言“仁者樂山”，“仁者静”，其義涵攝甚多。其中一義，即仁最初乃表現爲渾然與人無間隔之温純樸厚。①

在唐君毅看來，“仁愛”是“仁”的引申，是“仁”的一種積極的表現。而據其觀點我們也可推知，其他與“仁”相關的術語，例如“仁義”、“仁道”、“仁心”等，也是對於“仁”的不同側面的引申。

另外，根據唐君毅之理解，“仁”之所以能表現爲“渾然與人無間隔之温純樸厚”，是因爲仁之德的主要義涵，乃是“感通”。其云：

> 十年前新亞書院移天光道，乃將此諸意綜攝而説孔子言仁之旨，更開之爲對人之自己之内在的感通、對他人之感通，及對天命鬼神之感通之三方面。皆以通情成感，以感應成通。此感通爲人之生命存在上的，亦爲心靈的，精神的。……《論語》雖無感通之一名，此乃本於《易傳》，然《易傳》之言感而遂通，初連卜筮説。宋儒乃直以人之心與生命

①唐君毅：《文化意識與道德理性》，《唐君毅全集》（第12卷），北京：九州出版社，2016年，第407頁。

之感通説仁。[①]

對於《論語》中的“仁”字，其最基本的義理爲何，古今説法不一。有韓愈之以“博愛”言仁者，亦有程明道之以“渾然與物同體”言仁者，亦有程伊川之以“愛情仁性”言仁者，更有朱子之據“心統性情”之理而以“心之德、愛之理”言仁者，或又有永嘉、永康學派之以事功言仁者，不一而足。而據筆者所理解，程明道以“渾然與物同體”[②]言仁，最能得仁之原初、基本的義涵。而這一“渾然與物同體”之説，實際上即是生命存在意義上的“感通”的另一種表達。因此，唐君毅特别繼承程明道論仁之意并以“感通”一義及其三層面加以申發。當然，作爲宋明理學家，程明道之論仁之感通，主要側重在展示仁之感通所達致的形上境界、天道境界，而唐君毅則更重視從日常生活中對於仁的體認而説起，并將仁之感通分作自我之内在感通、自我與他人之感通、自我與天地鬼神之感通三方面説之，這種解釋更切合《論語》中關於仁的思想。舉《論語·學而》之首章爲例，就筆者的理解，“學而時習之，不亦説乎？”這體現爲自我之内在感通。“有朋自遠方來，不亦樂乎？”這體現出自我與他人之感通，

①唐君毅：《中國哲學原論·原道篇——中國哲學中之“道”之建立及其發展》（一），《唐君毅全集》（第19卷），北京：九州出版社，2016年，第43頁。

②《二程遺書》記明道論“仁”曰：“學者先須識仁。仁者，渾然與物同體。義、禮、知、信，皆仁也。識得此理，以誠敬存之而已，不須防檢，不須窮索。”又云：“醫書言手足痿痺爲不仁，此言最善名狀。仁者，以天地萬物爲一體，莫非己也。認得爲己，何所不至？若不有諸己，自不與己相干。”參見程顥、程頤：《河南程氏遺書》卷第二上，《二程集》（第一册），北京：中華書局，1981年，第15—17頁。

因此程伊川説："説在心，樂主發散在外。"[①] 而"人不知而不愠，不亦君子乎?"則體現爲自我與天地、天道的感通，君子之仁心仁德不但是自足的，而且也是無盡的，故其心與天德共流行，而不怨天尤人，這體現爲自我與天道的感通。

另外，如前所論，人對於仁這一自己所本具的原初德性，是可以不自覺的，我們可將之稱作"原初之仁"；但很明顯，孔子對於仁，是有充分的自覺并有系統的表達的，换言之，孔子的仁論是具有反思性的，我們可將孔子所論之仁稱作"自覺之仁"。而從"原初之仁"，到"自覺之仁"，這當中的關鍵，便在於"心"。没有心的省思與體會，"原初之仁"是不可能提升至"自覺之仁"的。因此，我們對於孔子所論之仁的義涵，可以説爲"生命與性情意義上的感通"，同時也可以説爲"心之感通"。仁之所以爲仁，就是心有感通；而孔子之仁學，就是要啓發弟子們唤起心之感通，并通過心之感通的自覺，保持此感通并讓此心之感通之道落實在生活中，最終成就自我、感通及人。這個過程，就是孔子所説的"爲仁由己"（《論語·顔淵》），以及曾子所説的"仁以爲己任"（《論語·泰伯》）的過程。

那麽，通過心之感通而確立"自覺之仁"并踐行之，這當中有哪些環節？據筆者總結，孔子論自覺之仁，有"不安"、"立志"、"行仁"、"境界"諸環節。我們首先論述"不安"之義。在孔子看來，仁既然體現爲生命與性情意義上的感通，那麽我們在現實生活中，若身處不仁之境，或遇到不仁之人、不仁之事，心中就會自然地生出"不安"之感。此感促使我們或自覺或不自覺地要轉自己的"不安"爲"安"。孔子之教，就是要在此著力，

①程顥、程頤：《河南程氏外書》卷六，《二程集》，第378頁。

以啓發其弟子們。其中最典型的例子，就是宰我欲短喪，孔子的回應是：“食夫稻，衣乎錦，於女安乎？”當宰我回答説“安”的時候，孔子回應道：“女安，則爲之。”但接著説：“夫君子之居喪，食旨不甘，聞樂不樂，居處不安，故不爲也。今女安，則爲之。”（《論語·陽貨》）在孔子看來，三年之喪之禮，源於子女對於父母在生命、心靈、情意上有一内在的感通，這一内在的感通，使得子女之心，不忍父母倏爾之間就離開自己，從而生出真實的不安之感。而這一不安之感促使子女通過三年之喪這一方式，安頓自己的不安之心，使得自己對於父母的感通之情，能够在三年之追念中，得到順利的安頓與落實。如果爲人子女，在父母去世之後，心中毫無顧惜之情，不能生起不安之感，則孔子稱之爲“不仁”。“不仁”即是無感不通，自己的心靈與情意，不能與父母之間有所感有所通。若如此，則子女必與宰我的想法相近，必不以三年之喪是“理所當然”的。但如果子女對於父母有所感通，則自然地要求自己以一種能“心安”的方式，表達對父母的追念之情。因此，待宰我走後，孔子嚮其他弟子説：“予之不仁也！子生三年，然後免於父母之懷。夫三年之喪，天下之通喪也。予也有三年之愛於其父母乎？”（《論語·陽貨》）在這裏，孔子指出，三年之喪乃是天下人所通行之喪。不過，筆者認爲這并不是孔子回應宰我的關鍵。[①] 孔子的回應的關鍵，乃在於宰我

---

①在現代社會中，我們是否要行“三年之喪”，需要討論。畢竟，子女在其父母逝去之後，安頓其不安之心的方式，是可以多樣的。衹要某種方式能使自己“心安”，則它就内在於自己的心之感通中，并能呵護自己心中之仁。宰我對其短喪給出的理由是“君子三年不爲禮，禮必壞；三年不爲樂，樂必崩”（《論語·陽貨》），這是功利性、計量性的理由，而非其心安與否這樣的理由，所以孔子以“不仁”稱之。

對於“子生三年然後免於父母之懷”、“有三年之愛於其父母乎”并無任何“不安”之感，這就意味著他“安”於與父母之無感不通的狀態。可見，孔子是要啓發弟子們在面對具體的人、事、境時，自己通過心之安與不安，來驗證自己是否具有“自覺之仁”。可見，在孔子看來，仁之感通是與“心”有關的。

另外，心之“安”與“不安”的另一個表現是“好惡”。換句話說，本著仁之感通，我們對於不仁之人、事、境，會自然地生出厭惡的情感，而對於體現出仁德之人、事、境，會自然地生出喜好的情感。這些情感，同樣是心之感通的呈現。《論語·里仁》記録了孔子的兩段話，其一曰：“子曰：‘唯仁者能好人，能惡人。’”其一曰：“子曰：‘我未見好仁者，惡不仁者。好仁者，無以尚之；惡不仁者，其爲仁矣，不使不仁者加乎其身。有能一日用其力於仁矣乎？我未見力不足者。蓋有之矣，我未之見也。’”孔子强調，仁者在面對仁與不仁時，其心之感通之道，會促使其分别生出好仁與惡不仁的情感。這是因爲，如果面對不仁而不能惡，面對仁而不能好，則仁者之心便有所不安。據此可見，仁者所表現的好惡之情，亦本於心之感通。“仁”與“心”有著内在的關聯性。①

如果我們不安於不仁，但同時又未能完全安住於仁，我們就自然興起“立志”之心，此即志於仁、以仁爲志。孔子在啓發弟子們唤起感通之心的基礎上，亦强調立志的重要性。《論語·里

①按：這裏説的“情感”，與其説是一種作爲“感情”的“情感”，不如説是一種作爲“性情”的“情感”。在中文語境中，感情偏心理學的意義多一些，而“性情”之義，則除了有心理的意義之外，另有“心性”或“本心”的意義。

仁》記：“子曰：‘苟志於仁矣，無惡也。’”而孔子亦自言“吾十有五而志於學”（《論語·爲政》）。他之所以有志於學（這裏的“學”是指學習《詩》、《書》、禮、樂之文），是嚮著成就君子人格這一理想而趨的，因此志於學實即志於仁、志於仁人君子。孔子很强調志的作用，而志則與心相關，《詩序》所謂“在心爲志”①。樸素地説，志即是心的意嚮。孔子所説的“志於仁”，意謂心要嚮著仁的方嚮而趨，而不使自己的心及其意嚮與仁相悖。在現實中，人對於不仁之人、事、境，往往會生起不安之感、好惡之情，但這種樸素而自然的感情，往往會在生活的延展過程中被遮蔽與扭曲。而對這種遮蔽與扭曲形成存在上的不安的人，會生出求仁之志。可以説，“不安”是原初之仁提升至自覺之仁的橋梁與通道；但“立志”則是要通過心的明確性意嚮，將仁與心志相融通，這無疑較“不安”的環節更具自覺性。

我既有志於仁，則我應通過怎樣的方式，使得自己嚮著仁人君子的理想人格而趨呢？這就涉及“行仁”也即踐行仁道的問題。我們通觀《論語》，便會發現孔子對於如何“行仁”，方法不定，這大概是從因材施教的角度來考慮的。當然，無論怎樣的行仁之方，其最終都是要啓發弟子們獲得心之感通。例如，樊遲問仁，孔子答以“愛人”（《論語·顔淵》），這是要啓發樊遲通過“愛人”的過程以及心中對於“愛人”的體認，直接進入自我與他人的相感相通之境。因此，“愛人”也是“行仁”之方。不過，孔子强調得最多的“行仁”之方，乃是“忠恕”之道或“恕”之道：

---

①《毛詩正義》卷一，《十三經注疏》，北京：中華書局，1980年，第269頁。

> 子貢問曰："有一言而可以終身行之者乎?"子曰："其恕乎！己所不欲，勿施於人。"（《論語·衛靈公》）
>
> 仲弓問仁。子曰："出門如見大賓，使民如承大祭。己所不欲，勿施於人。在邦無怨，在家無怨。"仲弓曰："雍雖不敏，請事斯語矣。"（《論語·顔淵》）
>
> 子曰："參乎！吾道一以貫之。"曾子曰："唯。"子出。門人問曰："何謂也?"曾子曰："夫子之道，忠恕而已矣。"（《論語·里仁》）
>
> 子貢曰："如有博施於民而能濟衆，何如？可謂仁乎?"子曰："何事於仁，必也聖乎！堯舜其猶病諸！夫仁者，己欲立而立人，己欲達而達人。能近取譬，可謂仁之方也已。"（《論語·雍也》）

曾子認爲夫子之道，全在"忠恕"。這或許是曾子自己的理解與概括，但如果説忠恕之道是孔子思想中"行仁"的基本方法，則大概是没有什麼疑問的。所謂"忠"，指的是自己在與他人互動交往的過程中，對他人有誠意，爲他人做事能盡心。忠體現爲自己與他人之間的德性上的關係；忠關聯於兩頭，一頭是内在的自己以及自己的心意，另一頭則是外在的他人。忠之德就處於内外、人己之間，能忠之人通過自己的篤實、順直、純正的心意，達致人己互動交往過程中的感而遂通的狀態。因此，忠是重要的行仁之方。至於恕，則有著更爲豐富的義涵。恕最樸素的含義，就是將心比心，體諒别人。在對於恕的理解上，筆者亦認同唐君毅的觀點，他將孔子之恕區分爲消極之恕與積極之恕。消極之恕即"己所不欲，勿施於人"，積極之恕即"己欲立而立人，己欲達而達人"。這兩種恕道都與"欲"相關，但兩者的位置并不完全相同。可以説，消極之恕是積極之恕的基礎，消極之恕要先行，而不能反過來。這是因爲，在現實生活中我們的欲望和欲求往往夾雜著私欲而不自知，如果我們首先將自己的欲求積極地推出去，則很可能是將私欲轉致他人而已。因此，我們需要先省思自己所不欲、所厭惡的内容，并通過將心比心、體諒别人的實感，自覺地不將此不欲、厭惡之内容轉致他人。而這種消極的恕道，并不會給别人造成傷害，且反能呈現出自己與他人在心意、情意上的感通性，并爲“己欲立而立人、己欲達而達人”這樣的積極的恕道提供基礎。①

通過忠恕之道，自我與他人得到了情意、心意上的感通，因此忠恕是行仁的重要環節。另外，忠恕作爲行仁之方，也是與心關聯在一起的。忠體現爲人心之誠意，恕則更是要將心比心。而通過忠恕之道，自我與他人在心意、情意上相感相通，仁與心相融爲一。

通過“不安”、“立志”、“行仁”等環節，心之感通得到落實，仁内化爲自己的生命之德，而成就出仁人、君子之人格。不過，在現實生活中，我們的心靈往往不能時時刻刻保持住仁德，因此在“仁”的狀態上，我們有“熟”與“不熟”之别，此即孟子所謂“夫仁，亦在乎熟之而已矣”（《孟子·告子上》）。而根據熟與不熟的狀態，人之於“仁”的境界是有高低之别的。現録出《論語》中與此相關的幾條内容：

> 子曰：“君子而不仁者有矣夫，未有小人而仁者也。”（《論語·憲問》）
>
> 子曰：“回也，其心三月不違仁，其餘則日月至焉而已

---

①參見唐君毅：《中國哲學原論·原道篇——中國哲學中之“道”之建立及其發展》（一），《唐君毅全集》（第19卷），第53—57頁。

矣。”（《論語·雍也》）

子曰：“賢哉，回也！一簞食，一瓢飲，在陋巷，人不堪其憂，回也不改其樂。賢哉，回也！”（《論語·雍也》）

子曰：“吾十有五而志於學，三十而立，四十而不惑，五十而知天命，六十而耳順，七十而從心所欲，不逾矩。”（《論語·爲政》）

子曰：“飯疏食飲水，曲肱而枕之，樂亦在其中矣。不義而富且貴，於我如浮雲。”（《論語·述而》）

子曰：“莫我知也夫！”子貢曰：“何爲乎莫知子也？”子曰：“不怨天，不尤人，下學而上達，知我者其天乎！”（《論語·憲問》）

仁的道路，是一個不斷提升、永不停止的過程。仁與生命是互爲内在的關係。若生命不止，則仁之進境自不能已。同時，仁與生命的關聯是因人而异、因時而异的。就因時而异而言，立志可以説是“求仁”的階段；而忠恕等行仁之方，則是“不違仁”的階段；到了仁與生命的相融爲一，則可以説是“安仁”的境界。馬一浮以孔門師生爲例，指出“子路曰‘求仁’，顔子曰‘不違仁’，孔子曰‘安仁’，氣象自不同也”①。所以，仁之道是有境界之高低的。有了仁的自覺，并不意味著仁與生命完全相融相通。據此，孔子認爲，“君子而不仁者有矣夫”，君子有仁，但其仁或未能與生命完全相融爲一，這就需要修養工夫，繼續勉力於仁；但是，“未有小人而仁者也”，小人之所爲小人，正在於其未能形成仁的自覺，因此其心不能感通，而成爲小人。孔子這裏

①烏以風：《問學私記》，《馬一浮全集》（第1册），杭州：浙江古籍出版社，2013年，第750頁。

説的“仁”，指的是“仁的自覺”。這是君子與小人之别。另外，即便是君子之間，也有境界之高低。孔子贊揚顔回“其心三月不違仁”，這是説，顔回能在三個月之中，其生命的表現形態，全幅皆是仁德之流行，而不像孔子的其他弟子們，多是“日月至焉”，即其心或許衹是在一日之中不違仁而已。顔回之心，可謂感通無礙，充實自足，因此他雖然身處貧困，而能“不改其樂”。在這裏，孔子點出了顔回“其心三月不違仁”，這直接揭出了心與仁的内在關聯性，呈現出仁即心之感通。衹不過孔子似乎并未進一步省思與闡發心與仁的内在關聯性的意義。另外，相比起顔回來，孔子之境界則更高。身處貧困之地，孔子不但“不改其樂”，而且“樂亦在其中”，這是一種毫不用力的安仁之境。這種仁的境界，可以説是心之感通已達致感通無限的狀態，因其心感通無限，故孔子之心乃通於天地、天道、天德，所謂“知我者其天乎”。在這個境界中，孔子的生命、心靈與仁，不待勉力便能完全相融爲一，所以他能“從心所欲，不逾矩”。這裏的“矩”，指的是仁的表現。總言之，從上述内容中，我們可以看到，仁的境界也是與心相關聯在一起的。

綜上所述，從與仁相關的“不安”、“立志”、“行仁”、“境界”等各環節來看，孔子論仁，皆不能不與心相關。仁作爲生命與性情上的感通之道，其實際義涵，即是心之感通。因此，我們可以將孔子所説之仁，界定爲“心之感通”。另外，既然“心”與“仁”有著内在的關聯，“仁”爲生命、性情、德性之意義上的心之感通；因此，在孔子處，心的首要義涵，應是德性、性情意義上的心。换言之，心首先地是德性心或性情心，心有著自然而内在的嚮善之潛能與導嚮，而此潛能與導嚮則可稱爲“性”。

衹不過，孔子身處春秋末期，當時各派的哲學思想尚處萌發時期，系統的哲學形態尚不多見。孔子能够把握住仁的哲學意義，將原初之仁提升爲自覺之仁，發展出系統的仁説，這已經具有劃時代的意義了。衹不過，孔子確未能本其仁學，而擴發出其心論與性論。孔子論心，仍是從樸素、日常的意義來説的，而并不是自覺地説、哲學地説。如其言“飽食終日，無所用心”（《論語·陽貨》），這是日常地論心。而上文所引述的“其心三月不違仁”（《論語·雍也》）、“從心所欲，不逾矩”（《論語·爲政》）這兩句話，其中的“心”似乎有了自覺的哲學義涵，但若細體察之，便能理解到孔子在這裏是要提點出“仁”或“矩”的意義，而其“心”乃是順帶地説。可見，孔子有自覺的仁説，但尚未有自覺的心論，雖然他的仁説與心有著内在的關聯性。

然而，亦正如前文所論，孔子所論之仁即心之感通，因此儒家以仁爲核心精神的心論，則又可謂虚而不屈，動而愈出。按筆者的理解，能够繼承孔子的仁學并由此闡發出其系統而融貫之心論者，就是孟子。孟子的心論是儒家的第一個系統的心的哲學，它也奠定了後世儒家心論的基本義涵。之所以説孟子的心論繼承了孔子的仁學，是因爲他能够抓住仁即心之感通這一義涵，并以此揭示出心的哲學性意義。所以，孔子的儒學思想，有賴於孟子而發揚光大。而孟子對於“心之感通”的體認與闡發，主要是從具體情景、心之悦樂、持志養氣等三方面内容爲主。所謂“具體情景”，就是以日常生活中的事例，如人“見孺子將入於井”而生出“怵惕惻隱之心”（《孟子·公孫丑上》），又如困餓之人遇嗟來之食却願“捨生而取義”（《孟子·告子上》），再如上述之不葬其親者遇見親之遺體而“其顙有泚”（《孟子·滕文公上》），這都體現出心在面對具體的人、事、境之時，心中直接而真實地生出感受與感應。毫無疑問，這種感受與感應很明顯就是心自身的作用，而心的這些感受與感應也很明顯是仁的體現（孟子在此基礎上，進一步將“仁”這一總德，分爲仁、義、禮、智四别德），這樣一來，心與仁的内在關係就更爲明顯了，而心的哲學性義涵同時即被凸顯出來。據此，孟子便明確指出：“仁，人心也。”（《孟子·告子上》）而所謂“心之悦樂”，是指孟子繼承了孔子、顔回的悦樂的精神境界，并從心上提點出仁德之可悦可樂。孟子説：“心之所同然者何也？謂理也，義也。聖人先得我心之所同然耳。故理義之悦我心，猶芻豢之悦我口。”（《孟子·告子上》）又説：“君子所性，仁義禮智根於心。其生色也，睟然見於面，盎於背，施於四體，四體不言而喻。”（《孟子·盡心上》）又説：“萬物皆備於我矣。反身而誠，樂莫大焉。”（《孟子·盡心上》）孔子并未特别從心的層面上説悦樂，但孟子則明確指出心與理、義、仁等德性，有著内在的關聯，心之悦樂是心之感通自身的體現，同時也即是“仁”或“性”的體現。因此，孔、顔、孟的悦樂，并非心理意義上的“快樂”（psychological happiness 或 psychological pleasure），而是心之感通、仁之感通意義上的“真樂”（authentic happiness）。這種真樂是心與仁爲一之樂。對於此樂，孔子主要從仁上説，而孟子則進一步從心上説，或從“仁與心爲一”上説。最後，孟子的“持志養氣”之説，也是通過其心性之論，而對孔子仁説做出擴充。孟子提出持志養氣論的緣起，是他要和告子就“不動心”的境界而做出辯論。告子主張義外在於心，以此求得不動心；而孟子則主張義内在於心，以此求得不動心。據此，孟子主張義與心相融通，主張通過“持志養氣”的工夫，使得自我的德性心、仁義心由内充外地擴展出來。此心既是德，亦是性，復是氣。而通過持志養氣之説，孟子認爲他的不動心纔是真正的不動心，因爲他的不動心是“仁義禮智根於心”，是“配義與道”（《孟子·公孫丑上》）的；而告子的不動心則是心與義不能内在相融之不動心，這種境界的不動心，非爲心之真不動也，因爲其是外用其心。孟子的“持志養氣”“不動心”之説，是他自己的原創性的思想，不過其源頭則是孔子的仁學。對於這個問題，我們在下文還有討論。

總言之，孟子的心論是孔子以感通説仁之論的擴展，孟子心論系統揭示出了心與仁的内在關聯性，因此孟子所説的心，乃是“仁心”“仁義之心”。唐君毅將之稱作“德性心”或“性情心”，以區别於墨家的知識心、莊子的靈臺心及後來的荀子的“統類心”，這是很到位的。①

二、性與心之感通

除了討論孔子仁學與心的關係外，我們還需要辨析孔子仁學與性的關係，同時也需要將孔子思想中的心與性二者關聯起來討論，這樣纔能系統呈現出孔子的“心性”思想。但是，通觀《論語》，我們發現孔子對於性的論述并不多見，更遑論其有心、性關係之論了。不過，《論語》提及“性”的兩章内容，却大可尋玩。現先將此二章録出：

> 子曰：“性相近也，習相遠也。”（《論語·陽貨》）
>
> 子貢曰：“夫子之文章，可得而聞也；夫子之言性與天道，不可得而聞也。”（《論語·公冶長》）

這兩章的内容被宋明理學以及現代新儒家廣泛地討論，因爲

①唐君毅：《中國哲學原論·導論篇》，《唐君毅全集》（第17卷），第62—70頁。

宋明理學與現代新儒學兩者都是以“心性論”作爲其哲學的核心内容的，而《論語》這兩章正好直接涉及到孔子關於“性”的思想。不過，就筆者所知，學界對於孔子所論之“性”的義涵，尚未有一共識。而本文的其中一個旨趣，就是要貢獻出對於孔子的性論的一種解讀，以揭示出孔子的“心性”思想有其内在的融貫性。

據筆者所知，關於“性相近”之説，大概有兩種典型的理解。第一種理解是將“性相近”之“性”，理解爲“氣質之性”，程朱理學便是這樣理解的。朱子《論語集注》云：

> 此所謂性，兼氣質而言者也。氣質之性，固有美惡之不同矣。然以其初而言，則皆不甚相遠也。但習於善則善，習於惡則惡，於是始相遠耳。程子曰：“此言氣質之性。非言性之本也。若言其本，則性即是理，理無不善，孟子之言性善是也。何相近之有哉？”①

朱子之所以一定要將“性相近”之“性”理解爲“氣質之性”，是因爲孔子以“相近”説此性。按程朱的理解，“性”可分爲“天命之性”與“氣質之性”，“天命之性”指的是人性中所本具的當然之理，這一當然之理是自我之性中所發出的絶對的呼唤，有如天之所命所令，在這個意義上説，“性”即是“理”，理是純善無惡的，性也自然是純善無惡的。程朱理學便是通過此性即理之説，呼應了孟子的性善論。另外，程朱認爲，人人心中皆本有天命之性，但在現實中人是有形氣的，人通過其形氣的作用，可以使得其天命之性擴充出來，但也可以遮蔽其天命之性，使之得不到擴充。據此，因爲天命之性純然是理，所以是純善無

①朱熹：《四書章句集注》，北京：中華書局，1983年，第175—176頁。

惡的；而氣質之性則或遮蔽或透露天命之性，故有善惡之不齊。而關於性相近之論，程朱的意思是，如果孔子所説之性爲天命之性，則不應言相近，因爲“相近”就意味著人與人之性有善惡之不齊，有善惡之不齊，如此則非天命之性而爲氣質之性矣；而若孔子必以此性爲天命之性，則其不當言相近，而當言“相同”或“相通”，因爲“近”者雖“近”，而仍不能相融爲一也，此猶二人立於河之兩岸相觀相望，近則近矣，但奈何爲一河之所隔也！

程朱以“氣質之性”説“性相近”，是與其截然區分天命之性與氣質之性這一取嚮相一致的。不過，程朱的觀點雖然明確，但也受到質疑。徐復觀便懷疑程朱的觀點。他的懷疑主要集中在程朱對“相近”的解讀上，認爲程朱將“相近”視作“不同”了，但“相近”與“不同”在義涵上是有微妙區别的。徐氏辨析道：

> 朱《注》的本身，實在有點含混不清：第一，孔子説“性相近”一語時，并無時間上的限定；而朱元晦却加一個“以其初”三字，認《論語》此處之“相近”，乃指性之初而言。就性的本身而言，總指的是生而即有的東西，無所謂“初”或“不初”。朱元晦加“以其初”三字，已和原意不合。且既謂氣質之性，固有美惡之不同，則在氣質之性之初，也便應含有美惡之不同，衹不過尚潛而未發，又何以能在性的本身上言相近？所以朱子這兩句話，實把“不同”與“相近”的矛盾語句，加在同一的事物——氣質之性——的上面。而他的本意，則是以《論語》此處所説的性，實指的是氣質之性。性相近，實指的是氣質之性的相近。這衹要看他所引的程注即可明瞭。
>
> 所謂氣質之性，落實下來説，即是血氣心知的性，也就

> 是生理的性。但我們從《論語》一書來看，孔子没有氣質之性的观念；不過下面的話，實相當於宋儒所説的氣質之性。……上面所説的“狂”、“侗”、“悾悾”、“愚”、“魯”、“辟”、“喭”、“中行”、“狂”、“狷”、“生而知之”、“學而知之”、“困而學之”、“狂”、“矜”、“愚”等等，都相當於宋儒所説的氣質之性；在孔子這些話中，能得出氣質之性是“相近”的結論嗎？所以朱元晦的解釋，與《論語》一書中有關的材料相矛盾，恐怕很難成立。①

通過對程朱之説的辯駁，徐復觀進一步指出，從孔子的仁學中，我們可以推出孔子的“性相近”，祇是孟子性善之論的另一種表述而已，而非如程朱所説的氣質之性。爲了確證其觀點，徐氏討論了子貢所説的“夫子之言性與天道，不可得而聞”之語，指出孔子的“仁”，乃是融合性與天道的關鍵。在他看來，孔子之仁體現爲生命的自覺，而通過“學”與“忠恕”等行仁之方，每個人都可以通過“爲仁由己”的過程以成己成物，而孔子的這一仁論無疑意味著仁是内在於每個人的生命的。仁内在於每個人的生命，同時仁又是基本的德性、善德，因此毫無疑問孔子認爲性是善的。不過，我們從有仁的自覺，而到能够證驗到仁所具有的“先天”性，是有一個不斷磨合而通透的過程的，孔子所謂“五十而知天命”，是説他從具有仁的自覺而到五十歲，纔真正體認到性與天道（即天命）上下貫通之境。據此，他認爲《論語》中所出現的兩個“性”字，其義涵皆是指陳“善性”。其云：

> “性相近”的“性”，祇能是善，而不能是惡的；所以他

①徐復觀：《中國人性論史·先秦篇》，臺北：臺灣商務印書館，1969 年，第 77—79 頁。

> 説“人之生也直，枉之生也幸而免”（《雍也》）。此處之“人”，乃指普遍性的人而言。既以“直”爲一切人之常態，以枉爲變態，即可證明孔子實際是在善的方面來説性相近。把性與天命連在一起，性自然是善的。所以，《論語》上的兩個性字，實際衹有一種意義。這是通過孔子下學而上達的實踐纔得出來的結論。因此，天命對孔子是有血有肉的存在，實際是“性”的有血有肉的存在。①

據此，則徐復觀與朱子對於“性相近”的理解是相反的。朱子認爲此性是氣質之性，而徐先生則認爲是善性、性善之性，這無疑是將此性完全歸爲宋儒所説的天地之性或天命之性。由此，兩者的觀點遂成兩極。這裏，筆者認爲兩者的説法皆有一定的道理，但大概都不全是孔子性相近之説的原意。朱子之説，固然如徐先生之所辨，將性之“不同”，與性之“相近”相混同了。但是，徐先生完全將性相近之“性”解爲性善之“性”，似乎又有詮釋過强之嫌，因爲如果性相近之“性”完全是性善之“性”，則我之“性”與人之“性”在善的意義上乃是“相同”或“相通”，而不得言“相近”矣。誠然，就筆者所理解，孔子的“性相近”之説最終將會走嚮孟子的性善論，因此徐先生之説確不爲無理。但是，孔子對於性的理解，并不具有像孟子一樣的自覺。而無論徐先生，還是朱子，都將孔子性論視作自覺的、具有哲學性意義的性論，這其實并不合實情。事實上，如前所言，孔子有自覺的仁學，却不一定有自覺的心論，更不一定有自覺的性論。以心言仁，在孔子處可説爲呼之欲出；但以心言性，在孔子處則可謂隱而弗彰，這需要我們作充分的辨析，方能見其真義。

---

①徐復觀：《中國人性論史·先秦篇》，第89頁。

實際上，從孔子“性相近也，習相遠也”一語來看，孔子大概是主張自然的人性論，這種自然的人性論，可以通過後來告子的“生之謂性”（《孟子·告子上》）來概括。但是，告子的“生之謂性”，是告子通過自己的哲學取嚮而對於先秦所流行的“生之謂性”之説的一種規定。可以説，“生之謂性”本來就是春秋戰國時代所普遍流行的人性論，因爲“性”字本即爲一“生”字，衹不過告子承襲此説而賦予自然主義規定而已。而所謂“生之謂性”，其最樸素的意思是：人或動物自己要求自身的生命存在，以及自己的後代的生命存在，能够相繼相續，而這種要求則是一種求生之性。對於先秦所流行的生之謂性之説，唐君毅有透闢的闡發，其云：

> 一具體之生命在生長變化發展中，而其生長變化發展，必有所嚮。此所嚮之所在，即其生命之性之所在。此蓋即中國古代之生字所以能涵具性之義，而進一步更有單獨之性字之原始。既有性字，而中國後之學者，乃多喜即生以言性。以生言性之涵義，包括有生即有性，性由生見之義。……因中國古代之言性乃就一具體之存在之有生，而即言其有性，故中國古代之泛論人物之性，通常涵二義：一爲就一人物之當前之存在，引生其自身之繼起之存在，以言其性；一爲就一物自身之存在，以言其引生其他事物之存在之性。①

在孔子時代關於“性”的思想，確實是很樸素的，“性”可以通過“生”與“生之所嚮”這兩方面的義涵來做規定。但我們如何去理解“生”本身，以及對於“生之所嚮”應怎樣去思考，

①唐君毅：《中國哲學原論·原性篇——中國哲學中人性思想之發展》，《唐君毅全集》（第18卷），北京：九州出版社，2016年，第7—9頁。

孔子之前的思想家似乎并未對此形成哲學的自覺。從這個意義上説，告子通過其自然主義哲學以説“生之謂性”，是將先秦原初而籠統的生之謂性之説，賦予了自然主義的規定，但告子這樣做，已經形成他自己的“生之謂性”之説，而不可等同於原初的“生之謂性”之義了。實際上，原初的“生之謂性”之“生”及其“性”，衹是日常地講，因此它可以被賦予不同的哲學意義。它可以與自然主義結合起來，形成以告子爲代表的、以人的自然求生之欲（即《孟子·告子上》所謂“食色性也”）爲基本義涵的自然主義人性論，但同時也可以與心的自然嚮善的傾嚮内在地結合起來，而形成以心之嚮善而提點出性之嚮善的孟子意義上的人性論。另外，人們還可以將人的求生之欲之嚮，與人的善心與禮義做出對比，并進而形成荀子式的“化性起僞”、“性惡論”之説；人們亦可以著眼於順著人的自然質性、自然之生但又使之不墮入執著、陷溺這一方嚮而作省思，從而形成道家莊子式的因順自然之性。所以，簡言之，春秋及之前所流行的生之謂性之説，因其義涵比較樸素，所以蘊涵著各種被解釋與規定的可能。

那麽，這裏要問：孔子的“性相近習相遠”之説，究屬上述各種取嚮中的何種？我們單從孔子的這句話看來，并不能够完全判定它究屬告子形態，還是孟子形態，抑或荀子乃至莊子形態。實際上，我們將這四種形態分别去闡發孔子的這句話，都是可以説得通的；换言之，孔子此説可以孕育出告、孟、莊、荀等多種人性論的思想。從這裏我們便可以理解到，孔子對於性的問題，較其對於心的問題，更不具有自覺性。

當然，我們并不滿意於衹得出上述的結論。我們還要問，孔子的人性論，與告、孟、莊、荀之中的哪一種人性論更有内在而直接的關係？根據筆者理解，孔子的人性論還是與孟子的人性論的關係最爲直接，因此徐復觀認爲孔子的人性論通於性善論的觀點是有道理的。但徐氏將孔子的“性相近”等同於孟子之“性善”，則未免言之過强。在這裏，我們可以通觀《論語》的相關内容，以辨析孔子的這句話。單就字面上説，孔子所説的“性相近也”，意謂人與人的自然生命（“性”、“生”）及其意義，在開始的時候是差不多、相去不遠（“相近”）的。换句話説，“性相近”即“生相近”，也即人的生之爲性，與我的生之爲性，是相差不遠的。由此，對於孔子的“性相近”之語，我們除了討論其論“性”之外，還通過討論其論“生”與“相近”，最終獲得孔子論“性”之實義。《論語》一書中有許多“生”字，其中頗可玩味者有兩處；而該書除“性相近”一句外，别無“相近”二字，我們反倒在《孟子》中找到了與“性相近”之義涵相近的“相近”一詞。現將此三處内容録出如下：

> 子曰：“人之生也直，罔之生也幸而免。”（《論語·雍也》）
>
> 子曰：“志士仁人，無求生以害仁，有殺身以成仁。”（《論語·衛靈公》）
>
> 雖存乎人者，豈無仁義之心哉？其所以放其良心者，亦猶斧斤之於木也，旦旦而伐之，可以爲美乎？其日夜之所息，平旦之氣，其好惡與人相近也者幾希，則其旦晝之所爲，有梏亡之矣。（《孟子·告子上》）

這三段話的内容，皆有自覺的哲學性義涵。孔子所説的“人之生也直”，意謂人的自然生命與自然人性，在開始的時候涵藴有“直”的品質。所謂“直”，是指人的自然生命中藴涵著生生之道而没有阻礙和扭曲。例如，人的生命存在能够自身相繼相續，同時也能够繁衍後代，這個生生不斷的過程是順暢而不扭曲的，是自然生命的不斷自我超越的過程，因此它本是直而不曲的，這是自然生命之“直”；另外，除了自然生命之外，人還有自然的德性、自然的情感、自然的好惡，這些自然的德性、情感、好惡等，與人之求其自然生命之延展，共同構成了人的日常生活、日常生命、日常世界，這些德性、情感、好惡在人的生命之初，以及日常生活之中，都是很自然而順直的，除非它們被刻意扭曲。而人的自然生命之“直”與自然德性、情感、好惡之“直”，共同構成了“人之生也直”之“直”。另外，我自己與他人所共有、共享的這些“直道”，則確實可以以“相近”二字來表達。“相近”就是差不多、相差不多之意，而這“相近”是從日常生活、日常經驗、日常直覺來説的，而并非從嚴格的哲學意義來説的。在日常生活中，如果我與他人都不扭曲自己的性情，那麽我自己的所好所惡，與别人的所好所惡可以説是“相近”的，我自己的好好色、惡惡臭，與别人的好好色、惡惡臭，大概也是“差不多”的。據此，孟子也會説“其日夜之所息，平旦之氣，其好惡與人相近也者幾希”，這裏説的“相近”，也是日常地講。同時，孟子這裏説的“相近”，也藴涵著某種“人之生也直”的意義，因爲他説的“相近”，指的是每個人有相近的所好所惡，而我們的所好所惡乃藴涵著某種自然之善性與德性。通過這些自然的善性、德性、情感、好惡等，我們的日常生活得到比較好的維持。

可以説，孔子所説的“生之直”，乃是我們的自然生命中本就藴涵的很樸素的“直德”、“直情”、“直好”、“直惡”等，而這些直德等内容，可以稱作“自然之善”。孔子的“人之生也直”之説，體現出他對“生之謂性”之説有自己的規定，此即自然的生命本身藴涵著“自然之善”。這樣一來，孔子其實是將“生之謂性”界定爲“自然之善”。不過，這個規定尚不是自覺的哲學意義上的規定，而衹是日常生活中的樸素的感受與感知。换言之，孔子的自然之善并非朱子所説的氣質之性，因爲氣質之性之説不能完全揭示出“直”與“相近”的義涵；同時，它也不完全是徐復觀所説的“性善”之性，因爲它是對性有一自覺的哲學的規定，而“自然之善”之性則可以是未經過哲學的自覺就能得出的日常直覺。這在上文所引的孔子的“無求生以害仁，有殺身以成仁”一句中或可以得到間接的佐證。在這句話中，很明顯，孔子對於“仁”是有哲學自覺的，但他對於“生”本身，則限定在自然生命的意義上説，也即此“生”即是一“求生”之性，此“生”較“人之生也直”之“生”，更不具有哲學的自覺。

就此而言，孔子的“性相近”之説，就與荀子以“性惡”規定“生之謂性”之論有所不同。同時，如前所論，孔子以人性中蕴涵有自然之善，這也并不意味著他明確地主張如孟子一様有哲學自覺的“性善論”，前者與後者有著不自覺與自覺之别。人性中之有自然之善，與孟子的性善之善，分屬高低兩個層面。孟子的性善之善，是將人之自然之善性，與人的嚮善之心、心之嚮善内在地相結合，從而凸顯出來的對於人之性的規定。這種規定顯然是一種比人性的自然之善更高的對於人性的規定。不過，雖然自然之善與性善之善有高低之别，但兩者共享了“善”與“直”的義涵，因此“自然之善”是導嚮“性善之善”的起始。這就是筆者對孔子“性相近”之説的理解。

“習相遠”，意謂人們的不同方嚮的習得，使得各人成爲不同的人。在孔子看來，這不同的人，主要分爲不斷上達的君子和不斷下達的小人。他説：“君子上達，小人下達。”（《論語・憲問》）又説：“下學而上達，知我者其天乎。”（《論語・憲問》）

這裹的“上達”，是指人的心靈境界能够貫通天道與人性；這裹的“下達”，指的是人心受到遮蔽，使得天道與人性阻隔，天道成爲高懸而無法達致的理想界，人性則不斷墮入有局有限的現實界，人性之善得不到開發與展拓。而孔子的取嚮，則是要通過“立志”“學習”等事，達致自我的身心、自我與他人、自我與天地天道的相感相通。這種境界爲通於天道者，故謂“知我者其天乎”。而在這裹，我們亦可以看到，“立志”“學習”的過程，即心之求感通的過程。而在這個過程中，心之求感通之“習”，是與人性中的自然之善之“近”内在地關聯在一起的。人性的自然之善，因“習”即心之求感求通的作用，而進至仁之境。就此而言，仁、心、性、天最終是要相融通的。仁即心之感通，性之感通即性之體現，性因心之感通之無限，而達致與天道融通之境。從這個意義上説，“心”與“性”在孔子的思想中其實已經藴涵著内在的關聯性。要不然，則性與習兩者并無必然的關係，但“性相近”與“習相遠”在孔子處明顯是有内在的關聯的。從這個意義上説，孔子便遠於後來荀子的心、性相分之説，而近於孟子的以心言性、性由心顯之論。

因此，孔子對於人性的界定，當以“性相近”爲始，以“習相遠”爲終，其最終的指嚮，是仁或心之感通。因此孔子説：“志士仁人，無求生以害仁，有殺身以成仁。”如前所論，這裹的“生”與“身”，是“生之謂性”意義上的“生”與“性”，是人的自然生命與自然人性；而這裹的“仁”，實即孔子所理解的人之爲人的根本之性、根本意義所在。由此我們可以將孔子關於人性的思想，引申性地理解爲：人之所以爲人之性，并不在於人的自然生命，而在於其能自覺地保有與踐行仁德。將孔子的“性相近，習相遠”之説引申至此，則孟子的“性善論”正可謂呼之欲出了。

當然，孔子的“性相近，習相遠”之説，雖然嚮著孟子的性善論而趨，但他的性論確實并不等同於孟子意義上的性善論。子貢説：“夫子之言性與天道，不可得而聞也。”究竟孔子爲何不言“性與天道”，古今學界似未有定論，這有待我們繼續思考。不過，如果結合前文所論，我們大概可以得出兩方面的理解。首先，這是春秋時人尚未對“心”“性”“天道”的問題做出自覺性的哲學思考所致；其次，這是因爲孔子基本上滿足於將“仁”之義涵以及求仁之方提點出來所致。

三、“學習工夫論”與心之感通

一般來説，比較系統的心性論，會有心論，亦有性論，再有工夫論。心性論之所以有“工夫”的維度，是因爲在現實中，心與性往往不能相融爲一，并形成問題。而“工夫”就是要通過自我心中的自覺，以心轉心，使得心與性爲一。因此，我們如果要全面梳理和討論孔子的“心性”思想，應該也去看看他有無“心性工夫”論。

事實上，既然孔子衹有不太自覺的“心性”思想，則他大概也不會形成系統而自覺的“心性工夫論”了。不過，孔子有自覺而系統的仁學，因此他確有以仁爲中心的修養工夫論。同時，仁既然與心、性亦有所關聯，則孔子的仁學工夫論，也應有其“心性”的意義。據此，本節的旨趣，第一是要界定與闡釋孔子的修養工夫論，第二則是要呈現出孔子的修養工夫論中的“心性”義涵，第三則是要探討孔子的修養工夫論與孟子心性工夫論的關聯性。

首先，筆者先單刀直入，將孔子以仁爲中心的修養工夫論，概括爲“學習工夫論”。孔子認爲，如果我們進入仁心感通之境，并由此進進不已，就需要有自覺的“學”或“學習”的工夫。“學”或“學習”是孔子仁學工夫論的核心。而其學習工夫論的具體義涵，可以通過八個字概括：“博學於文，約之以禮。”《論語》云：

> 子曰：“博學於文，約之以禮，亦可以弗畔矣夫！”（《論語·顔淵》）
>
> 顔淵喟然嘆曰：“仰之彌高，鑽之彌堅；瞻之在前，忽焉在後。夫子循循然善誘人，博我以文，約我以禮，欲罷不能，既竭吾才，如有所立卓爾。雖欲從之，末由也矣。”（《論語·子罕》）
>
> 子曰：“學而時習之，不亦説乎？有朋自遠方來，不亦樂乎？人不知而不愠，不亦君子乎？”（《論語·學而》）
>
> 子夏曰：“博學而篤志，切問而近思，仁在其中矣。”（《論語·子張》）
>
> 子曰：“賜也，女以予爲多學而識之者與？”對曰：“然。非與？”曰：“非也，予一以貫之。”（《論語·衛靈公》）
>
> 顔淵問仁。子曰：“克己復禮爲仁。一日克己復禮，天下歸仁焉。爲仁由己，而由人乎哉？”顔淵曰：“請問其目。”子曰：“非禮勿視，非禮勿聽，非禮勿言，非禮勿動。”顔淵曰：“回雖不敏，請事斯語矣！”（《論語·顔淵》）

“博學於文”與“約之以禮”之説，在《論語》中出現了兩次。這是孔子教學生的通用之法。大概孔門弟子，無論賢愚，皆需要經過博文約禮的過程。“博學於文”之“文”，有廣、狹二義。廣義之文，泛指天地間的一切相互錯綜的事情和現象；而狹義之文，則指《詩》、《書》、禮、樂之文。孔子所謂“學而時習之”之學，大概是指博學《詩》、《書》、禮、樂之文并以時習之。而“約之以禮”，意謂約歸自己，返之於禮。而博文與約禮二者則又有著内在的關聯性，兩者是先後、表裏的關係。在博文的過程中，弟子們逐漸體會到《詩》、《書》、禮、樂之道，皆可攝歸於仁。“禮”是仁的具體表達，因此“約之以禮”其實即是“約之以仁”。如果我們將《詩》、《書》、禮、樂之文比作大樹的話，則大樹的根就是仁。博文屬外，約禮屬内，自博文而能約禮，可以達致内與外的感通，而仁則自在其中矣。而在仁之感通的帶動下，自我不斷地達致自我的身與心、自我與他人、自我與天地天道的一體感通之境。這就是孔子的學習工夫論。

爲什麼博文與約禮會有内在的關聯，并使得學習者達致心之感通呢？這涉及《詩》、《書》、禮、樂之文的特點。孔子曾説：“興於《詩》，立於禮，成於樂。”（《論語·泰伯》）學《詩》，學禮，習樂，有興發性情，達至感通的作用。我們在未曾博文之前，《詩》、《書》、禮、樂之文，全是外在、殊散的；而在博學於文的過程中，外在的殊散之博，將自外而内地匯歸於自我之心意與性情之中，并興發出自我主體的仁的自覺。因此，“興於《詩》”，是自己在興；“立於禮”，是自己在立；“成於樂”，是自己在成。没有自己親身的學習、消化、啓發、感通，外在的散殊之文就不會約歸於心意之中，而成爲内在的性情、德性、義理。所以，我們就不難理解，爲何“學而時習之”，心中會生出悦樂之意。我們亦不難理解，爲何子夏會説“博學而篤志，切問而近思”，則“仁在其中矣”。這裏的“博學”即是“博學於文”，“近思”則是“約之以禮”，而經過“博學”“近思”，自我的心之感通得以打開并充潤出來。我們也不難理解，孔子爲何不將

“多學而識之”作爲自己的學問與境界的評判，而要特別提出其有“一以貫之”之道；這是因爲，雖然孔子博學多識，但其學其識的方嚮，乃是通過博學約禮的過程，達致内與外的感通，一以貫之，安住於仁。我們同時亦不難理解，孔子嚮顏回説的“克己復禮”，即是“約之以禮”的另一種表達而已。我們亦不難理解，爲何顏回在博文約禮之後，會有“欲罷不能”之感，這種欲罷不能就是顏回在博文約禮過程中，内外感通、仁德外充之自然效驗。

“博學於文”與“約之以禮”，一外一内，一表一裏；博文約禮，内外感通，仁在其中矣。可以説，仁即心的“合内外之道”、“内外感通之道”。在“博文約禮”這一學習工夫論的脉絡下，學者便有可能獲得仁的自覺。在這個過程中，孔子注重就學者心中有憤悱之意時，而作隨機點撥、因材施教，啓發學者興發其心中的仁德。而當仁德興發，獲得了仁的自覺，并決定仁以爲己任之後，我們就需要“行仁”之事。如前所言，孔子最强調的行仁之事還是忠恕之道。忠恕是行仁、爲仁之方。通過忠恕之道，自我與他人得到了心意、情意上的感通。與博文約禮的學習工夫論一樣，忠恕之道亦可達致心之内與外的感通，以識仁、體仁、行仁。從上述内容看，我們可以理解到，孔子的博文約禮的學習工夫論，指嚮仁之自覺、心之感通；而其忠恕之道作爲行仁之方，則是要落實仁之自覺、心之感通。從這個意義上看，孔子雖然未有自覺的心性工夫論，但其學習工夫論却是後世儒家心性工夫論的先聲。

先秦儒家多能繼承孔子的“學習工夫論”，孟子與荀子二人皆重視“博文”與“約禮”的作用，但兩者的出發點不盡相同。孟子是從“即心言性”“因心顯性”“盡心知性”的取嚮上繼承孔子的學習工夫論的，而荀子則主張“心性二分”。經過前文對孔子“心性”思想的辨析，筆者傾嚮於孟子更能够順承孔子的“學習工夫論”，并由此發展出系統的儒家心性工夫論。雖然我們無法完全確證孟子的心性工夫論是否從自覺地繼承孔子的工夫論而來，但兩者確實有某種内在的相通性。例如，孟子説：“博學而詳説之，將以反説約也。”（《孟子・離婁下》）這可以説是“博學於文，約之以禮”的另一種表述。另外，我們知道，孟子的心性工夫論集中體現爲“持志養氣”與“集義”的交涵互動。“持志養氣”側重在“内”，而“集義”則側重在“外”，而其“養氣”“集義”工夫論的最終境界，乃是“其爲氣也，配義與道”（《孟子・公孫丑上》），這就體現出“内”與“外”的相融與感通。這與孔子的仁學以及其學習工夫論重視心之内外感通之道，是一致的。當然，孟子的心性工夫論因爲有了對“心”與“性”的哲學自覺，因此孟子能在孔子的基礎上，建立起其系統而明確的儒家心性工夫論，這是孔子生前所未能自覺完成的。

另外，筆者細玩《論語》《孟子》二書，發現孟子的“持志養氣”與“集義”交相互動的心性工夫論，似乎在《論語》的“崇德修慝辨惑”一章中也能找到一些對應的脉絡，雖然我們無法完全確證孟子是否據此而引申出其工夫論。《論語・顔淵》記子張問“崇德”，孔子指出：“主忠信，徙義，崇德也。”這裏，忠信和徙義構成了崇德的“内”和“外”兩方面。外在的徙義要以内在的忠信作爲基礎；與此同時，内在的忠信要以外在的徙義作爲驗證。而這徙義之説，後來發展成爲孟子的“集義”；而忠信之説則發展成爲孟子的“養氣”。孟子“養氣”論認爲我們的心志應該專一，并以專一之心志來提携身體之氣，從而達到自我的心志的内在的通透，此即孔子的忠信之道的深化。而孟子的

“集義”，指的是自我本著内在的心志，以應對外在的人與事，每一具體的應對，都落實心志與道義的合一，從而促使自我在持志的主導下，生出、養出浩然之氣。由此，自我的持志養氣工夫就達到了内外通透、内外感通的境界。

當然，上述的觀點與申論，衹證明了孔子的“崇德”之説，和孟子“持志養氣”與“集義”互動的心性工夫論，在義理上有相通的可能。筆者附論於此，以待异日繼續研探。

四、總結

本文分三大方面，闡述了孔子仁學中所蘊含的“心性”思想。首先，本文認爲，孔子所論之“仁”，與“心”有著内在的關聯性。孔子所論之仁，并非原初之仁，而爲自覺之仁。這一“自覺之仁”的基本義涵就是心之感通。據此，本文指出，在孔子的思想中，我們若要通過心之感通，以確立自覺之仁并踐行之，這當中宜有“不安”“立志”“行仁”、“境界”等各環節。而每一環節，皆不能不與心之感通有著内在的關係，這無疑意味著孔子完全是以“心”説仁的。衹不過，孔子對於“心”，則確實是樸素、日常地看，而并未形成哲學性的自覺，并由此呈現出“心”的哲學。但是，因孔子以心之感通説仁，因此儒家以仁爲核心精神的“心”論可謂呼之欲出；而最能繼承孔子以心説仁者之方嚮者，無疑是孟子。孟子通過具體情境、心之悦樂、持志養氣等内容，將仁與心之關聯自覺凸顯出來。

其次，在梳理出孔子關於“心”的思想後，本文討論了孔子關於“性”的思想。孔子論性，較其論心似更不具哲學的自覺。不過，雖然如此，《論語》中“性相近，習相遠”以及“夫子之言性與天道，不可得而聞也”這兩句話，被古今學界所廣泛討論。但是，學界的相關理解并不一致。特別是“性相近”之說，更是聚訟紛紜。在本文中，筆者舉出了朱子的“氣質之性”與徐復觀的“性善之性”這兩種幾乎相反的觀點，指出這兩種觀點皆未能充分揭示出“性相近”之義涵；徐復觀之説雖然已經較接近“性相近”説之原意，但其詮釋仍有過强之嫌。實際上，無論朱子，還是徐復觀，都預設了孔子對於“性”已有哲學的自覺了。但事實上，孔子之論性，尚沿用當時所流行的“生之謂性”的樸素觀點，因此我們尚不能説孔子所論之性，是孟子性善論意義上的“善性”，因爲前者對於性尚未自覺，而後者則是自覺的性論了。不過，如果我們辨析《論語》論“生”以及《孟子》論“相近”之義，便可以將孔子的“性相近”，理解爲日常、自然地講人性之善，而非自覺、哲學地講人性之善。前者尚不似後者之具自覺的哲學義涵，但其同時復有别於告子式的自然主義的“生之謂性”之説。對於孔子的自然地、日常地講的“性相近”之説，筆者將之稱作“自然之善”。這種自然之善，與後來孟子的性善之論，有自覺與不自覺之别，兩者不能等同。但是，孔子接著以“習相遠”，指出我們通過學習的過程，仁心之感通機制得以打開，并由此而成爲仁人君子。而同時，這“習相遠”又是内在於“性相近”而説的，因此，孔子對於人之爲人之性的規定，其實并不止於“性相近”也即自然之善上，而要順著自然之善性，并通過心之嚮善、心之感通之道的作用，最終達致孟子即心言性的性善之義。不過，因爲孔子側重對仁的闡發，而未思仁與性、性與心之關聯，因此其性論尚有待孟子爲之做出拓展。

最後，本文認爲，“工夫”也是心性論的重要一環。在現實中，人之心與性并不一定是相融爲一的，要達致心、性相通，就需要修養的工夫。那麼，孔子是否有自覺的心性工夫論呢？筆者認爲，因爲孔子并未凝練出其自覺的心學與性論，因此他尚未形成自覺的心性工夫論。但是，因爲孔子有仁的自覺，而仁則與心、性有著内在的關聯性，因此孔子自有其“仁學工夫論”。筆者將孔子的仁學工夫論稱作“學習工夫論”，這是因爲無論遇到怎樣的弟子，孔子皆以“博學於文，約之以禮”啓發其求仁。博文屬外，約禮在内，博文約禮的過程，則是自我的心靈、心意、生命達至内與外相感通的過程。在這個過程中，仁内化爲自我的生命之德。本文據此認爲，孔子的學習工夫論是後世儒家心性論的先聲與雛形。另外，本文亦指出，雖然我們無法確認孔子的學習工夫論，與其後孟子的心性工夫論有無繼承性的關係，但因爲孔子的學習工夫論是關聯於仁或心之感通的，因此兩者在義理上有著某種内在的相通性。

相信經過本文對於孔子的“心性”思想的探索，我們能够對儒家心性論的起源有一恰當的理解，同時也可有助我們對孔子仁學以及孔、孟思想之相承性的界定。

劉樂恒：哲學博士，武漢大學哲學學院副教授。主要研究方嚮爲現代新儒學、心性哲學、中國哲學心性論。電郵：liuleheng@gmail.com.

“無友不如己者”再詮

孫嘉瑞　何善蒙

摘要： 關於《論語》中“無友不如己者”一句，學界主要有三種理解：不跟比不上自己的人交朋友；不結交與自己志趣不同的人；沒有不如自己的朋友。對於以上觀點，歷來衆説紛紜。本文認爲如果孤立地去理解，任何一個解釋都有不合適之處，唯有結合具體語境，分析關鍵字的含義，理解其在儒家思想中的特定内涵，纔能準確把握其原意。對於“無友不如己者”的理解也是如此，本文在文獻和邏輯考辨的基礎上，認爲以往對於這個觀念的理解都存在一定的問題，而“無友不如己者”實際上所表達的意思是，不去刻意親近那些不如自己的人（以滿足自己的虛榮心），而要主動與比自己賢能的人往來，以使自己成爲更有賢德的人。而傳統關於“無友不如己者”的理解，都有著或多或少的問題。

《論語》開篇便是“學而時習之，不亦説乎？有朋自遠方來，不亦樂乎？人不知而不愠，不亦君子乎？”由此可見，交友與學、個人修養的地位一樣，是先秦儒家對於個人修身的核心關切之一。《周易·象傳》有言曰“麗澤，兑；君子以朋友講習”，足見儒家對於交友有著來自傳統的關照。《論語》中僅僅出現“友”字的條目就有十九條，至於師生或者學生之間的討論中提及的交游話題，則有更多。而在這些條目中，語出《學而》篇的“無友不如己者”一句，是最富爭議的章句之一，歷代對其有多種注解，因而引起許多争論與不同解讀，近代以來的學者對此更提出了前所未有的“新詮”，時下學術界的有關討論也十分熱烈，可以説是一個曆久彌新的學術論題。綜觀漢代以至於今日的有關解讀，似乎可以看到，其中的不少存在著“駁論易，立論難”的困境，即指出别的觀點之不妥較爲雄辯，但是到了自圓其説的時候却常常顯得力量不足。縱觀各種説法，如果孤立地理解“無友不如己者”這七個字，便很容易陷入過於穿鑿的困境，唯有結合具體的語境以及儒家對於這個話題一貫的認識方式，纔能更爲準確地把握其原意。

“無友不如己者”出自《論語·學而》（下文所涉及《論語》篇目均衹標篇名），全句爲：“子曰：‘君子不重則不威；學則不固。主忠信。無友不如己者。過則勿憚改。’”對於“無友不如己者”的解釋，自秦漢至今，有三種主要觀點：不跟不勝自己的人交朋友；不結交與自己志趣不同的人；没有不如自己的朋友。這些觀點的出現有語言、邏輯嚴謹性上的考慮，但歸根到底是出於對於儒家思想的不同理解。

一、“勝己説”：不要與不勝自己的人交朋友

這個觀點的關鍵在於將“如己”解釋爲“勝己”，故下文稱之爲“勝己説”。從歷史上看，這個觀點在很長時間内得到廣泛的認可。如南北朝皇侃的《論語義疏》中説：“明凡結交取友必

令勝己，勝己則己有日所益之義，不得友不如己，友不如己則己有日損”①。清代劉寶楠《論語正義》對此句的注有：“《群書治要》引《中論》曰：‘君子不友不如己者，非羞彼而大我也。不如己者，須己慎者也。然則扶人不暹，將誰相我哉？吾之債也，亦無日矣。’”② 而宋代朱熹《論語集注》中說得更爲明確：“無、毋通，禁止辭也。友所以輔仁，不如己，則無益而有損。”③ 到近代，楊伯峻《論語譯注》亦取“不要跟不如自己的人做朋友”④爲解。錢穆《論語新解》亦同此說，曰：“師友皆所以輔仁進德，故擇友如擇師，必擇其勝我者”。

這個說法在流行的同時事實上也一直伴隨著各種批評的聲音。最爲直接的批評是針對其反映的邏輯問題的：“世之陋者樂以不己若者爲友，則自足而日損，故以此戒之。如必勝己而後友，則勝己者亦不與吾友矣。”⑤ “信如是計較優劣，既無問寡、問不能之虛衷，復乏善與人同之大度，且己劣視人，人亦劣視己，安得優於己者而友之乎？”⑥ 即，如果衹能結交勝過自己的人爲朋友，那麼那些勝過自己的人也會因爲同樣的理由而不與我做朋友了。可見，從實際操作的角度看，這種說法似乎是存在問題的，至少在邏輯上是不究竟的。

值得注意的是，在劉寶楠的《論語正義》的注釋中有引用周

①何晏集解、皇侃義疏：《論語集解義疏》，北京：中華書局，1985 年，第 8 頁。

②劉寶楠：《論語正義》，上海：上海書店，1986 年，第 13 頁。

③朱熹：《四書章句集注》，北京：中華書局，1983 年，第 50 頁。

④楊伯峻：《論語譯注》，北京：中華書局，1980 年，第 6 頁。

⑤蘇軾語，引自程樹德：《論語集釋》，北京：中華書局，1990 年，第 35 頁。

⑥程樹德：《論語集釋》，第 35 頁。

公的話："不如我者，吾不與處，損我者也；與吾等者，吾不與處，無益我者也。吾所與處者，必賢於我。"① 如此，則直接地表達出了"勝己説"所具有的功利主義傾嚮，即與人相處僅僅是爲了我的好處。從一般的實用主義立場來説，没有什麼問題。然而，如果從儒家所强調的"君子以朋友講習"來説，朋友作爲一種特殊的存在形式，有著非常重要的道義上的意義，那麼，這種解釋有著明顯的問題。對此，也有很多學者提出質疑，比如南懷瑾在《論語别裁》中説：

> "無友不如己者"，照他們的解釋，交朋友不要交到不如我們的。這句話問題來了，他們怎麼注解呢？"至少學問道德要比我們好的朋友"。那完了，司馬遷、司馬光這些大學問家，不知道該交誰了。照他這樣——交朋友衹能交比我們好的，那麼大學校長衹能與教育部長交朋友，部長衹能跟院長做朋友，院長衹能跟總統做朋友，當了總統衹能跟上帝做朋友了？"無友不如己者"嘛！假如孔子是這樣講，那孔子是勢利小人，該打屁股。照宋儒的解釋，那麼下面的'過則勿憚改'又怎麼説呢？又怎麼上下文連接起來呢？②

當然，南懷瑾的這種説法也有失偏頗，儒家對於"賢於我"的判斷標準是遠比"官本位"的標準複雜的，其指出的與下文的銜接問題，即使確實存在，其實也并不難解決——既然交朋友必須要交勝過自己的，那麼如果在這個問題上犯了錯誤（交到了并没有勝過自己的朋友），就不要害怕改正。但其注意到的功利主義傾嚮似乎確與論語中其他關於朋友交往的論述有所背離。如

①劉寶楠：《論語正義》，第13頁。

②南懷瑾：《論語别裁》，上海：復旦大學出版社，1990年，第32—33頁。

《顔淵》中有：“子貢問‘友’。子曰：‘忠告而善道之，不可則止，毋自辱焉。’”可見孔子是承認朋友是可以有缺點或錯誤需要我們去告之、道之的，即便“不可”，孔子也没有説要斷交，而是衹要停止就好了，對於這個“友”，還是承認的。因此，如果選擇朋友時要求其在各個方面都賢於我，那麼孔子在這裏討論的問題就不再成立了。

爲了避免以上這些錯誤，古人也曾根據上下文，提出這裏所説的“勝己”的標準僅僅是“忠信”，而不考慮其他。如在程樹德的《論語集釋》中就曾注道：“依舊注，承‘主忠信’反言之。不如己，謂不忠不信而違於道者也。義亦通。”還有何晏的《論語注疏》：“言無得以忠信不如己者爲友也。”① 這裏涉及到斷句的問題，考察全句“君子不重則不威；學則不固。主忠信。無友不如己者。過則勿憚改。”如果按照這種觀點進行理解，似乎也十分符合《論語》對於與“友”交的其他論述：

> 曾子曰：“吾日三省吾身：爲人謀而不忠乎？與朋友交而不信乎？傳不習乎？”（《學而》）
>
> 子夏曰：“賢賢易色；事父母，能竭其力；事君，能致其身；與朋友交，言而有信。雖曰未學，吾必謂之學矣。”（《學而》）
>
> 子曰：“老者安之，朋友信之，少者懷之。”（《公冶長》）

由此可見，儒家對於“交”的態度“信”是十分明確的，因此如果將此句也解釋爲“不結交不若我（這般）忠信的人”似乎也通。但是這種解釋并没有解決對“如”字的解釋問題。如果前

①程樹德：《論語集釋》，第35頁。

文中的“勝己説”中“不如”解釋爲“不勝”的話，那麼在這個語境下，“如”可以解釋爲“比得上”，也可以解釋爲“像、若”（如上文所强譯的那樣），如果是前者，則存在“忠信”是否有程度的問題，即，當人們判斷忠信的時候，它是否具有類似“賢”的程度上的遞進性？答案是否定的。因爲一個人衹要稍有一點點不信，那麼他就不能稱爲“信”了，所以就不存在“忠信的程度不及我的人”的判斷。那麼看來這裏的“如”衹能解釋爲“像”，即“不結交不像我這樣忠信的人”，但即便理通，縱觀上下文，則此句應譯爲：“君子，不莊重就没有威嚴；學習可以使人不閉塞；要以忠信爲主，不要同不像自己（那麼忠信）的人交朋友；有了過錯，就不要怕改正。”① 在這裏，仍然顯得不通順，如果作者要表達“不與不忠信的人交往”之意，他完全可以采用更爲直接的方式，不需要强加“己”這個概念——在這裏，顯然“己”還是一個被勸誡的對象，即被假設爲尚未達到“忠信”的人，那麼這裏直接出現“不如己（忠信）者”似乎在邏輯上也有所跳躍。因此，這種解釋恐怕也是後儒爲孔子看似“功利主義”的絶對話語開脱而想出的權宜之策，未免有些附會了。

儘管“不要與不如自己的人交朋友”這種解釋由於過於絶對受到多方面的攻擊，但其流行與承認程度之高、之久，是有其原因的。首先，就語言而言，這種解釋抓住了這句話中三個詞的含義：無，友，如。無，根據朱熹《論語集注》：“無，毋通，禁止辭也。”這與《子罕》中“毋友不如己者”一句相應，也有《論語》中其他句子“女爲君子儒！無爲小人儒！”（《雍也》）作爲佐證，是有其合理性的。尤其是在此句的語境下，前後文皆爲祈

①參考楊伯峻翻譯，見楊伯峻：《論語譯注》，第6頁。

使語氣，此句如誠作“没有朋友在各個方面不如自己”的陳述語氣，似乎也顯得唐突不合理。友，此解解釋爲“與……交友”，與“子曰：‘巧言、令色、足恭，左丘明恥之，丘亦恥之。匿怨而友其人，左丘明恥之，丘亦恥之。’”（《公冶長》）“居是邦也，事其大夫之賢者，友其士之仁者。”（《衛靈公》）中的用法一致，故亦未必爲錯。如，釋爲“勝過”，似有過分解讀之嫌，若作“比得上”解，或許更爲恰當。有學者指出，將“不如”合在一起解釋爲“比不上”是現代人對文言文的不瞭解造成的誤讀，即單音詞的特點應將二字分開解讀，① 但筆者以爲不然。“不如”二字在《論語》中出現多次，并且大多可以用“比不上”解，如：

子曰：“夷狄之有君，不如諸夏之亡也。”（《八佾》）

季氏旅於泰山。子謂冉有曰：“女弗能救與?”對曰：“不能。”子曰：“嗚呼！曾謂泰山不如林放乎?”（《八佾》）

子曰：“十室之邑，必有忠信如丘者焉，不如丘之好學也。”（《公冶長》）

子曰：“知之者不如好之者，好之者不如樂之者。”（《雍也》）

由此可見，這種解釋在語言上四平八穩，最符合《論語》的語言習慣，這也成爲其廣爲接受的一個重要原因。而對於南懷瑾等人對其功利主義傾嚮的指責，在一定程度上是對於儒家重視現實實踐主張的一種常見誤讀。儘管一些注本的解釋確實有類似的傾嚮，仿佛唯有利於自己的人纔值得做朋友，但如果僅從文本角

①由文平：《〈論語〉“無友不如己者”本義考辨》，《社會科學輯刊》2010年第6期。

度去理解，這種“不與不如自己的人交朋友”的看法事實上旨在强調一種修己的方式，即重視的是其在方法論上的指導意義，作爲一種警醒的存在，而非絶對的教條。即，事實上，作爲人往往容易習慣於親近比自己差的人從而獲得虚榮感的滿足，於是孔子提醒人們不要忘記與比自己賢能的人交往的重要性，也就是説，當其使用這種雙重否定式看似有些絶對的規勸話語時，是有其現實背景的——眼下人在交往上過於親近比自己差等的人了，所以他提出規勸，這種規勸是不可能一下子將人拉到另外一個極端的，而是通過使用相對强烈的絶對式話語，試圖矯正已經不“正”的交往態度。應該看到，在提倡“過猶不及”的孔子那裏，他使用看似“過”的語言時，事實上是有所保留的，如果人們真的徹底不與不如自己的人往來了，他也會使用相應的話語提示人們回歸到中和的地位。

二、“如己説”：不要與不同類的人交朋友

無論如何，“勝己説”在表達上的絶對性與邏輯漏洞使得人們開始探索新的解釋方式。於是便出現了“不要與不同類的人交朋友”這一觀點，如程樹德引用《四書辨疑》的説法：“‘如’字不可作‘勝’字説。如，齊者也。勝己者，上於己者也。如己者德同道合，自然相友。孟子曰：‘一鄉之善士斯友一鄉之善士，一國之善士斯友一國之善士，天下之善士斯友天下之善士。’此皆友其如己者也。如己者友之，勝於己者己當師之，何可望其爲友耶？如己與勝己者既有分别，學者於此可無疑矣。”① 這個解釋

①程樹德：《論語集釋》，第35頁。

繼承了上第一條中對於“無”與“友”的解釋，而改變了對“如”字的解釋，區分了“如己（齊己）”與“勝己”的概念，認爲勝過自己的人就不能够稱爲“友”，而衹能是與自己同一水準的人纔能交友，同時反對了與不及自己的人交友。這種説法取消了將“如”解爲“勝過”的過度解釋，語言上看，具有合理性，并且在含義上避免了第一條式的絶對化傾嚮，看似四平八穩。但是這種含義事實上犧牲了更爲根本的東西，即，考察本句的主旨，不難發現這是一句教導人如何成長爲更有德行之人的，如果衹是簡單地説，要同與自己水準差不多的人交友，則失去了教導的意義，没有體現出《論語》中的其他相關句子如“見賢思齊焉，見不賢而内自省也”（《里仁》）、“君子以文會友；以友輔仁”（《顔淵》）所傳達出的應該通過交游而使自己的境界得以提升的教導意味。

因此，如何將“與自己不同類”與自我道德完善意義上的提升相聯係，成爲了“如己説”解釋圓滿的一個必然選擇。而這樣的解釋，在《論語》詮釋史中也是可以非常清晰地看到的，比如《黄氏後案》中説：“不如己者，不類乎己，所謂‘道不同，不相爲謀’也。陸子静曰：‘人之技能有優劣，德器有大小，不必齊也。至於趨嚮之大端，則不可以有二。同此則是，异此則非。’陸説是也。”① 這段話將“與自己不同類”進一步闡釋爲“與自己不同志”，主張“如己”强調的是“趨嚮”的一致性，即不要與志不同、道不合的人交朋友，這種觀點與《論語》中的許多句子相契合，如“鳥獸不可與同群！吾非斯人之徒與而誰與？天下有道，丘不與易也。”（《衛子》）可以説在一定程度上體現了

①程樹德：《論語集釋》，第 35 頁。

《論語》中對於要找到相同志嚮的一種期望，是有一定的理論基礎的。而且，這與儒家對於朋友的基本界説也是一致的，鄭玄在注《禮記》的時候就説："同門曰朋，同志曰友。"因此，以志同道合作爲朋友之界説的一種基本的標準，并由此將"與自己不同類"與自我道德的完善聯係在了一起，應該説，這種説法，在儒家的傳統之中，似乎是被接納和認可的。

然而，這種説法并不足够完滿。因爲在考慮這個問題的時候，我們除了考察儒家歷史的解説，還必須要注意到在孔夫子自身的語境中，他是如何處理這個問題的？如果我們去閲讀《論語》或者相關的記載，就可以發現，事實上，在孔夫子那裏，雖然對於一個人的志嚮問題非常强調，所謂"志於學"、"志於道"，等等，這些固然是在儒家道德完善意義上來説的。但是，這并不是孔子思想的全部面嚮，换而言之，孔子對於朋友的相關界説，事實上有超越道德的維度。孔子對於與自己志嚮不同的人并非完全的排斥，最爲直接的證據如："楚狂接輿歌而過孔子，曰：'鳳兮！何德之衰？往者不可諫，來者猶可追。已而！已而！今之從政者殆而！'孔子下，欲與之言。趨而辟之，不得與之言。"（《衛子》）對於接輿這樣一個狂者，通過他的歌詞我們可以看出孔子與其完全是不同"志"的人，但是孔子却爲他下車，想要同他交談，可見孔子對於與自己不同道的人并非完全排斥。事實上，他有時感慨没有人同他有同樣的志嚮，但事實上這種"吾非斯人之徒與而誰與"的無可奈何中也透露出對於現實的清醒認識，可以説，如果真的一定要找同志之人做朋友，孔子恐怕也很難有太多朋友了。更爲明確的説法，如《孔子家語》中記載："孔子之郯，遭程子於塗，傾蓋而語終日，甚相親。顧謂子路曰：'取束帛以贈先生！'子路屑然，對曰：'由聞之，士不中間見，女嫁無媒，君子不以交，禮也。'有間，又顧謂子路，子路又對如初。孔子曰：'由，詩不云乎："有美一人，清揚婉兮，邂逅相遇，適我願兮。"今程子天下賢士也，於斯不贈，則終身弗能見也，小子行之。'"這個故事中的程子并不是儒家學派的人，其志與孔子也不盡相同，但孔子却稱贊其爲"天下賢人"，用《詩》贊美他，并且要贈送他禮物，與他"傾蓋而語終日"，這一切友好行動的背後所流露出的"友"的姿態，似乎也與"必求同志爲友"的説法有所背離。這種背離事實上呈現出了一個在精神意義上更爲高遠、在行爲意義上更爲通達的孔子，而不是像後世那樣僅僅以道德作爲桎梏的陋儒。

三、"泛友説"：没有任何一個朋友不如自己

除了以上兩種傳統的解釋，近年來學者又提出了一種新的解釋，即抛開以往將"無"作"毋"字解釋，而直接解釋爲"没有"，將"友"解釋爲名詞，指朋友，同時還將"者"從實詞改爲理解作虚詞，成爲陳述句的標志。南懷瑾即持此種觀點："不要看不起任何一個人，不要認爲任何一個人不如自己。""人與人相交，各有各的長處。"① 學者李澤厚在《論語今讀》中也説："自己應看到朋友的長處，即别人總有優於自己的地方，并非真正不去交結不如自己的朋友，或所交朋友都超過自己，如是後者，在現實上不可能，在邏輯上作爲普通原則，任何人將不可能有朋友。"② 由此，我們可以將任何他者作爲自己的朋友，因爲，

①南懷瑾：《論語别裁》，上海：復旦大學出版社，1990 年，第 32—33 頁。
②李澤厚：《論語今讀》，合肥：安徽文藝出版社，1998 年，第 37 頁。

任何他者均有值得我們去學習的地方，這樣的解釋，可以稱爲“泛友説”。這種説法與《論語》中所謂“三人行則必有我師焉，擇其善者而從之，其不善者而改之”（《述而》）以及“見賢思齊焉，見不賢而内省也”（《里仁》）等句相合，似乎表達出一種更爲通達的方式和較爲强大的解釋效力。然而，這個説法是否真的無懈可擊呢？

首先，這種解釋在語言上就存在問題。最爲基本的，考察《論語》中的原話：“子曰：‘君子不重則不威；學則不固。主忠信。無友不如己者。過則勿憚改。’”正如前文所述，這是一句教導式的話語，前後文中皆爲使令性的語氣，這裏唯獨出現了一句陳述性的語氣，如果真的如此，那麼這整句話將翻譯作：“君子，不莊重就没有威嚴；學習可以使人不閉塞；要以忠信爲主，没有任何一個朋友不如自己（或曰：没有不如自己的朋友），有了過錯，就不要怕改正。”這種語氣的轉化顯得十分生硬，如果真的是要教導“三人行則必有我師”的含義，這樣表達未免過於曲折，故這種説法在含義與語境下都存在一定問題。除此之外，南懷瑾在證明自己的觀點時抓住了“無”字的解釋，認爲“孔子把‘無’字作動詞，便不用這個‘無’了。比如説，下面有的‘毋意’、‘毋我’，等等，都用這個‘毋’字”，然而這個解釋如今已經飽受詬病，因爲“無”、“毋”通用的現象在《論語》中其實屢見不鮮，如《顔淵》中的“攻其惡，無攻人之惡”一句。

其次，在内涵上，這種解釋也仍然有待推敲。這種解釋最爲突出的特徵是將“友”所涉及的範圍泛化了，而這種泛化是否是可以接受的呢？儘管每一個人都有比自己好的地方，嚮他們學習無可厚非，但是這種交往方式未必可以稱爲“友”。如：“樊遲請學稼，子曰：‘吾不如老農。’請學爲圃，曰：‘吾不如老圃。’樊遲出，子曰：‘小人哉，樊須也！上好禮，則民莫敢不敬；上好義，則民莫敢不服；上好信，則民莫敢不用情。夫如是，則四方之民，襁負其子而至矣；焉用稼！’”（《子路》）這個故事旨在説明，儘管老農、老圃有優於孔丘之處，但他們并不能成爲“友”——如果每一個人都因爲有可取之處而爲友，那麼如何區分“友”與“泛泛之交”呢？既然天下人都無不如我，那麼我在選擇朋友的時候是否就不需要挑選，而可以來者不拒了呢？考慮到儒家對於次序的重視，以及《論語》以下諸多經典對於慎於交友的態度，是不會允許這種無差别性的判斷的。退一步説，哪怕僅僅討論的是在諸“友”之中不能看不起任何一個人，這種説法仍然存在一定的問題。問題的核心在於它掩蓋了“友”的方嚮性。當孔子説“三人行則必有我師”時，他没有説“三人行必有我友”，可見這句話所强調的是學習的廣泛性以及對人的包容，而根據儒家經典中對於“友”的描述，可見這個行爲對其而言是具有一定方嚮性的，這一點在下文中將著重展開，此處暫時按下不表。單就眼下這個問題而言，正如《季氏》中所説：“可與共學，未可與適道；可與適道，未可與立；可與立，未可與權。”孔子對於“學”的對象與“友”的對象是有分别的，雖然宣導廣泛學習他人的長處，但這并不代表就可以做朋友。就算“無友不如己者”在這裏確實不是表示“不要與比不上自己的人做朋友”或者“不要與不同志嚮的人做朋友”，根據《論語》中其他關於擇友的説法（如“子貢問‘爲仁’。子曰：‘工欲善其事，必先利其器。居是邦也，事其大夫之賢者，友其士之仁者。’”（《衛靈公》）），結交朋友時已經選擇了仁者，也就是因爲肯定了其有仁德，我纔與其做朋友，那麼就不需要再强調“朋友中没有不如我的”這一點了；而如果非要肯定這一點，則與“以友輔仁”中對友的定位相矛盾。

總之，這個觀點儘管看似解决了功利性的問題，并提出了新穎的解釋，但無論是在語言邏輯還是道理上有存在商榷的空間，因此仍然不是一個足够令人信服的答案。而這，也是我們今天在詮釋古代經典的時候所必須要警惕的現象。對於經典的任何重新解釋都不是任意的，它有自身的語言和意義系統，并不僅僅是一個孤立的語句，脱離語言和邏輯背景的、看似具有無限包容性的解釋，在關鍵之處，往往是站不住脚的。

四、儒學中的“友”及其價值設定

綜合對以上三種較爲主流觀點的分析，筆者認爲，把握“無友不如己者”的關鍵不在於對個别字詞含義的推敲，問題的核心在於對儒家所提出的“友”觀念的理解。這不僅僅包含對於一個字的解釋，更爲重要的是其内部包含的是儒家的“正名”思想。

不過，爲了更爲準確地説明這個“友”的觀念，我們仍然首先要從解字入手。據楊伯峻的《論語詞典》，《論語》中“友”字共出現 19 次。其中作爲名詞使用的 7 次；名詞活用作動詞，表示“交朋友”的 11 次；名詞活用作動詞表示“敬愛兄弟”的 1 次。[①] 據上下文，這裏“友”首先不可能是“友於兄弟”之意；其次，正如上文所討論的那樣，“友”作爲名詞表示“朋友”則在全句的格式上存在問題。因此，最爲合理的認識仍然是將這個詞理解爲名詞用如動詞，意思近於“與……親近”或“與……爲友”。在《論語》中，近似用法的句子有“匿怨而友其人，左丘

①見《論語詞典》，楊伯峻《論語譯注》附録。

明耻之，丘亦耻之”“居是邦也，事其大夫之賢者，友其士之仁者”，上述例子中的“友”無論在詞性還是詞義上都有所貫通。

需要指出的是，儘管“不要與不如自己的人交朋友”的解釋相比其他解釋更爲穩妥，但如果片面地衹將其理解爲字面意思，仍然是不够的——之前的諸多批評已經説明問題。事實上，本句中所提出的“友”概念并非當下現代漢語中所謂的“交朋友”概念，它并不包含友情的成分，而是超越情感的。對此，或許最爲合適的注脚是《學而》中的“弟子入則孝，出則悌，謹而信，泛愛衆而親仁”一句。對於這個解釋的功利性批評的一個根本癥結在於，這種擇友方針出於價值合理性判斷而非情感合理性判斷——通俗地説，就是爲了自己的客觀目標去選擇朋友，而不是爲了獲得情感體驗而與人交往（打個不恰當的比方，這與爲了個人生活利益而結婚而非爲了情感而結婚而受到譴責的案例有相類似之處）。但事實上，在“泛愛衆而親仁”這句話中，已經很清晰地區分了生活態度的不同領域，情感的問題已經交給了“入則孝，出則悌，謹而信，泛愛衆”這一層要求，即，儒家所提出的“愛”是以差等的方式賦予整個社會的，對於朋友的愛已經在這個差序格局裏得到了確定——最爲基本的，是“與朋友交，言而有信”，其次的其他身份的討論，如晋朝蔡謨所討論的“文王與四賢”從哪個方嚮上可以稱爲“友”的問題①，其實在這個差序格局中根本就不成爲問題：君臣關係超過朋友關係，故以前者次序相待即可。又比如，若一個君子與其賢德的鄰居爲“友”那麼他對這位鄰居的“愛”就不會超過他對母親的，這是由人的固定的距離決定的，而不完全是由“友”這個身份所決定的，或者説這不是“友”的觀念裏所需要著重討論的問題。

當然，另外一層價值觀的指責來自於對“不如自己的人”的態度問題，即，持有“無友不如己者”的人看不起“不如己者”所以不和他們做朋友。在此，我們要再次特别强調，此句中的“友”絶非“友善往來”、“善待”之意，故其反面“無友”也絶對没有“斷絶往來”、“徹底抛弃”的含義。因此“友賢人”的要求并不排斥與不如自己的人交往，衹不過這種交往不能被稱爲“友”。如《孔子家語》中引出的“舊與友之辨”：

> 孔子之舊曰原壤，其母死，夫子將助之以木椁。子路曰：“由也昔者聞諸夫子曰‘無友不如己者，過則勿憚改’。夫子憚矣，姑已若何?”孔子曰：“凡民有喪，匍匐救之，况故舊乎？非友也，吾其往。”及爲椁，原壤登木曰：“久矣！予之不托於音也。”遂歌曰：“狸首之班（斑）然，執女手之卷然。”夫子爲之隱，佯不聞以過之。子路曰：“夫子屈節而

①參見程樹德：《論語集釋》，第35頁，具體内容爲：“本同志爲友，此章所言謂慕其志而思與之同，不謂自然同也。夫上同乎勝己，所以進也。下同乎不如己，所以退也。閎夭四賢上慕文王，故四友是四賢上同心於文王，非文王下同四賢也。然則求友之道，固當見賢思齊，同志於勝己，所以進德修業，成天下之亹亹也。今言敵則爲友，此直自論才同德等而相親友耳，非夫子勸教之本旨也。若如所云，則直諒多聞之益、便辟善柔之誡，奚所施也?”

極於此，失其與矣，豈未可以已乎?”孔子曰：“吾聞之，親者不失其爲親也，故者不失其爲故也。”①

由此可見，至少到了王肅的時候，儒家對於交往的理解已經突出了其對象不局限於“友”，還有“舊”。二者的差別在於，“友”是主動去接近，交游；而對於“舊”——不如自己的、但是與自己有所交往的人，哪怕是像原壤這樣“幼而不孫弟（遜悌），長而無述焉，老而不死，是爲賊”（《憲問》）的人，儒家同樣懷有一顆仁愛之心，對於他們的求教、求助是絶不會拒之門外的。事實上，儒家對於“衆”——社會全體成員的强烈重視使君子對於“不如己”的其他人一定是懷有仁愛之心，并且面對他們的求教往往是誨人不倦的。也就是説，“無友不如己者”并不排斥君子的仁德向外部的輻射，絶非簡單的個人中心主義。回到“泛愛衆而親仁”的前提，“友”解決的事實上是“親仁”的問題，從性質上説是儒家“修身”的一個條件，《論語》中所謂“以友輔仁”説的正是這一層含義。正如本句前文中所述的“君子不重則不威；學則不固”，它提示的是“學”的方嚮：嚮賢者學習。與比自己賢者交友之後的直接結果是君子自己不斷完善，但如果我們可以回歸到儒家最終的社會政治追求的話，不難看到，這一修己的過程也是“修齊治平”的軌道之中的一個驛站，因此，儒家看似功利主義的“無友不如己者”在本質上是擁有更大的抱負的，其關注的是整個天下的最終之“平”，而不是個别人的利益，這與之前的批判聲音認爲的個人主義是有本質區别的。

另外，近年來有學者提出，“無友不如己者”關照的是“學

①王肅：《孔子家語》，瀋陽：遼寧教育出版社，1997 年，第 96—97 頁。

養未足，其力未充之未成德君子，於其不足以利人之時，先須以自利爲主。人能自度，然後方能度人，否則自身不保，何能度人”，即認爲這不是一條絶對的規則，衹是對於正在學習過程中的君子的要求，等到其真正成爲聖人，那時候這種要求也就不復存在了——所以聖人不會疏遠任何人，他的教化澤被所有人。這種觀點相比之前的其他觀點反而或許更接近前文所述的“天下爲己任”式的終極抱負，因而有其可取之處，筆者認爲此解亦可通，并可以輔助理解上文中對於“功利主義”批評的辯駁。

考察諸多古籍中對於“無友不如己者”一句的解釋，其中有許多并没有具體論辯其究竟所指爲何，而集中於討論這種要求在踐行過程中如果遇到問題要怎麼辦，這正是出於儒家現實性、實踐性的需要。這句話本質上所提示的是君子修己的方嚮問題，與“舊”的交往，是一個類似“居高臨下”的趨勢，而“友”則是一個自下承上的方嚮。“舊”可以與君子有所往來，但由於方嚮上的問題，這種人不能成爲“友”。值得注意的是，這裏涉及到了孔子一直强調的“正名”的問題。“友”就是一個名，它對於儒家的世界觀而言，是一個角色的標志，而不是情感的所嚮。對於一個君子而言，定義了有的人是“友”，就如同對於君主而言定義了有的人是“臣”，這種定義在外在表現上指導的是其面對這一對象時的基本規則，爲了證明這個規則的必要性與有效性。後世儒家的多重注解給出了如前所述的三種解釋，每一種解釋事實上都是爲了解决一定程度上的片面性，其自身或許仍有局限，因而這些解釋不能被看作是彼此徹底對立的，而應當綜合起來去理解，因爲其最終的目的都是證明這種“友”的方式的合理性。

綜上所述，“無友不如己者”一句所表達的意思實際上是，不去刻意親近那些不如自己的人（以滿足自己的虚榮心），而要主動與比自己賢能的人往來，以使自己成爲更有賢德的人。這樣的解釋，在語言上和邏輯上更加恰當，而在儒家哲學的現實意義來説，也更加具有説服力。

作者簡介：孫嘉瑞，美國芝加哥大學在讀博士生。何善蒙，浙江大學哲學系教授、博士生導師。

“親親相隱”、“竊負而逃”與倫理關係中的相互成就

盛　珂

摘要：現有對於“親親相隱”問題的討論，都將其解釋爲不同倫理身份之間的道德困境。在本文看來，儒家對於倫理問題的理解是將其置於倫理關係之中加以理解的，由此可以有兩條原則，其一，是倫理關係中的一方應該以成就關係中的另一方的道德意義爲最合理選擇；其二，身處倫理關係中的另一方也應該承擔相應的道德責任。由此看待親親相隱問題，則隱也許不是爲了簡單的逃避，而是保持故事結局的開放性，在這一開放性中，對於故事本身缺席的父親有所期待。恰恰是對於西方現代性的自我的習焉不察的接受，遮蔽了在我看來這一更加儒家化的理解方式。因此，真正回歸中國的中國哲學研究某種程度上需要擺脱西方現代性影響，方能真正彰顯中國哲學之特質。

一、不同的立場，類似的邏輯

十幾年前，關於儒家思想中的“親親相隱”問題，曾經在學者之間引起過一場論戰。論戰的焦點在於儒家的親親相隱原則是

否構成了腐敗的根源。① 其實，單純就這個問題而言，情形并不複雜，如果我們能够拋開對於儒家的出自立場上的偏見，體會儒家思想在這一問題上的初衷，則儒家學者的回應基本上已經説明了這個問題。也許我們可以以陳壁生的表述爲代表：“父子之間的‘隱’恰恰體現出‘直’，就是因爲，當子面對‘其父攘羊’的時候，‘證’與‘隱’不是一種理性的選擇，理性的選擇需要利弊的權衡。事實上，當子知道父攘羊，對此做出理性分析之前，父子之間的血緣親情早已判决：隱。這是一種心理的直覺，這種直覺基於父子關係是生命的源和流這樣一種事實。”② 孔子試圖爲人倫之間建立的道德尋找到一個堅實的基礎，在孔子看來，這一基礎祇能建立在人的真實情感的基礎之上，唯有如此，道德纔是真實的、必然的。因此，儒家以父子相隱爲直，看作基本的道德原則，就不難理解。

但是，令我覺得有趣的是，在接下來的論述中，我們可以看到，某種程度上陳壁生同樣接受或承認了某些儒家批評者的思路，他説：“當直躬去證父攘羊的時候，他扮演的是國之‘民’的角色而泯滅的是家之‘子’的角色。如果這樣的行爲居然成立，那麼每個人將赤裸裸的面對‘國’，在這樣的政治秩序中，統治者便成爲立法者，道統便被政統所吞并。并且，一種通過對父子親情的扼殺來維持的政治秩序，必然是反道德、反社會正義的政治秩序。”③ 比較一下批評者們的論述邏輯，好像差别并不太

①郭齊勇：《儒家倫理争鳴集——以“親親互隱”爲中心》，武漢：湖北教育出版社，2004 年。

②陳壁生：《經學、制度與生活——《論語》“父子相隱”章疏証》，上海：華東師範大學出版社，2010 年，第 56 頁。

③同上書，第 57—58 頁。

大。二者都將父子相隱的問題看作是不同身份或是不同的社會角色之間的倫理衝突。[①] 即使是理查德·羅蒂的論述，也幾乎接納了同樣的邏輯："從這個觀點來看，道德兩難不是理性和情感衝突的結果，而是兩個不同自我、兩個不同的自我描述、給予某人生活以意義的兩種不同方式衝突的結果。非康德主義者認爲，我們并不因爲自己在人類中具有成員資格而具有一個核心的、真正的自我——一個響應理性召喚的自我。相反，他們可以贊成丹尼爾·丹尼特的見解：自我是一個敘事重心。在一些非傳統社會裏，大多數人都有數種這樣的敘事，任由自己處理，因此具有數個不同的道德同一性。在這樣的社會裏，正是同一性的多樣性纔構成了大量道德兩難，産生了許多道德哲學家和心理小説。"[②] 所謂的兩個不同自我，兩個不同的自我描述其實指的就是如何理解自我的意義，是將自己作爲"國"之"民"，還是首先作爲"父"之"子"而存在。因此，雖然羅蒂覺得自己擺脱了所謂理

①參見劉清平文："更嚴重的是，一旦在'仁'與'孝'之間發生衝突，以致出現二者不能兩全的局面，依據儒家倫理的基本精神，人們還應該不惜放弃派生從屬的社會公德，以求維係本根至上的家庭私德。……在私德與公德'不可得兼'的情況下，按照'事親爲大'的儒家精神，人們也衹應該'捨仁以取孝'，而不應該'捨孝以取仁'。結果，儘管孔孟本人的自覺意願的確是試圖在家庭私德的本根基礎之上實現社會公德，亦即以儒家的方式將私德與公德統一起來，但事與願違的結局却恰恰是：在出現衝突的情況下，他們最終會憑借家庭私德否定社會公德，從而導致儒家倫理陷入一個難以擺脱的深度悖論。"（劉清平：《儒家倫理與社會公德》，《儒家倫理爭鳴集——以"親親互隱"爲中心》，武漢：湖北教育出版社，2004年，第899頁。）

②理查德·羅蒂：《作爲較大忠誠的正義》，《儒家倫理爭鳴集——以"親親互隱"爲中心》，第782頁。

性與情感的衝突，但是，他對於這一道德困境的描述，仍然强調的是人在社會中身處不同身份時將會發生的衝突。

可見，三者之間的差别在與他們對於何爲政治，何爲良好的政治，在面對人類的道德困境時，何種原則應該優先的看法有所不同，却幾乎同樣都認爲親親相隱作爲一個具有思想史意義的事件①，爲我們展示了人類的某種道德困境，而這一困境的根源是人的不同社會身份之間的衝突，或者是人的不同“自我描述”、“自我認同”之間的衝突。同樣的問題理解和判斷也延伸到被看作是表現了同樣或者是更加直接的表現了這一困境的舜“竊負而逃”的故事。舜作爲天子的身份與作爲兒子的身份在這一極端情境中產生了衝突。無論上述對於衝突的描述是什麼，問題都可以看作是作爲“子”的個體在面對道德衝突時應該遵循何種道德秩序，以做出個體選擇的問題。儒家倫理是否一定遵循這樣的思路，親親相隱和竊負而逃的故事是否爲我們展示的就是這樣一種邏輯，且讓我們重新回到故事，看看是否可以有新的解讀。

二、重讀故事：缺席的父親

如果我們將兩個故事放在一起審視，可能會有些新的啓發。

葉公語孔子曰：“吾黨有直躬者，其父攘羊，而子證之。”孔子曰：“吾黨之直异於是。父爲子隱，子爲父隱，直在其中矣。”（《論語·子路》）

桃應問曰：“舜爲天子，臯陶爲士，瞽瞍殺人，則如之

①參見陳少明：《什麼是思想史事件》，《經典世界中的人、事、物》，上海：上海三聯書店，2008 年，第 45—59 頁。

何?”孟子曰:“執之而已矣。”“然則舜不禁歟?”曰:“夫舜惡得而禁之?夫有所受之也。”“然則舜如之何?”曰:“舜視弃天下,猶弃敝屣也。竊負而逃,遵海濱而處,終身忻然,樂而忘天下。”(《孟子·盡心上》)

在親親相隱和竊負而逃的故事裏面,有一個最重要的問題被視而不見,即我們都看不到作爲倫理關係的另一方的父親的出場。父親這個在倫理關係中身處相互牽連的雙方之間的一方,在此消失了,或者説,是徹底被動的一方,完全聽命於主動方的兒子的個人選擇。問題也許就出在這裏,此時,儒家倫理的情境變成了身爲兒子的個體的個人選擇問題。無論這個選擇是看作是兩種身份叙事之間的選擇(羅蒂),還是遵從公德和私德之間的抉擇(劉清平)。然而,這種談論問題的方式,是否符合儒家對於倫理問題的思考的脉絡,或者説,是否是儒家應有的談論問題的方式。

這裏我們就會發現一個問題,當我們叙述儒家倫理的構成時,其實是從倫理關係的雙方來談論這個問題的。如孔子所謂的“君君、臣臣、父父、子子”。在儒家那裏,人本質上不是作爲一個孤獨存在的個體處於世上,或者首先不是作爲獨立的個體存在於世的,而是身處於倫理關係之中。并且,各種所謂的德性以及德行,其起點和完成都有賴於身處關係之中,在相互的牽連和給予以及成就中纔能够得以實現。夫子之所謂“仁”,首先即不是要成就西方近代意義上的個體自我,而是在感通之中,“參贊化育”,物各付物,在成就世界的過程中,纔是真的成就自我。而在父母與子女的孝親關係中,“相比於其他的與他人的相遇,是最能充分的尊重與自身相遇的他者的關係。在父母與子女之間的這種關係,(理想的狀態下)無論是父母一方,還是子女一方,尊重對方的存在超過了對於自我的存在的期待和渴望，期待更好的‘成就’對方的存在。在這一關係中，個體自我在存在論上的優先性往往并不出現，出現的恰恰是充分尊重對方存在論上的優先性。”①

這一點其實對於儒家學者來説并不太陌生，我們在積極的或是正面的談論儒家倫理時，常常會意識到這一點，如父子之間的關係需要父慈子孝。到了近代梁漱溟的叙述中，就更加彰顯，梁漱溟表述爲，儒家倫理是義務先於權利。對於儒家的君子來説，成就自我，是需要首先盡其義務，并非是首先指嚮現代性意義上的自我的自我成就，而恰恰是在成就倫理關係中的他者時成就自我，更好的使得他者能够成爲符合儒家倫理的道德標準的行爲和抉擇，纔是真正的完成自我道德的行爲和抉擇，也纔是真的值得做出的抉擇。然而，在面臨如同親親相隱或竊負而逃這樣消極的或者是相對負面的儒家倫理困境時，我們却常常忽略了儒家倫理賴以存在的這種關係或牽連，將其僅僅看作是一種個體的選擇。如果我們能够把儒家對於道德的理解徹底延續下來，做一個更加儒家化的解讀，那麽故事本身其實還有很多值得討論的地方。例如，親親相隱，對於牽涉到倫理關係之中的被動的一方是否是最好的選擇，即隱這種選擇是否能够使得違背倫理的一方獲得更好的道德意義上的自我；或是，在這一倫理關係中，作爲被動的一方是否能够應承自己的倫理責任，做出良好的呼應。也許，故事并没有這麽簡單，或者故事不該被解讀得這麽簡單。

---

①盛珂：《虚體不變而妙應隨緣——由王龍溪論良知看良知的道德意義》，《中國哲學史》2015 年 1 期。

三、另外的故事：另一種叙事

其實，在歷史上的叙事中，我們還可以看到另外的一些故事，在我看來好像更能展現儒家的倫理境遇。類似的故事應該有很多，姑且舉出三個較爲典型的故事：

1. 曾子耘瓜，誤斬其根。曾晳怒，建大杖以擊其背，曾子仆地，而不知人久之，有頃，乃蘇，欣然而起，進於曾晳曰："嚮也，參得罪於大人，大人用力教參，得無疾乎?"退而就房，援琴而歌，欲令曾晳而聞之，知其體康也。孔子聞之而怒，告門弟子曰："參來，勿内。"曾參自以爲無罪，使人請於孔子。子曰："汝不聞乎，昔瞽瞍有子曰舜。舜之事瞽瞍，欲使之，未嘗不在於側；索而殺之，未嘗可得。小棰則待過，大杖則逃走，故瞽瞍不犯不父之罪，而舜不失烝烝之孝。今參事父，委身以待暴怒，殪而不避。既身死而陷父於不義，其不孝孰大焉？汝非天子之民也？殺天子之民，其罪奚若?"曾參聞之，曰："參罪大矣。"遂造孔子而謝過。(《孔子家語》)

2. 蘇軾，字子瞻，眉州眉山人。生十年，父洵游學四方，母程氏親授以書，聞古今成敗，輒能語其要。程氏讀東漢《范滂傳》，慨然太息，軾請曰："軾若爲滂，母許之否乎?"程氏曰："汝能爲滂，吾顧不能爲滂母邪?"(《宋史·蘇軾傳》)

3. 先生疾革，知縣左某以醫來，門人進曰："疾不可爲也。"先生曰："須盡朋友之情。"飲一匙而遣之。(《明儒學

案》)

三個故事分别出自《孔子家語》、《宋史》和《明儒學案》，都可以看作是貫徹了儒家基本原則的文本，而這三個文本在我看來某種程度上消解，或者至少是延宕了由個體身份的衝突帶來的倫理困境。

第一個故事裏，出場的是孔子和曾子，然而，故事其實是發生在曾子和他父親之間，并且，父親雖然没有作爲直接人物出場，但是，在孔子考慮和判斷曾子的行爲中，父親恰恰是作爲考慮的重要一環出現的。在這個故事中，曾子以爲自己完全地服從父親，完全實現父親的意志，就算是盡到了孝道。然而，在孔子看來，這恰恰是不孝的表現。因爲，如果完全遵從父親的意志，就有可能使父親陷入不義的境地，不能使得父親成就爲一個君子，不能實現父親自身的道德價值。所以，在孔子的考量中，曾子真正的孝的行爲，是在成就父親中實現的，而這種對於父親的成就，也不是實現或完成父親的意志，而是期待父親也成爲一個君子。所以，對於身處倫理關係中的兒子來説，真正的完成自我的道德行爲，正是那些能够幫助同樣身處倫理關係的另一端的父親能够實現其自身成爲君子的行爲。

第二個故事，則給我們表現了在倫理關係中的雙方都應當承擔的責任，或者是在真正的儒家理想狀態下，倫理關係中的雙方如何處理倫理困境的問題。蘇軾有感於范滂的事迹，希望自己能够成爲一個真正的君子，但是，如果依照解讀者解讀親親相隱問題的邏輯，此處倫理困境出現了。因爲，范滂的故事是一個忠孝不能兩全的故事：

> 建寧二年，遂大誅黨人，詔下急捕滂等。督郵吴導至縣，抱詔書，閉傳舍，伏床而泣。滂聞之，曰：“必爲我

> 也。”即自詣獄。縣令郭揖大驚，出解印綬，引與俱亡。曰：“天下大矣，子何爲在此？”滂曰：“滂死則禍塞，何敢以罪累君，又令老母流離乎！”其母就與之訣。滂白母曰：“仲博孝敬，足以供養，滂從龍舒君歸黄泉，存亡各得其所。惟大人割不可忍之恩，勿增感戚。”母曰：“汝今得與李、杜齊名，死亦何恨？既有令名，復求壽考，可兼得乎？”滂跪受教，再拜而辭。顧謂其子曰：“吾欲使汝爲惡，則惡不可爲；使汝爲善，則我不爲惡。”行路聞之，莫不流涕。時年三十三。論曰：李膺振拔污險之中，藴義生風，以鼓動流俗，激素行以耻威權，立廉尚以振貴勢，使天下之士奮迅感概，波蕩而從之，幽深牢破室族而不顧，至於子伏其死而母歡其義。壯矣哉。子曰：“道之將廢也與，命也。”（《後漢書·黨錮列傳》）

范滂爲了道義，自願受死，但是，此一死却使得他不能盡孝。因此，乞求母親原諒，而范母則頗爲豪邁地説：“汝今得與李、杜齊名，死亦何恨？”論者因此不禁大呼壯哉，因“子伏其死而母歡其義”。蘇軾即是有感於此，請問其母曰，如果我有心做范滂，母親可否允許。蘇軾母親的回答在我看來實現了儒家倫理的最理想的狀態。程氏曰：“汝能爲滂，吾顧不能爲滂母邪？”蘇軾設定了一個情境，他爲了能够成爲君子，成就自我，需要放弃自己的生命。這裏牽涉到兩個問題，其一，對於蘇軾來説，真正的自我的成就正是在極端的情景之下，放弃生命纔能够實現；然而，其二，放弃生命則意味著放弃了對於母親所應承擔的責任。在這裏，身爲君子的蘇軾和身爲兒子的蘇軾發生了道德原則的衝突。蘇軾起初仍然是把這一衝突看作是自我的選擇，并且幾乎給出了自己的選擇，衹是詢問母親是否能够允許自己放弃其所應承擔的責任。而身處母子這一倫理關係中的另一端的母親，深深的被牽連在將要産生的這一道德抉擇之中的母親，則立刻承擔起其相應的責任。這裏的責任是指，身處倫理關係中的另一端，其最美好的德行和抉擇就是那些使得蘇軾能够成爲君子的抉擇，那些能够真正成就蘇軾的抉擇。因此，程氏不但没有加深這一困境，反而以其抉擇，消解了蘇軾的困境。如果你能够成爲范滂，我最應該做的，就是幫助你成爲范滂。這樣，在這種倫理關係中，其實身處兩端的雙方都成就了自我，成爲了更好的自我。

第三個故事則是明初大儒陳白沙在生命盡頭的故事。讀到這裏的時候，我確實被儒家深切的對於人情的體味所感動。陳白沙面臨的是朋友之誼。在其危殆之際，朋友依其自我期許，找來醫生，希望能盡到朋友的情誼。在白沙門人看來，白沙已經病入膏肓，醫生已然無用，此時自然不必再勞動病人做一些無謂的行爲。然而，在白沙那裏，此時的醫生，并不僅僅意味著醫生身份而已，其中藴含的更多的是朋友之誼。他身爲一個儒者應該做的，就是成全朋友的美意，以自己的行爲成就朋友之所以爲朋友，完成這一相互牽連的倫理關係。所以，白沙仍然接納了醫生的探望，并且飲一匙。以這一充滿人情味的行爲，完成了朋友這一倫理關係。

至此，我希望能够指出，如果我們希望能够將儒家在倫理關係中看待道德行爲或道德意義的視角延續下去，應該至少在兩個方面考慮這一問題。其一，即是身處倫理關係中的一方，在面臨道德抉擇的時候，真正應該考慮的是如何更好地成就對方。這種成就不僅僅是保全對方的生命之類的“現實性”的考量，更多的應該是“理想性”的考量，應該是成就一個儒家道德意義上的對方，這纔是真正的成就對方，并且自我在這一行爲的抉擇中的道德意義，也在這種對於對方的成就中真正實現出來，自我也得以成就，這就是儒家所謂的“成己成物”；其二，身處倫理關係中的被動的一方，也并非没有任何責任，也同樣應該承擔其身處關係之中所應承擔的責任。這裏的責任即是指，他也承擔著要成就對方的責任。他應該積極主動的替面臨道德困境的主動方解困，消解困境，并且是朝嚮更加道德的方嚮，幫助陷於困境中的抉擇者能够做出更加道德的抉擇，或者乾脆直接就把道德困境嚮著對於抉擇者來説更加道德的方嚮加以解決。如果要舉一個例子的話，恰如西方倫理學中很喜歡用來描繪道德困境的例子。一列失控的火車，可以奔嚮一個人或五個人。在此，身處倫理困境的是那個可以扳動道岔，決定火車走嚮的人。在西方的語境中，他不得不陷入了幾種道德原則之間的衝突，并且是没有答案的衝突。如果依照徹底理想化的儒家倫理原則的話，那個身處其中的，火車有可能朝嚮的那個人，其實無論如何已經被牽連在這一倫理關係之中，他其實可以站出來，承擔其所應該承擔的責任，做出某種表示，使得抉擇者可以做出朝嚮他的抉擇。這裏，其實并没有所謂的倫理原則之間的衝突，有的是身處倫理關係中的每一方，都勇敢地承擔相應的或者是更多的責任。當然，這是純粹理想狀態下的某種設想。我這裏是希望用這個例子，能够在某種程度上跳脱出早已習以爲常的思考模式。

四、故事的開放與封閉

帶著我們上面討論的結果，我們指出的兩個方面的考量，重新再看親親相隱和竊負而逃的故事時，情形就不太一樣了。

親親相隱和竊負而逃的故事中，如果基於前面討論的第一條原則，對於子來説，應該考慮的就不是如何使父親能够逃脱法律的裁定，而是如何更好地使父親成爲一個君子。這是第一點，基於這一點，究竟是隱還是證能够更好地實現這一點呢。隱意味著什麽，僅僅是表明，子的情感的直接性嗎，或者是子的一方，因爲感情的驅使，在子與民的身份中首先選擇了作爲一個子？或者舜的竊負而逃究竟意味著什麽，僅僅是因爲舜爲了保全父親的性命做出了放弃天下的選擇嗎？放弃天下是否就能够使得父親更好地成爲一個君子。其次，這兩個故事中，難道身處倫理關係的另一端的父親，不應該同樣被考慮進來嗎？父親在此時應該做出什麽樣的抉擇，應該如何應對，纔能够更好地成就兒子，纔能够更好地使得兒子能够成爲一個君子。原本的故事難道都没有考慮我們所説的這兩點嗎？或者，原本的故事是否能够容納我們所指出的這兩點。如果答案是否定的，那麽衹能説明，我前面所談到的兩點是不成立的。既然《論語》和《孟子》都不支持這一説法。然而，是否真的不能容納呢？

在我看來，問題的關鍵恰恰在於隱和逃。在攘羊的行爲中，子所面臨的選擇是證或者隱。我們來看，如果選擇證，則最簡單的結果就是，故事至此就結束了。父親被確定爲一個攘羊的小人，觸犯的無論是刑律也好還是道德也好，總之是徹底的成爲道德上的失敗者，徹底的無法成就自我。而與此同時，兒子也因其證，不得不背負上不孝的責任，也無法成爲一個君子。那麽，恰當的選擇恰恰是隱，因爲，正是隱，使得故事還没有講完，還保持著各種可能性，各種朝嚮各個方嚮發展的可能性。在這種可能性裏面，父親還保有能够成爲君子的可能。我們可以設想，在接下來的發展中，子可以勸誡父親，可以進諫。① 從第一點來説，這是真正的孝，是子的真正充滿道德意義的抉擇。

其次，從第二點來説，父親其實在隱中被期待著，被期待著能够勇敢地承擔起其作爲父親的責任。身處關係之中的各方都在倫理關係中承擔著相應的責任，具體到這裏的問題，就是，倫理關係中的一方作爲子，有其自身所面臨的抉擇，應當在恰當的時機做出恰當的抉擇，但是，這并不是這一個倫理事件的結束，在這個故事中，還有更爲重要的一方，即仍然作爲君子被期待的父親。父親同樣是一個被期待的君子，而非是徹底的倫理行爲中的不變的對象。某種程度上，在故事中，如果父親切身地考慮到自己所身處的情境，意味著，父親同樣對子有其深刻的愛。這牽扯到很多問題，比如，我們常常談論儒家的父子親情，孝親原則。這是儒家的情感道德問題的來源。但是，具體談論的時候，我們更多是討論的孝，即在儒家的語境中，孝因爲父子之間關係的并非絶對平等，因此處於弱勢一方的子，承擔著更多的責任，在爲了彰顯道德抉擇的困難時，儒家當然很自然自覺地將自己處身“子”的一方來思考這個問題。但是，當我們運用自己的生存體驗，回到我們自己的生活狀態中，考察這一問題時，也許會發現，具體的情境下，更容易彰顯的，更加無條件的，可能不是孝，而恰恰是慈，是上一代人對下一代人的徹底的無私的愛。所以，回到我們的問題，在攘羊的過程中，父親其實承擔著更多的愛，我們可以期待父親的角色有更多的愛，更多的在倫理關係中的承擔。此處，父親的愛的最佳表現，就是令子能够成爲一個君子，能够成爲一個坦蕩的君子。在這個意義上，父親應該承擔起

①《論語・里仁》：“事父母幾諫。見志不從，又敬不違，勞而不怨。”

自我抉擇的責任。《論語》中的這則故事，也許并没有講完，回到具體的《論語》語境，孔子在某種程度上是在一個話語逼迫的情境下説出這番話的。子是用自己的隱的方式來盡到自己的義務，以後的事情，或者結束這一倫理關係的事情應該是父，父應該以其行爲完成子的君子人格，在這一倫理關係之中，實現雙方的相互成就。子如果此時不隱，去告發父親，其實同時將兩個人都陷入了不義的境地，使得二人同時都無法成就爲君子。子因其不孝，因其不直而無法成爲君子，而與此同時，因其使得父親處於無法重新抉擇、無法自守的狀態而使得原本開放的故事就此畫上的句點，就此結束。而一旦子爲父隱了，故事就一直是開放的。父親有充分的選擇的權力，使得雙方都能够成就爲君子。父親可以過則無憚改，而子可以不必背負不孝的罪名。

竊負而逃的故事同樣如此。故事展現的是舜通過逃的行爲，做出了最恰當的抉擇，延宕了故事的終結，使得故事永遠保持一個開放狀態，永遠都還有互相成就的可能。

五、擺脱現代性的自我

討論至此大概可以結束了，但是，换一個角度來看，也許問題纔剛剛露出端倪。本文對於儒家處理倫理問題原則的推演，某種程度上可以看作是一次思想試驗，是希望通過這種有些極端的方式，彰顯儒家原則相對於西方倫理的獨特性。雖然，本文總結出的兩條基本原則，未必能在真實的日常經驗世界中，解决道德困境，但是確實可以看作是儒家基本原則的推擴，是延續著儒家精神提出的原則設想。其中的關鍵在於，盡可能的回歸到倫理關係之中，在倫理關係的相互牽連和成就中，觀察和思考每一個道德行爲。這至少在理論上，解開了某種糾結，那種對於個體道德意志決斷的糾結。

此時，新的問題出現了，爲什麼此前的討論，雖然都在彰顯不同的立場，但是，却好像采取了同一套邏輯，這種一致性背後，又隱含著什麼原因。

也許這牽扯到我們今天如何研究中國哲學的問題。近些年來，中國哲學研究比較注重回歸中國哲學本身，不斷地批駁那種在與西方的簡單比附中進行的研究。然而，我們的反省是否已經足够深刻了？由親親相隱的問題來看，討論的雙方，之所以會采取了類似的邏輯，都把親親相隱問題看作是某種個體道德選擇的問題，源自大家其實都已經不自覺地采取了個體主義的立場。這裏面包括把道德問題看作是個體道德意志選擇的問題，把道德的意義看作是個體行爲的賦予，以及把人理解爲先於倫理關係存在的個人。而這裏所謂的個體意義上的自我，作爲道德選擇主體的自我，恰恰是西方現代性帶給我們的。查爾斯・泰勒（Charles Taylor）在談到現代性隱憂時，提出的第一個問題就是個體主義："憂慮的第一個來源是個人主義。當然個人主義也被許多人冠以現代文明的最高成就之名。我們生活在這樣一個世界中，人們又去哪裏爲自己選擇各自的生活方式，有權利以良知決定各自采納哪些信仰，有權利以一種他們的先輩不可能控制的一整套方式確定自己生活的形態。這些權利普遍地由我們的法律體系保衛著。原則上，人們不再受害於超越他們之上的所謂神聖秩序的要求。"①

①查爾斯・泰勒著：《本真性的倫理》，程煉譯，上海：上海三聯書店，2012年，第2頁。

以這種個體主義的原則來看待親親相隱問題，最基本的立場就是，將個體從其身處的倫理關係之中抽離出來。個體在任何情境之下都是首當其衝的，倫理關係則無論如何不能稱爲決定個體本質的因素。因此，個體是誰，個體是否是道德的，與你身處何種倫理關係之中并没有太大關聯，關鍵在於個體的道德意志在面臨道德困境時，依據某個普遍性的道德原則做出抉擇。這樣一種思考倫理問題的方式，恰好可以把我們前面討論的，依照儒家原則所可能提出的兩點考量給遮蔽掉。因爲每個人都有選擇自己生活方式的權利，因此，即便是身處於倫理關係中的父子之間，也没有權利相互干涉。因此，子没有權利去期待父親應該成爲君子，我們僅能抉擇我們自己應該成爲何人，而無法進一步決定別人應該成爲何人。即便是親密如父子之間，在現代性的洗禮之下，也逐漸以權利的方式理解這種期待，而不是理解成人在倫理關係中的本質性的存在。期待別人如何成爲自己，不再被看作是美好的道德意義上的相互成就，而是變成了對於他人的威權壓迫。同樣的，子也没有權利要求父親在倫理關係中承擔起其應該承擔的責任。個體唯一有權利的就是決定自己該如何做，他人儘可以是一個不道德的存在，他人是否決定承擔倫理責任，取決於他人自身的道德意志。也許，回到社會性層面，我們還可以以維護人類共同體良好存在的理由，要求他們承擔起道德責任。然而，這是在社會的層面，以社會爲主體提出的要求。在純粹的個體層面，我們身爲一個現代社會中的個人，則基本上被取消了要求他人承擔道德責任的權利。因此，原本儒家語境中，相互牽連的倫理關係，就變成了個體在不同身份之間的抉擇和衝突，就變得不那麽儒家了。正如前面指出的，當我們面對積極的或者是相較而言更加正面的對於儒家倫理的討論時，我們比較容易貫徹儒家的原則。但是，一旦我們開始討論某些消極的或者是負面的儒家倫理困境時，早已經深入人心的種種現代性觀念，還是不自覺地會影響著我們的思路。

因此，真正回到中國傳統的意義上研究中國哲學，或者，如果真正希望能够彰顯出中國哲學之特質，就需要對於西方現代性以來的種種已經深入人心的觀念加以足够的反省，其中最重要的也許就是徹底反省現代性的自我觀念。由此纔可能進一步反省建立在這一自我觀念之上的種種理論，例如社會契約理論，正義理論，等等。某些時候，這些問題可能都不是中國語境中的問題，或者當我們談論儒家思想與這些理論的契合時，其實恰恰陷入了西方的邏輯之中，遮蔽了儒家的本色。更進一步説，這在某種程度上也使得我們對於儒家的研究大概還離不開形而上學式的研究，因爲不如此就不能跳脱出現代性的思維方式。

作者簡介：盛珂，生於 1978 年 10 月，畢業於北京大學哲學系，2001 年獲哲學學士學位，2004 年獲哲學碩士學位，2008 年畢業於香港科技大學人文學部，獲哲學博士學位。現爲首都師範大學哲學系副教授。主要研究領域爲當代新儒學、宋明理學。2019 年出版專著：《道德與存在：心學傳統的存在論闡釋》。

（説明：本論文已於 2018 年發表在《哲學門》總第 36 輯。）

"親親相隱"十年論爭中反方立場的蜕變邏輯
——三評鄧曉芒教授的《儒家倫理新批判》①

劉水静

摘要：在"親親相隱"十年論爭中，儒家倫理思想反對者的爭論立場經歷了從"援墨拒儒"到"逃墨歸楊"的蜕變過程。論爭前期，反對者批判儒家"親親相隱"思想時援引墨家的兼愛理論，遵循《墨子》的"非儒"邏輯。但是，"一視同仁"的兼愛理論把"親親相隱"推到了道德之惡的境地，從而不能給現代容隱制中的法定隱親權提供堅實的道德根基。因此，論爭後期反對者在"批判的武器"上實現了"逃墨歸楊"的轉換——由"兼

①"親親相隱"十年論爭期間，筆者恰在武漢大學哲學學院讀書學習，一直關注世紀之初的這場中西文化大論戰。十年論爭結束後，筆者曾撰寫《也談"親親相隱"的法律實質、法理依據及其人性論根基——兼評鄧曉芒教授的〈儒家倫理新批判〉》與《重析西方文化傳統中的"親親相隱"與"大義滅親"之道德意涵——再評鄧曉芒教授的〈儒家倫理新批判〉》兩篇小文，先後發表於十年論爭後期主陣地《學海》雜志（2012 年第 2 期和 2013 年第 6 期），後收録於郭齊勇教授主編的《正本清源論中西——對某種中國文化觀的病理學剖析》（華東師範大學出版社 2014 年版）。兩篇小文意在剖析十年論爭中儒家倫理批評者在主要觀點、核心論據上存在的缺陷和問題。眼下這篇小文，意圖從整體上梳理十年論爭中儒家倫理批評者基本立場的演變軌迹，透視這一軌迹下暗含的學理邏輯，清理這一邏輯中存在的根本問題，最後蠡測這場文化論爭的應然走嚮。

愛天下”的墨家立場轉嚮了“獨善其身”的“楊朱”立場。但在反對者基於“楊朱”立場的論述中，前後矛盾之處俯拾皆是、層出不窮。中國文化的當下建構和未來發展，需要我們批判和超越現代西方“楊朱”之學的困境，實現“弃楊返儒”的成功轉化。

2002年至2011年，國内思想界圍繞“親親相隱”問題爆發了一場持續十年之久的中西文化大論戰。這場倫理争鳴是近世以來中西文化論争史的繼續，是“轉化論”與“西化論”之間鬥争的最新發展。它的最終任務，是要回答21世紀中國文化的前途和出路究在何方這一迫在眉睫的重大理論和現實問題。一個耐人尋味的現象是，儒家倫理思想反對者的争論立場在十年論争中經歷了從“援墨拒儒”到“逃墨歸楊”的蜕變邏輯。蓋言之，在十年論争第一階段及第二階段初期，以劉清平、鄧曉芒教授爲代表的反對者在批判儒家“愛有差等”的“親親相隱”思想時，援引的是墨家兼愛理論，遵循的是《墨子》“非儒”邏輯。但是，“一視同仁”的兼愛理論貌似有力證明了“大義滅親”的道德合理性，但同時却把與“大義滅親”相悖反的“親親相隱”推到了道德之惡的境地，從而不能給現代容隱制中的法定隱親權提供堅實的道德根基。因此，隨著這一問題的凸顯，鄧曉芒教授於十年論争第二階段的中後期，在批判的武器上實現了“逃墨歸楊”的轉换——由“兼愛天下”的墨家立場轉嚮了“獨善其身”的“楊朱”立場。所謂“楊朱”立場，即是西方現代的個人主義倫理原則。鄧曉芒教授的這一轉變，與其一貫秉持的全盤西化立場是一脉相延的，但其論證邏輯上的自相矛盾，也是俯拾皆是、層出不窮的。中國文化的當下建構和未來發展，需要我們批判和超越現代西方的"楊朱"之學，在基本立場上實現"弃楊返儒"的成功轉化。

一、第一階段：援墨拒儒

儒家"親親相隱"思想的理論基礎是"愛有差等"理念：我們對親人所負有的道德責任，强於對普通人所負有的道德責任，在親人與普通人發生利害衝突時，我們有義務優先護全親人。所以儒家倫理認爲：父親攘羊，兒子應隱而不發；父親殺人，兒子應竊負而逃。這些做法從表面看似乎違背了所謂"偷盜有罪"和"殺人償命"的"天下公義"，加劇了受害人的損失和痛苦。劉清平、鄧曉芒等教授據此批評道，孔孟儒家推崇的"子爲父隱"和"竊負而逃"行爲是不道德的，"愛有差等"理論在觀念上是陳舊腐朽的。而在前期的批判過程中，他們援引的理論觀點是墨子的"兼愛"思想，他們采取的方法進路是墨家的"非儒"邏輯。

1. "一視同仁"的"兼愛"立場

在"親親相隱"十年論爭的第一階段，儒家倫理的主要反對者劉清平教授據以批判"愛有差等"的武器，是"正義守法的普遍準則"①、"普遍性群體利益"②、"社會整體利益"③ 以及"一視同仁地尊重一切人的人格存在和基本權利"④。在《論墨家兼

①郭齊勇主編：《儒家倫理爭鳴集——以"親親互隱"爲中心》，武漢：湖北教育出版社，2004 年，第 892 頁。

②郭齊勇主編：《儒家倫理爭鳴集——以"親親互隱"爲中心》，第 895 頁。

③郭齊勇主編：《儒家倫理爭鳴集——以"親親互隱"爲中心》，第 904 頁。

④郭齊勇主編：《儒家倫理爭鳴集——以"親親互隱"爲中心》，第 933 頁。

愛觀的正當内涵及其現代意義》一文中，劉教授更是不吝溢美之詞地推崇墨家倫理思想。他説，當堅持“愛有差等”“親親相隱”等原則的儒家倫理學説陷入所謂“深度悖論”的泥淖之中不能自拔時，“墨家的兼愛觀……具有包含深度悖論的儒家仁愛觀根本無法比擬的巨大優勢”。因此在“中國現代文化理念的創造性研究的過程中”，品味“高尚”的墨家學説是極其“可貴的思想資源”，“值得今天大力發揚”。① 在這裏，當代反儒人士在“親親相隱”十年論争中已經開啓了“逃儒而歸墨”“援墨以拒儒”的理論進路。鄧曉芒教授圍繞“親親相隱”問題接過劉教授的批儒接力棒之初，其所秉持的也是“愛無差等”的墨家立場。鄧教授在具體分析“竊負而逃”案例時，將“殺人償命”視爲“成法”② 和“天下公義”③，認爲舜的隱親行爲是“損人利己、蔑視人權、踐踏公義”④。面對舜父殺人的案情，鄧教授所贊賞的理想選擇是“對於殺人者堅决不寬恕，哪怕這個殺人者是自己的父親或兄弟也不徇情”⑤。鄧教授熱情洋溢地寫道，當一個人不肯原諒自己的殺人的父親或兄弟時，他實是“出於對天下所有人的生命一視同仁的珍愛”⑥。這種對天下所有人的生命一視同仁的珍愛，就是墨家“愛無差等”的兼愛理論。除劉、鄧兩人的相似之處外，仔細比較兩人的論證模式可以發現，鄧教授在“援墨拒儒”

①劉清平：《論墨家兼愛觀的正當内涵及其現代意義》，《浙江大學學報（人文社會科學版）》2010 年第 3 期。

②鄧曉芒：《儒家倫理新批判》，重慶：重慶大學出版社，2010 年，第 36 頁。

③鄧曉芒：《儒家倫理新批判》，第 40 頁。

④鄧曉芒：《儒家倫理新批判》，第 18 頁。

⑤鄧曉芒：《儒家倫理新批判》，第 39 頁。

⑥鄧曉芒：《儒家倫理新批判》，第 39 頁。

的道路上比劉教授走得更遠：鄧教授不僅在理論觀點上堅持兼愛思想，其在批儒的方法進路上亦明確采取墨家的“非儒”邏輯。

2. “反嚮理解”的“非儒”邏輯

這裏的“反嚮理解”一詞，是“親親相隱”十年論争的重要參與者丁爲祥教授提煉出來的。丁教授用“反嚮理解”恰當地指稱鄧教授理解儒家“親親仁民愛物”的“功夫次第”時故意反其道而行之，認爲儒家對物的愛不及對衆人的愛，對衆人的愛不及對親人的愛，推至極端，對親人的愛不及對自己的愛這種“反嚮”推理邏輯。基於這種“反嚮理解”，鄧教授認爲儒家仁愛觀宣導的與其説是“愛親”，不如説是“私親”。他甚至認爲，奉行這種“私親”觀念的人，當自己本人與親人發生利害衝突時會毫不猶豫地抛弃“私親”而轉嚮“私己”。① 其實，鄧教授對儒家倫理所做的這一“反嚮”解讀并不新穎。墨家學者在兩千多年前基於兼愛立場論斷儒家倫理時采取的正是這一邏輯進路。比如《墨子·耕柱》虛構了墨子與孔子學生巫馬子的一段辯論：“巫馬子謂子墨子曰：‘我與子异，我不能兼愛。我愛鄒人於越人，愛魯人於鄒人，愛我鄉人於魯人，愛我家人於鄉人，愛我親於我家人，愛我身於吾親，以爲近我也。”

鄧教授“反嚮理解”儒家仁愛思想與墨家假借巫馬子之口闡發儒學理論的邏輯進路是完全一致的。他們基於兼愛思想與儒家學者展開辯論時的路數是，先將儒家的差等之愛反推到極端，將

---

①鄧教授的相關論述參見鄧曉芒：《儒家倫理新批判》，第 40—41 頁；丁爲祥教授的相關評述參見郭齊勇主編：《〈儒家倫理新批判〉之批判》，武漢：武漢大學出版社，2011 年，第 75—76 頁。

“自愛”“自利”甚至是“自私”視爲儒者親親仁民愛物的根本出發點；認爲當愛親不符合人們的個體利益時，人們將毫不猶豫地弃親自保。這就是鄧教授批評儒家倫理時指出“人都是自私的，……在最後關頭，連一家人之間也會發生‘人相食’”① 慘劇的反嚮邏輯，是墨子筆下“子自愛，不愛父，故虧父而自利”的非儒思路。

其實，這種先把儒家極重孝親之道的“仁愛”曲解爲“自愛”“自利”“自私”的倫理原則，然後站在“兼愛天下”的道德制高點上，以雷霆萬鈞之勢駁斥儒學倫理的做法，是根本錯誤的。在儒家看來，仁愛的起點是“愛親”而非“愛己”，所以《論語》明確説孝悌是“爲仁之本”（《論語·學而》）。而當仁愛原則與個體利益乃至個體生命發生衝突時，犧牲個體利益乃至個體生命以捍衛仁愛原則，就成爲儒家倫理的當然要求。這就是孔子“志士仁人，無求生以害仁，有殺身以成仁”（《論語·衛靈公》）所蘊含的崇高道德情懷。墨家學者虚構的巫馬子“有殺彼以利我，無殺我以利彼”的言論，已經把原本主張利他主義的儒家强推到極端利己主義立場上去了；以致現代著名學者侯外廬先生基於墨家的如上描述，直接在其《中國思想通史》中將原本屬於儒家的巫馬子劃入了“貴己”“爲我”的楊朱一派。這就是墨子爲批判儒家而肆意醜化、矮化儒家學説的弄巧成拙下場。今天的反儒之士因循兩千多年前的墨家思路來“反嚮理解”儒家的差等之愛，其結果衹能是再次碰壁罷了。

---

①鄧曉芒：《儒家倫理新批判》，第 41 頁。

3.“兼愛天下”的墨學之困

基於“一視同仁”的墨學立場，鄧教授越是在道德上譴責儒家的“親親相隱”，越是會使自己陷入不能自圓其説的尷尬境地：既然爲親屬隱罪的觀念和行爲在道德上如此“邪惡不堪”，它爲什麼還能作爲一種正當權利進入現代法律範疇，并堂而皇之地享受著現代容隱制的保護呢？鄧教授曾明確指出：“現代法律層面本身也有其道德根基，即公共道德（公德）的根基。”① 這話本身是没錯的，但請問，作爲一項現代法權，爲親屬隱罪的道德根基究竟何在呢？其實，“援墨拒儒”的鄧教授根本不能回答這一問題，因爲其爲孔子口中的“攘羊人之子”和孟子筆下的“殺人者之子”所設計的“合理”選擇本身就是相互矛盾的。

比如直躬的父親順手“攘”了別人家一隻羊，直躬告發父親，孔子批評了直躬的告發行爲，主張“子爲父隱”，於是鄧教授基於“一視同仁”的“兼愛天下”原則，爲失羊人鳴不平：子爲父隱這種放縱“攘羊賊”、“踐踏司法尊嚴”的做法“立於那些被偷、被殺者的‘人情’了嗎？”② 可在同一篇文章中的兩處在談論“舜父殺人”案例時，由於摻雜進了西方現代容隱制的問題，鄧教授在要求舜踐行“大義滅親”的崇高美德之外，又爲舜設計了一個可以“不告發”的選擇：“即既不告發，也不‘竊負而逃’，衹是聽憑臯陶依法發落，該是什麼就是什麼。”③ 我們現在把這兩個案例放到一起看：父親攘羊，鄧教授就基於“被偷

①鄧曉芒：《儒家倫理新批判》，第 68 頁。
②鄧曉芒：《儒家倫理新批判》，第 26 頁。
③鄧曉芒：《儒家倫理新批判》，第 29 頁。

者”的人情要求兒子告發；父親殺人，鄧教授又説可以“不告發”，這不是典型的自相矛盾嗎？

鄧教授之所以在論述中前後不一，是因爲他於眼下的“批儒”過程中堅持的墨學立場與西方的啓蒙價值觀在實質上并不協調。墨家學説要求人們一視同仁地兼愛天下，它明確反對“親親相隱”，積極宣導“大義滅親”，甚至爲了天下百姓的利益要求人們去“摩頂放踵”地犧牲自我。所以，墨家鉅子腹䵍將犯有殺人罪的兒子親手處死的做法，是“墨者之法”的必然要求；在墨家那裏，大義滅親之外根本不存在什麽“親親相隱”的例外法權。① 這就意味著鄧教授要想爲所謂“現代隱親權”尋找到合理的道德根基，就必須在根本立場上拋弃主張“一視同仁”的墨家學説。

二、第二階段：逃墨歸楊

我們前面指出，墨學實在不能作爲鄧教授反儒的有效武器，他們“援墨拒儒”的進路是根本行不通的。所以鄧教授要想站在所謂“現代社會”② 的“先進”③ 立場反對儒家的“親親相隱”傳統，就必須拋弃墨家學説。孟子講“逃墨必歸於楊”，鄧教授

①《吕氏春秋・去私》：“墨者有鉅子腹䵍，居秦，其子殺人。秦惠王曰：‘先生之年長矣，非有他子也。寡人已令吏弗誅矣。先生之以此聽寡人也。’腹䵍對曰：‘墨者之法曰：殺人者死，傷人者刑。此所以禁殺傷人也。夫禁殺傷人者，天下之大義也。王雖爲之賜，而令吏弗誅，腹䵍不可不行墨者之法。’不許惠王，而遂殺之。”

②鄧曉芒：《儒家倫理新批判》，第19頁。

③鄧曉芒：《儒家倫理新批判》，第58頁。

抛弃主張利他主義的墨學立場後，歸依的正是現代西方主張的個人主義“楊學”立場。

1. **鄧教授“歸楊”的文本表現**

鄧教授發表《關於蘇格拉底贊賞“子告父罪”的背景知識》等文章時，曾借蘇格拉底的例子明確表達了他的個人主義“楊學”立場。如鄧教授宣稱，蘇格拉底對於“家庭關係”的理解“已經包含有後來的功利主義倫理學的原則了：孝敬父母歸根到底對自己是有利的”①。他又明確地自問自答道：“爲什麼要孝敬父母？蘇格拉底的回答是：這對你是有好處的。”② 鄧教授繼續推論道：“可以想見，在這種原則上建立起來的‘孝敬父母’的法規，一旦與法律本身相衝突，例如自己的父母違法，那就不存在與法律相抗衡的任何特殊理由，而必須按正義的原則辦事。”③ 雖然本人早已指出，鄧教授關於蘇格拉底與游序弗倫對話的分析陷入了三重矛盾——他時而認爲游氏告父的大義滅親之舉是一項可行可不行的權利，時而認爲它是一項不得不履行的義務，時而又認爲大義滅親既不是人的權利也不是人的義務——之中；④ 但是鄧教授假借蘇格拉底之口，從“自我”利益的“功利”角度出發論證人應當孝敬父母的最終依據，赤裸裸地展現了鄧教授推崇的個人主義和利己主義倫理學立場。這是鄧教授徹底擺脱主張“一

①鄧曉芒：《儒家倫理新批判》，第 152 頁。

②鄧曉芒：《大言炎炎却詹詹——又答陳喬見博士》，《武漢大學學報（人文科學版）》2011 年第 5 期。

③鄧曉芒：《儒家倫理新批判》，第 152 頁。

④參見郭齊勇主編：《正本清源論中西——對某種中國文化觀的病理學剖析》，武漢：華東師範大學出版社，2014 年，第 109—110 頁。

視同仁地愛人”的墨家學説、完全歸依主張“毫無例外地愛己”的“楊學”立場的重要標志。

2. 鄧教授“楊學”立場的深層困境

鄧教授“逃墨歸楊”，試圖基於現代西方個人主義、利己主義的“楊學”立場，爲現代社會的容隱制找到合理道德根基。他煞費苦心地把現代西方容隱制與中國傳統容隱制區分開來，將前者視爲個人權利，把後者定爲義務，從而確保他在貶斥後者時不會“誤傷”前者。但是，鄧教授具體論述西方“隱親權”與中國“隱親義務”時，其在核心概念上是荒疏的，在基本邏輯上是矛盾的，在深層學理上是僞善的。

其一，核心概念的荒疏。恰如郭齊勇教授指出的，在“親親相隱”論戰中鄧教授“常常用來説事的就是權利意識、人權觀念”①。而當鄧教授從“隱私權”這一西方現代社會中的“個人權利”出發解釋西方現代法律中的隱親權時，其對“隱私”和“權利”兩個概念的理解都有待商榷。他在論戰後期發表的一篇回應文章中宣稱權利是“可以做也可以不做”的②。説權利是一個人“可以做”的，這話没錯。但同時説權利是一個人“也可以不做”的，就大錯特錯了。其實，西方文化所謂的“權利”（rights）一詞，僅僅指稱一個人從事某一行爲的“資格”或“正當性”。“我有如此行爲的權利”，這句話僅僅意味著我“如此行爲”是正當的。它衹是從肯定的角度規定了我有“如此行爲”的

①郭齊勇主編：《〈儒家倫理新批判〉之批判》，序言第 11 頁。

②鄧曉芒：《變味的批判——回應郭齊勇〈儒家倫理新批判之批判·序言〉》，《中國文化》2011 年第 2 期。

資格，而絲毫没有陳述我同時是否有"不如此行爲"的資格。① 所以鄧教授"也可以不做"的説法完全是他自己想當然地加上去的。當鄧教授如此理解"權利"一詞時，他顯然没有意識到有些"權利"同時也是"義務"，是一個人"必須去做"的，而不是什麽"也可以不做"的。其實，鄧教授早在《再議"親親相隱"的腐敗傾嚮》一文中點評法學研究專家范忠信先生的相關論述時還曾難得地認識到這一點，他説："有些義務也能够被當作一項'權利'，例如'尊重人格'的義務也可以稱之爲權利。"② 但是，當鄧教授離開了被他嘲弄爲"法學門外漢"的范先生而獨立闡述權利概念時，就發生了這種顯見的錯誤。基於對權利、義務等核心概念的曲解，鄧教授爲現代西方"容隱權"作辯護時往往陷入基本邏輯上的自相矛盾。

其二，基本邏輯的矛盾。鄧教授基於人人平等的個人權利解釋西方現代法律中的隱親權，宣稱現代"西方完備的容隱制度下先進的容隱觀念"完美解决了隱親行爲原本存在的法律和道德問題。他説：

> 家庭成員既有按照親屬關係相隱的權利，也有按照法律關係揭發親屬罪行的權利。但這兩種權利在西方（和中國）兩千多年的歷史中并没有很好地協調起來，因爲"親親相隱"在很長時間中并没有被理解爲僅僅是個人的權利，而是

---

①比如霍布斯在《利維坦》一書中直截了當地指出："著作家們一般稱之爲自然權利的，就是每一個人按照自己所願意的方式運用自己的力量保全自己的天性——也就是保全自己的生命——的自由。因此，這種自由就是用他自己的判斷和理性認爲最適合的手段去做任何事情的自由。"（霍布斯：《利維坦》，黎思複、黎廷弼譯，北京：商務印書館，1985 年，第 97 頁。）

②鄧曉芒：《儒家倫理新批判》，第 28 頁。

> 被理解爲家庭的義務，因而國家義務和家庭義務不斷處於衝突之中。直到近代資本主義社會興起，人權觀念建立，這一衝突纔在法律上得到解决。當然，這一“解决”并不意味著就没有情感衝突了。正如陳文引羅蒂的話所表明的，“親親相隱”是我們大多數人“自然而然的情感選擇”，而當親親互隱的行爲損害了其他人的利益時，我們也會受到“忠誠和公正之衝突的煎熬”，我們甚至會不知道“應該如何做纔是正確的”。然而，情感衝突畢竟不同於法律衝突和道德衝突，也不等於法律和道德之間的衝突。我們在法律上已被允許隱親，滿足了我們情感的需要；但如果有人因爲我們隱瞞真相而受害的話，我們在道德上仍然覺得愧疚——這就是西方完備的容隱制度下先進的容隱觀念，即陳文所説的現代“法國人、德國人和美國人”以及“孟德斯鳩、黑格爾、羅蒂”等人所感受到的那種情感和道德的衝突。①

我們一起來梳理下鄧教授上述行文的邏輯思路。鄧教授首先指出，西方現代容隱制下的隱親觀念，在法律上、道德上以及在法律和道德之間并不存在衝突，而僅僅會在情感上産生一定的衝突。如上面引文所指出的：“直到近代資本主義社會興起，人權觀念建立，這一衝突纔在法律上得到解决。當然這一‘解决’并不意味著就没有情感衝突了……然而，情感衝突畢竟不同於法律衝突和道德衝突，也不等於法律和道德之間的衝突。”可是鄧教授在説了“情感衝突……不同於法律衝突和道德衝突”之後，接著就用了一個“但”字轉而寫道：“我們在法律上已被允許隱親，滿足了我們情感的需要；但如果有人因爲我們隱瞞真相而受害的

①鄧曉芒：《儒家倫理新批判》，第58頁。

話，我們在道德上仍然覺得愧疚。”鄧教授前面剛說，隱親同時我們僅存在“情感”衝突；而且“情感”衝突不同於“道德”衝突。這裏又突然說，隱親同時我們滿足了“情感”需要，可同時又產生了“道德”愧疚。請問隱親之同時，我們的“情感”到底是處於“衝突”狀態，還是處於“滿足”之後的“不衝突”狀態？爲什麼之前所謂的“情感衝突”没有了，取而代之的是“道德上”的“愧疚”？既然現代容隱制不存在“道德上”的衝突，那此處“道德上”的“愧疚”又從何說起？如果說這種“道德上”的“愧疚”由自己的隱親行爲而起，那爲何前面又說現代隱親權“解决”了所謂“道德的衝突”？隱親行爲，是符合現代容隱制度的一項合法權利，既然我們在行使這一法定權利時會引起“道德上”的痛苦，鄧教授又怎麼能說“法律和道德之間”没有了衝突？既然“情感衝突”不同於“道德衝突”，隱親之時衹有“情感衝突”没有“道德衝突”，爲什麼鄧教授最後又說“現代法國人、德國人和美國人以及孟德斯鳩、黑格爾、羅蒂等”如此普遍地“感受到”了“情感和道德的衝突”？鄧教授最後還說“西方完備的容隱制度下先進的容隱觀念”云云，本人原不排斥現代西方的容隱制度與容隱觀念，但在拜讀了鄧教授如此混亂的論述之後反而對西方容隱制的合理性産生了疑惑。

其三，深層學理的僞善。鄧教授傳揚西方的個人主義“楊學”立場時，除了充滿概念上的荒疏和邏輯上的矛盾等表層癬疥外，最爲致命的頑疾是其在學理上的僞善。前已指出，鄧教授之所以“逃墨歸楊”，爲的是能够尋到法定隱親權的道德根基。他在論戰中也曾多次强調，包括容隱制在内的西方現代法律其實是自有“其道德根基”的[①]，這種道德根基就是建立在人人平等基礎之上的社會“公德”[②]。圍繞游序弗倫告父殺人一案進行曠日持久的拉鋸戰時，鄧教授也不止一次地宣稱蘇格拉底的倫理思想與現代西方的“人權”“公德”理論一脉相延。[③] 他責怪其辯友誤解了蘇格拉底，説他們按照儒家方式解讀蘇格拉底時“衹會降低蘇格拉底的道德水準”。[④] 那麽，在鄧教授筆下，現代西方的社會“公德”究竟是什麽樣的呢？“蘇格拉底的道德水準”在鄧教授筆下究竟又有多高呢？

如前所述，鄧教授認爲蘇格拉底把孝親美德的合理性建立在“孝敬父母歸根到底對自己是有利的”這一“功利主義”倫理原則之上。鄧教授還宣稱，依據這種理解，一旦現實中的“孝敬父母”要求與法律的規定相衝突，“那就不存在與法律相抗衡的任何特殊理由，而必須按正義的原則辦事”。[⑤] 在鄧教授看來，一個人愛自己的父母，恪守孝敬父母的道德規範，衹是因爲這麽做對自己是“有利的”“有好處的”。這是一種什麽樣的“公德倫理”或“正義原則”呢？鄧教授責怪其辯友的儒家式理解降低了蘇格拉底的“道德水準”，難道鄧教授本人對蘇格拉底進行的這種利己主義解讀反而充分彰顯了蘇格拉底的崇高“道德水準”？一個人基於自己的利益處理與他人的關係，甚至包括與自己父母的關係，這不正是鄧教授基於對儒家倫理的“反嚮理解”所一直批判

---

①鄧曉芒：《儒家倫理新批判》，第68頁。

②鄧曉芒：《儒家倫理新批判》，第68頁。

③鄧曉芒：《儒家倫理新批判》，第157頁。

④鄧曉芒：《大言炎炎却詹詹——又答陳喬見博士》，《武漢大學學報（人文科學版）》2011年第5期。

⑤鄧曉芒：《儒家倫理新批判》，第152頁。

的所謂“自私”的“人相食”① 原則嗎？怎麼鄧教授現在把這種他原本大加鞭撻的倫理原則置於蘇格拉底名下并贊不絶口呢？

按照鄧教授的理解，人應基於利己的原則去“愛親”，而當一些特殊情況出現（“例如自己的父母違法”）時，原本秉持利己原則的“自我”此時應“保護人人平等的權利”②，“按正義的原則辦事”③，來“大義滅親”④。在鄧教授那裏，一個人愛自己父母時都衹是基於自己的利益考量去愛的；而一旦父母違法，“我”竟然却要通過“滅親”的舉動來“保護人人平等的權利”，來突出“我”的“正義”立場，彰顯“我”的“大義”形象！“愛親”時是利己的、“爲我”的；“滅親”時却是利他的、“爲人”的。這樣的“自我”擁有的究竟是一種什麼樣的“人格”呢？爲了避免鄧教授筆下的“西方人”陷入“二本”的人格分裂困境，按照鄧教授的邏輯，合理的解釋應是這樣：“自我”基於“利己”原則“愛親”，而在某些情況下（“例如自己的父母違法”），“愛親”變得於“我”不“利”時，“我”則放弃“愛親”，以全“我”“私利”。在此情況下，從“我”的“私利”之最大化角度考慮，更爲極端的“滅親”，優於簡單地放弃“愛親”。因爲，“滅親”可以使我成爲一個嚴格“按正義的原則辦事”的人，一個“深明大義”人。因此，“我”選擇“大義滅親”，并不是因爲“我”對他人懷有什麼一視同仁的“愛”，而是因爲“滅親”於“我”有利，可以藉此博取“大義”之名！此時的“我”與其説是基於“大義”來“滅親”，不如説是基於“大利”來“滅

---

①鄧曉芒：《儒家倫理新批判》，第 41 頁。

②鄧曉芒：《儒家倫理新批判》，第 157 頁。

③鄧曉芒：《儒家倫理新批判》，第 152 頁。

④鄧曉芒：《儒家倫理新批判》，第 157 頁。

親”。這就是鄧教授的理論推演所暗含的内在邏輯！

據《吕氏春秋》記載，聽聞楚之“直躬”告父“竊羊”時，孔子當即感嘆道：“异哉！直躬之爲信也，一父而載取名焉！”（《吕氏春秋·當務》）古人“賣直求名”的批評可謂一語中的，千載以下直指鄧教授的西化邏輯！對此，郭齊勇教授早有深刻揭示。[①] 此外，丁爲祥教授曾在論戰中十分恰當地指出，鄧教授所堅持的利己主義“楊朱”倫理學其實“没有任何道德性可言”，處在這種倫理關係下的人其實成爲了“唯利是圖而又各自爲謀的豺狼”。[②] 對於這種一針見血的批評，鄧教授十分不屑，認爲丁教授的看法“衹説明了他的道德觀念的陳舊和狹隘”[③]，認爲近代中西文化交流、論争一百多年了，“丁先生對西方道德文化仍然是如此陌生，真是不可思議”。[④] 可是，正如本文剛剛揭示的，任憑“時髦”的鄧教授如何善辯，其最終也難免陷入自相矛盾的困境。在“親親相隱”論戰中，鄧教授以揭露儒家倫理的“虚僞性”爲己任，宣稱“要揭穿孟子的主觀‘本懷’在客觀上的虚僞性”[⑤]、揭穿“儒家親親相隱義務的那種‘言義不言利’的虚僞性”[⑥]。可是鄧教授基於“利己主義”的“楊學”立場，把明明是追逐“自我大利”的“滅親”行爲粉飾成所謂“天下大義”，從而充分顯示出鄧教授自己在學理上“言義不言利”的僞善面目。

---

①參見郭齊勇主編：《〈儒家倫理新批判〉之批判》，序言第 14 頁。

②郭齊勇主編：《〈儒家倫理新批判〉之批判》，第 83—84 頁。

③鄧曉芒：《儒家倫理新批判》，第 68 頁。

④鄧曉芒：《儒家倫理新批判》，第 104 頁。

⑤鄧曉芒：《儒家倫理新批判》，第 66 頁。

⑥鄧曉芒：《儒家倫理新批判》，第 127 頁。

總的説來，在"親親相隱"論爭的中後期，鄧教授"逃墨歸楊"，以圖爲現代西方的隱親權找到堅實的道德根基。可是，個人主義、利己主義的"楊學"立場不僅不能給"親親相隱"提供道德上的擔保，反而把鄧教授的學理推嚮了僞善境地。由此可見，在"親親相隱"問題上，"楊學"已經山窮水盡。那麼，"親親相隱"的道德根基究竟在哪裏？告別"楊學"之後的出路究在何方？

三、應然取嚮：弃楊返儒

既然鄧教授論證"親親相隱"的道德根基時采取"逃墨歸楊"的做法而陷入了自相矛盾；那麼接下來的問題是，爲什麼宣導自由、平等的西方現代個人主義倫理原則在解釋"親親相隱"問題時會遭遇挫折？西方現代法制中的隱親權的道德根基究竟該如何確證？

認真分析西方"隱親權"概念的特殊内涵，有助於我們解答上述問題。"隱親權"的適用條件是，"我"的親人對他人實施犯罪行爲，法律即將或正在對他做出懲罰。"隱親權"的内容是，"我"隱瞞親人的犯罪資訊，或藏匿有罪親人、幫他銷毁犯罪證據、幫他逃避政府的抓捕，而法律應當或可以免除、減輕對我隱親行爲的處罰。因此，"隱親權"是一項區别於一般人權的法律特權，是一項"特免權"或"豁免權"。它保護的是家庭成員之間的親情倫理，承認個體對親人負有的責任和義務强於普通人。也就是説，隱親權從根本上取消了所謂"人人平等"的信條，它承認"我"的親人與路人在"我"這裏的不平等地位。亦可説，"隱親權"在犧牲路人的自由和平等前提下，强調"親人"在

“我”這裏所擁有的一種優先性“特權”。此外，這種“特權”之所以爲“特權”，是因爲“親人”之外的人（如“我”的朋友、同事、熟人等）不能享受這種優先性的“權利”或“資格”。因此正如本人在先前評析文章中於詳細疏解基礎上所總結的：鄧教授所謂的“人人平等”這一西方普世價值的基礎，并不是現代西方親屬容隱制的“真正基礎”；當鄧教授想當然地認爲西方現代親屬容隱制所保護的是“人人平等的權利”或“個人權利（隱私權）”時，啓蒙思想家們如孟德斯鳩和霍布斯等人，却是從“愛有差等”這一人的“自然”或“天性”的角度，確立親屬容隱權之道德根基的。由此看來，西方現代容隱觀和容隱制，與儒家傳統的容隱觀之間所具有的，并不是鄧教授所謂的“本質區别”，而恰恰是“本質上的一致性”。①

這就充分證明，“親親相隱”的道德根基不是高揚“自由”“平等”的利己主義“楊朱”倫理，而是宣導“愛有差等”的利他主義的“儒家”倫理。孟子講“逃楊必歸於儒”，如果鄧教授當真崇信西方學理，當真要爲隱親權的道德根基做辯護，他就必須揚弃其個人主義“楊學”立場而復歸“愛有差等”的“儒學”立場，從而在學理上走完“弃楊返儒”的演進邏輯。這就意味著鄧教授要最終抛弃其一貫堅持的“中西文化二元對立”的學理成見，抛弃其長期固守的顛覆傳統、全盤西化的偏激立場，自覺融入古今中西多元文化思潮由“對抗”走嚮“對話”、由“分裂”走嚮“融合”的當代中國文化發展大潮。至於鄧教授本人能否在以“親親相隱”爲中心的文化論争中完成這一學術立場的轉變，

①參見郭齊勇主編：《正本清源論中西——對某種中國文化觀的病理學剖析》，第104頁。

則是我們眼下所難以預知的。

作者簡介：劉水静，武漢大學馬克思主義學院，郵箱：lsjing@whu.edu.cn。

三禮諸注的“黄氏”補訂及其相關問題
——以黄裳爲中心

（日）梶田祥嗣著　申緒璐譯

一、問題緣起

黄裳，字冕仲，福建南劍州人，號演山、紫元翁，謚忠文，禮學家。其思想繼承王安石，并專注於禮學。同時精通佛、道，晚年主編《政和萬壽道藏》。① 其著作現存有《演山先生文集》60 卷，具體有《周易澶州講義》一篇（《演山集》卷二二僅存《澶州講易序》，《經義考》卷二一），《周禮義》6 卷（《演山集》卷三八、三九所載，卷二二有《講周禮序》），《樂記論》一篇（大概就是《演山集》卷四二所收《論樂記》，《經義考》卷一六七）以及《春秋講義》（已佚）。另外，《禮記集説》等著作中收録了黄裳關於《禮記》的注釋，不過這些引用很多來自《演山集》的“雜説”。

《演山集》并非全本，如《題演山先生文集後》所説：“歷年浸久，中遭危亂，先生遺文類多散逸。先生之子孫毫聯縷緝，次爲家集，而他人或未之見也。”《演山集》乃黄氏子孫收集佚文

①有關黄裳生平，詳見馬里揚的碩士論文《演山詞研究》。

編纂而成。從資料的内容來説，現存的《演山集》幾乎不用擔心，雖然并非全本。

筆者在確認有關三禮的經典解釋中有無黄裳佚文的過程中，發現許多原本并非黄裳，而是他人的注解的情況。因此本文首先修訂有關“黄氏”的錯誤，之後爲了解明這些錯誤産生的原因，將嘗試擴大考察範圍，從思想史問題的角度予以討論。

二、“黄氏”補訂

補訂的研究，使用了包括《演山集》和以下收録黄裳注解的集注共12部書，其中有宋代王與之《周禮訂義》、衛湜《禮記集説》，元代陳友仁《周禮集説》、吴澄《禮記纂言》，明代柯尚遷《周禮全經釋原》、王志長《周禮注疏删翼》、丘濬《大學衍義補》，以及清代的陳金鑒《周禮説》、《欽定周官義疏》、《欽定禮記義疏》、《日講禮記解義》。由宋至清，“黄氏”指代的人物很多，其中可以確定時間最早的錯誤是《周禮訂義》，其多數錯誤是將黄裳的注誤認爲黄度（字文叔）。收録黄度《周禮説》之佚文的清陳金鑒《周禮説》發現了同樣的問題，可以確認與《周禮訂義》重複的注共計19條。據夏微的統計，《周禮訂義》中引用黄度《周禮説》共計676條，在《周禮訂義》所引用的50家中居第6位，其數量還是比較多的。① 但是，夏微的研究并未涉及

①夏微：《〈周禮訂義〉研究》，長春：吉林人民出版社，2010年，第338頁。

黄裳，而且黄度的注中有混入黄裳注的情况也没有指出。①

陳友仁《周禮集説》② 以及王志長《周禮注疏删翼》中所引“黄氏”的内容，據目前考察全部爲黄裳的注，没有收録黄度的注。明柯尚遷《周禮全經釋原》所收的“黄氏”共8條。估計柯尚遷將“黄氏”孥看作黄裳的注，但其中有1條并非黄裳，而是黄度的注。③

有關《禮記》的各種集注中，衛湜的《禮記集説》中“黄氏”的條目共107條（僅正文），卷首的“名氏”中以“演山黄氏（敏求）《九經餘義》。延平黄氏（裳）字冕仲。長樂黄氏（榦）字直卿”這種“出身地+黄氏”的引用方式標明，分别引

①與此相反，并非黄裳而實爲他人之注的情况也有出現。吴澄《禮記纂言》以及對其引用的《讀禮通考》卷五四中即可確認一處。(注：黄裳曰：“禮制雖云三日。”該條實爲黄敏求的注。）延平黄氏曰：“禮制……”（元吴澄《禮記纂言》卷十四）黄裳曰：“禮制雖云三日，而曾參喪親不食七日……”（《讀禮通考》卷五四）黄氏曰：“樂正子當時之賢者也。“（《禮記集説》）黄氏曰：“禮制……”（《陳氏禮記集説補正》）吴澄以及沿襲而來的《讀禮通考》作黄裳，《禮記集説》作黄敏求。黄裳稱作“演山先生”與黄敏求作“演山黄氏敏求”之間非常接近。但是，吴澄的《禮記纂言》中，包含前一條的“延平黄氏曰”是全部確認的，剩餘的兩條在黄裳的《演山集》中亦有同文出現。另外，《禮記纂言》中不能確認有來自黄敏求《禮記餘義》的引用，吴澄恐怕也没有見過《禮記餘義》。因此，這很可能是黄裳《演山集》中未收的佚文。

②《周禮集説》中散見有“雜説曰”的情况，這些是陳傅良、陳汲以及陳亮等的“雜説”，并非黄裳《演山集》的“雜説”。

③釋曰：黄氏曰：“内史掌八柄與冢宰同地愈親任愈……曰以卑非成周建官之意。史之官有二，太史掌天時與禮者。故……二官不同。”（《周禮全經釋原》卷六）正義：黄氏度曰：“内史掌八柄之法與冢宰同地親任重，故爵秩高而置官廣。”（《欽定周官義疏》卷十七）

用。另外，單獨標爲“黄氏”的107條注中可以確認的有38條，黄敏求、黄裳、黄榦3人的注混在一起。

另外《欽定禮記義疏》中所收宋代“黄氏”中，分别爲黄敏求、黄裳、黄度、黄榦、黄仲炎、黄震6家。其中黄裳的注以“黄氏裳”的形式共收録11條。實際上，同樣有并非黄裳而是將他人的注誤收入的情況。另外，黄敏求在“引用姓氏”中記爲“黄氏（敏求、演山）”，“演山”乃“兼山”之誤（“演山”爲黄裳的號）。《日講禮記解義》中，“黄氏裳”出現1次。

基本上明清的注都不過是宋元的再引用，因此本文對於明清的注除了陳金鑒的《周禮説》以外，全部作爲二手材料僅作參考使用。本文的補訂工作僅將王與之的《周禮訂義》與陳金鑒的《周禮説》作爲主要對象，由《演山集》和其他注釋的校勘中訂正錯誤。

將這兩本書作爲主要補訂對象的具體原因如下，大致説來《周禮訂義》是“黄氏”錯誤的始出，《周禮説》是“集成”這些錯誤的輯佚本。通過《周禮訂義》與《周禮説》的錯誤改訂工作，幾乎能够涵蓋對於黄裳注的補訂。

以下，首先指出《周禮訂義》的4條錯誤，其中再舉出《周禮説》的19條錯誤。因爲篇幅關係，一些衹有細微差异的地方不再逐一舉出，僅僅標出書名。補訂工作除了《演山集》以外主要利用四庫電子檢索。雖然應該利用善本進行補訂作業，不過本文衹以推定“黄氏”作者和産生錯誤的背景這兩個問題爲中心，故不再利用善本進行校勘。

以下，本文將首先舉出大概是首先出錯的《周禮訂義》（①），其次是用來證明錯誤的《演山集》（②），最後列舉其他注釋中所收的黄裳注（③~）。有關黄裳《演山集》的引用全部爲“雜説”所收，故僅標出書名和卷數。

補訂（1）

①黄氏曰：“財用之數，驗之以書契，督之以要成，證之以貳令，考之以參互，制之以式法。辨之有類，執之有總，小數之則乘，大數之則會。職内所叙，職幣所振，雖餘財必加嚴焉。”（王與之《周禮訂義》一一）

②天下之事無財不立，天下之民無財不聚。以禮防民，以義制事，無財不行。周之設官三百六十，以理財責群吏，其法尤嚴而不敢緩也。財用之數，驗之以書契，督之以要成，證之以貳令，考之以參五（與它注之間有誤），逆之以式法。辨之有類，執之有總，小數之則乘，大數之則會。職内所叙，職幣所振，蓋雖餘財而加肅焉。（黄裳《演山集》四九）

③黄氏曰：“周公設官，理財者居其半。財用之數，驗之以書契，督之以要成，證之以貳令，考之以參互，制之以式法。辨之有類，執之有總，小數之則乘，大數之則會。職歲所叙，職幣所振，雖餘財而加肅焉。”（元・陳友仁《周禮集説》三）

④黄氏曰：“周公設官，理財居半。財用之數，驗之以書契，督之以要成，證之以貳令，考之以參互，制之以式。辨之有類，執之有總，小數之則乘，大數之則會。職歲所叙，職幣所振，雖餘財然猶加肅焉。”（明・柯尚遷《周禮全經釋原》三）

⑤黄庶曰：“周公設官，理財者居其半。財用之數，驗之以書契，督之以要成，證之以貳令，考之以參互，制之以式法。辨之有類，執之有總，小數之則乘，大數之則會。職歲所叙，職幣所振，雖餘財而加肅焉。”（明・丘濬《大學衍義補》二三）

⑤丘濬《大學衍義補》中“黄庶曰”的黄庶爲黄庭堅的父親（1018—1058，字亞夫）。爲什麼會誤作“黄庶”則無法考證。需要注意的是，《演山集》中“周之設官三百六十，以理財責群吏”的地方，自《演山集》始，《周禮集説》、《周禮全經釋原》以及《大學衍義補》中皆作“理財”，《周禮訂義》中這一點没有發現。另外，這3本書中黄裳的原文皆替换爲“周公設官，理財者居其半”。另外，《周禮訂義》中此注不僅誤認作黄度，而且直接删去有關理財的説明。這大概有著其他的考慮。

衆所周知“理財”是王安石周禮思想的代表性術語，之後其理財思想遭受到激烈的批判。對於王安石的理財説“《孟子》所言利者，爲利吾國，利吾身耳。……政事所以理財，理財乃所謂義也。一部《周禮》理財居其半，周公豈爲利哉”（《答曾公立書》，《王文公文集》卷八），黄裳予以發揮，認爲無論以禮“防民”還是以義“制事”，如果没有財皆無從談起。對於王安石的理財思想予以積極發揮的黄裳，僅此即可看作是王學的繼承者。

《周禮訂義》的理財論，提到了鄭鍔的“後世青苗取息，名曰利之，適以禍之，非周家立法之意”（《周禮訂義》二四）。批判王安石理財論的思想占多數。本來王與之本人即與他人存在差异，如下所述其對於王安石理財論的態度是一半贊成，一半反對：

> 愚案，《周官》一書，半爲理財，大率多是穀、粟、布、帛，出於天之所産，人之所成，上下所賴，以供不窮之用者。在是其實、以錢與世交易絶少，觀司市“國凶荒，則市無征，而作布”，則冶鑄之事有時，無後世窮山竭冶以供鼓鑄者矣。……而邦布之入出，以共百物者，則專掌於外府之一官，則泉布之藏用有限，必無後世貫朽索腐，與夫見錢流

地上者矣。以此知當時之國本在農，國計在桑、麻、穀、粟，國用在金、玉、布、帛，則邦布本以權百物之低昂，時出以佐國用之不及，是以未嘗不用夫錢也。開之以百物之共，而制之以有法之嚴，此邦布所以流行而不匱，變通而不窮。苟上之人不能守經常之法，泛取而褻用之。手頭一開而邦布不給，冶鑄一興而邦本始病矣。（《周禮訂義》十）①

王與之比較古今的理財制度，認爲現行的偏重財貨的經濟是理財疲弊的元凶。由此以經世致用爲目的而提出的理財論，可見王與之深受永嘉事功派的影響。

爲什麼《周禮訂義》中要删去理財的部分，這還不能作爲絶對的證據。一開始即認作黄度的注，以及王與之的考慮，這些更加不清楚。如果可以略微説一些的話，大概是爲了去除理財的王學氣，將黄裳的注换作黄度。②

補訂（2）

①黄氏曰："進則患怯，退則患紛。軍將執晋鼓以鋭其進，卒長執鐃以肅其退。"（《周禮訂義》四八）

②進則患怯，退則患紛。故軍將執晋鼓以鋭其進，卒長執鐃

①此處有關王與之的理財論説見夏微《〈周禮訂義〉研究》。

②《周禮訂義》中圍繞泉府的理財論，引用了陳傅良、徐牧齋以及李叔寶的説法，最終尤其認可陳汲的説法："不如陳及之之説曰，立法不惟以便下，苟下得其利，而官失其物，則非法也。泉府藏物多矣……王荆公、吕嘉問爲市易官，掊克細民，聚斂滋甚。豪商大賈，怨讟盈道。及人有言，則曰'泉府'。嗚呼！吾不知先王之法，使人怨讟而尚不顧哉！"（《周禮訂義》二四）陳汲，字及之，永嘉人，葉適的友人。王與之當然偏愛永嘉，另外陳汲的周禮觀最爲折中。

止鼓以肅其退。鼓退而止之，訓習之終。鼓作而通之，鼓行而節之，訓習之始。惟其訓習之始，不可不慎其亂。故兩司馬執鐸，所長者寡，所聽者詳故也。節鼓慮其過差，尤可慎者。故惟五人而一節焉。師帥之於一軍，有不能進者，自爲二千五百人所主而已。晋則聽軍將焉，故執提鼓而已。（《演山集》五〇）

③黄氏曰：“進則患怯，退則患紛。故軍將執晋鼓以作其進，卒長執鐃以肅其退。”（《周禮集説》六）

④同上（《周禮注疏删翼》一八）

《周禮注疏删翼》乃《周禮集説》的再引用，故在此省略。以下總體而言，《周禮注疏删翼》對《周禮集説》再引用的情况非常多。

補訂（3）

①黄氏曰：“諸侯平居無事之時，王者於德意志慮，則道之使知。度量法則，則論之使同。好惡已一於心，用捨已一於事。及其入王，又會而圖之。以四海爲一家，以中國爲一人，蓋如此。”（《周禮訂義》六七）

②諸侯平居無事之時，王者之使相繼於道。德意志慮，道之使知。度量法則，論之使同。好惡已壹於心，用捨已壹於事。及其入王，則又會而圖之，收衆見以爲王明，合衆善以爲王道，以四海爲一家，以中國爲一人，蓋如此耳。（《演山集》五一）

③黄氏曰：“諸侯平時無事之時，王者之使相繼於道。德意志慮，道之使知。度量法則，論之使同。好惡已一於心，用捨已一於事。及其入王，則又會而圖之。收衆見以爲王明，合衆善以爲王道，以四海爲一家，中國爲一人，蓋如此耳。”（《周禮集説》

卷九）

④同上（《周禮注疏删翼》二五）

⑤黄氏度曰："諸侯平居無事之時，王者於德意志慮，則道之使知。度量法則，則論之使同。好惡已一於心，用捨一於事。及其入王，又會而圖之，蓋合四海爲一家，中國爲一人之意。"（《欽定周官義疏》三八）

⑥黄氏曰："諸侯平時無事，王者之使相繼於道。德意志慮，道之使知。度量法則，論之使同。好惡已一於心，用捨已一於事。及其入王，則又會而圖之。收衆見以爲王明，合衆善以爲王道，以四海爲一家，中國爲一人，蓋如此耳。（《周禮全經釋原》一一）

⑦黄氏度曰："諸侯平居無事之時，王者於德意志慮，則道之使知。……蓋合四海爲一家，中國爲一人之意。"（《欽定周官義疏》三八）

此處中需要注意的是《周禮訂義》中"王者於德意志慮，則道之使知"一處，《演山集》中作"王者之使相繼於道。德意志慮，道之使知"。"道"與"德"這兩個（王學特有的）概念明確地予以區分，但《周禮訂義》中爲了弱化這樣的對比而予以消除。《周禮集説》、《周禮注疏删翼》、《周禮全經釋原》中基本上都是保留《演山集》的原樣，但是《欽定周官義疏》則沿襲《周禮訂義》。

道與德的二分法是王學特有的思想構造，"王建大常，則志天道也。諸侯建旗，則志君德也。"（王安石《周禮義·春官司常》注）大體説來，"道"是形而上的以及最高的境界或聖人，

“德”是道之形而下的顯現以及在説明君子的情况下使用。[①] 黄裳提出“以意致德，以神會道之人，居則麗乎方，動則麗乎形。”（《雜説》，《演山集》五二）“意”與“德”一樣是道之作用形而下顯現的意志，這樣的道德概念散見於《演山集》中。《周禮集説》以及沿襲的《周禮注疏删翼》以外的《周禮》諸注幾乎與誤作黄度的一樣，若從其思想觀點考慮，實際上該注可以確定是黄裳的。

補訂（4）

①黄氏曰：“當諸侯之入王，爲之朝禮，而貴貴之教寓焉。爲之燕禮，而老老之教寓焉。其朝也，公於上等，侯伯於中等，子男於下等，各以其禮擯之，貴貴也。其燕也，公三燕，侯伯再燕，子男一燕，各以其齒坐之，老老也。貴貴者禮也，老老者仁也，賢賢者義也。爵也、齒也、德也，同爲天下之達尊，而仁之於天下也，尤不可食頃廢焉。故四代之燕，或貴爵、或貴德、或貴齒、或貴親，各從其貴而加之。然不以爵之尊卑，德之小大爲之序者，序齒而已。尚齒仁也，尚老又其仁之至也。”（《周禮訂義》六八）

②以貴而驕，以富而侈，諸侯之常態也。其驕也廢恭，其侈

①道與德二分的原典可見於《莊子·天地》“無爲爲之之謂天，無爲言之之謂德”，王安石的看法亦可參照《莊子》。衹要去除《莊子》所説之道德的無爲性，而以有爲的觀點思考道德論，可以即能理解王安石的本意。但是，作爲對王學的一個批判，這樣的二分法亦被人批評。“王氏多以天爲道，帝爲德，謂道至矣則格於皇天，德至矣則格於上帝。而説者又於伊尹一人之身而分道與德，其鑿甚矣！”（林之奇《尚書全解》三三“君奭”注）

也廢儉。廢恭之至，不能貴貴也，其弊爲無君。廢儉之至，不能老老也，其弊爲無父。父且無之，况其君乎。先王憂其然，當其入王也，爲之朝禮，而貴貴之教寓焉。爲之燕禮，而老老之教寓焉。爲之饗禮也，設几而不倚，所以訓其恭。爵盈而不飲，所以訓其儉。其朝也，公於上等，侯伯於中等，子男於下等，各以其禮擯之，貴貴也。其燕也，公三燕，侯伯再燕，子男一燕，各以其齒坐之，老老也。貴貴者禮也，老老者仁也，賢賢者義也。爵也、齒也、德也，同爲天下之達尊，而仁之於天下也，尤不可以食頃而廢焉。故四代之燕賜，或貴爵、或貴德、或貴齒、或貴親，各從所貴而加之。然而不以爵之尊卑，德之小大爲之序焉，序齒而已。齒之長者先乎少，齒之老者先乎長。尚齒仁也，尚老又其仁之至也。(《演山集》四七)

③黄氏曰："先王當諸侯之入王，爲之朝禮，而貴貴之教寓焉。爲之燕禮，而老老之教寓焉。其朝也，公於上等，侯伯於中等，子男於下等，各以其禮擯之，貴貴也。其燕也，公三燕，侯伯再燕，子男一燕，各以其齒坐之，老老也。貴貴者禮也，老老者仁也，賢賢者義也。爵也、齒也、德也，同爲天下之達尊，而仁之於天下也，尤不可以食頃而廢焉。故四代之燕，或貴爵、或貴德、或貴齒、或貴親，各從其所貴而加之。然而不以爵之尊卑，德之小大爲之序焉，序齒而已。齒之長者先乎少，齒之老者先乎長。尚齒仁也，尚老又其仁之至也。(《周禮集説》九)

④同上（《周禮注疏删翼》二六）

《周禮集説》幾乎沿襲《演山集》,《周禮訂義》在此依然是對其的編集。

三、陳金鑒《周禮説》補訂

與《周禮訂義》一樣，本章將繼續對陳金鑒《周禮説》中"黄氏"的錯誤予以補訂，即將黄裳注誤作黄度注的錯誤逐條舉出。《周禮説》與《演山集》的异同部分，用［］表示《周禮説》中的夾注（小字）。與《周禮訂義》的補訂相同，亦僅討論《周禮説》，他注的分析暫且省略。

補訂（1）

①凡齊所視，和所多，會所宜，節王之欲，可謂備矣。是故王心常清，不爲物所淫。王體常寧，不爲物所傷，然後能以禮義節人之欲焉。［宋陳氏友仁周禮集説］（《周禮説》一"天官冢宰"）

②凡齊所視，凡和所多，凡會所宜，節王之欲，可謂備矣。是故王心常清，不爲物所淫。王體常寧，不爲物所傷，然後能以禮義養人之欲焉。（《演山集》五五）

③黄氏曰："凡齊所視，和所多，會所宜，節王之欲，可謂備矣。是故王心常清，不爲物所淫。王體常寧，不爲物所傷，然後能以禮義節人之欲焉。"（《周禮集説》三）

④黄氏曰："凡齊所視，和所多，會所宜，節王之欲，可謂備矣。是故王心常清，不爲物所淫。王體常寧，不爲物所傷，然後能以禮義節人之欲焉。"（《周禮注疏删翼》三）

⑤延平黄氏曰："……凡齊所視，凡和所多，凡會所宜，節王之欲，可謂備矣。是故王心常清，不爲物所淫。王體常寧，不爲物所傷，然後能以義禮養人之欲焉。"（《禮記集説》七〇）

與前章的《周禮訂義》相同，《周禮注疏刪翼》亦是對《周禮集説》一字一句的沿襲。與《演山集》相比較，簡略（“凡”字的省略）和改變（“養人之欲”作“節人之欲”）的方式亦相同。衛湜《禮記集説》的“延平黄氏”指黄裳，其引用基本沿襲《演山集》。

補訂（2）

①天有四氣，人有五臟。一氣不備，物受其病，五臟亦然。四齊相廢，則或養其一臟而遺其四，害不淺矣。滑所以調之，慮其不通也。甘所以調之，慮其不和也。甘在内則養脾，在外則養肉。四行無土不可，四味無甘不可，此甘之所以調歟。竅者氣之所由以通者也。竅不利則氣窮焉，此滑之所以調歟。牛、羊、豕、犬、雁、魚，天産也，以爲膳所以養人之精。稌、黍、稷、粱、麥、苽，地産也，以爲食所以養人之形。精不足於養則氣衰，形不足於養則氣殆。然則膳食之養不可相廢，其宜不可相反所宜（二字，明王氏志長《周禮注疏刪翼》脱）。或失焉，則其所養適足以害之耳［《集説》、明柯氏尚遷《周禮全經釋原》同］。(《周禮説》一“天官冢宰”)

②飲食所以養人，而養之過卒以害人而已。是故君子養德則慎言語，養體則節飲食。觀《易》之頤而放《周官》之食醫，非敢肆也。凡齊則放食醫之所視，凡和則放食醫之所多，凡會膳食則放食醫之所宜。蓋謂五行之用不能相無，五行之氣不能無過不及。天有四氣，人有五臟六腑。温凉之氣，陰陽之中。寒熱之氣，陰陽之盛。萬物得温而生育，得暑而長大，得凉而收斂，得寒而堅實。一氣不備，則物受其病焉，五臟亦然。四齊相廢，則或養其一臟而遺其四，養其一腑而遺其五。熱勝而病陰，寒勝而

病陽。夫飲養陽氣則宜以温，食養陰氣則宜以寒，固其理也。……一時之氣有所不及，先王則過於一味以救之。是故春多酸，收發散也。夏多苦，堅解緩也。秋多辛，散收斂也。冬多鹹，耎堅栗也。四味一多，慮其不通焉，滑所以調之。慮其不和焉，甘所以調之。甘之在内則養脾，在外則養肉。蓋於食鹽則養脾，於瘍醫則養肉。五行無土不可，四味無甘不可，此甘之所以調歟。竅者氣之所由以通者也。竅不利則氣窮焉，此滑之所以調歟。……牛、羊、豕、犬、雁、魚，天産也。以爲膳者也，養人之精。稌、黍、稷、粱、麥、苽，地産也。以爲食者也，養人之形。精不足於養則氣衰，形不足於養則氣殆。然則膳食之養不可相廢，膳食之宜不可相失。食醫則又會其所宜，致其所養。所宜或失焉，則其所養適足以害之耳。……天産陽也，有以宜陰。地産陰也，有以宜陽。是故天産足以養精，爲氣之母。地産足以養形，爲氣之宅。凡王之饋，食用六穀，膳用六牲，飲用六清，羞用百有二十品，珍用八物，醬用百有二十甕，養王之欲，可謂備矣。無禮以節之，溺志於嗜欲，作陰德以爲淫邪，作陽德以爲倦怠，以物累其形累其心，以心累其德，則天下致養於王者，適足以累之，王何以治野人邪？凡齊所視，凡和所多，凡會所宜，節王之欲，可謂備矣。是故王心常清，不爲物所淫。王體常寧，不爲物所傷。然後能以禮義養人之欲焉。所謂君子者，其智足以君國，其仁足以子民，勞心治人，以報野人之所養者也。觀王之所

養，則烏可不爲己者以制其欲哉。(《雜説》,《演山集》五五)①

③黄氏曰："滑所以調之，慮其不通也。甘所以調之，慮其不和也。甘在内則養脾，在外則養肉。四行無土不可，四味無甘不可，此甘之所以調歟。竅者氣之所由以通者也。竅不利則氣窮焉，此滑之所以調歟。"……黄氏曰："牛、羊、豕、犬、雁、魚，天産也，以爲膳所以養人之精。稌、黍、稷、粱、麥、苽，地産也，所以養人之形。精不足於養則氣衰，形不足於養則氣殆。然則膳食之養不可相廢，其宜不可相反所宜。或失焉，則其所養適足以害之耳。"(《周禮集説》三)

④同上(《周禮注疏删翼》三)

⑤延平黄氏曰："飲食所以養人……以制其欲哉。"(《禮記集説》七十)②

⑥黄氏裳曰："天有四氣，人有五臟。一氣不備，物受其病，五臟亦然……致其所養焉。"(《欽定禮記義疏》三九)

⑦黄氏曰："春多酸，收發散也。夏多苦，堅解緩也。秋多辛，發收斂也。冬多鹹，軟堅栗也。四味一多，慮其不通焉，滑所以調之。慮其不和焉，甘所以調之。甘在内則養脾，在外則養肉。四行無土不可，四味無甘不可，此甘之所以調歟。竅者氣之所由以通者也。竅不利則氣窮焉，此滑之所以調與。"(吴澄《禮記纂言》二)

---

①(1)與(2)是與《演山集》卷五五"雜説"對應條目抄録的注。另外，黄宗羲《明文海》中李濂的《醫説》亦收有類似文字。這實際上是由黄裳《演山集》卷五五"雜説"的一部分改變而來的文章，但是未注黄的名字。"天有五行，歲有四時，人有五臟，庖有五味……而王之飲齊視。"(李濂《醫説》，黄宗羲《明文海》一〇五)

②與《演山集》卷五五"雜説"幾乎相同。

⑧黄氏裳曰：“春多酸，收發散也。夏多苦，堅解緩也。秋多辛，散收斂也。冬多鹹，軟堅栗也。四味一多，慮其不通焉，滑所以調之。慮其不和焉，甘所以調之也。”（《日講禮記解義》三一）

《禮記集説》的開頭標有“延平黄氏”，沿襲而來的《欽定禮記義疏》亦以“黄氏裳曰”表示黄裳之文。可以確認《周禮説》的其他地方亦有從《欽定禮記義疏》而來的引用，因此這個地方原本不是黄度，而應爲黄裳的注，但却作爲黄度的注而收録。

補訂（3）

①癘疾之作，或感四時之邪氣，或自養之失宜。《素問》曰：“夏傷暑，其病在秋，爲痎瘧。秋傷濕，其病在冬，爲咳嗽。此自養之失。”《月令》曰：“孟秋行夏令，民多瘧疾。中冬行春令，民多疥癘。”此感時之邪。先王之於時氣，不能使之無邪，而有以裁成之。不能使萬民無癘疾，而有以養之。爲之疾瘍之醫，所以養萬民之疾。爲之禮義之政，所以裁成其時氣。而又爲之膳膏齊和，使嘗放焉，所以維持其五臟六腑，此仁民之政也。[《欽定禮記義疏》、《集説》]。（《周禮説》一“天官冢宰”）

②癘疾之作，或感四時之邪氣，或自養之失。《素問》曰：“夏傷暑，其病在秋，爲痎瘧。秋傷濕，其病在冬，爲咳嗽。此自養之失。”《月令》曰：“孟秋行夏令，則民多瘧疾。”此感四時之邪氣。先王之於時氣，不能使之無邪，而有以裁成之。不能使萬民無癘疾，而有以養之。疾瘍之醫，所以養萬民之疾。爲之禮義之政，所以裁成其時氣。而又爲之膳膏齊和，使嘗放焉，以

維持其五臟六腑，仁民之政也。（《演山集》五六）

③黄氏曰："癘疾之作，或感四時之邪氣。……《素問》曰……所以養萬民之疾……其五臟六腑仁民之政也。"（《欽定禮記義疏》二三）

④延平黄氏曰："癘疾之作，或感四時之邪氣。……《素問》曰……所以養萬民之疾……其五臟六腑仁民之政也。"（《禮記集説》四三）

補訂（4）

①周公設官，理財居其半［《集説》］。財用之數，驗之以書契，督之以要成，證之以貳令，考之以參互，物之以式法。辨之有類，執之有總，小數之則乘，大數之則會。職歲［《訂義》作"職内"］所叙，職幣所振，雖餘財而加肅焉［《釋原》。案《訂義》作"必加嚴焉"、《集説》作"而加肅焉"。今依《釋原》］。（《周禮説》一"天官冢宰"）

［參照前文《周禮訂義》的補訂（1）］

補訂（5）

①君子事其尊而遠者，以意爲主。事其卑而近者，以物爲主。以禋祀祀昊天上帝，以我之意達之，物之形氣不足與焉。日月星辰、風師、雨師，有象者也。山林川澤，四方百物，有形者也。有象者以物之聲臭祀之，有形者以物之形體祭之，是則可矣。昊天上帝，其降而與物接也，不見其形。其升而與物辨也，不見其象。然則如之何致之。無形也，不可薦之以味。無象也，不可達之以氣。先王之於天神以誠意動之，以精意接之。定之以七日之戒，齋之以三日之宿。不禦色，不聽樂，不飲酒，不茹

葷，視滌濯，莅玉鬯，省牲鑊，奉玉齍，贊爵幣，告時告備，告純告潔，以誠其意而已。心齊以致其精意，祭祀之齊以致其誠意。先王所以使人誠其意者，將以致精焉。人之意粗則交於物，精則交於神。蓋其理也，有無之間，帝之神明在焉。古之先王，精意與帝感通。夢帝賚予良弼，蓋夫精神之接於帝也，豈粗於意者所能及哉？以恭致莊，而後以默致静。而後思道以致其虚，此其所以接於帝也。精意以享，其猶孝子之致其親歟？祭之日入室，僾然必有見乎其位。周旋出户、肅然必有聞乎其容。聲出而聽，愾然必有聞乎嘆息之聲。先王之事帝，其亦猶此。嗚呼！鬼神之物非它，即吾之誠是已［《義疏》、《集説》］。（《周禮説》三“春官宗伯上”）

②人情、天道，相爲遠近者也。禮之近天道者，人情遠焉，非禮之宜也。鬼神之卑而親者，不可以此事之。禮之近人情者，天道遠焉，非禮之至也。鬼神之尊而遠者，不可以此事之。君子事其尊而遠者，以意爲主，事其卑而近者，以物爲主，三禮之至。上足以降天神，下足以出地示，中足以致人鬼，無他也，能於三極之道相爲近遠而已。以禋禮祀昊天上帝，則以我之意達之，物之形氣不足與焉。……日月星辰、風師、雨師，有象者也。山林川澤，四方百物，有形者也。有象者以物之氣臭祀之，有形者以物之形體祭之，是則可矣。昊天上帝，其降而與物接也，不見其形。其升而與物辨也，不見其象。然則如之何致之哉？無形也，不可薦之以味。無象也，不可達之以氣。……先王之於天神也，以誠意動之，以精意接之。定之以七日之戒，齋之以三日之宿。不禦色，不聽樂，不飲酒，不茹葷，視滌濯，莅玉鬯，省牲鑊，奉玉齍，贊幣爵，告時告備，告純告潔，以誠其意而已。心齊以致其精意，祭祀之齊以致其誠意。先王所以使人誠

其意者，將以致精焉。人之意粗則交於物，精則交於神。蓋其理也，有無之間，帝之神明在焉。古之聖王，精神與帝感通。夢帝賚予良弼，蓋夫精神之接於帝也，豈粗於意者之所能及哉？以恭致莊，然後以默致静。以默致静，然後思道以致其虚，此其所以接於帝也。精意以享，其猶孝子之致其親歟。祭之日入室，僾然必有見乎其位。周旋出户，肅然必有聞乎其容。及出户而聽，愾然必有聞乎嘆息之聲。君子之事帝，亦猶是也。天鑒帝省，見其在物之上焉，尊之貴之，惟恐其或失之，精意以享者也。然而精意以享，在乎先王以爲至乎。未也。不可以意察。致者不期精粗焉，精意以享是禮而已。（《演山集》五八）

③黄氏曰："日月星辰"（《周禮集説》四）

④同上（《周禮注疏删翼》十二）

注，《周禮説》的注末中附有小字"《義疏》、《集説》"，與《周禮注疏删翼》文字略同。

⑤黄氏曰："《國語》云'精意以享謂之禋'，蓋日月星辰。"（《周禮全經釋原》六）

⑥余論黄氏裳曰："君子事其尊而遠者，以意爲主，事其卑而近者，以物爲主。"（《欽定禮記義疏》三五）

⑦延平黄氏曰："人情、天道，相爲遠近者也。……人之意粗則交於物，精則交於神。蓋其理也，有無之間，帝之神固在焉。古之聖王，精神與帝感通。夢帝賚予良弼，蓋精神之接於帝也。"（《禮記集説》六一）

③《周禮集説》以及⑦《禮記集説》中省略的部分與《演山集》基本相同。《周禮訂義》中未見此處。這些需要注意的是，《演山集》的"昊天上帝，其降而與物接也，不見其形。其升而

與物辨也，不見其象”，在王昭禹的《周禮詳解》中作“然則昊天上帝者，指天帝耳。天者，帝之體。帝者，天之用。體嫌於不能降，用嫌於不能辨。故言‘其降而與物接’，則以昊言天。言‘其升而與物辨’，則以上言帝。‘其降而與物接也，不見其形’，不可以形致之，則血腥非所主矣。‘其升而與物辨也，不見其象’，不可以氣致之，則槱燎非所主矣。有無之中，帝之妙用存焉。以誠意動之，以精意接之，祭祀之齊則致其誠意，心齊則致其精意。人之意粗則交於物，精則交於神。蓋其理也。”（《周禮詳解》卷一七）此處與《演山集》有相同的引用，内容也非常相似。《周禮詳解》中“其降而與物接”之前，以“故言”的形式進行引用，而且與《演山集》引用的是相同内容，因此該引文的原始出處很可能是王安石的《周禮義》。另外，②《演山集》在該文之後使用了王安石的字説（“神”與“天”），《周禮説》删掉了這一部分，這是很有意味的。黄裳的注中往往使用字説，由此亦可看出黄裳作爲王學祖述者的特色。

補訂（6）

①動物天産也，所以作陰德。能内養其精矣，不以外作之禮而防之，則類爲情所流，嘗至於過。植物地産也，以作陽德，能外養其形矣，不以中出之樂而防之，則類爲形所踐，嘗至於不及。然則天地之道，百物之功，未之至也，有俟於先王焉。先王之於兩間，以道成能，以仁守位者也。肉雖多，不使勝食氣，則血氣之物不能致其滋味，以亂天一之所生者。非禮勿視，以去其亂色。非禮勿動，以去其淫志。男女之别，媒而後合，幣而後見，祭則受爵，坐則异席，此以禮合。天之化動物之産而防之，故其所作不爲淫邪。以樂侑食，動血脉、通精神，使人神清而聽

聰，心虛而氣和，則尺寸之膚，不能苟得安佚，以昏其性焉。堂有琴瑟，車有鸞和。樂章之節，以趨以行。玉佩之聲，於左於右。弦誦之聲，舞蹈之容，遣其［《集説》作“去”］滯思，形［《删翼》脱］見天性之真樂。耳目口鼻，四支百體，皆由順正。此以樂合地之化，植物之産而防之，故其所作不爲倦怠。夫樂由陽來者也。以樂合天之化，動物之産，使陰德無淫邪，與天地同節者也。夫禮由陰作者也。以禮合地之化，植物之産，使陽德無倦怠，與天地同和者也。［《集説》、《删翼》］（《周禮説》三“春官宗伯”）

②-Ⅰ動物天産也，以作陰德，天之化也。植物地産也，以作陽德，地之化也。天之化，動物之産，能内養其精矣，不以外作之禮而防之，則類爲情所流，嘗至於過。地之化，植物之産，能外養其形矣，不以中出之樂而防之，則類爲形所踐，嘗至於不及。然則天地之道，百物之功，未之至也，有俟於先王焉。先王之於兩間，以道成能，以仁成位者也。（《演山集》五七）

②-Ⅱ肉雖多，不使勝食氣，則血氣之物不能致其滋味，以亂天一之所生者。非禮勿視，以去其亂色。非禮勿動，以去其淫志。男女之别，媒而後合，幣而後見，祭則交爵，坐則异席，此以禮合。天之化動物之産而防之，故其所作不爲淫邪。（《演山集》五七）

②-Ⅲ以樂侑食，動血脉，通精神，使人倫清而聽聰，心虛而氣和，則尺寸之膚，不能苟得安佚，以昏其性焉。堂有琴瑟，車有鸞和。樂章之奏，以趨以行。玉佩之音，於左於右。弦誦之聲，舞蹈之容，遣去滯思，形見天性之真樂。耳目口鼻，心智百體，皆由順正。此以樂合地之化，植物之産而防之，故其所作不爲倦怠。（《演山集》五七）

②-Ⅳ樂陽也，配地之陰。禮陰也，配天之陽。兹其所以爲合歟。目之於色，耳之於聲，口之於味，鼻之於臭，四肢之於安佚，性也。有命焉，君子不謂之性。天下之人，豈能皆爲君子。然而天産作陰德，而或能不以色肆視，不以味肆口。地産作陽德，而或能不以安佚肆於四肢。徇性之欲，喪性之善，其得欲也，則勝之有禮樂。其失欲也，則慮之有命。故天下之趨於君子之途，罔或自弃者，先王之防亦已至矣。（《演山集》五七）

②-Ⅴ以樂合天之神，動物之産，使陰德無淫邪，與天地同節者也。以禮合地之化，植物之産，使陽德無倦怠，與天地同和者也。（《演山集》五七）

③黄氏曰：“動物天産也，以作陰德，能内養其精矣，不以外作之，禮而防之。……植物地産也……與天地同和者也。”（《周禮集説》四，與《演山集》有很大的不同）

④黄氏曰：“動物天産也。以作陰德能内養其精矣不以外作”（《周禮注疏删翼》一二）

《周禮説》是由②《演山集》的Ⅰ～Ⅴ條合并而成。③《周禮集説》的省略部分與《演山集》略同。④《周禮注疏删翼》與《周禮集説》幾乎相同。《禮記集説》中未見此注。

補訂（7）

①四支之於安佚，人之情也。樂徇其情，惡勞其形，不能非禮勿動，而使乘安佚以蹈［《删翼》作出］之，則無所不至矣，而况王乎？天子視禮而動，聽唱而應者也。先王制禮，視有旒，聽有纊，言有記、動有佩。堂上之行，門外之趨，爲之樂儀，以防其肆。使聽其聲而其意以誠，使顧其體而其氣以正。周旋中

規，折旋中矩，進揖退揚，而後鏘鳴之佩左中角徵，右中宫羽。君民士［案《説文》“士，事也”］物之意在其中焉，非僻之心無自而入。是故祭祀朝會，師甸封建之時，王在五路，其步趨之節責大馭焉，五路之上，王安佚矣。然而顧車之行而聞肆夏之聲，則由［《訂義》作“猶”，下同］吾於堂中［《訂義》作“下”］。顧車之趨，而聞采齊之聲，則由吾於門外。王之言動，造次無非禮者，樂師之所教，大馭之所禦，與有力哉［《集説》］。（《周禮説》三“春官宗伯中”）

②四肢之於安佚，人之情也。樂徇其情，惡勞其形，不能非禮勿動，單使非僻之心輒乘安佚以蹈其舍，則無所不至矣，而况王乎？天下視儀而動，聽唱而應者也。先王制禮，視有旒，聽有纊，言有紀，動有佩。堂上之行，門外之趨，爲之樂儀，以防其肆。使聽其聲而其意以誠，使顧其體而其氣以正。周旋中規，折旋中矩，進揖退揚，而後鏘鳴之佩左中角徵，右中宫羽。君明事物之意在其中焉，非僻之心無自而入。是故祭祀朝會，師田封建之時，王在五路，則其步趨之節責大馭焉，五路之上，王安佚矣。然而顧車之行而聞肆夏之聲，則由吾於堂中。顧車之趨，而聞采齊之聲，則由吾於門外。王之言動，造次無非禮者，樂師之所教，大馭之所禦，與有力哉。（《演山集》五二）

③黄氏曰：“祭祀朝會師……大馭之所馭與有力焉。”（《周禮訂義》三九）

④黄氏曰：“四支之於安佚人之情也。……大馭之所馭與有力焉。”（《周禮集説》五）

⑤同上（《周禮注疏刪翼》一四）

補訂（8）

①三從二逆，作内吉，作外吉。二從三逆，作内吉，作外凶。人可違也，卜筮不可違也。筮可違也，卜不可違也。故乃心，卿士庶民與筮之數或可逆，至於龜則有從而已。［《集説》］（《周禮説》三“春官宗伯下”）

②三從二逆，作内吉，作外吉。二從三逆，作内吉，作外凶。人可違也，卜筮不可違也。筮可違也，卜不可違也。故乃心，卿士庶人與筮之數或可逆者，至於龜則有從而已。蓋卜用五，占用二。五以天道言之，二以人事言之。先王有作，順天循理而已，烏可違哉？况象者，又其數之微歟！（《演山集》五一）

③黄氏曰：“三從二逆，作内吉作外吉，二從二逆作内吉作外凶，人可違也，卜筮不可違也。……則有從而已。”（《周禮集説》五）

④同上（《周禮注疏删翼》一一）

補訂（9）

①都家之邑有社稷焉，物之所資以生者也。有五祀焉，人之所待以安者也。有先君焉，國之所因以立者也。有名山大川之在其地者，有因國之在其地而無主後者。都家之治以貴得民，此族實陰相之者，不可忘也。先王爲之頒祀以馭其神，爲之宗人以典其祀。而或賜之禽焉，王以不與其祭而重之也。夫爲之頒祀以馭其神，爲之宗人以典其祀，則都家祭祀之禮，唯王所議。神之所享，唯王所賜。其福安得而不致哉？而况子弟之親，公卿大夫之密邇，壽王以其福，固其願也。祭僕展而受之，膳夫受而膳之。受而膳之，示王享其所致而已。［《集説》］（《周禮説》三“春官

宗伯下”）

②都家之封，公卿大夫之采邑，王子弟所食之邑，有社稷焉，物之所資以生者也。有五祀焉，人之所待以安者也。有先君焉，國之所因以立者也。有名山大川之在其地者，有因國之在其地而無主後者。都家之治以貴得民，此族實陰相之者，不可忘也。先王爲之頒祀以馭其神，爲之宗人以典其祀。而或賜之禽焉，王以不與其祭而重之也。夫爲之頒祀以馭其神，爲之宗人以典其祀，則都家祭祀之禮，惟王所議。神之所享，惟王所賜。其福安得而不致哉？而况子弟之親，公卿大夫之密邇，壽王以福，固其願也。祭僕展而受之，膳夫受而膳之。受而膳之，示王享其所致而已。（《演山集》五八）

③黄氏曰：“……”（《周禮集説》五）①

④同上（《周禮注疏删翼》一六）

補訂（10）

①以兵寄農，以教兵寄搜狩。其赴田役也，猶其在比閭、其赴敵也，猶其在田役。聲音服容在鄉則相識於旅，在軍則相識於卒，在田役則相識於茇舍。不測之變，無常之敵，趣之戰也，與比閭之間、田獵之時無以异也。其孰以爲危事哉？［《集説》］（《周禮説》四“夏官司馬上”）

②以兵寄農，以教兵寄搜狩。其赴田役也，猶其在比閭。其赴戰陣也，猶其在田役。聲音服容在鄉則相識於族，在軍則相識於卒，在田役則相識於茇舍。不測之變，無常之敵，趣之戰也，與其比閭之間、田獵之時無以异也。其孰以爲危事哉？（《演山

①除“唯”作“惟”以外，與陳金鑒《周禮説》略同。

集》四九）

③黄氏曰：“以兵寄農，以教兵寄搜狩。其赴田役也，猶其在比閭，其赴敵也，猶其在田役。聲音服容在鄉則相識於族，在軍則相識於卒，在田役則相識於茇舍。不測之變，無常之敵，趣之戰也，其與比閭之間、田獵之時無以异也。其孰以爲危事哉？”（《周禮集説》六）

④同上（《周禮注疏删翼》一八）

補訂（11）

①進則患怯，退則患紛。軍將執晋鼓以鋭［《集説》作“作”］其進，卒長執鐃以肅其退。（《周禮説》四“夏官司馬上”）

②進則患怯，退則患紛。故軍將執晋鼓以鋭其進，卒長執鐃止鼓以肅其退。鼓退而止之，訓習之終。鼓作而通之，鼓行而節之，訓習之始。惟其訓習之始，不可不慎其亂。故兩司馬執鐸，所長者寡，所聽者詳故也。節鼓慮其過差，尤可慎者。故惟五人而一節焉。師帥之於一軍，有不能進者，自爲二千五百人所主而已。晋則聽將軍焉，故執提鼓而已。（《演山集》五〇）

③黄氏曰：“進則患怯，退則患紛。軍將執晋鼓以鋭其進，卒長執鐃以肅其退。”（《周禮訂義》四八）

④黄氏曰：“進則患怯，退則患紛。故軍將執晋鼓以作其進，卒長執鐃以肅其退。”（《周禮集説》六）

⑤同上（《周禮注疏删翼》一八）

補訂（12）

①先王之德，使民畏而愛之。畏之則寓於刑，愛之則寓之於

教。然而先王非欲使民畏之。施於德教之不及而已。（《周禮説》五“秋官司寇上”）

②先王之德，使民畏而愛之。畏之則寓之於刑，愛之則寓之於教。然而畏之非先王之所欲也，施之於德教之不及而已。（《演山集》四七）

③黄氏曰：“先王之德，使人畏而愛之。畏之則寓於刑，愛之則寓於教。然而先王非欲使民畏之，施於德教之不及而已。”（《周禮集説》一）①

補訂（13）

①平國之時，教化既明，習俗既成，以柔治之則非仁，以剛治之則非義，故用中典。中典，先王以立正直之德者也。以刑教中，先王之意也。後世過者，恃刑以爲威。不及者，置刑以爲愛。不能應時而行，豈有他哉？無三德以趨時，無三典以立德。孝文賢君也，未能以德行仁。其廢肉刑也，特發於私情而已，況不仁者乎？先王之制刑也，出於立德。先王之用刑也，出於弼教。故與人情世俗相爲重輕。上刑適輕下服，下刑適重上服，此因一人之情也。大司寇三典所謂刑罰世輕世重，因一世之情也。［《集説》］（《周禮説》五“秋官司寇上”）

②-Ⅰ平國之時，教化既明，習俗既成，以柔治之則非仁，以剛治之則非義，故用中典。中典，先王以立正直之德者也。以刑教中，先王之意也。後世過者，恃刑以爲威。不及者，置刑以爲愛。不能應時而行，豈有他哉？無三德以趨時，無三典以立德。孝文之賢，未能以德行仁。其廢肉刑也，特發於私情而已，

①《周禮注疏删翼》中無。

况不仁者乎？亂國折獄，致刑之時也。教化大明，習俗大成，先王所以待民者，於是乎盡矣。而民之爲不善，王何與焉？彼故爲不善，以亂吾俗耳，刑故無小，故用重典。重典，先王以立剛德者也。《書》曰：“乃有不吉不迪，顛越不恭，暫遇奸宄，我乃劓殄滅之，無有遺育。”盤庚之誥爲之後先久矣，雖罪之小者，猶至乎劓之，何傷於仁哉？穆王之時，損刑屬之重者，附益於輕者。成王則殺群飲，其刑至矣。故雖大辟之屬，與墨劓均焉。尚以弃之爲不足也，坐其親者有之。殺之爲不足也，殘其形者有之。然而成王豈以時然而類重之乎？言其所化之民，則用重典可也。故曰：“群飲，汝勿佚。”言商之遺俗，則用輕典可也。故曰：“惟商之迪諸臣，惟工乃湎於酒，勿庸殺之，姑惟教之。”新國議獄，後死之時也。禮未及修，教未及詳，民之所以爲不善者，過也。傳曰：“上失其道，民散久矣。如得其情，則哀矜而勿喜。”民之散也，無八統之馭，無九兩之繫，族師無聯，司救無禁，則民之有是情也，上實爲之。新國之君，奚暇責民哉？亦姑教之而已。（《演山集》四七）

②-Ⅱ先王之制刑也，出於立德。先王之用刑也，出於弼教。故與人情世俗相爲重輕。有即一人之情而爲之輕重，則上刑適輕下服，下刑適重上服是也。有即一世之情而爲之輕重，則平國用中典、亂國用重典是也。雖然，三國殊時，而即一人之情而輕重之，豈可廢哉？是故三德之應時也，或剛或柔、或趣於剛柔之中。三典之立德也，或輕或重，或趣於輕重之中。（《演山集》四七）

③黄氏曰：“平國之時，教化既明，習俗既成，以柔治之則非仁，以剛治之則非義，故用中典。中典，先王以立正直之德者也。以刑教中，先王之意也。後世過者，恃刑以爲威。不及者，

置刑以爲愛。不能應時而行，豈有它哉？無三德以趨時，無三典以立德。孝文賢君也，未能以德行仁。其廢肉刑也，特發於私情而已，况不仁者乎？先王之制刑也，出於立德。先王之用刑也，出於弼教。故於人情世俗相爲重輕。上刑適輕下服，下刑適重上服，此因一人之情者也。大司寇三典所謂刑罰世輕世重，因一世之情者也。”（《周禮集説》八）①

補訂（14）

①夫死者不可復生，而先王有大辟之法者，蓋殺一人而後能生其欲死者矣。斷者不可復續，而先王有墨劓宫刖之法者，蓋刖一人而後能續其欲斷者矣。是故先王有不忍人之政，而肉刑未嘗廢者，豈以不忍人之政，必待肉刑而後存乎？先王之肉刑［三句《删翼》無，《集説》有］，非恃之以傷民也，設之使有懼而已。文帝以當劓者笞三百，而民卒多死。夫劓之誠可懼者，笞固不足以懼之。然而恃笞之輕而陷於罪，豈特與劓比哉？後世惜一劓一刖而招其罪至於大辟者，豈勝計哉［《集説》、《删翼》］。（《周禮説》五“秋官司寇上”）

②先王之於民，將欲愛之，必固威之。死者不可復生，而先王有大辟之法者，蓋殺一人而後能生其死者矣。斷者不可復續，而先王有宫劓刖之法者，蓋一人而後能續其欲斷者矣。是故先王有不忍人之政，而肉刑未嘗廢者，豈以不忍人之政，必待肉刑而後存歟？雖然，先王之肉刑，非恃以傷民也，設之使之有懼而已。文帝以當劓者笞三百，而民卒多死。夫劓之名，誠可懼者，笞固不足以懼之。然而恃笞之輕而陷於罪，豈特與劓比哉？嘗謂

①《周禮注疏删翼》中無。

後世惜一劓一刖而招其罪惡至於大辟者，豈勝計哉。（《演山集》四七）

③黄氏曰：“夫死者不可復生，而先王有大辟之法，蓋殺一人而後能生其欲死者矣。斷者不可復續，而先王有墨劓宫刖之法者，蓋刖一人而後能續其欲斷者矣。是故先王有不忍人之政，而肉刑未嘗廢者，豈以不忍人之政，必待肉刑而後存乎？先王之肉刑，非恃之以傷民也，設之使有懼而已。文帝以當劓者笞三百，而民卒多死。夫劓之誠可懼者，笞固不足以懼之。然而恃笞之輕而陷於罪，豈特與劓比哉？後世惜一劓一刖而招其罪至於大辟者，豈勝計哉？（《周禮集説》八）①

補訂（15）

①商人作誓而民始畔，周人作會而民始疑。然則盟誓果非先王之事乎？先王以之輔德信者也。後世德信廢，而盟誓獨行於天下。此民之所以畔且疑也與［《集説》無“也”、“與”字，依《義疏》］。（《周禮説》五“秋官司寇上”）②

②商人作誓而民始畔，周人作會而民始疑。然則盟誓果非先王之事乎？先王以輔德信者也。後世德信廢，而盟誓獨行於天下。此民所以畔。（《演山集》五七）

③黄氏曰：“商人作誓而民始畔，周人作會而民始疑。然則盟誓果非先王之事乎？先王以輔德信者也。後世德信廢，而盟誓

①《周禮全經釋原》没有標記“黄氏”，“夫謂死者不可復生，先王大辟之法，蓋殺一人而後生其欲死者矣。斷者不可復續，先王宫刖之法，蓋斷一人而後續其欲斷者矣。”（一三“肉刑”）

②《義疏》（《欽定周官義疏》、《欽定儀禮義疏》、《欽定禮記義疏》）中皆無該文。

獨行於天下。此民所以畔且疑。"（《周禮集説》八）

④同上（《周禮注疏刪翼》二四）

⑤黄氏曰："商人作誓而民始畔，周人作會而民始疑。然則盟書果非先王之事乎？先王以輔德信者也。後世德信廢，而明（盟）誓獨行於天下。此民所以畔且疑也。"（《周禮全經釋原》一〇）

⑥延平黄氏曰："明誓果非先王之事乎？先王以輔德信者也。後世德信廢，而盟誓獨行於天下。此民所以疑畔。"（《禮記集説》二二）

補訂（16）

①諸侯平居無事之時……（《集説》）（《周禮説》五"秋官司寇下"）

（參照前文《周禮訂義》的補訂）

補訂（17）

①先王當諸侯之入王，爲之朝禮，而貴貴之教寓焉。爲之燕禮，而老老之教寓焉。其朝也，公於上等，侯伯於中等，子男於下等，各以其禮擯之，貴貴也。其燕也，公三燕，侯伯再燕，子男一燕、各以其齒坐之，老老也。貴貴者禮也，老老者仁也，賢賢者義也。爵也、齒也、德也，同爲天下之達尊。而仁之於天下也，尤不可食頃而廢焉。故四代之燕，或貴爵，或貴德，或貴齒，或貴親，各從所貴而加之。然而不以爵之尊卑，德之小大爲之序者，序齒而已。齒之長者先乎少，齒之老者先乎長。尚齒仁也，尚老又其仁之至諸也。［《集説》。案"齒之長者"二句《訂義》脱。亦脱"先王"二字］（《周禮説》五"秋官司寇下"）

②以貴而驕，以富而侈諸侯之常態也……當其入王爲之朝禮而貴貴之教寓焉，爲之燕禮而老老之教寓焉……尚老又其仁之至也。（《演山集》四七）

③黄氏曰：“當諸侯之入王爲之朝禮，而貴貴之教寓焉。爲之燕禮……同爲天下之達尊，而仁於天下也……然不以爵之尊卑，德之小大爲之序者。……”（《周禮訂義》六八）

④黄氏曰：“先王當……”（《周禮集説》九下）

⑤同上（《周禮注疏删翼》二六）

補訂（18）

①先王之待諸侯，何其至也。未至也致積，始至也致飧。及其朝享之後，又致饗餼之大禮。食之而弗愛，豕交之也，則有問勞送逆之示其勤。愛之而弗敬，是以獸養之也，則有辭受拜揖之示其恭。然恭而無其實，君子不可以虚拘也，又况其愛之乎？拜揖辭受，恭之之文也。有饗焉，則盡其恭之之實。問勞送逆，愛之之文也。有燕焉，則盡其愛之之實。其樂無算也，取其歡而已。其爵無算也，取其醉而已。取脯以降，奏陔而去，諸侯心平而氣和，相與一德以尊其上。大者比其小，小者事其大。相朝之君，相問之使，旌節繼道，何以致之。先王爲之朝禮而貴貴之教寓焉，爲之燕禮而老老之教寓焉。爲之饗禮也，設几而不倚，所以訓其恭。爵盈而不飲，所以訓其儉，是其所以致［《釋原》作“待”］之之道也［《集説》、《釋原》］。（《周禮説》五“秋官司寇下”）

②先王之待諸侯，何其至也。未至也致積，始至也致飧。及其朝享之後，又致饗餼之大禮。食之而弗愛，是以豕交之也，則有問勞送逆之示其勤。愛之而勿敬，是以獸養之也，則有辭受拜

揖之示其恭。然恭而無其實，君子不可以虛拘也，又况其愛之乎。拜揖辭受，恭之之文也。有饗焉，則盡其恭之之實。問勞迭逆，愛之之文也。有燕焉，則盡其愛之之實。其樂無算也，取其歡而已。其爵無算也，取其醉而已。取脯以降，奏陔而去，諸侯心平而氣和，相與一德以尊其上。大者以仁庇小，小者以智事大。相朝之君，相問之使，旌節繼道，何以致之。先王爲之朝禮而貴貴之教寓焉，爲之燕禮而老老之教寓焉。爲之饗禮也，設几而不倚、所以訓其恭。爵盈而不飲，所以訓其儉，是其所以致之之道也。（《演山集》四七）

③黄氏曰："先王之待諸侯，何其氏至也。未至也。致積始至也。……是其所以致之之道也。"（《周禮集説》九）

④同上（《周禮注疏删翼》二六）

⑤同上（《周禮全經釋原》一一）

補訂（19）

①王畿之國，天下列國之所望，政令事故异乎郊野縣都之間，則不足以同千里之俗，而况天下之遠哉？先王於是自野至於縣都，别爲三等之埰地，又於埰地九十三國。公卿大夫之賢可以君衆，王子弟可以長賤。而公與子弟親者之於大都，卿與子弟疏者之於家邑，此朝大夫所以"日朝以聽國事故，以告其君長。國有政令，則令其朝大夫"也。令其朝大夫者，使之下都家之邑而已。凡都家之治有不及者，則誅其朝大夫，爲其弗之告也。則都家之治於國者，其可不因朝大夫而後達乎。都司馬、家司馬備軍合卒，而有不及焉者，則二司馬之罪也。一内外之法，達上下之意，謹始於畿内，可謂備矣。告其君長也，則爲之朝大夫。教其士庶子也，則爲之都司馬。君長之治不异乎國政，士庶子之學不

戾乎國法，則上下之治一矣。天下之本在國，先王所以正其本之道，何其盡善哉！［《集説》］（《周禮説》五“秋官司寇下”）

②王畿之國，天下列國之所望，政令事故异乎郊野縣都之間，則不足以同千里之俗，而况天下之遠哉？先王於是自野至於縣都，别爲三等之埰地，又於埰地别爲九十三國。公卿大夫之賢可以君衆，王子弟之貴可以長賤。而公與子弟之親者之於大都，卿與子弟之疏者之於小都，而大夫與其尤疏者之於家邑，此朝大夫所以“日朝以聽國事故，以告其君長。國有政令，則令其朝大夫”也。令其朝大夫者，使之下都家之國而已。凡都家之治有不足者，則誅其朝大夫，爲其弗之告也。則都家之治於國者，其可不因朝大夫而後達乎。“大事弗因”，非掌事也，特達於朝而已。在軍旅之治而有不及者，具車馬兵甲之戒令歟。都司馬、家司馬備軍合卒，而有不及焉，則二司馬之罪也。且夫朝大夫日朝以聽國事故以告之，國有政令則朝大夫下焉。王朝之事，都家得之詳矣。此八則之治都鄙，所以略於官府歟。然而先務一内外之法，達上下之意，謹始於畿内，可謂備也。告其君長也，則爲之朝大夫。教其士庶子也，則爲之郡司馬。君長之治不异乎國政，士庶子之學不戾乎國法，則上下之治一矣。天下之本在國，先王所以正其本之道，何其盡善也！加田無國正，正於受田之家，猶之國子及其倅歟。司馬弗正，凡國正弗及，正於諸子而已。言征則廢正之之義，言正則征在其中焉。都司馬以國法掌其政學，以聽於國司馬。大司馬大會同，則帥士庶子而掌其政令，則司馬正之矣。若有兵甲之事，則受之車甲，合其卒伍，置其有司，以軍法治之，則諸子正之矣。授之車甲，合其卒伍，是以正賦之也。置其有司，以軍法治之，是以正正之也。（《演山集》五九）

③王畿之國，天下列國之所望，政令事故异乎郊野縣都之

間，則不足以同千里之俗，而況天下之遠哉？先王於是自野至於縣都，别爲三等之埰地，又於埰地九十三國。公卿大夫之賢可以君衆，王子弟可以長賤。而公與子弟親者之於大都，卿與子弟之疏者之於家邑，此朝大夫所以“日朝以聽國事故，以告其君長，國有政令，則令其朝大夫”也。令其朝大夫者，使之下都家之邑而已。凡都家之治有不及者，則誅其朝大夫，爲其弗之告也。則都家之治於國者，其可不因朝大夫而後達乎。都司馬、家司馬備軍合卒，而有不及者焉，則二司馬之罪也。一内外之法，達上下之意，謹始於畿内，可謂備矣。告其君長也，則爲之朝大夫。教其士庶子也，則爲之都司馬。君長之治不异乎國政，士庶子之學不戾乎國法，則上下之治一矣。天下之本在國，先王所以正其本之道，何其盡善哉！（《周禮集説》九）

在專門研究王與之《周禮訂義》的夏微的著作中，提出：“南宋以降，黄度《周禮説》一書仍爲學者所重，元人陳友仁所撰《周禮集説》，明人柯尚遷所撰《周禮全經釋原》，明人王志長所撰《周禮注疏删翼》皆采此書之説。”但據筆者調查，3 本書中都没有黄度的注，以“黄氏曰”（《周禮集説》18 處、《周禮全經釋原》8 處、《周禮注疏删翼》15 處）所收的注皆爲黄裳的注。另外，“清代道光中，新昌拔貢陳金鑒於黄度《周禮説》一書不俗的經學價值，遂據王與之《周禮訂義》、陳友仁《周禮集説》、柯尚遷《周禮全經釋原》、王志長《周禮注疏删翼》和《欽定周官義疏》輯佚此書，合編爲五卷，并刊刻行世。”① 這一説法即

①夏微：《〈周禮訂義〉研究》，長春：吉林人民出版社，2010 年，第 339 頁。

使無誤，但陳金鑒《周禮説》中以小字標記從《周禮集説》、《周禮全經釋原》以及《周禮注疏删翼》中引用的注，亦皆非黄度而是黄裳的注。另外，即使不論陳金鑒《周禮説》中從明確標記從《周禮注疏删翼》的引用（卷一、天官食醫注“（總論）春秋傳曰，秦醫和謂趙孟曰”一條的末尾標記有“《訂義》、《集説》、《删翼》”），實際上《周禮説》中還有《周禮集説》與《周禮注疏删翼》中没有的内容，不得不説陳金鑒收集佚文的工作仍存在問題。

另外，陳金鑒《周禮説》卷一《天官疾醫注》中“癘疾之作或感四時之邪氣”的末尾記有“《欽定禮記義疏》《集説》”，該注實際上是黄裳的。（《演山集》卷五六）問題在於其末尾所附的“《欽定禮記義疏》《集説》”，甚至《集説》即《禮記集説》中用“延平黄氏”明確指明是黄裳的注，陳金鑒仍然將其看作黄度的注。就此可以反映陳金鑒的態度，可以説其是有意識地將黄裳的注改爲黄度。①

以上二章中，對王與之《周禮訂義》與陳金鑒《周禮説》中以“黄氏”的錯誤爲中心，參照《演山集》等進行了對照補訂。《周禮訂義》的本文及其夾注（小字）的“黄氏”，在其卷首的《序目》中明確標記皆爲黄度（字文叔），但是可以判明其中誤入了4條黄裳的注。另外陳金鑒《周禮説》中，也可以判明包含《周禮訂義》的錯誤共19條。但是不能認爲從全書比例來是非常

①同樣地，陳金鑒《周禮説》卷三《春官大宗伯注》中有“君子事其尊……”，實際這也是黄裳的注。（《演山集》卷八）雖然《禮記集説》中“延平黄氏曰”與《欽定禮記義疏》中“黄氏裳曰”都有明確標記，陳金鑒仍然將其看作黄度的注。

小的錯誤，或者是可以毫不在意的，與從他書中引用的相同内容來看，這些很可能是有意識地改變。

四、“黄氏”錯誤的背景

最後本文將對於“黄氏”錯誤發生的背景提出自己的一些看法。從結論來看，産生錯誤的决定性原因不太清楚。但是黄裳屬於王學一派，黄度爲永嘉事功一派，另外王與之亦屬於永嘉道學，若由此來看，三者之間對於《周禮》有著不同的立場。黄度是否看過黄裳的注無法確證，但至少對於黄度來説，王學的周禮學是其必須超越的物件，這樣的觀念是可以肯定的。“黄氏”錯誤的直接原因雖然無法確定，但其背景是思想史上新學與理學的對立，因此這作爲導致“黄氏”錯誤的間接原因，其可能性亦不能完全否定。以下的討論基於各種資料進行推論，盡可能地確定“黄氏”錯誤産生的原因。

宋代與黄裳同名同姓的人可以確定的有數個。其中著名的有本文討論的黄裳與南宋的黄裳（字文叔）。

> 前輩有兩黄裳，皆爲端明殿學士。其一字冕仲，延平人，元豐進士第一，崇寧禮部尚書。其一字文叔，蜀人，事茂陵。（無名氏《愛日齋叢鈔》二）

> 北宋黄裳，字冕仲，閩之劍浦人，端明殿學士，著《演山集》。南宋黄裳，字文叔，蜀之劍州人，資政殿學士，著《兼山集》。（“黄裳三”，《同姓名録》四）

《愛日齋叢鈔》以及《同姓名録》中的“端明殿學士”有誤。非常偶然，黄度亦字文叔，而且《欽定禮記義疏》中的“黄氏”將黄敏求的號誤作“演山”（實際爲兼山），與黄裳的號

（演山）相混。

如此名與字的混同是一般能够見到的現象，① “黄氏”的錯誤當然也可以説成是同樣簡單地誤記。但是“黄氏”的錯誤與其説是名或字類似而産生的錯誤，莫若説黄裳（冕仲）是一個相對而言不太引人注目的人物，故而發生錯誤。比如《宋史》中無傳（《宋史翼》中有）即可作爲佐證。

如前文所見，《周禮訂義》中“黄氏曰”的錯誤，特别是從“理財”一詞的缺少可見，這并非不小心的錯誤，而是有意識地改變。

原本王安石的《周禮義》以及相同的黄度《周禮説》都有佚文，而且黄裳《周禮義》與《演山集》皆非全本。具體而言，重要的資料都已遺佚，僅從資料上無法明瞭“黄氏”錯誤産生的原因。故而祇能作爲“黄氏”錯誤的背景，從思想史的構成來推測其間接原因。

有關黄度的生平事迹，詳見袁燮的《龍圖閣學士通奉大夫尚書黄公行狀》。② 就其思想觀點而言黄度屬於永嘉學派，可以確定其與葉適、陳傅良、朱熹都有交流。特别是與陳傅良的關係非常密切，《宋元學案·止齋學案》中將黄度看作陳傅良的“學侣”。

---

①例如下面的鄭鍔字剛中，與鄭剛中（字亨仲）的混同。鄭剛中，字亨仲，金華人。紹興二年進士及第。……王應麟《困學紀聞》稱鄭剛中有《周禮解義》。“考王與之《周禮訂義》首列諸家姓氏，有三山鄭鍔，字剛中，淳熙中進《周禮全解》。蓋别自一人，字與剛中名偶同，或混而一之，非也。”（《周易窺餘》四庫提要）

②作爲專門討論黄度經學的論文，有陳恒嵩《黄度及其〈尚書説〉研究》（《宋代經學國際研討會論文集》，2006 年），其論文開頭對其事迹有詳細介紹。

另外黄度的《周禮説》與陳傅良的《周禮説》有著“議論相出入”（葉適《黄文叔周禮序》，《水心集》卷一二）的關係，黄度《周禮説》的特徵是“至於天文、地理、井田、兵法，即近驗遠，可以據依，無迂陋牽合之病。”（《宋史》三九三）無論問題意識還是物件領域，兩者都是共通的。

> 老生宿儒，發憤推咎，以是爲用周禮禍，抵排不遺力。幸以進士舉，猶列於學官。至論王道不行，古不可復，輒以熙寧嘗試之效藉口，則論著誠不得已也。故有格君心、正朝綱、均國勢説各四篇，而爲之序如此。（陳傅良《進〈周禮説〉序》，《止齋集》四十）

陳傅良作《周禮説》的目的之一即如其序末所説，是爲了從王安石基於《周禮義》的新法政策，所謂《周禮藉口論》的束縛中將《周禮》解放出來。即對於以後的注來説，王安石《周禮義》都是不得不超越的批判對象。可以説黄度自覺針對《周禮注疏》以及王安石《周禮義》而作《周禮説》，都是必然的事情。

> 往年徐居厚言：“文叔蚤爲諸經解，書略具矣。”時公未四十也。頃歲，每有學者自金陵至，言公常用《周禮注疏》與王氏《新説》參論，夜率逾丙，晝漏未上，輒扣門曰“已悟”。於是公七十四五矣。嗚呼！斯可謂以學始終歟。（葉適《黄文叔詩説序》，《水心集》一二）

據葉適所言，黄度經常參照《周禮注疏》與《周禮義》。實際上，看黄度的《周禮説》還需要注意到對鄭玄的批判，從其注的内容來看，黄度是精讀鄭玄以及王安石的《周禮説》，然後做出的批判。但是需要注意的是，與對《周禮注疏》的批判相比，《周禮説》中對王學的批判極少。

> 《周官》晚出，而劉歆遽行之，大壞矣！蘇綽又壞矣！

王安石又壞矣！……新昌黄文叔始述五官、而爲之説、亹亹乎孔孟之以理貫事者，必相發明也；惻惻乎文武之以己形民者，必相緯經也。……洗滌三壞之腥穢、而一以性命道德起後世之公心，雖未能表是書而獨行，猶將合他經而共存也，其功大矣。同時永嘉陳君舉亦著《周禮説》十二篇，蓋嘗獻之紹熙天子，爲科舉家宗尚。君舉素善文叔，議論相出入，所以异者，君舉以後準前，由本朝至漢，溯而通之。文叔以前準後，由春秋戰國至本朝，沿而别之。其叙鄉遂溝洫、辨二鄭是非，凡一字一語，細入毫芒，不可損益也。（葉適《黄文叔周禮序》，《水心集》一二）

元代丘葵引用上文“洗滌三壞之腥穢，而一以性命道德起後世之公心”，并評價黄度的《周禮説》爲“是書無不可”。［《經義考》卷一二五，“丘氏（葵）《周禮全書》（一曰《周禮補亡》）條］值得注意的是“一以性命道德”的説法。自不用説“性命道德”一語可以聯想到王學，實際上這也是王安石《周禮義》中根本性的重要概念。但是，爲什麼葉適一方面否定王安石的周禮學，另一方面又使用這樣可以聯想到王學的詞語以用在序中呢?①

①有關王安石與葉適的關係，何俊指出二者具有立場的相似性與問題意識的共通點。“同樣，葉適與王安石固然没有師承的關係，并且葉適對王安石也有非議，但這絶不必然導致他們在思想的興奮點上發生分離。實際上，無論是北宋，還是南宋，根本的社會問題依然如故，作爲同樣是對社會充滿責任感的思想家，葉適與王安石爲其社會開出的具體藥方，如如何抑制土地兼并，如何解决國家財政不足等，可能有别，但關注這些問題，以及試圖解决這些問題的切入點乃至基本方法是一致的。”（何俊：《葉適與道統》，《温州大學學報》2005 年第 2 期）

表面上，葉適激烈地否定王安石之學，但是從其經解來看，可以發現葉適在部分地方明顯地參考了王安石的注。下面爲了比較，故將相應部分長文引用。

石林葉氏曰：“莫非制也。於袞而特言之者，以衣服制之顯者。蓋一陰一陽之謂道。道之在天者，以日月爲之運，星辰爲之紀，其施於人則仁而已。無爲而仁者，山也。仁而不可知者，龍也。仁藏於不可知而顯於可知者，禮也。禮者，文而已。其文可知者，華蟲也。凡此皆以象天德也。天德者，陽也。故作繪而在上。宗彝者，則虎蜼之彝也。何以知其然？以禮謂之蜼，而鄭氏謂之虎蜼。鄭氏必有所受之，是以知其然也。虎者，義也。蜼者，智也。蜼能以尾窒鼻，而禦雨患，是能達於體用，趨時能變，此所以爲智也。爲虎又象之於宗彝者，以其奉宗廟爲大事也。其清足以自潔而可薦者藻也。其明足以燭物，而可以烹飪者火也。米，養人者也。粉之則其利散而均於養人而已，不足以爲道，必有以裁制之。斧者所以爲裁斷也。裁斷不可以無辨黼者，辨物之謂也。其位在東北陰陽，於是辨焉。凡此所以象人德。”（《禮記集説》二七）

祀昊天上帝，則大裘而冕，祀五帝亦如之者，大裘無經緯之文，無繪綉之功，其色則復乎至幽而已。群而不黨，則又由天道而公焉。致恭以有禮，則事至尊之道也。故以祀昊天爲稱。祀五帝則如之而已。五帝之爲德，則既有所分矣。裘不可徒服，蓋亦服袞。故《禮記》言“郊之祭，王被袞以象天”也。冕後方而前圓，後卬而前俯，玄表而朱裏。後方者，不變之體。前圓者，無方之用。卬而玄者，升而辨於物。俯而朱者，降而與萬物相見。曰冕，則以其於萬物相見名之也。夫璧以圓爲體，而冕以方爲體者，以方爲體，則以圓爲用。以圓爲體，則以鋭爲用。以鋭爲用，非道之全也。故執之而已。享先王，則袞冕，享先公饗射，則鷩冕，祀四望山川，則毳冕，祭社稷五祀，則希冕，祭群小祀，則玄冕者，各稱其事而已。先公之尊也，而所服止於鷩冕，非卑之於先王。以爲祭則各以其服授尸，尸服如是，而王服袞以臨之，則非所以爲敬。故弗敢也。祭社稷五祀，所服止於希冕，則亦非卑之於饗射也。以爲社稷五祀之所上，止於利人。故衣粉米而已。以書考之，古人之象，凡十二章。蓋一陰一陽之謂道，道之在天，日月以運之，星辰以紀之。其施於人也，仁莫尚焉。無爲而仁者，山也。仁而不可知者，龍也。仁藏於不可知而顯於可知者，禮也。禮者，文而已。其文可知者，華蟲也。凡此皆德之上，故繪而在上。宗彝，則虎蜼之彝。虎，義也、蜼，智也。象之於宗彝，則又以能常奉宗廟爲孝焉。柔順清潔，可以薦羞者藻。昭明齊速，可以亨飪者火。藻也，火也，則所以致其孝。米，養人也。粉之然後利散而均焉。養人而已，而無斷以制之，非所謂知柔剛，黼則所以爲斷也。用斷不可以無辨，黻則所以爲辨也。凡此皆德之下。故絺繡而在下。然辨物者，德之所以成終始也。至周登三辰於旗，而登龍於山，則作服九章而已。蓋於是時，其爲王也純矣，則其於天道也，志之而已。袞冕則九章之服，公所服也，而王亦服焉。故文從公衣而音從。音從，上下通也。（王安石《周禮義》“春官司服注”）

僅就《禮記集説》中葉適的内容來看，也許會誤作王安石或黄裳的注。在其他地方中，王安石的注中亦有類似的内容在葉適的經解中被吸收。

王安石與葉適的關係和黄裳與黄度的關係不正有些相似嗎?但是,《周禮訂義》以及陳金鑒《周禮説》的“黄氏曰”,都是自覺地針對王學而做出的考慮。但是二者之間與一般所認爲的大相徑庭,部分地方或許也有著非常緊密的聯係。

與黄度相比王與之對王學的批判更加强烈,可以説更接近於道學。顯而易見的一個例子是,《周禮訂義》的序《編類姓氏世次》中由漢至宋(國朝)大約收録了51家的注釋,每個姓名都附上朝代名與出身地或者號。但是王學一系的姓氏除王安石記作“臨川王氏”以外,都未附出生地或者號而是僅僅記作氏名,如“王氏(昭禹)”、“陸氏(佃)”、“陳氏(祥道)”、“方氏(慤)”。表明永嘉事功學派之獨特性以及反王學旗幟的王與之,其思想態度與黄度相比更加明顯。如此説來,《周禮訂義》所收的“黄氏”由黄裳篡改爲黄度也可以勉强這樣考慮。但是由前文所指出的“理財”一處來看,引用的方式具有很强的偏見。

有關“黄氏”錯誤的直接原因無法判然明瞭,但是在其背景中也可以發現由黄裳(王學)到黄度(永嘉事功派)到王與之(永嘉道學)的思想史脉絡。在這一過程中,通過黄裳的作用,王學周禮思想的一部分進入永嘉事功學派,這樣的可能性不能説没有。基本上持王學批判立場的黄度,亦對以經世致用爲指嚮的王學經解有著部分的肯定。但是,以上提到的王安石《周禮義》、黄裳《演山集》、黄度《周禮説》皆已遺佚,另外受限於王與之《周禮訂義》的引用方法以及陳金鑒對於黄度注的輯佚偏見,以及資料上的不完整,以黄度爲首的永嘉事功學派是如何接受王學的,依然是難以判定的。總而言之,原本的王學與永嘉事功派,或者永嘉道學之間關係的一般看法,有必要予以重新探討。這一點從對“黄氏”問題的解明已經可以看出,這也是今後將繼續研究的問題。

作者簡介：梶田祥嗣，日本早稻田大學東洋哲學博士研究生，目前任教於日本和洋女子大學，主要研究方嚮爲王安石後學思想。

譯者服務機構：杭州師範大學國學院。

論漢代孝治天下及其意義

蕭　航

摘要：“孝治天下”是中國傳統政治的獨特現象。就其思想文化淵源而言，孝治根植於中華民族獨特的孝文化，諸子百家對“孝”觀念都非常重視，以儒家與法家的孝治思想對後世影響最爲深遠。就制度淵源而言，秦朝依據商鞅、韓非子等人的法家思想，以嚴格的法律條令爲基礎，建立了“孝治”實際政策的雛形。在承秦制的基礎上，漢代依據儒家思想，結合社會實際，對該項政策進行了有效補充，側重於鼓勵引導百姓踐行孝行，使得中國傳統社會中“孝治”趨於定型，故有“漢代以孝治天下”歷史局面的形成。

漢代以孝治天下，這種治理模式對中國傳統社會影響極爲深遠。“孝治”將父母子女之間的人倫親情作爲治理社會的基本手段，是中華民族的獨特政治傳統。學界曾對“孝治”的原因、作用、意義等展開過討論①，論者對“孝治”的原因往往總結爲：以小農經濟爲基礎的社會結構、儒家孝文化的發展成熟、漢代汲取亡秦教訓等。這些分析促成了大衆對於傳統社會治理的刻板印象：以法家思想爲基礎的刻薄寡恩的法治與以儒家思想爲基礎的充滿人情味的德治。“孝治”正是儒家德治的重要手段。

但若仔細考察“漢代以孝治天下”形成的思想背景與具體實踐内涵，會發現“孝治”作爲漢代社會治理的基本途徑，是諸子百家各派思想不斷碰撞融合，并與傳統社會實際生活相結合的産物，具有獨特的價值和意義。

一、“孝治”的思想文化背景

孝觀念在中國社會經歷了漫長發展過程，氏族社會就存在生殖崇拜，在此基礎上産生的圖騰崇拜、祖先崇拜是孝道産生的深厚根源，“與有些原始族群不同，中國文明中没有食、殺父母的

①其中較爲有代表性的成果有：劉修明《“漢以孝治天下”發微》（《歷史研究》1983 年第 6 期），文章通過對漢代社會的分析，指出漢代實施孝治是統治者重視“孝”所代表的家族、宗法、血緣統治的表現，是封建村社制在意識形態方面的一個重要反映。孫筱《漢代“孝”的觀念的變化》（《孔子研究》1988 年第 3 期）一文，提出從西漢到東漢孝治理論和孝治措施都發生了一定的變化，尤其是西漢中後期，孝觀念進一步神秘化和迷信化。孫筱《孝的觀念與漢代新的社會統治秩序》（《中國史研究》1988 年第 2 期）則探討了孝與漢代仕進制度、教育、養老政策、法律制度之關係，説明了孝對漢代社會秩序産生的重要影響。季乃禮《論漢初的“孝治”》（《學術月刊》2000 年第 9 期）認爲漢初統治者基於對人性的認識與對儒家文化態度的轉變兩點原因選擇了“孝治”，分析了“孝治”在漢初的具體表現以及這項措施對於對人的心理影響、“孝治”與儒家“獨尊”的關係，等等。

習俗記載，反而，在傳説或記載的上古文化中，養老愛幼的觀念顯示有極遠的根源，四代禮制和傳統很多方面都有所變化，但‘養老’‘尚齒’却是四代不變的傳統，體現了中國文化精神氣質的一個側面”①。

不僅古代游牧民族或原始族群存在着輕視老弱、推崇青壯年的傾嚮，在“西方文化中，長久以來衰老被視爲否定的或者起碼是矛盾的”②，“語言研究者指出過去常常用矛盾和否定性的辭彙來描述老年人，從俚語來看，老年人是脆弱的、愚蠢和悲慘的”③。在推崇功利、講究實用的社會中，老年人往往因爲年老體弱被視爲無用的，受到人們的冷漠與輕視。而在看重傳統、推崇歷史的社會中，老年人往往被視爲智慧或價值傳統的象徵，受到人們的普遍尊重。中國傳統社會，對於老年人的看法處於後一種情況，而“孝”正是對老者表達尊重推崇的重要方式。

“孝”在中國的發展經歷了漫長的過程，大體而言“氏族社會就存在的生殖崇拜以及在此基礎上產生的圖騰崇拜、祖先崇拜是孝道觀產生的深厚根源。在中國孝概念的提出是殷人，而賦予孝概念明確内涵，把孝作爲宗法倫理基礎使之成爲立國之本的是西周”④，商代對祖先神的崇拜有效維護了商政權。從西周開始，

①陳來：《古代宗教與倫理——儒家思想的根源》，北京：生活·讀書·新知三聯書店，2009年，第327—328頁。

②克勞福德、昂格爾：《婦女與性别——一本女性主義心理學著作》，許敏敏、宋婧、李岩譯，北京：中華書局，2009年，第731—732頁。

③克勞福德、昂格爾：《婦女與性别——一本女性主義心理學著作》，許敏敏、宋婧、李岩譯，第732頁。

④巴新生：《西周倫理形態研究》，天津：天津古籍出版社，1997年，第44頁。

周人“孝”的對象變得十分廣泛，具有“泛孝論”的特點，周人“孝的對象，除了祖考、父母外，還包括兄弟、婚媾、朋友、諸老、大宗、族人、君長等，孝幾乎涵蓋了當時所有的社會關係。之所以如此，是因爲當時的社會基本單位是宗族，而不是個體家庭”①，也正是基於這種擴大了範圍的“孝”纔形成了蔚爲大觀的周代禮樂文明。

“敬宗收族”的孝觀念直到西周末年纔被動摇，儒家代表人物孔子對孝觀念的轉變起到了關鍵性作用。孔子論“孝”時，其重點已轉而强調個人盡心侍奉父母達到德行的完善，爲此，他强調“弟子，入則孝，出則悌，謹而信，泛愛衆，而親仁。行有餘力，則以學文”②。在他回答何爲“孝”的疑問時，針對發問者的具體情况，他給出的答案分别是“無違”、“生，事之以禮；死，葬之以禮，祭之以禮”、“父母唯其疾之憂”、“今之孝者，是謂能養。至於犬馬，皆能有養。不敬，何以别乎”、“色難。有事，弟子服其勞；有酒食，先生饌，曾是以爲孝乎”，等等③，這些答案將“孝”的行爲完全落實於日常生活中子女對父母的孝行上。

孔子之後的孟子更是將“孝”作爲涵養個人德行之絶佳路徑，徐複觀先生認爲“不過孝的思想，在《孟子》一書中的分量，比在《論語》中的分量却大爲擴大了。如前所述，《論語》衹把孝視作人生德行的初步，也即是人生德行中的一部分；而孟

---

①梁濤：“《仁”與“孝”——思孟學派的一個詮釋嚮度》，《儒林》第一輯，濟南：山東大學出版社，2005 年，第 165 頁。

②朱熹：《四書章句集注》，北京：中華書局，1983 年，第 49 頁。

③朱熹：《四書章句集注》，第 55—56 頁。

子則有把孝擴大爲德性的最高表現，因而有以孝來貫通德性全體的趨嚮，并且提出舜來作爲最高的典型”①，但孟子這裏，如何將“孝”從個體身心修養擴展到社會秩序的整體構建仍是一個大問題。荀子則直接將“孝”納入了“禮”的論述中，所謂“禮也者，貴者敬焉，老者孝焉，長者弟焉，幼者慈焉，賤者惠焉”②，“孝”成爲了禮法中的重要科目。他進一步將“孝”劃分爲三個層次，“入孝出悌，人之小行也；上順下篤，人之中行也；從道不從君，從義不從父，人之大行也”③，最高層的“孝”是以能否符合道義作爲標準，不是單純地聽從君父之意願。荀子還具體分析了在哪些情況下應該“從義不從父”，所謂“孝子所以不從父命者有三：從命則親危，不從命則親安，孝子不從命乃衷；從命則親辱，不從命則親榮，孝子不從命乃義；從命則禽獸，不從命則修飾，孝子不從命乃敬”④，可見荀子更重視“孝”所達到的外在效果，强調孝子要使父母覺得安穩、榮耀、體面。

不僅在儒家思想中“孝”是突出的主題，在春秋戰國時期“孝”也受到了其他諸子的普遍關注。雖然老子講“六親不和，有孝慈；國家昏亂，有忠臣”⑤，但老子實際仍承認於宗族和國家而言，孝慈、忠臣都是必要的，衹是若將“忠孝”作爲價值進行提倡時，正是社會中缺乏“忠孝”的表現。而若進一步將“忠孝”作爲絶對價值進行提倡時反而容易使人們虚僞地表演“忠孝

①徐複觀：《中國思想史論集》，上海：上海書店出版社，2004 年，第 138 頁。

②梁啓雄：《荀子簡釋》，北京：中華書局，1983 年，第 367 頁。

③梁啓雄：《荀子簡釋》，第 393 頁。

④梁啓雄：《荀子簡釋》，第 393 頁。

⑤高明：《帛書老子校注》，北京：中華書局，1996 年，第 310—311 頁。

之行”而無忠孝之心。墨子有“爲人君必惠，爲人臣必忠，爲人父必慈，爲人子必孝，爲人兄必友，爲人弟必悌。故君子莫若欲爲惠君、忠臣、慈父、孝子、友兄、悌弟，當若兼之不可不行也，此聖王之道而萬民之大利也”①，《管子》中有“忠者，臣之高行也。孝者，子婦之高行也”②，等等。

所要强調的是，法家思想并非如通常所認爲的刻薄寡恩、完全忽視“孝”在社會生活中的作用，法家對“孝”有其獨特的見解。首先，不可否認法家代表作《商君書》中充斥着不少對“孝”進行批評的言論，如“六虱：曰禮、樂，曰《詩》《書》；曰修善，曰孝弟；曰誠信，曰貞廉；曰仁、義；曰非兵，曰羞戰。國有十二者，上無使農戰，必貧至削”③，直接將“孝悌”視爲國家實現富强的障礙，其思路與《老子》言“孝”是相承續的。國家過於提倡孝悌，百姓都會將孝悌作爲最大價值來追求以邀取名利。而若百姓都空言孝悌，不務耕戰，在競争日趨激烈的形勢下必然會導致國力的嚴重削弱。《商君書》中還分析道，“國之所以重，主之所以尊者，力也。於此二者力本，而世主莫能致力者，何也？使民之所苦者無耕，危者無戰。二者，孝子難以爲其親，忠臣難以爲其君”④，耕戰纔是國家富强的根本。耕田費力辛苦、戰争要冒生命危險，孝子忠臣出於自身安逸安全的考慮都不會樂意從事這兩件事。但是，在鼓勵耕戰、貶斥空談仁義的基

①吴毓江撰、孫啓治點校：《墨子校注》，北京：中華書局，1993 年，第 177—178 頁。

②黎翔鳳撰、梁運華整理：《管子校注》，北京：中華書局，2004 年，第 1166 頁。

③高亨：《商君書注譯》，北京：清華大學出版社，2011 年，第 116 頁。

④高亨：《商君書注譯》，第 191 頁。

礎上，法家也非常重視“孝”，所謂“强國之民，父遺其子，兄遺其弟，妻遺其夫，皆曰：‘不得，無返。’又曰：‘失法離令，若死，我死。鄉治之。行間無所逃，遷徙無所入”①，“忠臣孝子有過，必以其數斷。守法守職之吏有不行王法者，罪死不赦，刑及三族”②，這裏提倡的父子之情、孝子忠臣之義都是符合法令的，真正的忠臣孝子是打仗時衝鋒陷陣不會臨陣脱逃之人，是犯了法令、敢於接受懲罰之人。法家言“孝”以法爲根本，所有孝行首先要符合法令纔能成爲“孝”。反過來，“孝”又同時構成法令成立的基礎，所謂“聖人有必信之性，又有使天下不得不信之法。所謂義者，爲人臣忠；爲人子孝；少長有禮；男女有别；非其義也，餓不苟食，死不苟生。此乃有法之常也。聖王者不貴義而貴法，法必明，令必行，則已矣”③，此處已明確將“孝”所從屬的“義”作爲確立法令的基本準則。

韓非子對於“孝”的闡釋非常有限，但這些有限的闡釋中却有鮮明特色：一、區分了“孝”的種類，如其云“不爲人主之孝，而慕瓜夫之孝”④，這裏明確提出了“孝”分爲“人主之孝”與“瓜夫之孝”。君主的“孝”應是用法令統治國家，以社稷之利作爲最高的價值追求。二、肯定了人情之孝，但指出了父子親情的世俗功利性一面。比如，“實厚者貌薄，父子之禮是也”，肯定了父子之情的深厚⑤；“爲人子孫者，體此道以守宗廟，宗廟不

①高亨：《商君書注譯》，第147頁。

②高亨：《商君書注譯》，第138—139頁。

③高亨：《商君書注譯》，第153頁。

④王先謙：《韓非子集解》，北京：中華書局，1998年，第112—113頁。

⑤王先謙：《韓非子集解》，第134頁。

滅之謂祭祀不絶”①，肯定了宗廟祭祀是孝行。而他却分析“人爲嬰兒也，父母養之簡，子長而怨。子盛壯成人，其供養薄，父母怒而誚之。子父至親也，而或譙或怨者，皆挾相爲而不周於爲己也”②，説明了父子親情功利性的一面。三、他指出了尋求“忠臣”的辦法就是“求忠臣於孝子”。其引用管仲的話，“齊、衛之間不過十日之行，開方爲事君，欲適君之故，十五年不歸見其父母，此非人情也。其父母之不親也，又能親君乎”③，明確指出了對父母不孝敬、對自己雙親不顧惜的人絶對不會衷心愛護自己的君主。所謂“義者，君臣上下之事，父子貴賤之差也，知交朋友之接也，親疏内外之分也。臣事君宜，下懷上宜，子事父宜，賤敬貴宜，知交朋友之相助也宜，親者内而疏者外宜”④，這明確説明了君臣、上下、父子、朋友之義是可以相互貫通的。法家所言之“孝”乃是基於集體利益上所講的“大孝大愛”，這是一種突破了相對狹隘的父子親情而以國家利益爲重的“孝”。

總之，在春秋戰國時代，雖儒、墨、道、法等各家各派對孝的内容、作用、解釋立足於各自理論體繫，各有特色。但异中有同，孝是諸子百家所認同的道德觀念，逐漸積累成爲中華民族獨特的政治文化傳統。

二、秦朝的“孝治”

春秋戰國時期的秦，是一個講究功利、提倡以法治國的國

①王先謙：《韓非子集解》，第 154 頁。

②王先謙：《韓非子集解》，第 273—274 頁。

③王先謙：《韓非子集解》，第 74 頁。

④王先謙：《韓非子集解》，第 131 頁。

家，這誠然與秦國地處西部、受儒家文化浸染不深有關。但就思想之演進與歷史之真實而言，“孝”作爲一份上古三代流傳下來的公共文化遺産，秦朝各類法律、詔令、人物言行中對於“孝治”也有所發揚。有研究表明，“‘孝’的倫理道德及其在法律上的維護，從已發現的材料看也以秦爲最早，爲最重視。甚至秦統治集團的統治秩序也比六國更爲穩定。秦人不實行嚴格的嫡長子繼承制，但臣弑君、子弑父較各國較少發生。這些都是與秦人對文化歷史傳統之繼承精神分不開的”①。

首先，就秦始皇本人而言，他是提倡并遵守“孝”的。秦始皇於西元前238年平定嫪毐之亂并借機獨掌大權。嫪毐與秦始皇生母有私情并生下兩個孩子，當時還是秦王的嬴政异常憤怒，對這件事情的處理是“九月，夷嫪毐三族，殺太后所生兩子，而遂遷太后於雍”（《史記・吕不韋列傳》）。後來齊人茅焦以孝道之名進諫改變了他的態度，史云“齊人茅焦説秦王曰：‘秦方以天下爲事，而大王有遷母太后之名，恐諸侯聞之，由此倍秦也。’秦王乃迎太后於雍而入咸陽，複居甘泉宫”（《史記・秦始皇本紀》）。茅焦具體的諫言乃是：“陛下車裂假父，有嫉妒之心；囊撲兩弟，有不慈之名；遷母咸陽，有不孝之行；蒺藜諫士，有桀紂之治。天下聞之，盡瓦解，無嚮秦者。”（《説苑・正諫》）從諫言中可看出秦王嬴政如果堅決懲治他母親，背上不孝的名聲，後果是失去天下所有人的信任，間接證明當時列國百姓普遍承認孝是衡量個人道德品行的重要因素。在秦始皇統一全國後，他多次出巡并勒石記功，其中不乏宣揚孝道的文字。其中，《繹山刻

①金春峰：《〈周官〉之成書及其反映的文化與時代新考》，臺北：臺灣東大圖書股份有限公司，1993年，第286—287頁。

石》有“廿有六年，上薦高廟，孝道顯明”，《琅邪臺刻石》有“以明人事，合同父子，聖智仁義，顯白道理”等①。

其次，出土的雲夢睡虎地秦墓竹簡也證明了秦朝對於孝道的重視。第一，爲官者是要講究“孝”的，在《爲吏之道》中明確提出“君鬼臣忠，父茲（慈）子孝，政之本（也）；志徹官治，上明下聖，治之紀（也）”②，這裏忠、孝、明、聖都被視爲非常重要的政治德行得到了强調推崇。第二，在訴訟斷案時“孝”也得到了强力維護。雲夢睡虎地秦墓竹簡《封診式》記録了不少案例，其中有一些反映了秦朝以法律手段推行孝道的做法。在《法律問答》中對於毆打祖父母、曾祖父母的不孝行爲，明確定爲“黥爲城旦舂”③，這在當時是比較重的刑罰。對此有論者總結道：“在秦朝的司法實踐中，對‘不孝’之罪采取了從重從快從嚴判罰的司法原則。”④ 在秦朝法令成爲了推行孝道的有效保障。

最後，“孝”在秦朝高層政治實踐中體現得非常明顯，秦二世胡亥成功奪取帝位與“孝”在秦朝的推行有很大關係。秦始皇在巡行天下的途中駕崩，臨終給鎮守邊關的長子扶蘇留下遺書讓他回咸陽主持葬禮，歷史在關鍵時刻却發生了戲劇性變化。胡亥原本準備執行父命，趙高却鼓動胡亥改詔篡位，其理由却是基於對“孝”變通性的解釋，所謂“臣聞湯、武殺其主，天下稱義

---

①嚴可鈞輯：《全上古三代秦漢三國六朝文》（第一册），北京：中華書局，1958年，第121—122頁。

②睡虎地秦墓竹簡整理小組：《睡虎地秦墓竹簡》，北京：文物出版社，1978年，第285頁。

③睡虎地秦墓竹簡整理小組：《睡虎地秦墓竹簡》，第184頁。

④鄧樂群、吴凡明：《秦代“孝治天下”的政治嘗試》，《湘潭大學學報（哲學社會科學版）》2010年第6期。

焉，不爲不忠。衛君殺其父，而衛國載其德，孔子著之，不爲不孝。夫大行不小謹，盛德不辭讓，鄉曲各有宜而百官不同功”(《史記·李斯列傳》)，趙高認爲做大事的人其手段儘管表現爲殺父弑君，行爲上不忠不孝却值得稱贊，因爲這是符合天下人利益的。而胡亥之所以能成功地篡奪最高統治權，主要在於當時手握重兵的公子扶蘇以自殺方式徹底退出了皇權争奪。扶蘇之所以接到僞造文書就自殺，公子高等十幾位皇子、十位公主毫無反抗甚至甘願赴死，都因被控“不孝”這個罪名，這均説明“孝”在秦是衡量行爲合理性與合法性的標準。在秦朝，以嚴刑峻法爲保障得以推行的孝治，已逐步發展成了以順爲正的愚忠愚孝，往往容易被趙高之類的亂臣賊子所利用。

三、漢代的“孝治天下”

“孝”在漢代的提倡始於漢高祖劉邦，學者對此解釋爲“父子在私有財産社會裏又有授受遺産的關係。中國的古代君主認國家是他私人的財産；爲了這一大宗財産的安全，不能不采用立嫡制度，不能不實施‘父繫、父治、父權’的制度；爲了這種制度的合理化，不能不提倡孝道”①。本文認爲維護皇權父子相繼的合法性衹是漢初提倡“孝治”的部分原因，就當時社會實際狀況也必須制定“孝治”政策。

秦漢之際，承戰國餘緒，社會流動性大，浮食游民甚多。在漢初，一般民衆尚未經過儒家禮樂的熏陶教化，多數人没有超越

①朱維錚編校：《周予同經學史論》，上海：上海人民出版社，2010 年，第 338—339 頁。

的理想作爲追求，也没有堅定的宗教信仰作爲皈依，大部分人所追求的是現實生活中的榮華富貴。司馬遷在《史記·貨殖列傳》中曾對這種社會風氣有深刻總結，他生動刻畫了當時社會不論賢人隱士還是文官武吏，他們爲國家出謀劃策、攻城陷陣均以追求富厚爲目的，游俠少年違法亂紀，歌兒舞女獻媚作態、方士裝神弄鬼、官吏徇私枉法也是爲了求財。（《史記·貨殖列傳》）漢朝建立之後，試圖尋求穩定，追求發展"孝"則成爲了涵養民衆心性的重要工具。《論語》記載"其爲人也孝弟，而好犯上者，鮮矣；不好犯上，而好作亂者，未之有也。君子務本，本立而道生。孝弟也者，其爲仁之本與！"（《論語·學而》）孝悌之德的涵養是仁德的根本，孝道能有效打消民衆犯上作亂的戾氣。《孝經》裹面專門指出了庶民百姓的孝在於"用天之道，分地之利，謹身節用，以養父母，此庶人之孝也"（《孝經·庶人章》），用"孝"將民衆心性轉换爲謹慎節用、安順温和的心性，將勤於勞作與侍奉父母緊密聯繫起來方能維護社會的長治久安。

漢代建國伊始，統治者大力提倡"孝"并把孝納入實際政治建設中。首先對《孝經》等經典進行推廣傳播。《孝經》作爲專門論"孝"的經典，逐步成爲漢代童學啓蒙的必讀書籍。具體實踐方式乃是對孝行進行鼓勵和獎勵，對不孝的行爲進行懲罰。其獎勵措施中，最重要的是設立"孝悌力田"等地方職務表揚提倡"孝"并進行相應物質獎勵。"孝悌力田"爲鄉里民官，其設置目的主要在於"漢人最重孝行，故置孝悌以敦風俗；經濟政策以重農爲中心，故置力田以勵生産"①。高後元年（西元前 187 年）

①嚴耕望：《中國地方行政制度史——秦漢地方行政制度》，上海：上海古籍出版社，2007 年，第 250 頁。

“初置孝弟力田二千石者一人”（《漢書·高後紀》），當時二千石已屬高級官員。這條政策很明顯的用意就在於勸導天下百姓致力於農業生産、孝順父母、尊敬兄長。緊接這條政策之後，漢惠帝劉盈首次提出了給予“孝弟力田”種種優待政策，《漢書·惠帝紀》載“四年（西元前191年），春正月，舉民孝弟力田者復其身”，免除了這些“孝悌力田”官員的租税徭役。漢文帝登基之後也將“孝弟力田”作爲根本，文帝十二年（西元前168年）三月下詔：“孝悌，天下之大順也；力田，爲生之本也；三老，衆民之師也；廉吏，民之表也。朕甚嘉此二三大夫之行。今萬家之縣，云無應令，豈實人情？是吏舉賢之道未備也。其遣謁者勞賜三老、孝者帛，人五匹；悌者、力田二匹；廉吏二百石以上率百石者三匹。及問民所不便安，而以户口率置三老、孝、悌、力田常員，令各率其意以道民焉”（《漢書·文帝紀》），這裏確定了孝悌力田與三老廉吏都是治理國家、教導民衆的根本，中國歷史上首次確立了按户口比例設置一定人數的孝悌力田的措施，使孝悌力田的人數有所擴大并成爲職官設置的常態。此後，景帝、武帝、昭帝、宣帝等都有過各種獎勵孝悌力田的措施。在東漢，這種獎勵措施繼續發揚光大。兩漢所有的皇帝在即位之初都要下賜孝悌力田爵位的詔書。其次，確立了“舉孝廉”等選舉制度對孝子進行鼓勵。在漢代社會，“舉孝廉”是最榮耀的出仕途徑。①通過這一察舉方式，相當多的地方孝子走上仕途。這類官員對於穩定地方秩序，道德勸誡，淳化世風起了重要的作用。

另一方面，漢代也延續了秦以來的懲罰措施，主要對不贍養

①閻步克：《從任官及鄉品看魏晋秀孝察舉之地位》，《北京大學學報（哲學社會科學版）》1988年第2期。

父母、毆打父母、告發父母等不孝行爲進行嚴厲懲罰，這一點基本繼承了秦朝法治慣例。經過秦漢兩朝的發展，政治實踐中，已經將“孝”這份上古公共文化遺産進行了有效轉换，將其落實於現實社會的治理中。以教化爲基礎，通過實際政策鼓勵獎賞，同時輔以刑罰的孝治模式，有效醇化了世風、穩定了社會，這些都爲漢代的其他制度建設奠定了良好基礎。

四、“漢代孝治天下”的意義

將孝這種人類最基礎的血緣親情作爲維護社會秩序的基本手段，是中國傳統政治文明中的獨特現象。“孝治”在發展完善的過程中，融合了諸子百家的思想，隨著社會現實不斷地適應調整，本身充滿着張力與彈性。

用孝治理國家，其思想成立的根源乃是强調社會中每一個個體都用孝作自我情感意志調控的手段，通過自治來達到社會最大程度的治理。這種治理立足於將人作爲自我建立的道德主體。通過强調“孝”來維護人之所以爲人的良知靈明，維護人間最爲自然而珍貴的父子親情之愛。在社會生活中，“親情是人的所有情感中最真誠最美好最重要的感情。愛敬父母爲孝，愛敬兄長爲悌。愛我們的親人，是愛社會上其他人的基礎。儒家宗師提倡的孝道是合乎人之常情的、平易合理的。孝道很重要，因爲在正常、和諧的家庭氛圍中，家庭成員之間的關愛養育、陶冶了我們的愛心。長期在這樣的情感滋養、浸潤下，人的心靈與心理漸趨健康而有了溝通性、包容性與責任感。人們對家庭成員的接納、關愛、包容與責任，也會自然推之於他們所服務的事業、團體"①，這種立足於家庭穩定和諧的孝治對於社會中每個人身心的安頓調適起到了不可估量的作用。從切實的人心人情出發的，通過提倡親情之孝，提升人的精神道德修養來達到治理社會的目的是值得肯定的。

現代社會所要尋求的治理體繫中，如能充分發揮傳統孝治積極作用的一面，其理想狀態是國家與個人之間的良好合作。每個人從管理個人、孝親敬祖開始，培養自己的誠心善意，過渡到最小規模社會組織即小家庭的和諧治理，隨後過渡到較大規模社會組織治理即宗族鄉黨之治理，最終達到民間社會與政府之間的良好互動，實現天下太平之理想政治狀況。用孝治理社會所體現的社會秩序，乃是一種以父子親情爲基礎來實現社會的資源共用與風險共擔的秩序，這在當代社會仍有積極意義。

作者簡介：肖航，1985 年生，女，武漢大學哲學博士，浙江大學哲學系博士後，武漢大學哲學學院、國學院副教授。主要研究方嚮：漢唐哲學、儒家哲學、道家哲學。通訊處：湖北省武漢市武漢大學哲學學院，430072。電子信箱：xiaohang1985@163. com。

---

①郭齊勇：《儒墨兩家之"孝"、"喪"與"愛"的區別和争論》，《哲學研究》2010 年第 1 期。

北宋諸儒論“神”的經典化及其再詮釋
——以朱子爲中心的討論

翟奎鳳

提要：朱子是理學的集大成者，他對北宋五子皆有綜合繼承與發揮。在“神”、“鬼神”問題的討論上，朱子經常引用北宋諸儒的相關論述，如周敦頤所説“物則不通，神妙萬物”，張載所説“一故神，兩故化”“鬼神者，二氣之良能”，程子所説“鬼神者，造化之迹”“以功用言之謂之鬼神，以妙用言之謂之神”“蓋上天之載，無聲無臭，其體則謂之易，其理則謂之道，其用則謂之神”，謝良佐所説“祖考精神，便是自家精神”，等等。在與弟子的討論中，朱子引述這些精彩觀點的同時，又有著進一步的發揮與詮釋。由於朱子的巨大影響，北宋大儒的這些言論在人們的反復引述中獲得了經典性。

基金項目：國家社會科學基金重大項目《朱子門人後學研究計劃》（14ZDB008）

作爲理學的集大成者，朱子對北宋五子的思想皆有綜合繼承與發揮。“神”、“鬼神”，是儒家修身與祭祀的重要問題，在這方面，北宋周敦頤、張載、二程，及二程弟子謝良佐、范祖禹等人都有很精彩的論述，朱子在相關問題的討論上，經常引述到北宋這些大儒的話，并加以評論分析。一定意義上，朱子的“神”論與鬼神觀的形成，正是建立在與北宋這些大儒的深入對話討論的基礎上的。朱子對北宋諸儒相關論述及精彩觀點的贊賞與評析，對朱子門人後學都有著巨大影響，如在鬼神觀的討論上，朱子所引述的這些北宋大儒的名言，在其弟子陳淳的討論中也往往一定會出現。這就使得北宋大儒論鬼神的名言獲得了一種經典性，成爲繼四書五經相關論述之後，儒家在“神”、“鬼神”觀問題上的代表性觀點。

一、“物則不通，神妙萬物”：論周敦頤《通書》之神

周敦頤被譽爲道學鼻祖、理學開山人，他對“神”的闡發主要集中在其代表作《通書》中。《易傳》説“陰陽不測之謂神”“神無方而易無體”（《繫辭傳上》），“神也者妙萬物而爲言者也”（《説卦傳》），周敦頤關於“神”的論述，繼承與發揮了這些思想。

《通書·誠幾德第三》説“誠，無爲；幾，善惡。德愛曰仁，宜曰義，理曰禮，通曰智，守曰信。性焉安焉之謂聖，復焉執焉之謂賢；發微不可見、充周不可窮之謂神”，朱子注曰“發之微妙而不可見，充之周遍而不可窮，則聖人之妙用而不可知者

也”①，他以“妙用”來解釋這裏的“神”。在《語類》中，朱子也多次討論到這句話，認爲“神，即聖人之德，妙而不可測者，非聖人之上復有所謂神也”②，同時也以“理”釋“神”：“蓋隨其所寓，而理無不到，所以周而不可窮也”③。《孟子·盡心下》說“可欲之謂善，有諸己之謂信。充實之謂美，充實而有光輝之謂大，大而化之之謂聖，聖而不可知之之謂神”，周子、朱子論“聖”“神”，也可以看作是對孟子的再詮釋。

《通書·聖第四》說：“寂然不動者，誠也；感而遂通者，神也；動而未形、有無之間者，幾也。誠精故明，神應故妙，幾微

---

①朱熹：《通書注》，《朱子全書》第 13 册，上海：上海古籍出版社；合肥：安徽教育出版社，2010 年，第 101 頁。朱子以“發”、“充”爲主體心神之德，牟宗三則認爲“發微充周之主詞亦即是神，而不是人，若繫屬於聖人，亦是聖人之誠心仁德之發與充。若直說人或聖人之發與充，則不通矣”（牟宗三：《心體與性體》（下册），上海：上海古籍出版社，1999 年，第 411 頁）。以“發”“充”承“性焉”“復焉”來看，似當爲人之心德修養；若關聯“誠”“幾”來看，似也有本體性。

②朱熹：《朱子語類》卷九十四，《朱子全書》第 17 册，上海：上海古籍出版社；合肥：安徽教育出版社，2010 年，第 3153 頁。

③同上。對此，牟宗三評議說：“神之發微充周之妙用是神亦是理，誠心之寂感一如是神亦是理，仁心之覺潤無方是神亦是理。心微即理微，微者妙義，發而不發故妙，故亦不可見；神周即理周，周者圓義、遍義、無窮極義。誠心仁體之神用遍在而無方，即理之遍在而無方。朱子言‘一念方萌，至理已具’，‘隨其所寓，理無不到’，衹說是‘理如此’，心、神義即減殺，而漸至於泯没，終未能提得住也。此即示朱子終未能正視心自己與神自己也。他衹正視那個理，而不正視那心理爲一之心，神理爲一之神，故說來說去，常至於虛脱。”（《心體與性體》下册，第 412 頁）

故幽。誠、神、幾，曰聖人。"[①] 這裏的"神"突出了其感應、妙應特徵。朱子注曰"本然而未發者，實理之體。善應而不測者，實理之用。動静體用之間，介然有頃之際，則實理發見之端，而衆事吉凶之兆也"[②]，他把這裏的"誠"、"神"都解釋爲"實理"。

以上兩條以"神"與"誠"論聖，主要是從主體境界上來論。下面我們一條主要是從本體上論"神"的材料。《通書・動静第十六》說："動而無静，静而無動，物也；動而無動，静而無静，神也。動而無動，静而無静，非不動不静也。物則不通，神妙萬物。"朱子注曰："神，則不離於形，而不囿於形矣。"[③] 在《語類》中，朱子對"動而無動，静而無静，神也"有多次討論，他說：

> 此言形而上之理也。理則神而莫測，方其動時未嘗不静，故曰無動；方其静時，未嘗不動，故曰無静。静中有動，動中有静，静而能動，動而能静，陽中有陰，陰中有

---

①"寂然不動，感而遂通"見於《易傳・繫辭上》："易無思也，無爲也，寂然不動，感而遂通天下之故。非天下之至神，其孰能與於此。"

②朱熹：《通書注》，《朱子全書》第13册，第101頁。

③朱熹：《通書注》，《朱子全書》第13册，第112頁。

陽，錯綜無窮是也。①

此説"動而生陽，動極而静，静而生陰，静極復動"。此自有個神在其間，不屬陰，不屬陽，故曰"陰陽不測之謂神"。且如晝動夜静，在晝間神不與之俱動，在夜間神不與之俱静。神又自是神，神却變得晝夜，晝夜却變不得神。神妙萬物。②

譬之晝夜：晝固是屬動，然動却來管那神不得；夜固是屬静，静亦來管那神不得。蓋神之爲物，自是超然於形器之表，貫動静而言，其體常如是而已矣。（同上）

"神"，"貫動静"，"超然形器之表"，類似於"理"、"道"之形上存在。有學生問"神"是不是"天地之造化"，朱子説"神，即此理也""神在天地中，所以妙萬物者，如水爲陰則根陽，火爲陽則根陰"（同上）。神是造化之理，是形而上，又貫通形而下。"物"雖是"動而無静，静而無動"的形下存在，但器不離道，道不離器，器中有道，物中有神。朱子還説"太極者，

①朱熹：《朱子語類》卷九十四，《朱子全書》第17册，第3160頁。牟宗三認爲"此神不是虛説的虛位字，不是形容理的狀詞。若説理，神亦當然即是理。神既是'妙萬物而爲言'，則神體當然亦即是萬物之所以然之理，但此理是'即活動即存有'之理，其爲所以然是動態的所以然，而不是'祇存有而不活動'的静態的所以然。此是'神理是一'的理，故可以動静説，但却是'動而無動'之動、'静而無静'之静也。非如朱子所意謂之'祇是理'（神成祇是虛説之形容詞），而無所謂動静也。吾信此是濂溪之本意，朱子所解祇成另一系統"（《心體與性體》下册，第418頁）。

②同上，第3161頁。朱子這裏以《太極圖説》"動而生陽，動極而静，静而生陰，静極複動"來解《通書》"動而無動，静而無静，神也"，這可能并不恰當。

本然之妙也；動静者，所乘之機也”①，“本然之妙”可以説就是“神”。“神”有形而上性，無動静可言，但神又有“活”性，貫通、朗潤萬物。

《通書·思第九》最後引到《繫辭傳下》“知幾，其神乎!”《通書·順化第十一》中説“大順大化，不見其迹，莫知其然之謂神”，朱子對這些没有特别的討論。當弟子問“《通書》言神者五，三章、四章、九章、十一章、十六章。其義同否”，朱子説“當隨所在看”，就是説要根據具體語境來看。朱子又進一步發揮，“因指造化而言曰：‘忽然在這裏，又忽然在那裏，便是神。’”從人的角度來看的話，“知覺便是神。觸其手則手知痛，觸其足則足知痛，便是神。‘神應故妙’。”② 所謂“造化而言”，可以説是即本體而言。從本體的角度來説，“神無方”、“妙萬物”，不會局定在某個具體存在物上；從主體的角度來説，知痛知癢之知覺便是神。

牟宗三認爲，“《易傳》窮神知化，正式言誠體、神體、寂感真幾，此是妙運萬物之實體。濂溪即由此而開宋儒之端”③，“此實體、性體，本是‘即存有即活動’者，故能妙運萬物而起宇宙生化與道德創造之大用”（同上，第36頁）。但是牟宗三認爲，朱子并没有真正領會濂溪“神體”之義，“若順神之超越義説，而且神爲實位，則神之不離乎物，衹是神超越地妙之而有陰陽動静相生錯綜之無窮，因而即可於此相生錯綜之無窮中見神之妙

①朱熹:《太極圖説解》,《朱子全書》第13册，第72頁。

②朱熹:《朱子語類》卷九十四,《朱子全書》第17册，第3154頁。牟宗三認爲“濂溪説‘神應故妙’，此明是説神體之應，而神體是以誠體説，不是以氣之靈説也”（牟宗三:《心體與性體》下册，第414頁）。

③牟宗三:《心體與性體》上册，第28頁。

用，此所謂即用見體、全用是體也。此是濂溪義，非朱子義。若泥神爲理，神爲虛位，則神之不離乎物祇成理氣之不離不雜。此是朱子義，非濂溪義。”①

朱子注周敦頤《太極圖説》“形既生矣，神發知矣”，説：“‘形既生矣’，形體，陰之爲也。‘神發知矣’，神知，陽之爲也。蓋陰主翕，凡斂聚成就者陰爲之也；陽主辟，凡發暢揮散者，陽爲之也。”② 此以陰陽來詮釋應形神，與上文釋“神妙萬物”以“神”爲“不屬陰、不屬陽”的形上之理，當是從不同角度來説的。當然，筆者認爲，嚴格推來，知覺之神也當是超越陰陽的，方能與本體“妙萬物之神”相契。

二、“一故神，兩故化”：論張載“神化”哲學

“神”是張載哲學的核心範疇，歷代儒者從哲學上討論“神”，最精闢深刻的莫過於張載。朱子對張載的“神”論也非常推崇，經常贊嘆他説得好。

横渠説“鬼神者，二氣之良能”（《正蒙·太和篇》），又説“物之初生，氣日至而滋息；物生既盈，氣日反而游散。至之謂神，以其伸也；反之謂鬼，以其歸也”（《正蒙·動物篇》），朱子詮釋説：

> 屈伸往來，是二氣自然能如此。③

①牟宗三：《心體與性體》下册，第420頁。

②朱熹：《朱子語類》卷九十四，《朱子全書》第17册，第3134頁。

③朱熹：《朱子語類》卷六十三，《朱子全書》第16册，第2089頁。

二氣，即陰陽也。良能，是其靈處。①

天下萬物萬事自古及今，衹是個陰陽消息屈伸。横渠將屈伸説得貫通。②

氣之方來皆屬陽，是神；氣之反皆屬陰，是鬼。日自午以前是神，午以後是鬼。月自初三以後是神，十六以後是鬼。③

以陰陽二氣之屈伸往來説鬼神，這是張載、朱子論鬼神的基調，實際上這把鬼神給泛化、抽象化、哲學化了。④ 類似地，程頤也曾説"鬼神者，造化之迹"（《程氏易傳》卷一），朱子認爲"程子之説固好，但在渾淪在這裏。張子之説分明，便見有個陰陽在"⑤。朱子多次表達過類似這種看法，即在鬼神、神的論述上，張載比程頤説得更明白更透徹，道出了鬼神的實質性——二氣之屈伸往來。陳淳對此也有論述，他説："程子曰：'鬼神者，造化之迹也。'張子曰：'鬼神者，二氣之良能也。'説得皆精切。造化之迹，以陰陽流行著見於天地間者言之。良能，言二氣之往來，是自然能如此。大抵鬼神衹是陰陽二氣之屈伸往來。自二氣

①朱熹：《朱子語類》卷八十七，《朱子全書》第17册，第2981頁。

②朱熹：《朱子語類》卷三，《朱子全書》第14册，第168頁。

③朱熹：《朱子語類》卷六十三，《朱子全書》第16册，第2089頁。

④當然，這種思想淵源相當早，東漢王充就有了比較明確的這種思想，他説："人死精神升天，骸骨歸土，故謂之鬼。鬼者，歸也，神者，荒忽無形者也。或説：鬼神，陰陽之名也。陰氣逆物而歸，故謂之鬼；陽氣導物而生，故謂之神。神者、伸也，申復無已，終而復始。人用神氣生，其死復歸神氣。陰陽稱鬼神，人死亦稱鬼神。氣之生人，猶水之爲冰也。水凝爲冰，氣凝爲人；冰釋爲水，人死復神。其名爲神也，猶冰釋更名水也。"（《論衡·論死》）

⑤朱熹：《朱子語類》卷六十三，《朱子全書》第16册，第2086頁。

言之，神是陽之靈，鬼是陰之靈。靈云者，衹是自然屈伸往來恁地活爾。自一氣言之，則氣之方伸而來者屬陽，爲神；氣之已屈而往者屬陰，爲鬼。如春夏是氣之方長，屬陽，爲神；秋冬是氣之已退，屬陰，爲鬼；其實二氣衹是一氣耳。”① 陳淳的發揮總體上符合朱子之義，唯他説程、張二説“皆精切”，似對朱子高低分殊程、張未有特別注意或認同。

張載論“神化”很經典，如説“一故神，兩故化”（《正蒙·參兩篇》）②、“推行有漸爲化，合一不測爲神”（《正蒙·神化篇》）。朱子反復贊嘆“横渠説得極好”、“横渠此語極精”：

> “一故神”，横渠親注云：“兩在故不測。”衹是這一物，却周行乎事物之間。如所謂陰陽、屈伸、往來、上下，以至於行乎什伯千萬之中，無非這一個物事，所以謂“兩在故不測”。“兩故化”，注云：“推行乎一。”凡天下之事，一不能化，惟兩而後能化。且如一陰一陽，始能化生萬物。雖是兩個，要之亦是推行乎此一爾。此説得極精，須當與他子細看。③
>
> 兩者，陰陽、消長、進退。兩者，所以推行於一；一所以爲兩。“一不立，則兩不可得而見；兩不可見，則一之道息矣。”横渠此説極精。非一，則陰陽、消長無自而見；非

①陳淳：《北溪字義》，北京：中華書局，1983 年，第 56 頁。

②牟宗三認爲“‘一故神’，此‘一’即天德神體之‘一’，而横渠自注云：‘兩在故不測。’此即表示‘一’之所以神正由於有‘兩體’之存在而參和不偏、兼體無累，以成其生化之不測，而由此不測以見神體之妙用也”（《心體與性體》上册，第 388 頁）。

③朱熹：《朱子語類》卷九十八，《朱子全書》第 17 册，第 3302 頁。

陰陽、消長，則一亦不可得而見矣。①

言“兩在”者，或在陰，或在陽，在陰時全體都是陰，在陽時全體都是陽。化是逐一挨將去底，一日復一日，一月複一月，節節挨將去，便成一年，這是化。（同上）

是在陽又在陰，無這一，則兩便不能以推行。兩便即是這個消長，又是化，又是推行之意。（同上）

張載“一故神，兩故化”的神化哲學是對《易傳》思想的創造性發揮，結合朱子的解讀，從形式上看，這與辯證法所論對立統一規律非常類似，但辯證法所謂對立統一是一種思辨：關於事物變化客觀規律的認識，而張載或《易傳》的神化哲學既是規律的認定，同時更重要的是内含著一種精神修養，達到“窮神知化”的最高道德境界。朱子認爲“‘神化’二字，雖程子説得亦不甚分明，惟是横渠推出來”②，“前人都説不到”（同上），對張載可謂推崇備至。

陳淳對張載“推行有漸爲化，合一不測爲神”也有發揮，他説：“化衹是變化，此物變成彼物，惟是變則有迹，而化則無迹，至於神則又妙而不可測耳。”③ 筆者認爲陳淳的解讀值得商榷，他這裏把“變、化、神”看成一個遞進序列，“變”有迹可測，“化”無迹，“神”妙不可測，而實際上在張載“一故神，兩故化”的思想中，“化”是有時空性的，而“神”無時空性，神是

①同上，第3303頁。

②牟宗三認爲“横渠之‘推出來’并不是衹推究‘神、化’兩詞之字義分明，乃是能推究出神爲體，爲形而上；化爲用，就氣言，爲形而下”（牟宗三：《心體與性體》中册，第389頁）。

③陳淳：《答陳伯澡問近思録》，《北溪大全集》卷四十一，清文淵閣《四庫全書》本。

形而上的整體，因此，“神”、“化”不在一個存在序列。

“鬼神者，二氣之良能”，此鬼神爲陰陽二氣之靈，有形而下性，而“一故神，兩故化”之神是天德本體①，牟宗三常稱張載此與“化”相對的神爲太虚神體②，强調一定要把鬼神之神與神化之神區别開來，“太虚神體根本不可以氣言；鬼神之神亦不可與太虚神體混”③、“鬼神之神不能視作即是太虚神體之神”④。

三、造化之迹、功用與妙用——程子論“神”再詮釋

“鬼神者，造化之迹”見於《伊川易傳》卷一，雖然朱子認爲程頤此語論鬼神不如張載“二氣之良能”説得明快，但在與弟子的相關討論中，他們還是經常討論到程子的這句話。朱子認爲“造化之妙不可得而見，於其氣之往來屈伸者足以見之。微鬼神，則造化無迹矣。横渠‘物之始生’一章尤説得分曉”⑤，“鬼神是天地間造化，衹是二氣屈伸往來。神是陽，鬼是陰。往者屈，來者伸，便有個迹恁地”⑥，顯然，這都是以張載的意思來詮釋

①張載説：“神，天德，化，天道。德，其體，道，其用。”（《正蒙・神化》）

②筆者認爲“神化”爲張載哲學的根本與綱領，而非“太虚”；“太虚”在張載思想中歧義、争議頗多，非究竟語，“太虚”與“神體”不必并提。

③牟宗三：《心體與性體》上册，第424頁。

④同上，第409頁。

⑤朱熹：《朱子語類》卷六十三，《朱子全書》第16册，第2086頁。

⑥同上，第2090頁。

“造化之迹”①。同時，朱子認爲“造化之迹”有“正理”和“非正理”之分。“正理”就是大家日常司空見慣的正常自然變化，如“起風做雨，震雷閃電，花生花結”等，朱子認爲這些都是“神”的表現。“非正理”就是罕見的自然變异現象或奇怪靈异事件，如“冬寒夏熱”、“鬼叫”“鬼火”，等等，朱子認爲這些都是“氣之雜揉乖戾所生，亦非理之所無也，專以爲無則不可”②，又説“纔見説鬼事，便以爲怪。世間自有個道理如此，不可謂無，特非造化之正耳。此得陰陽不正之氣，不須驚惑。所以夫子‘不語怪’，以其明有此事，特不語耳。南軒説無，便不是了”。③“南軒”是張栻，他大概認爲鬼怪神异爲虚妄之事，可見在鬼神問題上，朱子既務實理性，同時又開放包容，認識到現實世界的多元複雜性④。

有人問“天與上帝之説如何”，程頤説“以形體言之謂之天，以主宰言之謂之帝，以功用言之謂之鬼神，以妙用言之謂之神，

①朱子也曾區别“造化之迹”與“二氣良能”説：“造化之迹是日月星辰風雨之屬，二氣良能是屈伸往來之理。”

②朱熹：《朱子語類》卷三，《朱子全書》第14册，第159頁。

③朱熹：《朱子語類》卷八十三，《朱子全書》第17册，第2861頁。

④方旭東認爲“朱熹否定的是那種活生生的具象的鬼神，肯定的則是抽象的鬼神之理”（方旭東：《道學的無鬼神論：以朱熹爲中心的研究》，《哲學研究》2006年第8期），馮兵認爲“朱熹對鬼神的討論，主體上是一種哲學化的鬼神觀，但十分複雜，它既有較强的理性主義精神，又受到了世俗的鬼神迷信及佛道二教的影響，從而染上了一定的非理性色彩，可視爲傳統儒家鬼神觀念的一個代表，具有歷史的普遍意義”（馮兵：《理性與非理性之間：朱熹的鬼神觀辨析》，《學術研究》2013年第2期）。

以性情言之謂之乾”①（《遺書》卷二十二上）。學生經常就“以功用言之謂之鬼神，以妙用言之謂之神”來嚮朱子請教前後兩個神的區別。朱子認爲“鬼神者，有屈伸往來之迹。如寒來暑往，日往月來，春生夏長，秋收冬藏，皆鬼神之功用，此皆可見也。忽然而來，忽然而往，方如此又如彼，使人不可測知，鬼神之妙用也”②，“功用是有迹底，妙用是無迹底。妙用是其所以然者”③，“功用兼精粗而言，是説造化。妙用以其精者言，其妙不可測。天地是體，鬼神是用。鬼神是陰陽二氣往來屈伸。天地間，如消底是鬼，息底是神，生底是神，死底是鬼”（同上），“鬼神之神，此神字説得粗”④，“言鬼神，自有迹者而言之；言神，衹言其妙而不可測識”⑤。綜合來看，似功用之鬼神是形而下的（粗、或兼精粗），而妙用之神是形而上的（精），朱子用“所以然”一詞值得注意。《易傳》説“一陰一陽之謂道”，程頤認爲“道非陰陽也，所以一陰一陽道也”（《遺書》卷三），那麼，套此邏輯，功用之鬼神爲一陰一陽之屈伸變化，而妙用之神乃功用陰陽鬼神的根據或動力。

程子説“蓋上天之載，無聲無臭，其體則謂之易，其理則謂之道，其用則謂之神”（《遺書》卷一），這句話一般係爲程顥所

---

①這段話同時見於《伊川易傳》卷一：“天者天之形體，乾者天之性情。乾，健也，健而無息之謂乾。夫天，專言之則道也，天且弗違是也；分而言之，則以形體謂之天，以主宰謂之帝，以功用謂之鬼神，以妙用謂之神，以性情謂之乾。”

②朱熹：《朱子語類》卷六十八，《朱子全書》第 16 册，第 2258 頁。

③同上，第 2259 頁。

④朱熹：《朱子語類》卷六十七，《朱子全書》第 16 册，第 2218 頁。但是前面又説“功用兼精粗而言，是説造化”。

⑤朱熹：《朱子語類》卷六十三，《朱子全書》第 16 册，第 2087 頁。

説。朱子詮釋程子此句，有個非常明確的觀點，那就是以“易—道—神”，對應於“心—性—情”，他説“易，心也；道，性也；神，情也。此天地之心、性、情也”①，“易在人便是心，道在人便是性，神在人便是情”②。在朱子看來，“其體謂之易”的“體”，“猶形體也，乃形而下者”③，不是體用意義上的“體”。這樣朱子所理解的“易”就是自然現象界的變化，包括“陰陽、動静、辟闔、剛柔、消長”，他説“所謂易者，變化錯綜，如陰陽晝夜，雷風水火，反復流轉，縱横經緯而不已也。人心則語默動静，變化不測者是也。體是形體也（原注：賀孫録云，體非體用之謂）。言體，則亦是形而下者。其理，則形而上者也。”④ 朱子認爲，程子“其體謂之易”，與《易傳》“神無方而易無體”，這兩個體不是一個層面上來説的，“‘易無體’者，或自陰而陽，或自陽而陰，無確定底，故云‘無體’。自與那‘其體則謂之易’不同，各自是説一個道理”⑤。

就上述引述材料而言，把“易體”定位爲形體、形而下，“神”是“情”，也成了形下之氣，相應的“心”也是形而下的氣。牟宗三認爲“以易體與神用俱視爲氣，形而下者，非明道意。”⑥ 牟先生的這個判斷可謂入木三分，筆者也認爲程子本意并没有要把“易”、“道”、“神”分出個形而上下。但實際上朱子思想複雜，僅就語録材料而言也是前後不一。以易體、神情、心

①朱熹：《朱子語類》卷三，《朱子全書》第14册，第233頁。
②朱熹：《朱子語類》卷九十五，《朱子全書》第17册，第3199頁。
③朱熹：《朱子語類》卷六十五，《朱子全書》第16册，第2171頁。
④朱熹：《朱子語類》卷九十五，《朱子全書》第17册，第3187頁。
⑤朱熹：《朱子語類》卷七十四，《朱子全書》第16册，第2521頁。
⑥牟宗三：《心體與性體》下册，第409頁。

爲形下之氣，衹是他在某個階段或者早期的一種表述，他後來還説：

> 然伊川所謂“體”字，與“實”字相似，乃是該體、用而言。如陰陽動静之類，畢竟是陰爲體，陽爲用，静而動，動而静，是所以爲易之體也。①
>
> 人杰云：“嚮見先生云，體是形體，却是著形氣説，不如説該體、用者爲備耳。”曰：“若作形氣説，然却衹説得一邊。惟説作該體、用，乃爲全備，却統得下面‘其理則謂之道，其用則謂之神’兩句。”（同上）

顯然，這則材料的表述，與上段引述材料，在觀點上發生了明顯變化，似可看作是對其前説的否定，不再把“體”理解爲形下的形體，而是明確認爲這裏的“體”是包體用而言。朱子也意識到，衹有這樣與下面兩句“其理則謂之道，其用則謂之神”纔能在邏輯上貫通起來，實際上也衹有這樣也纔能貫通其“心統性情”説。

在答吴德夫（吴獵）的信中，朱子也强調：

> 易之爲義，乃指流行變易之體而言，此體生生，元無間繼，但其間一動一静，相爲始終耳。程子曰“上天之載，無聲無臭，其體則謂之易，其理則謂之道，其用則謂之神”，正謂此也。此體在人則心是已，其理則所謂性，其用則所謂情，其動静則所謂未發、已發之時也，此其爲天人之分雖殊，然静而此理已具，動而此用實行，則其爲易一也。若其所具之理，所行之用，合而言之，則是易之有太極者。②

---

①朱熹：《朱子語類》卷一百二十，《朱子全書》第 18 册，第 3777 頁。

②朱熹：《文集》卷四十五，《朱子全書》第 22 册，第 2071 頁。

這裏把易也理解爲流行變易的總體，顯然這種易體是該體用、包理氣而言，這樣與“易體”相應的“心”也不再是形下的存在①，而是包括理氣的，這樣纔能“心統性情”。

陳淳在《北溪字義》卷上也談到他對程子這段話的理解，他説“此處是言天之心、性、情，所謂易便是心，道便是性，神便是情。所謂體者，非體用之體，乃其形狀模樣恁地。易是陰陽變化，合理與氣説”②。顯然，陳淳基本上延續了朱子的觀點，以“形狀模樣”來理解“體”實乃朱子早期的看法，他可能没注意到朱子後來對這一表述的修正，但説“易是陰陽變化，合理與氣説”似又與朱子後來的觀點暗合。

四、“祖考精神，便是自家精神”——謝良佐鬼神觀再詮釋

謝良佐（號上蔡）爲程門四大高足，他曾論鬼神説：“自家要有便有，自家要無便無，始得。鬼神在虚空中辟塞滿，觸目皆是，爲他是天地間妙用，祖考精神便是自家精神。”③ 朱子與門人論鬼神常稱贊上蔡説得好。朱子認爲“鬼神是本有底物事”④，又説“這鬼神生死之理，却怕上蔡見得。看他説‘吾之精神，即祖考之精神’，説得有道理”⑤。在朱子看來，人死雖其氣終散，

①牟宗三把朱子的“心”界定爲“形而下”，看來這也是有問題的。
②陳淳：《北溪字義》，第 14 頁。
③謝良佐：《上蔡先生語録》，北京：中華書局，1985 年，第 12 頁。
④朱熹：《朱子語類》卷三，《朱子全書》第 14 册，第 171 頁。
⑤朱熹：《朱子語類》卷二十五，《朱子全書》第 14 册，第 897 頁。

但子孫與祖先一氣綿延，故子孫真誠地去祭祀祖先，已散的祖先之氣還是能感聚而來，朱子說：

> 畢竟子孫是祖先之氣。他氣雖散，他根却在這裏；盡其誠敬，則亦能呼召得他氣聚在此。如水波樣，後水非前水，後波非前波，然却通祇是一水波。子孫之氣與祖考之氣，亦是如此。他那個當下自散了，然他根却在這裏。根既在此，又却能引聚得他那氣在此。①

> 上蔡言："自家精神，即祖考精神。"這裏盡其誠敬，祖宗之氣便在這裏，祇是一個根苗來。如樹已枯朽，邊傍新根，即接續這正氣來。②

這裏用“水波”、“根苗”來比喻子孫與祖先的一氣相連③，因此儒家强調祭祀祖先可謂實有其理，這也可以説爲儒家的祭祖之禮闡明了其哲學道理。在儒家有正當祭祀與非正當祭祀之分，正當祭祀包括自己的祖先，以及不同級别的統治者分别對天地山川的祭祀、對功勛卓越的先聖先賢的祭祀，而那些“閑神野鬼”則不當祭祀，朱子説：

> 鬼神，上蔡説得好。……他大綱説得極好，如曰：“可者使人格之，不使人致死之。”“可者”，是合當祭，如祖宗父母，這須著盡誠感格之，不要人便做死人看待他。“不可者使人遠之，不使人致生之。”“不可者”，是不當祭，如閑

---

①朱熹：《朱子語類》卷三，《朱子全書》第 14 册，第 171 頁。

②朱熹：《朱子語類》卷二十五，《朱子全書》第 14 册，第 897 頁。

③傅小凡認爲：“這子孫與家族血脉的綿延不絶，構成中國人的終極關懷和心靈寄托，最終使‘理學鬼神觀’成爲朱熹自己鬼神信仰的理論表達。”（傅小凡：《重建家族與鬼神信仰：論朱熹的‘理學鬼神觀’及其實踐意義》，《朱子學刊》2016 年第 2 輯）

神野鬼，聖人便要人遠之，不要人做生人看待他。可者格之，須要得他來；不可者遠之，我不管他，便都無了。①

不當祭祀的那些鬼神，不用管它，與自己没有關聯，也可以視作“無”，“你心不嚮他，便無了”②。朱子認爲“有功德在人，人自當報之。古人祀五帝，衹是如此”③，而有些“新神新鬼”則屬於儒家所排斥的“淫祠”，但是在民間往往很盛行，“今有個新立底神廟，緣衆人心邪嚮他，他便盛。如狄仁杰廢了許多廟，亦不能爲害，衹緣他見得無這物事了。上蔡云：‘可者欲人致生之，故其鬼神；不可者欲人致死之，故其鬼不神。’先生每見人説世俗神廟可怪事，必問其處形勢如何”④。朱子認爲，民間流傳的鬼神靈驗故事大部分是胡説，但小部分也有其道理。在他看來，神廟的怪异靈驗，是因爲衆人都誠心嚮他，誠心是靈氣⑤，“衆心之所輻湊處，便自暖，故便有一個靈底道理。所以祭神多用血肉者，蓋要得藉他之生氣耳”⑥，這也是上蔡“可者欲人致生之，故其鬼神”的意思，如果衆人都不相信他，或者直接斷了他的香火，也就不靈了，即上蔡所謂“不可者欲人致死之，故其鬼不神”，狄仁杰廢掉的那些神廟，鬼神也奈何不了他。同時，朱子之所以“必問其處形勢如何”，可能是他認爲一個廟宇的靈异也與其獨特的地理風水之氣有關。

①朱熹：《朱子語類》卷一百一，《朱子全書》第17册，第3369頁。

②同上，第3368頁。

③朱熹：《朱子語類》卷三，《朱子全書》第14册，第178頁。

④朱熹：《朱子語類》卷八十七，《朱子全書》第17册，第2964頁。

⑤朱子説：“舊有一邑，泥塑一大佛，一方尊信之。後被一無狀宗子斷其首，民聚哭之，頸上泥木出舍利。泥木豈有此物！衹是人心所致。”

⑥朱熹：《朱子語類》卷八十七，《朱子全書》第17册，第2985頁。

其實，“可者使人格之，不使人致死之”，“可者欲人致生之，故其鬼神；不可者欲人致死之，故其鬼不神”，這幾句朱子所引述的謝良佐的話并不見於今本《上蔡語録》。有學生問：“祖宗是天地間一個統氣，因數孫祭享而聚散?”朱子回答説：“這便是上蔡所謂‘若要有時，便有；若要無時，便無’，是皆由乎人矣。鬼神是本有底物事。祖宗亦衹是同此一氣，但有個總腦處。子孫這身在此，祖宗之氣便在此，他是有個血脉貫通。所以‘神不歆非類，民不祀非族’，衹爲這氣不相關。如‘天子祭天地，諸侯祭山川，大夫祭五祀’，雖不是我祖宗，然天子者天下之主，諸侯者山川之主，大夫者五祀之主。我主得他，便是他氣又總統在我身上，如此便有個相關處。”① 這裏“若要有時，便有；若要無時，便無”這句話也不見《上蔡語録》，也有可能是對上蔡原話“自家要有便有，自家要無便無”的改寫。朱子有時也把上蔡的這句話引述爲“道有便有，道無便無”，而且實際上，他對上蔡的這句話并不滿意：

> 叔器問：“上蔡説鬼神云：‘道有便有，道無便無。’初看此二句，與‘有其誠則有其神，無其誠則無其神’一般；而先生前夜言上蔡之語未穩，如何?”曰：“‘有其誠則有其神，無其誠則無其神’，便是合有底，我若誠則有之，不誠則無之。‘道有便有，道無便無’，便是合有底當有，合無底當無。上蔡而今都説得粗了，合當道：合有底，從而有之，則有；合無底，自是無了，便從而無之。今却衹説‘道有便

①朱熹：《朱子語類》卷三，《朱子全書》第 14 册，第 171 頁。

有，道無便無’，則不可。”①

“有其誠則有其神，無其誠則無其神”是北宋范祖禹的話，朱子認爲這比上蔡“道有便有，道無便無”要説得好。用我們今天的話來説，在朱子看來上蔡這句話太主觀唯心了，所以有些未穩，有些“粗”，應該説這個批評也同樣適用於上蔡所説“自家要有便有，自家要無便無”。總結來看，在鬼神觀上，朱子最欣賞贊嘆的是上蔡所説“祖考精神便是自家精神”。作爲朱子學的傳人，陳淳對上蔡的這句話自然也極爲重視，他説：“人與天地萬物，皆是兩間公共一個氣。子孫與祖宗，又是就公共一氣中有個脉絡相關係，尤爲親切。謝上蔡曰：‘祖考精神，便是自家精神。’故子孫能極盡其誠敬，則己之精神便聚，而祖宗之精神亦聚，便自來格。”② 這些基本上是對朱子觀點的繼承與發揚。

結　語

朱子、陳淳論“神”“鬼神”，引述北宋諸儒觀點最多的就是以上這四位大儒，即周敦頤、張載、程子和謝良佐。此外，上面

①朱熹：《朱子語類》卷一百一，《朱子全書》第17册，第3369頁。傅錫洪指出，謝氏的“兩可”説曾傳到日本，在17世紀末18世紀初的江户儒學中，古學派荻生徂徠對此説很不以爲然，他在鬼神問題上的立場顯得更爲極端，他將鬼神問題置於嚴格的宗教意義上來加以審視，極力主張鬼神是不容置疑的（傅錫洪：《“兩樣鬼神”何以“不是二事”——論朱熹鬼神觀兼及江户儒者的質疑》，《杭州師範大學學報（社會科學版）》2015年03期）。

②陳淳：《北溪字義》，第59頁。

我們也提到，還有范祖禹所説“有其誠則有其神，無其誠則無其神”①，朱子對范氏這句話的引述與討論也比較多。有學生問：“祭祀之理，還是有其誠則有其神，無其誠則無其神否?”朱子説“鬼神之理，即是此心之理”②。朱子還説“范氏所謂‘有其誠則有其神，無其誠則無其神’。蓋神明不可見，惟是此心盡其誠敬，專一在於所祭之神，便見得‘洋洋然如在其上，如在其左右’。然則神之有無，皆在於此心之誠與不誠，不必求之恍忽之間也”③。什麼叫“不必求之恍惚之間”呢?《禮記·祭義》中説：“孝子將祭，……百物既備，夫婦齊戒沐浴，盛服奉承而進之，洞洞乎，屬屬乎，如弗勝，如將失之，其孝敬之心至也與!……於是諭其志意，以其恍惚以與神明交，庶或饗之。‘庶或饗之’，孝子之志也。”這裏“以其恍惚以與神明交”，有點原始巫文化交感神明的意味，而朱子强調“誠”更多地充滿了理性精神。朱子説“誠者，實也。有誠則凡事都有，無誠則凡事都無。如祭祀有誠意，則幽明便交；無誠意，便都不相接了”④。當然，朱子也强調“神之有無也不可必，然此處是以當祭者而言。若非所當祭底，便待有誠意，然這個都已錯了”（同上），這樣來看，“有其誠則有其神，無其誠則無其神”也是針對應當祭祀的鬼神而言，如祖宗、山川之神。承朱子之意，陳淳也對此有專門闡發，他

①“范曰：‘祭如在者，祭先也，神非其鬼，嫌於不同，故曰如在，皆不可欺也。君子七日戒，三日齋，必見其所祭者，誠之至也。是故郊則天神降，廟則人鬼享，皆肉已以致之也。有其誠則有其神，無其誠則無其神，可不慎乎? 吾不與祭如不祭者，誠爲實，禮爲虚也。”

②朱熹：《朱子語類》卷三，《朱子全書》第14册，第174頁。

③朱熹：《朱子語類》卷二十五，《朱子全書》第14册，第898頁。

④朱熹：《朱子語類》卷二十五，《朱子全書》第14册，第899頁。

説：“范氏謂‘有其誠則有其神，無其誠則無其神’，此説得最好。誠衹是真實無妄，雖以理言，亦以心言。須是有此實理，然後致其誠敬，而副以實心，豈不歆享？且如季氏，不當祭太山而冒祭，是無此實理矣。假饒極盡其誠敬之心，與神亦不相干涉，泰山之神亦不吾享。大概古人祭祀，須是有此實理相關，然後三日齋，七日戒，以聚吾之精神。吾之精神既聚，則所祭者之精神亦聚，必自有來格底道理。”① “誠衹是真實無妄，雖以理言，亦以心言”，這也可以説是對朱子“鬼神之理，即是此心之理”的一個詮釋。在《請傅寺丞禱山川社稷》一文中，陳淳也强調：“‘有其誠則有其神，無其誠則無其神。’誠者，心與理真實無妄之謂，在山川社稷有是真實無妄之理矣，若又加之真實無妄之心以萃集其神靈，則必能實感而實應。”② 這裹“理”可以説類似一個客觀的機制機理，而“誠”可以使得這種“理”產生功用活動起來，朱子、陳淳乃至整個宋儒關於鬼神祭祀的這些論述可以説都體現了很强的理性主義精神。

朱子對北宋五子皆有綜合繼承發揮，他對邵雍的先天易學非常推崇，我們注意到朱子論“神”與“鬼神”，很少或基本沒提到邵雍的相關論説，而實際上邵雍關於“神”、“鬼神”也有著自己非常獨到的一些觀點，如在《觀物外篇》（下）所説“道與一，神之强名也”，“氣者，神之宅也；體者，氣之宅也”，“因物則性，性則神，神則明矣”，“太極一也，不動生二，二則神也”，“心性而膽情，性神而情鬼”，“神亦一而已，乘氣而變化，出入於有無死生之間，無方而不測者也”，等等，這些也都頗有思想

①陳淳：《北溪字義》，第 59 頁。

②陳淳：《北溪大全集》卷四十八，清文淵閣《四庫全書》本。

意義。但朱子對邵雍的這些精彩論述很少引述討論。由於朱子學的巨大影響，顯然，他經常引用討論的北宋諸儒論神的這些言論在後世也不斷被引述，進而成了名言，獲得了一種經典性，相對來説邵雍論“神”的言論就其影響而言就比較遜色。當然，邵雍的《先天圖》的歷史影響，《先天圖》的經典化，一定程度上也與朱子的推崇密不可分。

翟奎鳳，山東儒學高等研究院教授，博士生導師。電郵：zhaikuifeng@126.com。

朱熹思想中的天理與自然

盧盈華

摘要： 本文處理朱子思想中天理與自然的關係，特别是濁氣是否具有理的問題。如果濁氣無理，則與朱子的宇宙論中萬物皆有其理的思想相悖；如果濁氣有理，則理失去對氣的規範作用。爲了回答這個問題，我們需要仔細區分和解釋不同類型的氣與不同類型的理。如此，難題依然會出現：不同的理之間的關係是怎樣的？既然天理和自然之理是連續一致的關係，爲何作爲秩序本身的天理是純善的，而作爲各種事物之秩序的自然之理不是純善的？而如果自然之理不來自於天理，那麼二者之間又出現斷裂，與朱子思想相悖。天理既然純善，又何以出現自然之惡（地震、海嘯、害蟲皆有其理）？自然之善惡與人之善惡的來源分别是什麼？首重認知心的横攝系統能否開出道德？天理的道德規範之内容是什麼？本文的論述將圍繞上述問題展開，并提出朱子理學開出自然法與自然權利的可能性。

引　言

朱熹哲學中的理之概念，常常被看作無内容的抽象形而上本體，或具體化爲特殊的規章禮法，或三綱之類的難以普遍化的準則。本文試圖尋找一種融貫的解釋，并圍繞濁氣是否有理這一問題，澄清理與氣的内涵與關係，并爲未來由遵循朱熹理路而開出普遍的道德規範做出奠基。本文的主要目的不是對朱子哲學進行表層介紹，而是對其思想進行深入的證成與評判。爲了對朱子理學做出客觀評價，我們需要深入地檢驗其内在論證邏輯，對其反復研討。此外，囿於篇幅，朱子的心性論與工夫論之具體内涵將留待他文處理。本文著重於朱子的形而上學（宇宙論與存在論）與倫理根源之思想。

牟宗三先生站在縱貫系統、即體即用的（廣義）心學立場，對朱熹的横攝系統、體在用先的進路做出了批判。這一批判確有其價值。朱熹將情感看作單純感性經驗的，否定道德情感的先天性與秩序性，因此誤解了湖湘學派與陸象山。牟宗三在澄清此誤解方面做出了極大貢獻，不過，這一澄清并不意味著朱熹自身的進路必然不通。蓋一學説之通與不通，需要就其自身的理論效力來説，不能祇就它是否誤解了其他學説而言。我們可以大體認同牟宗三對朱熹理學形態的定位，却不必據此直接認同其對此形態的判定。换句話説，我們可以在詮釋學上設法證成朱子的形態，而非僅僅站在對立立場對其學説的盲點大加鞭撻。

本文要處理的朱子哲學中的難點是：濁氣是否有理？如果濁氣無理，則與朱子宇宙論中萬物皆有其理的思想相悖；如果濁氣有理，則理失去對氣的規範作用。爲了回答這個問題，我們需要區分和詳細解釋不同類型的理與不同類型的氣。先瞭解理與氣的基本定義，即所有宋明儒學關於理與氣的共通觀念，將有助於瞭解朱子對理氣的獨特解釋之内容。在此闡述中，我們可以看到，怎樣的一條論證途徑對於理學家纔是適宜的。

一、一條不通的理學論證道路：以心來證明理的自身内容

氣在狹義上表示感性之物，而在廣義上表示可經驗之物。我們可以看到、觸及、感受到的東西都是氣的領域。質料、能量、相貌、身體、欲望、意志、情感、脾氣、性格都可以看作氣的範圍。大體而言，氣可以分爲質料能量之氣與生理心理之氣。前者所有事物都具有，而後者爲生物所具有。就質料能量之氣而言，又可以分爲聚合之氣與基質之氣。聚合之氣表示一個具體的事物，如一張桌子。基質之氣不可被肉眼看到，但是周流於宇宙間，可以爲我們所體會到。用今天的科學術語來表達基質，便是各種波，以及基本粒子和複合粒子，如費米子（誇克、輕子）、玻色子（光子、膠子等）、質子、中子、介子、電子、原子、元素、分子等。而以古人眼光看待基質之氣，則是陰陽五行，或是整體渾元之氣，即爲“一氣”。這取決於是以一還是多來看待基質。

理表示形式、秩序、規律、法則、理想、精神、道德等超出了單純的經驗領域的東西。理不能僅僅靠感官把捉，而需要理性和心靈的領會。幾乎所有思想家都認同理不是感性的，但在心學家看來，理却是可體驗到的，或者説理在本質上不是與經驗全然隔離的。體驗不必是感性體驗，還可以是精神體驗。是以心學認爲，體驗有其自身的秩序，理就内在於氣中，因此有“元氣”①、

①陳榮捷：《王陽明〈傳習録〉詳注集評》（修訂版），臺北：臺灣學生書局，2013 年，142 條、154 條。

“心有其理”的説法。如果我們將氣理解爲感性的，那麼對心學來説本心不屬於氣；而如果我們將氣理解爲可經驗者，那麼對心學來説本心仍屬於氣（至於説理與本心是相互預設與證成，還是説理化歸於本心，則不同心學家觀點不同）。而在理學家看來，理在本質上與氣不相雜；理超出經驗之外隔離地獨立存在，理本身不是可以體驗到的，它先於體驗。在邏輯和存在論上理先於氣，純粹的理爲不純粹的氣提供規範和調節之根據。四端之心雖然是氣，但它們仍是善的，這是由於它們乃是循理而發出。而七情則是駁雜的，因爲它們不是由理來生出。

心學認同七情是無秩序的，却不認同四端之心所代表的道德情感是靠理所發出來的。對心學而言，道德情感是自發的，而理表示心的有序活動之秩序（當然，我們今天可以進一步對其做出另一種詮釋，澄清此秩序隱含的道德規範）。[1] 可見，由心的活動（如惻隱）來證成理本身的含義，對於心學是一條合適的道路，而對理學却是不通的道路，否則就犯了循環論證的錯誤。對理學家來説，他們需要從自然宇宙本身發現秩序，進而發覺合於此秩序的心的表現。以天地之心，證成道心，繼而鑒別出人之善心。

---

①參閲 Yinghua Lu：“The *a Priori* Value and Feeling in Max Scheler and Wang Yangming”, *Asian Philosophy* 24, no. 3（2014）：197—211；Yinghua Lu：“Pure Knowing（*Liang Zhi*）as Moral Feeling and Moral Cognition：Wang Yangming's phenomenology of Approval and Disapproval”, *Asian Philosophy* 27, no. 4（2017）：309—323.

二、自然何以是善的？

朱熹的《仁説》作於其完成中和新説後的成熟時期，[①] 該文本爲我們瞭解其理路提供了重要的依據，也交代了他闡明自然之善的綫索。兹選録其内容如下：

> 天地以生物爲心者也，而人物之生，又各得夫天地之心以爲心者也。故語心之德，雖其總攝貫通無所不備，然一言以蔽之，則曰仁而已矣。請試詳之。
>
> 蓋天地之心，其德有四，曰元亨利貞，而元無不統。其運行焉，則爲春夏秋冬之序，而春生之氣無所不通。故人之爲心，其德亦有四，曰仁義禮智，而仁無不包。其發用焉，則爲愛恭宜别之情，而惻隱之心無所不貫。故論天地之心者，則曰乾元坤元，則四德之體用不待悉數而足。論人心之妙者，則曰"仁，人心也"，則四德之體用亦不待遍舉而該。蓋仁之爲道，乃天地生物之心即物而在。情之未發而此體已具，情之既發而其用不窮。誠能體而存之，則衆善之源，百行之本，莫不在是。此孔門之教所以必使學者汲汲於求仁也。其言有曰："克己復禮爲仁。"言能克去己私，復乎天理，則此心之體無不在，而此心之用無不行也。(《晦安先生朱文公文集》卷六十七)[②]

---

①關於朱子《仁説》寫作時間的討論，參閱劉述先：《朱子哲學思想的發展與完成》，長春：吉林出版集團有限責任公司，2015 年，第 138—143 頁。

②朱熹：《朱子全書》（第 23 册），上海：上海古籍出版社；合肥：安徽教育出版社，2002 年，第 3279—3280 頁。

此文至少指出了自然之善的第一個表現，即自然提供給人和萬物生長的有利條件，如陽光雨露滋養人和萬物。天地以生物爲心，自然本身即生生不息。由春生之氣無所不通導出仁無所不包，繼而導出惻隱之心無所不貫。

第二，自然之善體現於“自然是有秩序的”。自然不是雜亂無章的混沌、混亂，宇宙的規律可以用數學公示的方式表達出來。元素周期表也根據有規則的相似性、遞進性對元素進行了有序的排列。人們通過觀察、計算、實驗、推理，總結出了數學、物理、化學、天文、生物等不同科學面嚮的定律。① 朱熹雖然并不具備今天的科學知識，但也看出了自然的內部秩序。以下引文中，朱熹傳達了理所表示的宇宙秩序含義：

> 若無太極，便不翻了天地！（《朱子語類》卷一）②
>
> 道夫言：“嚮者先生教思量天地有心無心。近思之，竊謂天地無心，仁便是天地之心。若使其有心，必有思慮，有營爲。天地曷嘗有思慮來？然其所以‘四時行，百物生’者，蓋以其合當如此便如此，不待思維，此所以爲天地之道。
>
> 曰：“如此，則《易》所謂‘復其見天地之心’，‘正大而天地之情可見’，又如何？如公所説，祇説得他無心處爾。若果無心，則須牛生出馬，桃樹上發李花，他又却自定！程子曰：‘以主宰謂之帝，以性情謂之乾。’他這名義自定，心便是他個主宰處。所以謂天地以生物爲心。中間欽夫以爲某

---

①參閱亞當·哈特·戴維斯：《薛定諤的猫——改變物理學的 50 個實驗》，陽曦譯，北京：北京聯合出版公司，2017 年。

②朱熹：《朱子全書》第 14 册，第 114 頁。

不合如此說。某謂天地別無勾當，衹是以生物爲心。一元之氣運轉流通，略無停間，衹是生出許多萬物而已……”（《朱子語類》卷一）①

萬物皆有其理，牛不能生馬，桃樹上不能發李花。第二段引文不僅表達了宇宙是有秩序的，還具有目的論的色彩。宇宙有秩序便蘊含了宇宙的運行朝嚮善之目的。天地并無思慮造作等人爲之心，但却以生物爲心，换句話説，宇宙也是有意、有情的。《朱子語類》卷四載：

“天下之物，至微至細者，亦皆有心，衹是有無知覺處爾。且如一草一木，嚮陽處便生，嚮陰處便憔悴，他有個好惡在裏。至大而天地，生出許多萬物，運轉流通，不停一息，四時晝夜，恰似有個物事積踏恁地去。天地自有個無心之心。復卦一陽生於下，這便是生物之心。又如所謂‘惟皇上帝降衷於下民’，‘天道福善禍淫’，這便自分明有個人在裏主宰相似。心是他本領，情是他個意思。”

又問：“如何見天地之情？”

曰：“人正大，便也見得天地之情正大。天地衹是正大，未嘗有些子邪處，未嘗有些子小處。”②

天地之心是宇宙的運行秩序（本領），天地之情是宇宙之善的意願或目的（意思）。朱熹并不像一神教那樣信奉一個具有極强人格性之主宰上帝，但天（或皇天上帝）在他看來也具有較弱的人格性。天在中文語境中至少具有以下一些含義：（1）天空之天（天地合稱自然，天下稱世界）；（2）自然之天（包含天地萬

①朱熹：《朱子全書》第14册，第117頁。

②朱熹：《朱子全書》第14册，第188頁。

物環境氣候)；(3) 情意之天，亦即人所敬畏之上天。天既内在於自然又超越於自然，儒家對天的理解具有萬有内在神論（panentheism）的色彩。① 宇宙是有秩序的，因此宇宙是有理性的。宇宙是意願善的，這體現於它促進萬物的生長與完善。而人之理秉自宇宙之理，所以人也是有理性的，人當認識和遵照宇宙的模式與自身本性，促進萬物、他人和自我的生長完善。《中庸》也遵循此種途徑，以天命之善論證人性之善。

第三，自然之善，還體現在自然秩序可以爲人所利用，以增進人的福祉。譬如，人們利用天然植物製作藥材，利用竹子特性製作竹椅——“竹椅便有竹椅之理”②，利用建築原理建造房子，利用科學製造出空調、飛機來改善生活。朱子説道：“天地不曾生個筆，人把兔毫來做筆。纔有筆，便有理。”③

三、對自然之善的挑戰與回應

針對對於自然之善的第二條表現，人們可提出質疑：爲什麼秩序本身就意味著善？我們可以回應如下：法則克服了任意性，後者意味著不可控、無法應對。由於自然不是由偶然與巧合所組成，而是有條理的，因此自然不會對人構成隨意的阻礙和傷害。在我們剛剛按照建築知識蓋好房子後，房子不會馬上便倒掉。而

---

①萬有内在神論爲卡爾·克利斯蒂安·弗里德里希·克勞澤所首次明確闡發，是一神論與泛神論的結合，主張神上帝内在於宇宙的每一部分，又超越宇宙。參閲 Benedikt P. Göcke：“On the Importance of Karl Christian Friedrich Krause's Panentheism”, *Zygon* 48, no. 2 (2013): 364—379.

②朱熹:《朱子全書》第 14 册，第 189 頁。

③朱熹:《朱子全書》第 14 册，第 189 頁。

危房也常常有其徵兆，根據建造時間、方法、材料和目前狀況可評估其堅固程度。

這樣一種回答，仍然會面臨挑戰。即，自然的惡如何解釋？這也與自然之善的第一條表現相關。自然不僅爲人和萬物提供補給，也對人和萬物造成傷害，或使得對人構成威脅的事物存在，如有毒的植物、害蟲、野獸、疾病、地震、海嘯、乾旱、洪水、蟲災、饑荒的存在（挑戰 A）。仍就第二條來説，自然總是存在測不准或無法預測之處，這種現象與秩序相悖。我們對一些自然灾害無法準確預測，似乎它們是隨機、偶然發生的。除了無法準確測量宏觀事件，量子科學認爲微觀粒子的準確運動也無法預測（挑戰 B）。

對於挑戰 A，常見的辯護有如下幾種。（1）這些事物、事情并非全惡，也有其價值。（2）惡的存在乃是爲了彰顯善。（3）上天（上帝）對人的考驗或懲罰。

不幸的是，這幾種解釋都不能令人滿意。

（1）除非混淆價值判斷，我們不能否定有些事情總體上就是惡的。如地震、海嘯和饑荒。它們即便能帶來一些好的結果，也是微不足道、代價沉重的。除非我們能够證明，如果這些事情不發生，就會有更惡的事情發生，即兩害相權取其輕，否則我們不能將其看作是善的。萊布尼兹有這樣的一種解釋，認爲我們所在的世界是所有可能世界中最好的世界。[①] 但是，人們有理由質疑，以上帝之全善全能，爲何會容許可能的世界是充滿了一些不幸的世界。

---

①G. W. Leibniz, *Theodicy*, trans., E. M. Huggard. Charleston, SC: Biblio-Bazaar, 2007.

另一種將惡看作善的思路是，惡可以用來對惡進行懲罰，即以毒攻毒，如使用毒藥對壞人執行死刑。但這樣一種解釋也不是很有說服力，它衹能説明回應之惡的作用，而不能説明起初便構成傷害的惡有什麼價值。自然的惡常常傷害了好人。

（2）并非没有惡的現象，就不會有善惡的觀念與善的現象。我們可以在理性上認清什麼是善、什麼是惡，而不是完全靠經驗觀察與比對來對其進行認識。我們知道颶風之摧毁破壞、人之殺害無辜是惡，并不需要現實地瞭解到這些事件的發生纔知道它們是惡。誠然，人們可以反駁説，我們事實上還是已經知道了颶風的破壞。作爲對此的回應，我們可以設想一種從未發生過的破壞，如地球的爆炸，此事并未發生，但我們已經知道這是一件惡事。

（3）首先，對善人進行考驗或懲罰，會使得天（上帝）的善良意願受到質疑。其次，即便我們承認每個人都需要磨練、都有罪，承認考驗和懲罰的意義，我們也無法想通仁慈的天（上帝）爲何會以大規模的慘劇來考驗和懲罰人們。歷史上發生過廣泛流行且持續長久的傳染病。以此考驗和懲罰那些不算壞的人，無乃太過乎？

一神教難以解決其所面臨的此種問題。相較之下，儒家傳統由於不預設全能的上帝，可以找到合理的解釋：即坦率地承認自然并不總是提供便利，也確實存在缺陷，即確實存在自然的惡。自然之惡的存在并不是爲了顯示善的意義，毋寧説，自然雖然存在疏漏，但在整體上仍是滋養人的。乾旱、洪水、饑荒、地震、海嘯并不頻繁發生（人爲妄作干預造成的除外）。這種解釋也相通於對挑戰 B 的回應。自然確實存在測不准或無法預測之處，但在整體上仍是有規律可循的。況且隨著科技的進步，目前無法測量的東西未必以後也無法測量。重要的是，對自然之疏漏的修補，凸顯了人的創造性。《中庸・二十二章》説道："唯天下至誠，爲能盡其性；能盡其性，則能盡人之性；能盡人之性，則能盡物之性；能盡物之性，則可以贊天地之化育；可以贊天地之化育，則可以與天地參矣。"① 自然提供基本的框架，而人參與到天地的創造進程中來，運用理性與道德和天地共同促進萬事萬物的生成演化。

當然，聲稱自然整體是有秩序的，仍會面臨挑戰。按照今天的生物學研究，依據微生物化石上的迹象，地球上的生命出現在約 40 億年前。根據化石記録，第一批早期人類出現在西元前 20 萬年前。② 這些時間相對於宇宙整體來説，仍然是非常短暫的。從空間來看，目前除了地球，還沒有證實其他星球上有生命存在。因此，挑戰者可以説，與其説宇宙是有秩序、有善之目的，不如説生命和人類的出現纔是偶然。

對此我們可以回應説，生命的起源還停留在假説階段，并沒有得到證實。其次，即便我們相信進化論，并且相信生物是由非生物進化而來，透過非生物能够進化爲生物這一過程，仍然可以看到宇宙是有良好秩序的，不然非生物不會蘊含進化爲生物的潛質。與否定了宇宙秩序相反，萬物皆有能量活力的觀點反而會證成儒家的"氣有能動性"（機體論，organicism）、"萬物一體"等思想（雖然朱子反對以萬物一體來訓仁）。儒家并不將非生物的聚合之氣、以及基質之氣看作衹是死物，而將其看作具有活

①朱熹：《四書章句集注》，北京：中華書局，1983 年，第 32 頁。

②參閲邁克爾・C・杰拉爾德、格格麗亞・E・杰拉爾德：《生物學之書》，傅臨春譯，重慶：重慶大學出版社，2017 年，第 1、2、25 頁。

動性。

四、枯槁有性、濁氣有理：濁氣之理及其源頭

天理是純善的，而氣則有清濁。相比於其他事物，人秉得氣之靈秀者。在人中，亦有秉得清氣者與秉得濁氣者；是以有聰明、美麗、健壯、長壽、溫和、勇敢的人，也有愚笨、醜陋、羸弱、短命、急躁、怯懦的人。人之外的事物，以及人中稟賦不佳者，都可以被看作秉得濁氣。有不可轉化之濁氣，也有可以轉化的濁氣。今天的整形手術，就可以改變人的相貌。理學的工夫進路，便是依照純善的天理轉化人的濁氣，“變化氣質”，如調節人的欲望與脾氣。

“人”可以被看作萬物之一，也可以與萬物并舉。由於萬物皆有其理，顯然，在有其特性與規律方面來説，濁氣也是有理的。害蟲、毒藥這種對人有危害的事物，或垃圾、糞便這種無價值的物品都有其特性。每一種非生物和生物都有其模式，人的濁氣也表示了其生理與心理的模式。但就天理、絕對的善、善之源泉而言，濁氣是不具有理的。天理中已經蘊含了價值判斷。違背和諧、造成傷害的自然濁氣，具備自然規律意義上的理，却不具備價值意義上的理。

如果我們還立足於自然內部，我們可以説天理表示基本的、主要的宇宙模式。如前所述，宇宙模式不是完全善的，但其基本與主要模式可以被看作是純善的。善的來源便在於此基本與主要的宇宙模式。人之行善根據在於與宇宙之天理相通的人性中和諧與積極方面。也可以説，人性中這些道德趨嚮是來自天之所賦。故而，仁義禮智之性對應四端之心，它們共同地來自自然宇宙。

“心具衆理。”在這種解釋下，天理被看作從自然之理（或曰諸理、衆理、萬物之理）中提煉出來的和諧的自然之理。換言之，天理和自然之理處在同一層次，表示許多和諧的自然之模式。

當然，我們也可以反過來看，自然之理被看作是純粹的天理分殊後形成的。在分殊中就形成了不純善的自然之理。純粹的天理，乃是秩序與和諧本身，是不直接表達具體物特徵的最高的理，即不是存在於自然中的萬物之理。在這一理解中，自然裏主要的、和諧的萬物之理的運行將被視爲天道，而非天理。天道比天理更爲具體，本身就傳達了道路、軌轍、規律的含義。

朱熹更傾嚮於後一解釋邏輯，認爲天理之存在更根本。萬物之理是天理的發現綫索，而天理是萬物之理的存在依據。也就是説，在朱熹枯槁有性、濁氣有理的思想中，枯槁和濁氣不僅僅有自然之理，也間接地具有天理，因爲所有的自然之理都源自天理。朱熹認爲，人和物表面上都有兩性，但兩性又可以説衹是一性。氣質之性源於本然之性。針對徐子融和徐方叔認爲非生物（枯槁）衹有氣質之性，而無本然之性，朱熹進行了駁斥，主張本然之性墜在氣質之性中。換句話説，秩序本身之理墜入自然之理中。依照一些觀點（如心學）看來，人之道德性與萬物的特性是兩回事。而從理學看來，人之性與萬物之性共同地通於本然之性，都源自天理。朱熹寫道：

> 蓋天之生物，其理固無差别。但人物所秉形氣不同，故其心有明暗之殊，而性有全不全之异耳。若所謂仁，則是性中四德之首，非在性外别爲一物而與性并行也。然惟人心至靈，故能全此四德而發爲四端。物則氣偏駁而心昏蔽，固有所不能全矣。然其父子之相親、君臣之相統，間亦有僅存而不昧者。然欲其克己復禮以爲仁、善善惡惡以爲義，則有所

不能矣。然不可謂無是性也。若生物之無知覺者，則又其形氣偏中之偏者。故理之在是物者，亦隨其形氣而自爲一物之理。雖若不復可論仁義禮智之彷彿，然亦不可謂無是性也。此理甚明，無難曉者。自是方叔暗昧膠固，不足深責，不謂子融亦不曉也。

……

又謂枯槁之物衹有氣質之性，而無本然之性。此語尤可笑！若果如此，則是物衹有一性，而人却有兩性矣！此語非常醜差。

蓋由不知氣質之性衹是此性墮在氣質之中，故隨氣質而自爲一性，正周子所謂“各一其性”者。嚮使元無本然之性，則此氣質之性又從何處得來耶？况亦非獨周、程、張子之言爲然，如孔子言“成之者性”，又言“各正性命”，何嘗分别某物是有性底，某物是無性底？孟子言山之性、水之性，山水何嘗有知覺耶？若於此看得通透，則知天下無無性之物。除是無物，方無此性。若有此物，即如來諭木燒爲灰，入陰爲土，亦有此灰土之氣。既有灰土之氣，即有灰土之性。安得謂枯槁無性耶？（《答徐子融》）①

既然大家都同意非生物没有知覺，不是道德行爲者（moral agent），不能去踐行仁義禮智之性，爲何朱熹仍堅持枯槁具備仁義禮智之性？朱子如此堅持的深意在於，秩序與和諧本身衹是一個抽象的理念。天理本身無迹可尋，我們衹能從萬物之理看到天理的大致表現。如果割裂天理與萬物之理，憑空冥想天理，就有

①《晦安先生朱文公文集》卷五十八，見朱熹：《朱子全書》第23册，第2767—2768頁。

懸空的弊端。作爲本的天理必須透過作爲迹的萬物之理爲人所接近。在工夫上，格物窮理須從具體的自然之理下手，從而逐漸深化對天理的認識。① 因此，朱子不願切斷天理與萬物之理的關聯。一方面，他堅持天理不同於萬物之理，本然之性不同於氣質之性，前者方爲根本。另一方面，他同時也重視分殊之理，後者雖不是天理的完美呈現，却也是其主要表現。

朱子的這一觀點亦相通於充足理由律。任何一物都有存在的必然性，并非天地之弃才。可是，這對一般的器物説得通，但對本身就是無價值、或是有害的事物呢？朱子并没有重點討論此問題。他大概認爲，并不存在其存在本身即惡的事物。朱熹説："虎狼之父子，衹是他仁上有一點子明；其他更推不去。恰似鏡子，其他處都暗了，中間衹有一兩點子光。大凡物事，禀得一邊重，便占了其他底。"（《朱子語類》卷四）② 依照朱熹的説法，虎狼也有其善性，虎毒不食子。不過，對於本質上、總體上就傷害生命的事物，或者必然地引發破壞生命的現象呢？如有毒植物、病毒、地震、海嘯。我們總是致力於消除它們或它們的危害。依照朱子的理路，他也要承認這些事物源自天理。一個合理的解釋似乎是，萬物之理雖然源自天理，但并不都是天理直接的展現。或者説，一些事物的存在與特性是天理的偏差展現。那麽，現在的問題便在於，既然天理是純善的，它爲何容許自己展現爲不純善的、甚至偏嚮於惡的萬物之理？

---

①參閱《朱子語類》卷十五，見朱熹：《朱子全書》第 14 册，第 469 頁。
②朱熹：《朱子全書》第 14 册，第 184 頁。

五、自然之理與天理的關係；天理的有限能力、理想性與引導性

同時認同（1）天理純善；（2）自然之理來自天理；（3）自然之理不純善，乃至有惡，這在邏輯上似乎是講不通的。由於不純粹的自然之理來自於天理，那麽看起來天理也不是純善的，也要爲惡負責。此外，理氣在存在論上不離不雜，而氣并不由天理而生，爲什麽氣的理却由天理而生？天理如何規定質料的特徵？

“月映萬川”的比喻，使得衆理看起來乃是模仿了天理。而在其他地方，朱熹的解釋又像是衆理“分有”了天理。他説道：“人物之生，天賦之以此理，未嘗不同，但人物之秉受自有异耳。如一江水，你將杓去取，衹得一杓；將碗去取，衹得一碗；至於一桶一缸，各自隨器量不同，故理亦隨以异。”① 模仿和分有説是否會産生邏輯難題此處暫且不論，這裏著重指出在自然之理的形成中，其所依憑的天理之純度受到了損耗，從而出現了病毒以及病毒之理。

首先，作爲秩序本身的天理要展露自身，就需要落實到現實，需要依靠氣與自然之理。在具體化之過程中，天理無法完全掌控局面，它本身不能直接賦予氣特性（自然之理）。氣自身携帶特性：没有無理之氣，基質之氣已然存在并具備特定性質。雖然自然之理在邏輯上和存在論上以天理爲依據，但它們并非在時間中由在先的已經現實圓滿的天理所推動生成。如果天理是具有强大推動力的主宰，直接地安排生成衆理，那麽天理就不能擺脱

①《朱子語類》卷四，見朱熹：《朱子全書》第 14 册，第 184 頁。

惡的源頭的嫌疑。換言之，天理的力度是有限的。天理是純善的，却遠非全能的。在這個角度，我們也可以理解牟宗三所言朱子思想中理衹存有而不活動的内涵。

其次，如果説天理是不活動的，那麽天理分殊衆理不是天理生出衆理，而是衆理乃自發參照天理之和諧而形成。自然之理本質上向上參照天理，向下結合質料。分解地説，事物乃由自然之理與氣的結合而構成。而現實上基質之氣與自然之理通常同時存在，并不是某質料先有無理的時刻，後有有理的時刻。不過，却有可能某理存在，却還未有聚合之氣以實現之。飛機製造之理永恒存在，但人類掌握了一些原理，製造了相關的材料之後，纔能將飛機製造出來。换言之，存在無氣之理，却不存在無理之氣。相比之下，并非由其他東西所組成的基本粒子，與其特性之間的關係則比較微妙。是否可能現實中還没有基質之氣，而存在其理？要證成這一點，需要證實在某時間點（如宇宙大爆炸）之前某基本粒子并不存在，而在其後却產生（而非發現）出來。而且，如果此基本粒子是由先前的種子演化而來，那麽它其實并不是真正的基本粒子。基質之氣與其理之間的關係并非本文論述重點，故對此暫且不論。

天理和自然之理的關係，方是這裏要處理的重點。我們可以轉换一下思路，使得朱子的進路更加融貫。分殊之衆理可以被看作是受天理引導（或曰吸引），而非由其推動來形成。也就是説，天理具有理想性。天理既是原初的根據，又是實現的目標。它是目的，也處於生成的過程中。天理自身在價值上是無限的，而在力量上是有限的，它可以被保存、昌大，也可以被毁滅。“人能弘道，非道弘人。”（《論語·衛靈公》）人的使命是利用各種規律和質料來建構更好的世界。自然之理存在不理想的狀況，但總是在朝嚮完滿的秩序，以善爲目的。理一之分殊中，難以避免地出現不善的現象與其模式。這主要是由於：事物之有機關聯和運行的豐富性，需要多種多樣的、乃至相互對立衝突的理與氣來互補配合。無論是陰陽、五行的相生相剋，還是基本粒子與細胞運行的各種趨嚮，都展現了對立乃爲和諧所蘊含這一必然性。無變化之單調即是死物，不可謂和諧與秩序。① 在少數時候，一方之力量若未能自然順遂地爲對立方所中和，就會出現斷裂和破壞。但自然主要的、無偏差的理（其運行爲天道）仍是善的，人就是要在此世界中，接續這些斷裂，將破壞轉化爲建設。人之所以有這樣的擔當，也是由於人之理是宇宙中最爲和諧和敏鋭之理，甚至人具有這樣的本性：透過實然的科學之理可以發現最高的天理，并爲不斷實現天理而奮鬥。人所秉得的義理和天地之性，在本質上乃與天理處於同一層次，由天理的善性所賦予，而非如萬物的氣質之性那樣，僅僅由天理所墜入。換言之，秩序所蘊含的善是天地之性的來源，純度無損；秩序本身是氣質之性的根源，純度受損。

這種天理起引導作用的解釋，反對天理的全能與決定之説，同時也不認同天理完全無力。在此種詮釋下，我們可以更好地理解朱熹的如下文字："論萬物之一原，則理同而氣异。觀萬物之异體，則氣猶相近，而理絶不同也。"（《答黄商伯》）② 萬物與萬

①關於在無災難的正常情況下，衰老、疾病和死亡是否有積極的意義，將留待他處討論。這裏的一個矛盾是，如果説無積極意義，無法解釋自然之仁。如果説有積極意義，人類又何必努力減緩它們的出現。大體而言，這些現象展示人需要在有限中成就自身，有限性提供給人奮鬥的場域。

②《晦安先生朱文公文集》卷四十六，見朱熹：《朱子全書》第 22 册，第 2130 頁。

物之理都由天理所引導、朝嚮天理，故而理同，但作爲聚合之氣的萬物非常不同。組成萬物的基質之氣很相近，但基質之氣的分配、排列、組合與運動之方式不同，就形成了不同的事物與其理。是以猫與狗之理不同，牛與馬之理不同，它們與人的理亦不同。

筆者的如上解釋是對朱子哲學的發展和詮釋，朱子本人并没有明確做出這一解釋。但是，在尊重朱子文本、維護其基本學説、使之在理論與實踐上具有融貫的説服力的前提下，此一發展是對相關難題必要的解答。朱子説道："蓋氣强而理弱，理管攝他不得。"① 他也承認天理不能全然决定自然與自然之理的運作。筆者即沿著此一理路，進一步交代清楚。

六、善與惡的宇宙論來源

在澄清了天理與自然之理的關係後，我們可以看出自然之善惡與人之善惡的源頭。自然之善的來源，是來自於天理與主要的、無偏差的自然之理。而自然之惡，則來自於非主要的、有偏差的自然之理。惡并不衹在於濁氣，還在於濁氣背後的理。不理想的理也發源於天理，但由於天理并不直接决定所有的理，因此天理仍是純善的，并不爲自然的惡所負責。惡的源頭并不是與善的源頭對立的、同樣實在的另一極，惡乃是來自於善的源頭之偏差。

人之善的來源乃是從天理秉得的天地之性，如仁義禮智。一種不準確的看法認爲人之惡源於氣質之性。氣質是在具體時間中

①《朱子語類》卷四，見朱熹：《朱子全書》第 14 册，第 200 頁。

的生理心理表現，而氣質之性（或氣質之理）則是生理心理的自然規律與本能傾嚮。人自然的需求，不僅不應受到壓制，還恰恰是應當得到成全的。是以儒家主張仁愛關懷，己欲立而立人，己欲達而達人。朱熹等儒者之所以宣導滅人欲，乃是爲了限制破壞性的欲望。所謂破壞性的欲望，即對人的生命與精神構成阻礙的對快樂、利益與權力等的追逐。①

總之，我們并不能説人的氣質之性就是人之惡的來源。衹有當氣質之性壓制天地之性時，人一味順從氣質之性而不顧及天地之性時，纔有了惡的産生。氣質之性壓制天地之性的表現包括缺乏意志力、自制力、反思力、道德情感，沉溺於感官愉悦中等。對人而言，好的行動的一個根據便是以天理來調節自然之理。天理賦予人價值、理性、理想、德性、道德情感等，而人的自然之理則是生物學與心理學意義上的特性與欲望，使人傾嚮於存活、快樂、占有。人相對於其他事物的可貴之處便在於，人可以運用前者超越後者的約束。當然，我們并不能截然割裂二者。自然之理也是天理的（不完滿）展現；如前所述，自然之理得自天理。

七、朱子宇宙論與其心性論、工夫論的關聯

本節無法討論朱子心性論和工夫論的詳細内涵，而重在指出它們與其宇宙論思想的大略關聯。在朱熹“心統性情”的心性論格局中，② 性是超越的根據，心和情是經驗的氣。心雖屬於氣，

①參閲盧盈華:《良知是如何被遮蔽的？——基於陽明心學的闡明》，《中國哲學史》2017 年第 4 期。

②《朱子語類》卷五，見朱熹:《朱子全書》第 14 册，第 227—229 頁。

但却不是普通的氣，它既包含情感，也包含涵養與認知能力，并憑藉理來貞定駁雜的感受。當與情并舉時，心往往表達情以外的意思。

性透過心來生出“合理”的情。或者説，心依照性來發出“合理”的情。朱熹説：“程子云：‘心譬如穀種，其中具生之理是性，陽氣發動處是情。’推而論之，物物皆然。”（《朱子語類》卷五）① 在這個比喻中，種子長成穀子的第一步——萌芽（陽氣發動處）是情，種子是心，而種子所携帶的 DNA 之類的生長根據（具生之理）是性。性是心的根據，而二者又是善情（如作爲四端之心的情）的根據。

在朱子中和新説的模式下，超越的性，不等同於但貫通於主體情感未萌的静之體驗中（也可以説無體驗）。在未發狀態我們需要通過“敬”來做涵養的工夫。敬這種體驗非常獨特，它不同於其他感性的、認知的心的活動，而是無意地含藏仁義禮智等德性，并配合理與性開啓其他的道德情感，如惻隱和羞惡。未發之中不是空無的明鏡狀態，而須有敬的持守。朱熹所説的敬，主要不是意嚮性感受的尊敬，而是一種認真、嚴肅、安定、莊重的心境，其反面是輕浮、浮躁、心猿意馬、怨怒、焦慮等不安定態度。②

若在體上無道德情感，道德情感乃由理所衍生而來，那麽未發中的敬所持守的是什麽呢？性與理也。在敬中，人們不是有意地去思慮理義。朱子説：“未發時著理義不得，纔知有理有義，

①朱熹：《朱子全書》第 14 册，第 230—231 頁。

②Yinghua Lu：“The Phenomenology of Respect：With Special Attention to Kant，Scheler，and Confucianism”，Asian Philosophy 27，No. 2（2017）：113—114.

便是已發。當此時有理義之原，未有理義條件。”（《朱子語類》卷六十二）① 在動時方有理義具體表現之條件。即便如此，在安定、無私欲攪擾的敬之心境中，性與理仍自發地處在主體未主動察覺的意識深層。换句話説，一旦心不受攪擾，人會自發地領會到宇宙之和諧，體會到作爲秩序本身的天理，而天理所藴含的道德規範便會自發地在人意識深處顯現。道德規範使得道德情感得以適當地發生，未發之中導嚮已發之和。因此説敬貫穿静動。由於自然之理是天理的發現綫索，因此涵養和格物窮理相互促進。安定的心境，及其隱含的對秩序和善的目的之嚮往（有理義之原），推動格物致知。反過來，對自然之理的認識能够在不同的方面深化人們對天理的理解，這又使得涵養之本得到鞏固加强。通過積累對宇宙事物之運行模式的認識，人們得以適當地行動。這樣，善又溯源到了反映天理的自然，行善依賴於對自然的認知。

由於涵養有理與性作爲憑據，而後者亦不是無内容的抽象，因此劉述先評價朱子衹瞭解空頭的涵養工夫，② 便不是公允的論斷。劉述先還批評朱子道：

> 朱子對於在教育程序上應循的步驟煞有見地。但他没有瞭解‘先識端倪而後涵養’是自覺地做道德實踐的層次，與教育程式不可混爲一談。本心不立則道德實踐缺少一個基礎。朱子這樣做的好處是在事上歷練，不致失於空疏，但缺點是自覺的道德心終挺拔不起來，難免支離之病。然朱子之重做後天的修養工夫終是要從這個方嚮走去，與科學式的致

①朱熹：《朱子全書》第 16 册，第 2045 頁。

②劉述先：《朱子哲學思想的發展與完成》，第 111 頁。

知顯非一事。①

站在同情理解朱熹的角度，我們可以辯護如下。首先，朱子的道德學并不缺少一個基礎，衹不過其基礎不在心，而在理。其次，朱子的進路未必導致支離，即便退一步承認存在支離，人們也可以說支離未必就是缺點。爲了避免支離而不對事物做科學的、客觀的探究，問題更嚴重。事實上，朱子一方面强調工夫的入手處、層次性、具體性，主張必須要透過格衆理來逐步瞭解天理。另一方面，朱子也承認天理自存之大本。天理與衆理在存在論和工夫、認識上分别相互奠基。因此，朱子的理路并非衹是支離瑣碎而無本。最後，朱熹思想没有在現實上開出科學，并不能推導出他的學説没有科學精神。我們已經看到，朱子對涵養天理和科學式的致知是并重的。至於爲何朱子哲學本身藴含科學精神，却没有開顯出來，後文將論及。

八、横攝系統能否開出道德？

一種辯護朱熹的路徑是，主張朱熹也有心學，朱熹的理也是本質上與心交融在一起的。這樣做一來缺乏客觀的瞭解，二來未能證成朱子的理路。對朱子學缺乏信心，纔會拉其靠近心學的陣營。模糊學理之進路，混淆心學與理學、横攝系統與縱貫系統的根本差异，將無法對宋明理學家進行準確的定位與認識。就此而言，牟宗三的澄清工作極有意義。不過，即使人們大體上承認牟宗三將朱子判爲横攝系統、乃至别子爲宗的定位，朱熹自身的理論是否可以行得通却是另外一個需要單獨探討的問題。本文不打

①劉述先：《朱子哲學思想的發展與完成》，第113頁。

算從思想史上評定朱熹的立場是否偏離了先秦儒學之大宗，而聚焦於此問題：橫攝系統究竟能不能開出道德?

縱貫系統主要展現爲以下方面：在存在論上實體正面地創生，且此創生即是道德自身的創生，心首要地就是道德心。相反，在橫攝系統中，在存在論上并無正面創生的實體，至多某姿態可以側面地、消極地輔助而不否定世界的實在，所以牟宗三説道家與天臺佛教是縱貫橫講。[①] 就心而言，橫攝系統將認知、審美等非道德之心看作首要、根本的心。牟宗三在對縱貫和橫攝系統的闡發中，對朱熹做出了四點批判。

首先，牟宗三認爲朱熹減殺了性體的道德性。他寫道：

> 是以無論是孟子或是《中庸》、《易傳》，其所言之性體總是作爲道德實踐之先天根據的性體，而且亦即是道德創造的實體。在人與在天地萬物是這同一道德實體：在人，是使道德行爲"純亦不已"者；在天地萬物，是使宇宙秩序即爲道德秩序者，是這實體"於穆不已"之流行起作用，即所謂"天命流行之體"者。但這實體（即性體、道體）之道德性，在朱子之説統中却被減殺，甚至不能保存。他的存有論的解析是泛就存在之實然以推證所以然之理以爲性。如此説的性，其直接意思是存在之存在性，存在之理（雖亦是超越

---

①牟宗三：《中國哲學十九講》（《牟宗三先生全集》第二十九册），臺北：聯經出版事業股份有限公司，2003 年。可資參照的是，Anthony Steinbock 在現象學上區分了横列型（horizontal）被給予性與縱貫型（vertical）被給予性。在縱貫型被給予性中，我們所體驗者并不是作爲客體而被給予。參閲安東尼·J·施坦因博克：《人類經驗中的縱貫型被給予性》，盧盈華譯，《中國現象學與哲學評論》2015 年第 1 期。

的，不是現象的），而不是道德實踐之性，不是道德創造之性。①

在縱貫系統中，本心良知本質上與作爲價值的天理相融攝，它們共同地奠定道德基礎，并導出宇宙秩序。良知天理負責萬物的存在，在於人們通過交互地施行愛、惻隱、尊敬、救助等實現精神價值的精神感受和行爲，賦予萬物以意義，賦予他人和自我以價值（生成自我與他人）。換言之，心學認爲價值與感受先於宇宙秩序。而在理學中則相反，作爲秩序的天理蘊含作爲價值的天理，二者都先於感受。宇宙秩序導出有序感受。在立道德之本方面，理學確實不如心學直接，但在探求各種知識方面，在改變經驗之習性方面，心學又不如理學直接和連貫。證成道德開出知識之可行，并不等於否定了知識開出道德的可能性。况且，存在之理已經蘊含了秩序與善，朱熹并沒有減殺性體的道德性。由於牟宗三對康德自律道德學説的尊奉，他沒有承認獨立於人意志或意識之外的善之客觀存在的可能性。

第二，牟宗三認爲，在朱子思想中，實體祇存有而不活動，因此喪失其創生義。朱熹所説的所以然是“静態的、存有論的所以然，而不是動態的、本體宇宙論地同時亦是道德地創生的所以然”②。如上文所分析，天理確實不能完全决定衆理，亦不能直接推動道德行爲。但是天理能够引導衆理，能够提供道德規範，涵養和致知之心可以不斷認識和實現天理。换言之，雖然理本身不具有創生義，心與理的配合却能够創生。

第三，牟宗三認爲在朱熹的順取之路中，“所謂‘我固有

①牟宗三：《心體與性體（第三册）》（《牟宗三先生全集》第七册），臺北：聯經出版事業股份有限公司，2003 年，第 530 頁。

②牟宗三：《心體與性體（第三册）》，第 532 頁。

之'，所謂不待外求，皆祇成口頭滑過，依附著隨便説説而已，實則皆待外求，而固有之者亦被推置於外。此不得以所窮之理即爲吾人之性爲解，亦不得以'心之德'、'心具衆理'爲解，蓋心與理爲二即是外也，以認知的横攝而一之，而貫通之，亦仍是外也。此蓋順取之路所决定而必然如此者。"① 與牟宗三所主張的逆覺之路不同，朱子所標舉的心，確實首要地是認知心。然而，此心是即認知即道德的。祇有通過認知衆理纔能更深入地體察天理。在涵養和格物中體認天理和探索衆理，是深化對天理瞭解的過程，使得天理及其藴含的道德規範時時自發地（即便是潛在地）在場。朱熹説："自家知得物之理如此，則因其理之自然而應之，便見合内外之理。目前事事物物，皆有至理。如一草一木，一禽一獸，皆有理。草木春生秋殺，好生惡死。'仲冬斬陽木，仲夏斬陰木'②，皆是自然底道理。自家知得萬物均氣同體，'見生不忍見死，聞聲不忍食肉'，非其時不伐木，不殺一獸，'不殺胎，不殀夭，不覆巢'，此便是合内外之理。"（《朱子語類》卷十五)③

可見，"我固有之"與"外求"并不一定矛盾。我可以内在地、初步地體會到天理，但祇有通過外求我纔可以在廣度和深度上看到天理是如何表現的。我們甚至可以做出這樣的宣稱：無知即是惡。學的重要性與緊迫性，由此而凸顯。這不見得是朱子學的缺點，而恰恰是其優點：在堅持道統的同時，也可以開出學統

①牟宗三:《心體與性體（第三册)》，第533頁。

②《周禮·地官·山虞》載："仲冬斬陽木，仲夏斬陰木。"見楊天宇：《周禮譯注》，上海：上海古籍出版社，2004年，第243頁。《朱子語類》此處記録顛倒，記爲"仲夏斬陽木，仲冬斬陰木"。

③朱熹:《朱子全書》第14册，第477—478頁。

一定意義上的獨立性。

牟宗三對朱熹的第四點評論，是認爲朱熹的體用不離不雜的觀點與體用不二、即用見體等義有异，① 隨後便大力闡發後者的意義，却没有指出朱熹理路的内在缺陷。如果説朱子的進路存在缺陷，那衹能理解爲無法達到“全體是用、全用是體”的境界。但朱子的信奉者可以聲稱我們不需要達到此境界。朱子肯定理在存在上獨立於人心，而不肯定理在存在上内在於人心，自然有其對“人心惟危”的擔憂。

即便筆者爲朱熹做出了辯護，却也承認牟宗三的批評仍具有意義。尤其是，朱熹的理仍然被一些學者詮釋爲單純的形而上抽象本體，缺乏具體内容，落實到實踐中，不是空洞的，就是獨斷的。朱子理學具體的科學、道德與政治意涵需要得到進一步發掘。

九、朱子與科學精神、道德規範

相較於西方，中國諸多學説均對知識秉持蔑視態度，確是憾事。朱熹理學具備科學精神，却没有開顯出來，後世未能接受他重視科學的面嚮。進一步看，朱子之所以未能影響後來人的科學精神，也是由於他在堅持天理需要衆理得以展露的同時，也强調天理是高於衆理的。

朱子明確地主張我們應當探求草木、昆蟲等自然之理：“上而無極太極，下而至於一草、一木、一昆蟲之微，亦各有理。一書不讀，則闕了一書道理；一事不窮，則闕了一事道理；一物不

①牟宗三：《心體與性體（第三册）》，第533頁。

格，則闕了一物道理，須著逐一件與他理會過。”（《朱子語類》卷十五）①

與此同時，朱熹仍認爲工夫當有輕重緩急、先後之序：

> 格物之論，伊川意雖謂眼前無非是物，然其格之也，亦須有緩急先後之序，豈遽以爲存心於一草木器用之間，而忽然懸悟也哉？且如今爲此學而不窮天理、明人倫、講聖言、通世故，乃兀然存心於一草木、一器用之間，此是何學問？如此而望有所得，是炊沙而欲其成飯也。（《答陳齊仲》）②

格物有不同的途徑：讀書、做事、探求自然。結合以上的引文，朱子的觀點是，在時間次第上，尤其對於童子而言，讀書、通過遵循禮法來適當地處理人之間的關係，要先於對自然的探索，這是由於前兩者更容易著手。但朱子并不是説探求自然就不重要。時間上的先後順序不等同於重要性上的順序。由於人倫、聖言、世故本身并不是天理主要的表現，在人們對歷史、經典、倫常、習俗有所瞭解後，在理智能力發展成熟後，便需要著力探索自然，這纔是格物致知的本質與歸宿。

雖然朱子思想會導嚮對自然與和諧的求索，但他并没有大力闡發這一點。正是由於朱子學對讀書和禮法的表面重視，統治階層利用了它，將臣民、子女對君王、父親的服從固化爲天理的内容。事實上，在朱熹本人的倫常和政治思想中，君臣各有其權利和義務，二者并非簡單的統治與服從關係。③ 然而，朱子并没有明言限制最高權力，爲權利而抗争乃理之内容，他對統治者的要

①朱熹：《朱子全書》第14册，第477頁。

②《晦安先生朱文公文集》卷三十九，見朱熹：《朱子全書》第22册，第1756頁。

③參閱張玉奇：《朱熹綱常論中的三綱要義》，《朱子學刊》1990年第1輯。

求衹是道德上的，并不具有强制性。相較之下，統治者却可以靠權力强制執行對臣民的要求。朱子衹提出對統治者的要求，却未提出確保此要求得以實現的條件，未提出統治者不能履行義務時人們如何在體制上（非暴力革命）懲罰統治者，這反映出他求理之不徹底性。朱子并未順其思路講明天理的内容，不僅没有開顯科學精神，也隱含了被統治者利用來進行道德和政治壓迫的危險。

十、天理的規範内容：天理開出自然法與自然權利的可能性

當今朱子學者應當承擔發展朱子學説的使命，使朱子學焕發强勁的生命力與感染力。在進一步的發展中，理學學者應當注重者有二。第一、發掘其科學精神。會通自然科學與倫理人文，使它們不相互排斥貶低。在現實中達成這樣的效果，需要人文學者增進關於宇宙的知識，對秩序的豐富性有所瞭解，而科學家不衹關注自然規律本身，也反思它與道德秩序的關聯。第二，澄清天理具體的道德規範之内容。通過學習掌握自然之理，人們可以發現天理的特徵和善的意涵。道德規範并不是特殊的道德規條，而是普遍、客觀、永恒地適用於所有人的原則性的要求與保障。朱子學有潛力開出規定人們基本義務的自然法，也可以開出意味著人們基本保障的自然權利。細緻地探討理學開出道德規範的方式，將是另一項工作。這裏筆者通過以下表格（表2），大致勾勒出天理、性、合理之情、自然法與自然權利的關聯。

表 2　天理、性、合理之情、自然法與自然權利的關聯

天理	本然之性	心依性所發之情	自然法	自然權利
宇宙之厚生	仁： 關懷、全德	愛、惻隱	輔助他人生命與精神之完善。	生命權； 精神不受折磨、免於恐懼。
宇宙之正當	義： 義務、正義	羞惡	履行責任； 公道待人、給予他人應當之所得。	受到公正對待； 所得權、財産等正當所得不可剥奪。
宇宙之崇高	禮： 適當、嚴謹、莊重	恭敬、辭讓	審慎厚重、不以輕率言行傷人； 尊重他人自主決定、將人當作目的而非僅僅是手段。	自主權、不受强加干涉； 人格尊嚴不受踐踏； 信仰自由。
宇宙之理性	智： 真理、技藝、實踐智慧	是非	通過不同途徑探求各種知識，并依之行事。（格物窮理、知行并進）	受教育權、知識信息獲得權、不受蒙蔽和愚民； 獨立思考、自由表達、平等討論之權利。

總　結

綜上，朱子在《仁説》中以自然之善論證人性之善。然而説自然是善的，需要解釋自然所存在的惡。儒家可以坦率地承認自然并不總是提供便利，也確實存在缺陷，但自然整體上是有良好秩序的、是善的。純粹的天理，乃是秩序與和諧本身，是不體現於具體物中的最高的理，而不是存在於自然中的萬物之理。自然裏主要的、和諧的萬物之理的運行被視爲天道。朱熹之所以主張非生物之濁氣也有性有理，是由於格物窮理須從具體的自然之理著手，借此逐漸深化對天理的認識。自然之理雖不是天理的完美呈現，却也是其主要的表現，所以朱熹不願切斷天理與萬物之理的關聯。

同時認同（1）天理純善；（2）自然之理來自天理；（3）自然之理不純善，乃至有惡，這在邏輯上似乎是講不通的。解決的途徑在於轉換思路：分殊之衆理可以被看作是受天理引導，而非由其推動來形成。也就是説，天理具有理想性。天理既是原初的根據，又是實現的目標。它是目的，也處於生成的過程中。天理自身不是全能的，它可以被保存、昌大，也可以被毁滅。自然之善的來源，是來自於天理與主要的、無偏差的自然之理。而自然之惡，則來自於非主要的、有偏差的自然之理。人之善的來源乃是從天理秉得的天地之性，如仁義禮智。當人的氣質之性壓制天地之性時，人一味順從氣質之性而不顧及天地之性時，纔有了人之惡的産生。

朱子的工夫論和心性論奠基於其宇宙論思想。由於自然之理是天理的發現綫索，因此涵養和格物窮理相互促進。安定的心境（敬），及其隱含的對秩序和善之目的嚮往，能够推動格物致知。反過來，對自然之理的認識能够在不同的方面深化人們對天理的理解，這又使得涵養之本得到鞏固加强。通過積累對宇宙事物之運行模式的認識，人們得以適當地行動。這樣，善又溯源到了反映天理的自然，行善依賴於對自然的認知。通過文章的論述，我們看到橫攝系統未必開不出道德。

朱子并未順其思路講明天理的内容，不僅没有開顯科學精神，也隱含了被統治者利用來進行道德和政治壓迫的危險。當今朱子學者應當承擔發展朱子學説的使命，使得朱子學焕發强勁的生命力與感召力。尤其應當注重者有二。第一、發掘朱子學的科學精神。第二，澄清天理具體的道德規範之内容。鑒於此，本文大致勾勒出了天理開出自然法與自然權利的可能性。

盧盈華，美國南伊利諾大學哲學博士，華東師範大學思勉人文高等研究院與哲學系副教授、青年研究員，研究領域爲中國哲學、比較哲學、倫理學、現象學。電郵：scholarlu@ hotmail. com

朱陸無極太極之辯疏解

吴　寧

摘要：本文完整地疏解了朱子與梭山、象山兄弟的無極、太極之辯，以厘清朱、陸雙方關於無極、太極之分，以及太極與陰陽的道器、形上形下等方面的重要觀點及其分歧所在。該論辯發生在朱子密切關注濂溪和撰述易學著作的時期，奠定了朱子易學理本論的基本框架，標志著其富有創見的易學義理體系的成型。

朱陸無極太極之辯爲學術史上一樁重要公案。如所周知，朱子对無極、太極的詮釋，主要基於其對濂溪《太極圖》和《太極圖說》的理解，而朱子之太極觀念的發展和完成則與陸九韶（梭山）、陸九淵（象山）的論辯有關。在此筆者對朱陸無極太極之辯作一詳細疏解，以呈現此論辯的整體過程和各自对相關觀念的阐发。

一

據陸九淵《與陶贊仲書》記載①，陸九韶於淳熙乙巳（1185

①據宋袁燮編《象山陸先生年譜》，此書作於淳熙十六年（1189 年），故當爲事後追述。

年）見朱子并開始與之討論太極問題，從象山此信亦可瞭解朱陸太極無極之辯的大略經過：

"《太極圖説》乃梭山兄辯其非是，大抵言'無極而太極'是老氏之學，與周子《通書》不類，《通書》言太極不言無極，《易大傳》亦衹言太極不言無極，若於太極上加無極二字，乃是蔽於老氏之學，又其《圖説》本見於朱子發附録，朱子發明言陳希夷《太極圖》傳在周茂叔，遂以傳二程，則其來歷爲老氏之學明矣。周子《通書》與二程言論絶不見'無極'二字，以此知三公蓋已皆知無極之爲非矣。梭山曾與晦翁面言，繼又以書言之，晦翁大不謂然。某素是梭山之説，以梭山謂晦翁好勝不肯與辯。某以爲人之見偶有未通處，其固以己爲是，以他人爲非耳。當與之辯白，未可便以好勝絶之，遂尾其説，以與晦翁辯白，有兩書甚詳，曾見之否?"（《象山集》卷十五）

此屬事後追述，仍可見朱陸太極之辯的過程：先是梭山見朱子，并與之論辯無極太極，而後梭山與朱子有書信往返展開論辯，象山同意梭山的看法，遂與朱子論辯，其往復有兩封書信。惜乎《梭山文集》亡佚已久，無從得見陸九韶所寫與朱子辯論的書信的全貌，故清人李紱在其所編《陸子學譜》卷五家學中云："按，朱子答梭山先生三書今見《朱子大全集》，而《梭山文集》今逸，不傳其駁太極圖説之語，止見於朱子答書及陸子與朱子往復辯駁書内。"故而我們衹能從朱子和象山的書信所論窺梭山觀點之大端。梭山面見朱子言易不見記載，亦不可得而聞之。朱子在《答陸子美》第一封信開篇即説：

"伏承示諭《太極》《西銘》之失，備悉指意。然二書之説從前不敢輕議，非是從人脚根、依他門户，却是反復看

來，道理實是如此，别未有開口處，所以信之不疑。”（《晦庵集》卷三十六）

顯然，梭山先給朱子寫信討論《太極》《西銘》二書的問題，朱子不同意梭山之論，反而認爲，《太極》和《西銘》兩書所講的道理是確實的，無可置疑，故而十分堅信。由此可見，梭山和朱子所争論的核心問題有二：一是無極太極問題，二是《西銘》問題。這在象山追述和朱子信中都很清楚。朱子希望梭山再考慮一下自己的運思方式，等等，緊接著便提出自己之所以認爲《太極圖説》所言爲真的理由：

> “今亦不暇細論，祇如《太極》篇首一句，最是長者所深排，然殊不知，不言無極則太極同於一物，而不足爲萬化之根；不言太極則無極淪於空寂，而不能爲萬化之根。祇此一句便見其下語精密，微妙無窮，而向下所説許多道理，條貫脉絡，井井不亂，祇今便在目前，而亘古亘今，攧撲不破。祇恐自家見得未曾如此分明直截，則其所可疑者乃在此而不在彼也。”（《晦庵集》卷三十六）

《太極圖説》言“無極而太極”，結合“無極”與“太極”兩個概念，爲該書所建構的宇宙論奠定了基礎，此爲朱子所接受。朱子認爲“無極而太極”的説法儘管爲許多學者所排斥，但却頗有深意，原因在於：太極固然爲一實體，却不同於一般的實體，而是作爲一切事物變化的根本而存在，從這種意義上講，“無極”乃是對太極的修飾和限定，若是去掉這種限定，那麼太極就混同於一般事物了，從而缺乏任何特出的宇宙生成論本體地位可言，不足以成爲一切事物變化的根本；同時，如果不從太極的角度來討論無極，那麼“無極”就會淪爲佛教的空虚枯寂，從理論上講這是另一種危險，即使得無極不能成爲萬事的根本，導致無法確立無極的地位。可見，無極、太極相互依存，共同構成萬化之根，但由於其作用不同，故而若缺少其中之一，就會導致理論問題。而朱子在這裏從兩個方面即“不足”和“不能”而言，前一種情況意味著雖然“太極”具備一定的條件，但由於形而上的意義不足以成爲其他一切事物的根源，致使其無法獲得形上本體的地位；後一種情況則意味著因“無”而陷入空寂，導致無法形成“有”。歷來對朱子此兩句的解釋幾乎都認爲能作爲萬化之根的衹能是太極，而忽略了無極，然而，從“不言無極則太極同於一物，而不足爲萬化之根；不言太極則無極淪爲空寂，而不能爲萬化之根”來看，第一分句中的“不足爲萬化之根”和第二分句中的“而不能爲萬化之根”，其主語顯然不同，一爲“太極”，一爲“無極”，因此，在朱子看來，“太極”“無極”其實相互修飾相互限制，是一而二二而一的。

接下來，朱子又就《西銘》的問題回應了梭山，他還是就《西銘》首句展開：

> “人之一身，固是父母所生，然父母之所以爲父母者，即是乾坤，若以父母而言，則一物各一父母；若以乾坤而言，則萬物同一父母矣。萬物既同一父母，則吾體之所以爲體者，豈非天地之塞？吾性之所以爲性者，豈非天地之帥哉？古之君子惟其見得道理真實如此，所以親親而仁民，仁民而愛物，推其所爲以至於能以天下爲一家，中國爲一人，而非意之也。今若必謂人物衹是父母所生，更與乾坤都無干涉。其所以有取於《西銘》者，但取其姑爲宏闊廣大之言，以形容仁體而破有我之私而已，則是所謂仁體者全是虛名，初無實體而小己之私却是實理，合有分別，聖賢於此却初不見義理，衹見利害，而妄以己意造作言語，以增飾其所無，

破壞其所有也。若果如此則其立言之失，‘膠固’二字豈足以盡之？而又何足以破人之梏於一己之私哉?”（《晦庵集》卷三十六）

這與太極之辨有密切的關係，因爲，這一段從乾坤與父母對應的關係論證了萬物在本體上同一根源，所以，從這種理一分殊的原理推而廣之，就論證了爲何“天下爲一家，中國爲一人”，而我們將在下文看到，這是對太極即理這一命題在人事上的運用。

據《陸九淵集》所載《與朱元晦》云：

“往歲覽尊兄與梭山家兄書，……梭山兄謂：‘《太極圖説》與《通書》不類，疑非周子所爲，不然則或是其學未成時所作，不然則或是傳他人之文，後人不辨也。蓋《通書·理性命章》，言中焉止矣。二氣五行，化生萬物，五殊二實，二本則一。曰一，曰中，即太極也，未嘗於其上加無極字。《動静章》言五行、陰陽、太極，亦無無極之文。假令《太極圖説》是其所傳，或其少時所作，則作《通書》時，不言無極，蓋已知其説之非矣。’此言殆未可忽也。”

淳熙丙午（1186年）年末，朱子在回覆梭山的第二封信中繼續闡發他關於太極的看法：

“且如太極之説，熹謂周先生之意恐學者錯認太極別爲一物，故著‘無極’二字以明之。此是推原前賢立言之本意，所以不厭重復，蓋有深指。而來諭便謂：熹以太極下同一物，是則非惟不盡周先生之妙旨，而於熹之淺陋妄説亦未察其情矣。又謂著無極字，便有虛無好高之弊，則未知尊兄所謂太極是有形器之物耶？無形器之物耶？若果無形而但有理，則無極即是無形，太極即是有理，明矣。又安得爲虛無

而好高乎?”(《晦庵集》卷三十六)

朱熹首先回顧了上封信的看法，并認爲濂溪在《太極圖説》用“無極”二字是含有深意的，但梭山似乎在回信中仍然認爲朱子所認“太極”同於一般之物，如此一來，不僅没有把握濂溪的意思，而且還誤解了朱子本人之意。梭山的理由我們不得而知，他認爲再加上“無極”二字則有虛無好高的弊病，但朱子徑直問梭山是否認爲太極爲有形器之物，并提出“無形而有理”的説法以此來描述“無極而太極”的狀態。這一説法爲朱子對太極、無極認識的新發展：

> “無極而太極”，衹是無形而有理。周子恐人於太極之外更尋太極，故以無極言之。既謂之無極，則不可以有底道理强搜尋也。問：“太極始於陽動乎?”曰：“陰静是太極之本，然陰静又自陽動而生，一静一動，便是一個闢闔，自其闢闔之大者推而上之，更無窮極，不可以本始言。”
>
> 問：“無極而太極，固是一物，有積漸否?”曰：“無積漸。”曰：“上言無極，下言太極，竊疑上言無極無窮，下言至此方極。”曰：“無極者無形，太極者有理也。周子恐人把作一物看，故云無極。”曰：“太極既無氣，氣象如何?”曰：“衹是理。”(《朱子語類》卷九十四)

以上兩條語録一條爲己亥(1179)以後所聞，周謨從學朱子時間較長，故可能在朱子與梭山太極之争時所録，另一條爲辛亥(1191)所聞，朱子皆從“無極者無形，太極者有理”之説，可見朱子持此看法至晚年而未曾改變。淳熙丁未(1187)，朱子致書梭山，《答陸子美書》三云：“示諭縷縷，備悉雅意。不可則止，正當謹如來教，不敢復有塵瀆也。偶至武夷，匆匆布叙，不能盡所欲言。然大者已不敢言，則亦無可言者矣。”(《晦庵集》

卷三十六）由是終止了與梭山辯論無極、太極。是年九月《通書解》成。同年致書批評陸九淵心學。

在與梭山辯論之後，象山寫信給朱子，開始了第二波朱陸太極之争，此次争論所涉更廣，所論亦更深入。如前所述，象山旁觀了梭山與朱子的論辯，而後加入論辯。關於此次朱陸無極、太極之争，由於資料保存較爲完整，故可見其規模大概。

二

象山與朱子太極之辯第一書首先關注於朱子赴闕奏事，如余英時所言："淳熙十五、十六兩年他和朱子争論'無極而太極'問題，這是他們在'内聖'領域全面衝突的高峰。他爲此一共寫了三封信，但每一封信的開頭，他都以政治盟友的姿態出現。"①在朱陸來往的信中，二人對政治問題的討論是僅次於太極之辯的話題的。

據《象山陸先生學譜》，陸九淵在第二年"夏四月望日"（即淳熙戊申，1188 年）給朱子的信中首先爲梭山辯護：

> "兄謂：'梭山急迫，看人文字未能盡彼之情，而欲遽申己意，是以輕於立論，徒爲多説，而未必果當於理。'《大學》曰：'無諸己而後非諸人。'人無古今、智愚、賢不肖，皆言也，皆文字也。觀兄與梭山之書，已不能酬斯言矣，尚何以責梭山哉?"

象山首先從問學態度上批評朱子，然後，就朱子在給梭山的

①余英時：《朱熹的歷史世界——宋代士大夫政治文化的研究》，北京：生活·讀書·新知三聯書店，2011 年，第 440 頁。

信中所提的觀點進行反駁：

“尊兄嚮與梭山書云：‘不言無極，則太極同於一物，而不足爲萬化根本；不言太極，則無極淪於空寂，而不能爲萬化根本。’夫太極者，實有是理，聖人從而發明之耳，非以空言立論，……其爲萬化根本固自素定，其足不足、能不能豈以人言不言之故耶？《易大傳》曰：‘易有太極’，聖人言有，今乃言無，何也？作《大傳》時不言無極，太極何嘗同於一物而不足爲萬化根本耶？《洪範》五皇極，列在九疇之中，不言無極，太極亦何嘗同於一物，而不足爲萬化根本耶？太極固自若也，尊兄衹管言來言去，轉加糊塗，此真所謂輕於立論，徒爲多説，而未必果當於理也！”（《晦庵集》卷三十六）

象山認爲，太極即實有其理，聖人此説并非憑空而發，太極爲萬事萬物的根本本來是自足的，因此朱子所謂“足不足”、“能不能”純粹是多餘的。其實，象山僅從斷言“夫太極者，實有其理”而不作展開來批評朱子，使其反駁顯得有些單薄。不過，此一説法爲象山在下文否定“無極”埋下了伏筆，象山引用經典對朱子“無極太極無形有理”之説加以批評，象山引用《易傳》中“形而上者謂之道”和“一陰一陽之謂道”以説明“一陰一陽已是形而上者”，更不必説太極了。他認爲《易傳》不提太極，但從未“錯認太極别爲一物者”，因此，朱子之説完全是多餘，且讓濂溪也如此。不僅如此，象山還從“極”字入手，他認爲“極”字應該訓爲“中”，所以不能以“形”訓“極”，如此一來，“無極”就意味著“無中”。至於朱子對學者可能拘於形器來解釋太極的擔憂，象山認爲可以像《詩經》那樣説“上天之載”和“無聲無臭”即可解決此一問題。象山進而從朱震所述《太極圖》的傳授譜系和“無極”二字的出處，論證《太極圖》和“無極”的道家性質，且同於“老氏宗旨”，而非儒家聖人的學説。同時，象山指出《太極圖説》開篇即言“無極”而《通書》通篇不見此二字，二程也不談“無極”，由此象山作出假設推理：如果起初濂溪作了《太極圖》，可事實上後來不談此圖，那麼就可以認爲濂溪後來認爲《太極圖説》是不妥的，故而放弃。最後象山作出結論：

> “兄今考訂注釋、表顯尊信如此其至，恐未得爲善祖述者也。潘清逸詩文可見矣，彼豈能知濂溪者？明道、伊川親師承濂溪，當時名賢居潘右者亦復不少，濂溪之志，卒屬於潘，可見其子孫之不能世其學也。兄何據之篤乎？梭山兄之言恐未宜忽也。”（《象山集》卷十二）

同月，朱子得到象山此信，十一月八日方回覆象山（參見《文集》卷三十六，《答子静書》）。是年朱子等理學家士大夫與政治對手之間的矛盾衝突不斷。五月初，王淮因政争而罷相，朱子入都奏事，在蘭溪會吕祖儉，在臨安晤陳亮；六月一日林栗來訪，與之論《周易》、《西銘》不合，林栗“怫然”，據朱子記載，“林乃俯首無説而去，然意象殊不平”（《記林黄中辨〈易〉、〈西銘〉》，見《晦庵集》卷七十一），林栗於六月八日上章彈劾朱子欺慢而不赴兵部任所除兵部郎官，此事大大激化了理學家士大夫和官僚士大夫的矛盾。十一月七日，朱子上《戊申封事》。朱子林栗就易學所展開的争論與朱陸之辨關係密切。朱子認爲林栗所著《易解》的“綱領”不當，因爲，“今侍郎（即林黄中）乃以六畫之卦爲太極，中含二體爲兩儀，又取二互體，通爲四象，又顛倒看二體及互體，同爲八卦”（《晦庵集》卷七十一），朱子不認同此一成卦順序以及對太極的理解，因爲太極是先在的，而且照林栗的説法，“太極包兩儀，兩儀包四象，四象包八卦”，這與《繫辭傳》裏所説的“太極生兩儀……”等成卦和生成的順序不符。林栗攻朱子所持“無極”之説，朱子認爲，太極并非無，但未有形象可言，所以爲“無極”，此論答與朱子與象山的論辯頗有相似之處。

三

朱子答象山第一書較長，其主要内容可分爲七條以反駁象山，分别疏解如下：

1. 朱子首先回應了象山就儒家經典中不見“無極”而提出的質疑：

> “然以熹觀之，伏羲作易自一畫以下，文王演易自乾元以下，皆未嘗言太極也，而孔子言之，孔子贊易自太極以下，未嘗言無極也，而周子言之，夫先聖後聖，豈不同條而共貫哉？若於此有以灼然實見太極之真體，則知不言者不爲少，而言之者不爲多矣，何至若此之紛紛哉？今既不然，則吾之所謂理者，恐其未足以爲群言之折衷，又况於人之言有所不盡者，又非一二而已乎。”（《晦庵集》卷三十六）

在此，論辯涉及到思考方法的問題，象山主要是從經典文獻是否出現“無極”立論，而朱子則不然，而是從他自己業已發展起來的易學觀即義理的角度立論，當然朱子此説也部分地結合了文獻來展開。在這一問題上，僅從文獻的角度看，象山顯得更有依據，但如果不拘於文獻而從易學自身發展的邏輯著眼，朱子的理據亦不可輕忽。此外，朱子的前提是“先聖後聖，同條而共貫”，此一前提顯然是象山所難以反對的。

2. 朱子討論了“太極”的含義，尤其是詳細地討論了“太極”之“極”的含義。他認爲《易大傳》中所説的“太極”，“即兩儀、四象、八卦之理，具於三者之先而縕於三者之内者也，聖人之意正以其究竟至極無名可名，故特謂之太極。猶曰舉天下之至極，無以加此云耳。”（《晦庵集》卷三十六）在這裏，朱子提出“太極”爲兩儀、四象、八卦之理，這就意味著太極即理，而此理是先於兩儀、四象、八卦而存在的，同時又藴含在此三者之内。“極”爲儒學經典中一重要詞彙，無論是在《尚書》、《周易》還是在《大學》、《中庸》皆出現過數次，象山將其詮釋爲“中”，朱子提出不同的看法，他説，

“初不以其中而命之也，至如北極之極，屋極之極，皇極之極，民極之極。諸儒雖有解爲中者，蓋以此物之極常在此物之中，非指極字而訓之以中也。極者至極而已，以有形者言之，則其四方八面合輳將來，到此築底，更無去處，從此推出四方八面都無嚮背，一切停匀，故謂之極耳。後人以其居中而能應四外，故指其處而以中言之，非以其義爲可訓中也。至於太極，則又初無形象方所之可言，但以此理至極而謂之極耳。今乃以中名之，則是所謂理有未明，而不能盡乎人言之意者一也。”（《晦庵集》卷三十六）

朱子指出，儘管有學者以“中”訓“極”，但一開始并非如此，例如北極、無極、皇極、民極之“極”都未被理解爲“中”，實際上，這裏的“極”當訓作“至極”，因此，單就“極”而言，是指四面八方集中到極點，極點本身是没有方嚮性的，這正符合作爲至極之理的太極“無形象、方所”的特徵，此後，朱子區别了道家的“無極”與儒家經典中的“極”，“老子復歸於無極，乃無窮之義，如莊生入無窮之門以游無極之野云爾，非若周

子所言之意也。”所以，老莊所謂的“無極”乃是無窮，“今乃引之而謂周子之言實出乎彼，此又理有未明而不盡乎人言之意者七也。”總而言之，朱子認爲，不可如象山那樣以“中”訓儒家經典中“極”，以及將濂溪之“無極”混同於道家之“無極”。

3. 朱子回應了《通書》中未出現“太極”的問題。他認爲，“《通書·理性命章》其首二句言理，次三句言性，次八句言命，故其章內無此三字而特以三字名其章以表之，則章內之言固已各有所屬矣。”（《晦庵集》卷三十六）而如果照象山的説法，那麼“其所謂云所謂一者乃爲太極”，而“所謂中者乃氣稟之得中，與剛善剛惡柔善柔惡者爲五性”（《晦庵集》卷三十六），屬於五行，如此一來，作爲理的太極與性的關係就不甚清楚了，故而“是亦復成何等文字義理乎?”關於“無極”，朱子認爲，這恰是“周子灼見”，其目的則在於“令後之學者曉然見得太極之妙，不屬有無，不落方體”（《晦庵集》卷三十六），因此有功於聖門。

4. 如上所述，象山爲了反駁朱子“無形而有理”之説，明確提出“太極陰陽形上形下”的問題，對此朱子必須作出回應，因此朱子又闡述了對太極與陰陽之間形而上下的關係的看法，

> “至於《大傳》既曰‘形而上者謂之道’矣，而又曰‘一陰一陽之謂道’，此豈真以陰陽爲形而上者哉? 正所以見一陰一陽雖屬形器，然其所以一陰而一陽者，是乃道體之所爲也。故語道體之至極，則謂之太極，語太極之流行則謂之道，雖有二名，初無兩體。”（《晦庵集》卷三十六）

朱子在這裏區分了“所以一陰一陽”和“一陰一陽”，他認爲，前者爲道體，即形而上者；而後者爲形器，即形而下者。形而上者的道體爲形而下者的陰陽的所以然，道體的“至極”就是太極，太極的流行即道體的發用，表現出來就是陰陽變化。作爲

形而上者的太極與作爲形而下者的陰陽之間有密切的關係，濂溪正是用“無極”的作用來描述太極的，“周子所以謂之無極，正以其無方所無形狀，以爲在無物之前，而未嘗不立於有物之後；以爲在陰陽之外，而未嘗不行乎陰陽之中；以爲通貫全體無乎不在，則又初無聲臭影響之可言也。”（《晦庵集》卷三十六）因此，照朱子看來，在此問題上象山的問題有三：一、否定“無極”，其結果必然會導致認“太極爲有形、有方所”；二、以陰陽爲形而上者，昧於道器之分；三. 認爲形而上者之上還有太極，以爲道上別有一物爲太極。朱子接著回應象山，“來書又謂，《大傳》明言易有太極，今乃言無，何耶？此尤非所望於高明者。今夏因與人言易，其人之論正如此，當時對之不覺失笑，遂至被劾”（《晦庵集》卷三十六），此即指六月在臨安與林栗論易學之事。在這裏，朱子徑直提出《大傳》所謂的“有”（易有太極）和濂溪所謂的“無”（無極而太極）皆非象山所認爲的那樣，而祇能意味著“無形而有理”。

5. 而後，朱子在此強調了他在給梭山信中所論“不言太極”和“不言無極”所造成的理論問題，是對濂溪之説的推論，以免“聞人説有即謂之實有，見人説無即以爲真無耳”之患，但是，“豈謂太極可以人言而爲加損者哉?”（《晦庵集》卷三十六）由此可見，朱子不僅認爲太極爲一客觀的“實有”，而且其太極之説爲對此一“實有”的表達，并避免他人視“太極”之説爲充滿了主觀性的“人言”損益的結果。

四

象山收到朱子信後，於十二月十四日即回書答朱子。象山在致朱子第二書中依然完全不認同"無極"之說，且懷疑朱子爲此說所累，大概是象山自己從孟子學說中受益匪淺，故勸朱子亦用心於此，"今亦欲得尊兄進取一步，莫作孟子以下學術，省得氣力爲'無極'二字分疏，亦更脱灑磊落"（《象山集》卷二）。同時，還由於相比之下，象山似乎更重先秦典籍和人物，而遠不如朱子之重濂溪，故而又提出，"尊兄之才未知其與子貢如何？今日之病則有深於子貢者。尊兄誠能深知此病，則來書七條之説當不待條析而自解矣。"（《象山集》卷二）以下文字多問學進路之争甚至不乏意氣用事，不直接牽涉到易學問題，今從略。隨後，象山又從義理上論述不當於"太極"上加"無極"二字的理由，以彌補上封信主要從文獻角度立論的缺憾。象山認爲如果照朱子所説"太極"若無方所、無形狀，那麼如《詩經》所謂"上天之載，無聲無臭"即可表達這層意思，"豈宜以'無極'字加之太極之上？"（《象山集》卷十二）此外，象山還引《繫辭》之語'神無方''易無體'力圖表明，由於不能説無神、無易，所以，與之類似，也不能説"無極"。象山再通過回顧《老子》之語，説明以"無"爲本而建立起來的理論體系，乃是"直將'無'字搭在上面，正是老氏之學"，而老氏之學"惟其所蔽在此，故其流爲任術數，爲無忌憚。"所以，"此理乃宇宙之所固有，豈可言無？若以爲無，則君不君、臣不臣、父不父、子不子矣。楊朱未遽無君，而孟子以爲無君，墨翟未遽無父，而孟子以爲無父。此其所以爲知言也。"（《象山集》卷二）象山此處之論，以此理爲宇宙固有之理，捨之則會導致無父無君等情況的出現，同時，通過引用孟子之視楊朱、墨翟爲證，力圖説明將"無極"加之於"太極"之上所必將導致的後果。由此出發，象山再次回到"極"和"中"的關係問題上，"極亦此理也，中亦此理也，五居九疇之中而曰皇極，豈非以其中而命之乎?”(《象山集》卷二)并通過引證《詩經》和《中庸》中的名言，來説明極即中、中即極的道理，并以“外此豈更復有太極哉?”的反問結束此段論證，顯得氣勢磅礴，十分雄辯。

根據上文的分析，象山提出，“以極爲‘中’則爲不明理，以極爲‘形’乃爲明理乎?”接著象山提出了一段頗有現代語言哲學意味的論證，① 大意如下：一個字的意義可以有好幾種，對字的使用有專用一種意義的，也有兼用數種意義的。而字的主旨和意嚮又可分爲虛實兩種，對虛字應該討論其意義，實字則應當研究其所指的物件，這樣一來，就會出現不爲字的意義所限制的情况。例如，“元”字意味著“開始”“生長”“大”，以及坤卦六五爻黄裳元吉之“元”，屯元亨利貞之“元”，等等；而“亨”則是虛字，衹意味著“大”，不能賦予其他的意義。例如，乾元之元，就是實字，若是考究其所指的物件，那麽，《文言》中所

①原文爲:“字義固有一字而數義者，用字則有專一義者，有兼數義者，而字之指歸又有虛實，虛字則但當論字義，實字則當論所指之實，論其所指之實，則有非字義所能拘者。如元字有始義，有長義，有大義，坤五之元，吉屯之元，亨則是虛字，專爲大義，不可復以他義參之，如乾元之元，則是實字，論其所指之實，則《文言》所謂善，所謂仁，皆元也，亦豈可以字義拘之哉?極字亦如此，太極皇極乃是實字，所指之實，豈容有二?充塞宇宙，無非此理，豈容以字義拘之乎?中即至理，何嘗不兼至義?《大學》《文言》皆言知至，所謂至者即此理也。語讀《易》者曰能知太極，即是知至；語讀《洪範》者曰能知皇極，即是知至，夫豈不可?蓋同指此理，則曰極，曰中，曰至，其實一也。‘一極備凶，一極無凶’，此兩極字，乃是虛字，專爲至義。却使得‘極者，至極而已’，於此用‘而已’字，方用得當。尊兄最號爲精通詁訓文義者，何爲尚惑於此，無乃理有未明，正以太泥而反失之乎?”

説的“善”“仁”，都是元，其意義不受字義所限。“極”字也是這樣，“太極”“皇極”都是實字，所指的實際對象是固定的。充塞宇宙之間，都是這個理，怎麼能被字義所限制呢？“中”就是至理，爲何不見有“至”的意義呢？《大學》《文言》都提到知至，所謂的“至”就是此理。跟讀《易》的説話，則回答道能知道太極的意義，這就是知至；而跟讀《洪範》的説話，則回答道能知道皇極的意義，這也是知至，難道不可以嗎？如果同樣指的是此理，雖然稱爲“極”或“中”或“至”，其本質是一個。“一極備凶，一極無凶”中的兩個極字，都是虛字，是“至”的意思。在‘極者，至極而已’中，用“而已”纔妥當。以上象山所論，跟現代的語用學理論較爲接近，此爲中國哲學史上較爲罕見的例子。他的論證策略是，先提出一段語用學理論，然後在實際的用例中證成其理論，并用其結論證明“極”“中”“至”實際上具有同一意義，故此可以互訓，從而以之反駁朱子。除了涉及到語用學外，象山的這種論證方式還初具演繹邏輯的特徵，雖然我們還不能將其説成是完全按三段論的方式來展開的。

接著象山就太極陰陽形而上形而下的問題回應朱子：

> “至如直以陰陽爲形器而不得爲道，此尤不敢聞命。易之爲道，一陰一陽而已，先後、始終、動静、晦明、上下、進退、往來、闔辟、盈虛、消長、尊卑、貴賤、表裏、隱顯、嚮背、順逆、存亡、得喪、出入、行藏，何適而非一陰一陽哉？”（《象山集》卷二）

象山此處之説較爲簡單，重點强調了陰陽即道，在重申上封信的觀點的基礎上通過引用幾條《易傳》之語進行補充，但并未提出新的論證，而對朱子所提出的太極和陰陽與形而上形而下的關係問題，未作進一步的反駁，其結論爲：“今顧以陰陽爲非道，而直謂之形器，其孰爲昧於道器之分哉?”（《象山集》卷二）根據象山此兩封信的說法，在他看來，祇要合“一陰一陽之謂道”、“形而上者謂之道”兩句觀之，即知“一陰一陽者即是形而上者”，“何况太極乎?”我們的問題是，既然如此，那麼陰陽與太極如何區分，以及，如果陰陽即道亦即形而上者，那麼對形而下者爲何物亦應作出交代，對形而上者與形而下者的關係亦應有所說明，象山於此似乎皆未討論。“前書之辨其要領在‘無極’二字”（《象山集》卷二），象山與朱子論辯的主題爲“太極無極”，所謂形而上下問題、道器關係問題皆由此引出。象山此信不及《太極圖說》，原因在第一封信中已談及。象山引用《通書·師》章認爲“周子之言中如此，亦不輕矣，外此豈更别有道理，乃不得比虚字乎?”（《象山集》卷二）而朱子“所舉《理性命章》五句，但欲見《通書》言中言一而不言無極耳。‘中焉止矣’一句，不妨自是斷章，兄必見誣以屬之下文。”（《象山集》卷二）實際上，象山在第一封信中云“《理性命章》言“中焉止矣二氣五行化生萬物……”，容易令人誤以爲象山將“中焉止矣”（《象山集》卷十二）屬之下文。而後象山以《太極圖說》晚於《大傳》《洪範》等經典而認爲其說不足爲訓，此一論證今人多不取，但值得重視的是，象山指出，“以極爲‘形’而謂不得爲中，以一陰一陽爲器，而謂不得爲道”（《象山集》卷二），此爲朱子象山太極之辯的焦點所在。此信最後，象山認爲朱子對“無極”的説法顯得有些神秘，因此對其道體體悟之説加以反駁，并認爲“太極亦曷嘗隱於人哉?”進而質疑朱子“太極真體不傳之秘”，“莫是曾學禪宗，所得如此?”（《象山集》卷二）

五

朱子於淳熙己酉（1189）正月回覆象山。

1. 由於象山認爲朱子十分重視的《太極圖説》有道家之言，所以朱子就此作出澄清，“來書云‘老氏以無’止‘諱也’。熹詳老氏之言有無，以有無爲二；周子之言有無，以有無爲一，正如南北水火之相反。更請子細著眼，未可容易譏評也。”（《晦庵集》卷三十六）首先表明己説與老氏之言迥然相反之處正在於對有無的理解上。2. 朱子在信中繼續就“極”與“中”的關係陳述自己的看法，“極是名此理之至極，中是狀此理之不偏。雖然同是此理，然其名義各有攸當，雖聖賢言之，亦未嘗敢有所差互也。”（《晦庵集》卷三十六）而“皇極”“民極”中的“極”，意爲標準，也就是説是爲他人立一標準，使其能有所參照，這與“中”不同。至於象山所舉的“立我烝民”的例子，在朱子看來此處的“立”與“粒”通，也就是即《尚書》所謂的“烝民乃粒，莫匪爾極”，意思是，“使我衆人皆得粒食，莫非爾後稷之所立者是望耳。”（《晦庵集》卷三十六）而此處的“極”字亦非指所受之中，而“‘中者天下之大本’，乃以喜怒哀樂之未發，此理渾然，無所偏倚而言。”“太極”作爲萬化的根本，當然無所偏倚，在這個意義上可謂“中”，但太極“得名自爲‘至極’之‘極’，而兼有‘標準’之義”（《晦庵集》卷三十六），因此，和“中”還是有區别的。同時朱子提醒象山，“老兄自以‘中’訓‘極’，熹未嘗以‘形’訓‘極’也。”可見，朱子對以“形”訓“極”有著相當的警覺。

2. 於《通書·師》中所言“中”與“中庸”之“中”不一

致之處，朱子早已在終止與梭山論辯太極之後即完成的《通書解》中解決，此處不合的原因乃是“蓋此‘中’字是就氣稟發用而言其無過不及處耳，非直指本體未發，無所偏倚者而言也。”是說，《中庸》裏所講的“中者天下之大本”之“中”爲“在中”，可以此意解“太極”，因爲太極即理，爲“萬化之樞紐，品彙之根底”。此爲不可以“中”訓“極”的理由。

3. 關於象山上書所述“陰陽爲道，爲形而上者”之論，朱子提出，“若以陰陽爲形而上者，則形而下者復是何物?”并闡述了自己對此問題的看法，“若熹愚見與其所聞，則曰凡有形有象者，皆器也。其所以爲是器之理者，則道也。如是則來書所謂始終、晦明、奇偶之屬，皆陰陽所爲之器；獨其所以爲是器之理，如目之明、耳之聰、父之慈、子之孝，乃爲道耳。如此分別，似差明白。”（《晦庵集》卷三十六）朱子嚮以精細圓融著稱，於此可見一斑，而象山關於陰陽、道器、形而上下之辨則顯得較爲粗略，於太極陰陽之外的形而下者甚或不置一詞，因此其理論上的不足也較爲明顯。

4. 朱子在信中還解釋了如《大傳》《洪範》等典籍中“皆言極而已，未嘗謂極爲中也”以回應象山，其理由是“先儒以此極處常在物之中央而爲四方之所面内而取正，故因以中釋之，……而後人遂直以極爲中，則又不識先儒之本意矣。”（《晦庵集》卷三十六）此處“後人”當指象山或對此持與象山類似看法者。

5. 在闡述了自己的看法合於經典後，朱子進行了發揮：“無極而太極，猶曰‘莫之爲而爲，莫之致而至’，又如曰‘無爲之爲’，皆語之當然，非謂别有一物也。嚮見欽夫有此説，嘗疑其贅。今乃正使得著，方知欽夫之慮遠也。其意則固若曰‘非如皇極、民極、屋極之有方所形象，而但有此理之至極’耳，若曉此意，則於聖門有何違叛而不肯道乎？‘上天之載’，是就有中說無；‘無極而太極’，是就無中說有。若實見得，即說有說無，或先或後都無妨礙。”（《晦庵集》卷三十六）是說，“無極而太極”不過是表述的方便，乍一看來顯得有些累贅，但從理論上講却是必要的。在這一點上，朱子大概受到了張栻的啓發。

6. 此外，朱子認爲，最重要的不是文辭之争，而在於如果實有所見，那麼說有無、先後都行，也就無所妨礙了，在此，朱子立論顯得較爲圓融，并不拘泥於作爲表面上看起來有些類似於像道家言論的“無極而太極”這一表達，而是更加看重和注意闡釋此一表達的實際内容。

7. 朱子就象山質疑“太極”神秘之處以及跟禪宗有關作出說明，“太極固未嘗隱於人，然人之識太極者則少矣。往往衹是於禪學中認得個昭昭靈靈能作用底，便謂此是太極，而不知所謂太極乃天地萬物本然之理”。此信末尾，朱子說：“……如曰未然，則‘我日斯邁，而月斯征’，各尊所聞、各行所知亦可矣，無復可望於必同也。”（《晦庵集》卷三十六）朱、陸太極之辯遂於此結束。

六

淳熙己酉（1189）夏，朱子作《皇極辨》，再論無極太極，而象山則於紹熙壬子（1192）在荆門講《洪範》“五皇極”，與朱子《皇極辨》針鋒相對，朱子得知後遂致書學者對其作出回應。此爲太極之辯的迴響。可見，儘管此一争論在信件往復上看已然偃旗息鼓，但在二人心中則顯然仍未終止。

朱、陸太極之辯發生在朱子十分關注濂溪學說和撰述易學著作的時期，儘管除了易學外，該論辯也涉及其他著作如《洪範》《西銘》等，但主要内容是關於易學義理的。淳熙十二年至十六年，朱子與梭山、象山展開了牽涉到易學根本原則的太極之辯，并在此期間完成《易學啓蒙》、《蓍卦考誤》、《通書解》、《周易本義》等除《太極圖説解》之外的最重要的易學著作，這不是偶然的巧合。誠如陳來所説，“朱陸在無極太極上的争論并不是主要分歧的根由”，二者的主要分歧是在鵝湖之會上即已展現出來的對“爲學之方”的不同認知和取嚮。然而，朱、陸無極太極之辯對朱子易學的發展來説却十分重要，首先，朱子在朱、陸無極太極之争之前其易學思想已初具規模，朱子在其撰述高峰時期所參與的這場持續幾年的争論中，進一步厘清了無極太極及太極與陰陽之間道器、形上形下等問題，促其易學生宇宙成論的最終完成和易學體系的完備；再次，朱陸無極太極之争，爲一重大的學術論辯，所涉問題既根本又深刻，後世學者對此也較爲關注，紛紛從各自的立場作出了回應，這裏引述一下王夫之、錢大昕等人的説法。船山雖然在易學上反對朱子，但對“無極而太極”問題上的看法却與朱子較爲接近，王夫之《思問録·内篇》：

“無極，無有一極也，無有不極也。有一極，則有不極矣；無極而太極也。無有不極，乃謂太極。……太極動而生陽，動之動也；静而生陰，動之静也。廢然無動而静，陰惡從生哉？一動一静，闔辟之謂也。由闔而辟，皆動也。廢然之静，則是息矣。”

然而錢大昕却更認同象山的看法，氏著《十駕齋養新録·太極》云：

“《易上繫》云：‘易有太極，是生兩儀，有易而後有太極，非太極在天地之先也。韓康伯謂有必生於無，故太極生兩儀。有生於無，語出《老子》。康伯以老莊説易，故云爾也。濂溪言無極而太極，又言太極本無極，蓋用韓康伯義。無極二字，亦見《老子》，《六經》初未之有也。陸子静疑《太極圖説》非濂溪作，又謂“極”“訓”“中”，不訓“至”，合於漢儒古義，較朱文公似勝之。’”

近人牟宗三儘管視朱子别子爲宗，也承認，“此場辯論，客觀地説，象山是失敗者”。

作者：吴寧，北京大學哲學博士，中山大學博雅學院講師。

朱子對“義利之辨”及其相關義理的理解：倫理學型態初衡[1]

賴柯助

摘要：“義利之辨”是孟子的重要主張之一，我們可以藉由探討此主張及連同此主張所涉及的相關義理内容，判定孟子道德體系所藴涵的倫理學型態。朱子注《四書》，同樣重視“義利之辨”之理，我們可以透過考察朱子的理解判定其詮釋的合理性，以及初步衡定朱子道德理論所藴涵的倫理學型態。在本文，我將論證：朱子能合理地詮釋孟子的“義利之辨”，且其不屬於實質的存心倫理學陣營，據此可確定二人的倫理學型態有重疊之處。

一、前言

“義利之辨”是孟子的重要主張之一，藉由探討此主張及其所涉及的相關義理内容，我們可判定孟子道德體系所藴涵的倫理

①本文是摘録自筆者博士論文《朱子道德哲學重定位：如何回答“道德規範性”問題?》的第五章第三節，不同處是博士論文的 5.3 没有小標題，而本文的小節標題爲筆者依内容所加。謹此聲明。

學型態。朱子注《四書》，且宣稱：義利之辨，乃儒者第一義”①，可見他同樣重視“義利之辨”，基於此，透過考察朱子對“義利之辨”的理解，我們除了可以（1）判定其詮釋的合理性，亦可（2）初步衡定其道德理論所蘊涵的倫理學型態。

孟子“義利之辨”的基本立場是：基於“義”的“完整性”、“無條件性”、“無可替代性”，所以從反面（反對“後義而先利”）肯定“義”有實踐的絶對優先性。在“義”具有實踐的絶對優先性的前提之下，“非道德價值的利”（以下簡稱“利”，若有特别的用法，會另作標示討論）的追求可以被合理化，而此合理化的結果可導嚮理想的王道社會。孟子在論證“義利之辨”的過程中，他并没有凸顯“利”的追求，反而一再——以“何必曰利”——强調行動者不應當優先考量任何關於“利”的謀求。我認爲，孟子考量：一旦涉及“利”的考量，很容易讓一般道德意識不高的人誤解道德行動的最終目的是爲了“利”，因而導致他希望强調“義有絶對優先性”的目的失焦。另，從倫理學的層面來看，孟子的“義利之辨”强調道德存心的純粹性，并由此凸顯了“義的絶對優先性”，此是預設“存心倫理學”的立場，而其“仁義内在説”乃説明此預設的義理根據。

因此，要判定朱子詮釋孟子“義利之辨”的合理性，我們必須確定朱子對於涉及“義利之辨”的關鍵義理的理解是合理的，且能從其系統内得到證成。以下，我的論證是：

（P1）朱子在詮釋“義利之辨”的文本中確實强烈表達其（同於孟子）重視/强調“道德存心純粹”（無所爲而爲）的義理

①黎靖德編，王星賢點校，朱熹：《朱子語類》，北京：中華書局，2007 年，卷 120，第 2093 頁。凡本文引自《朱子語類》的原文皆同版本，故於其後以（卷，頁）標示，不另作出處注。

思考；

祇要（P1）成立，則我們有理由推論出：

（P2）朱子的“義利之辨”乃（同於孟子）預設“存心倫理學”的立場；

但是，僅確定（P2）還不足以判定朱子能合理地詮釋孟子的“義利之辨”，因爲還涉及朱子説明支持（P2）的理論根據與孟子的道德體系是否融貫的問題，以及究竟其是屬於哪一個存心倫理學的陣營（見下文），所以我們必須再進一步論證：

（P3）朱子的道德體系具有詮釋孟子“仁義内在説”的合理性，此可作爲支持（P2）的義理根據；

祇要（P3）成立，我們就能肯定：

（C）朱子能合理地詮釋孟子的“義利之辨”，且其不屬於實質的存心倫理學陣營，據此可確定二人的倫理學型態有重疊之處。

關於（P2），李明輝教授是首先提出這個看法的學者，他在區分朱子與陳亮辯論孟子的“王霸之辨”各自所持的立場時指出：朱子是代表“存心倫理學”的立場；陳亮是代表“功利主義倫理學”的立場。① 惟李教授該文的焦點主要是集中在孟子“王霸之辨”的論析，不是針對朱子如何理解孟子的“義利之辨”作討論，故本文將進一步深入朱子涉及“義利之辨”相關論述的文獻作剖析，以補上支持（P2）的論證。

---

①李明輝：《孟子重探》，臺北：聯經出版事業股份有限公司，2001 年，第 46—47 頁。

二、朱子主張“道德存心純粹”（無所爲而爲）具有實踐的絶對優先性

在朱子的文本中，直接涉及（P1）的文獻，可見諸以下文段：

①學莫先於義利之辨，而義也者，本心之所當爲而不能自已，非有所爲而爲之者也。一有所爲而後爲之，則皆人欲之私，而非天理之所存矣。①

②或問義利之别。曰：“祇是爲己爲人之分。纔爲己，這許多便自做一邊去。義也是爲己，天理也是爲己。若爲人，那許多便自做一邊去。”②

③法者，天理之當然者也。君子行之，而吉凶禍福有所不計，蓋雖未至於自然，而已非有所爲而爲矣。此反之之事，董子所謂“正其義不謀其利，明其道不計其功”，正此意也。③

在引文①“學莫先於義利之辨”，朱子意在指出爲學的首要條件是必須能夠從實踐的層面理解“義”與“利”的基本區分，

①朱熹：〈右文殿修撰張公神道碑〉，《朱子文集（玖）》（臺北：財團法人德富文教基金會，2000年），卷89，頁4361。

②朱熹：《朱子語類》，卷13，第327頁。

③朱熹：《四書章句集注》，臺北：鵝湖出版社，2008年，第373頁。此段主要針對《盡心下》三十三孟子所言：“堯、舜，性者也；湯、武，反之也。動容周旋中禮者，盛德之至也。哭死而哀，非爲生者也。經德不回，非以干禄也。言語必信，非以正行也。君子行法，以俟命而已矣”其中的“君子行法，以俟命而已矣”一段話的注解。

而義與利的基本區分在於："義"是非有所爲而爲的道德命令，而"利"則是有所爲而爲的主觀欲求對象。換成實踐的語言，義利之辨指出了"無條件爲善"與"有條件行動"的基本區分。雖然在引文②，朱子是以不同的説法表述"義利之别"衹是"爲己"與"爲人"之分，但是，依朱子的界定："有所爲者，是爲人也。"（卷17，第385頁）與"爲已者，無所爲而然者也"①，則仍是屬"無條件爲善"與"有條件行動"的基本區分。在這個基本區分之下，朱子藉由引文③指出，君子在實踐道德的命令時，不會計較、考量個人的主觀利益——"吉凶禍福"，而衹是純粹基於道理之當然不容已的要求而實踐之，此"非有所爲而爲"即"無條件爲善"之意。② 而這樣的意思也見於朱子詮釋孟子與宋牼有關義利的討論：

④孟子大綱都剖析得分明。如説義利等處，如答宋牼處，見得事衹有個是非，不通去説利害。看來惟是孟子説得斬釘截鐵！（賀孫）（卷51，第1219頁）

朱子以"見得事衹有個是非，不通去説利害"説明行動者應當衹以"道德是非"作爲行動的唯一考量，而不去考量主觀的現實利害。

另，以下文段亦可説明上述的基本區分：

①朱熹：《四書或問》，上海：上海古籍出版社，2001年，第10頁。由於張敬夫此語爲朱子所贊許與認同，意味著此亦可視爲朱子的意思。

②值得一提的是，雖然君子實踐道德命令是"非有所有爲而爲"，但就朱子以"未至於自然"形容君子實踐道德命令時的態度來看，朱子認爲聖人（堯舜，性者也）與君子（湯武反之）之間在道德實踐方面還是有些微的差异：聖人無條件爲善乃是自然而然（已至於自然），而君子還須時時自我提撕振作、反省纔能同樣出於無條件爲善的原則而實踐道德命令。

⑤“君子喻於義，小人喻於利”，祇是一事上。君子於此一事祇見得是義，小人祇見得是利。且如有白金遺道中，君子過之，曰：“此他人物，不可妄取。”小人過之，則便以爲利而取之矣。（賀孫）（卷27，第702頁）

⑥“君子喻於義，小人喻於利”。君子祇知得個當做與不當做，當做處便是合當如此。小人則祇計較利害，如此則利，如此則害。君子則更不顧利害，祇看天理當如何。“宜”字與“利”字不同，子細看！（卷27，第701頁）

朱子以“路不拾遺”與“爲利而取”指出君子與小人之分。君子是祇見義而不見利，小人反之，故而在義利衝突的情境中，君子“不顧利害，祇看天理當如何”，行動的存心祇以“義”作爲“當爲與不當爲”的優先判準，故斷然不取非我所有之物。相反的，小人則因祇計較如何有利於己，不考量其行動是否是“道德的”（或反道德的），故即使是非其所有之物，仍不顧道義而祇爲利而取之。

“無條件爲善”與“道德存心的純粹”可理解爲是同一個意義的兩個不同陳述方式，以下則是朱子以不同的表述强調道德存心純粹的重要性的義理思考：

⑦説義利處，曰：“聖賢之言，所以要辨别教分明。但祇要嚮義邊一直去，更不通思量第二著。纔説義，乃所以爲利，固是義有大利存焉；若行義時便説道有利，則此心祇邪嚮那邊去。固是“未有仁而遺其親，未有義而後其君”。纔於爲仁時，便説要不遺其親；爲義時，便説要不後其君，則是先有心於爲利。聖賢要人止嚮一路做去，不要做這一邊，又思量那一邊。仲舒所以分明説“不謀其利，不計其功”。（賀孫）（卷51，第1218—1219頁）

⑧希真説孟子對梁惠王以仁義章。曰："凡事不可先有個利心，纔説著利，必害於義。聖人做處，衹嚮義邊做。然義未嘗不利，但不可先説道利，不可先有求利之心。蓋緣本來道理衹有一個仁義，更無别物事。義是事事合宜。"（賀孫）（卷51，第1218頁）

從引文⑦"衹要嚮義邊一直去，更不通思量第二著""聖賢要人止嚮一路做去，不要做這一邊，又思量那一邊"，及引文⑧"凡事不可先有個利心"這三段話，確實可見朱子一再强調道德存心純粹的重要性。朱子這樣的義理思考除了是基於"義"的無條件性之外，另一個主要的理由是他意識到一般人不容易區分"義有大利存焉"之"合理化的利"與"私利"的不同，故他指出：

⑨曰："利最難言。利不是不好。但聖人方要言，恐人一嚮去趨利；方不言，不應是教人去就害，故但罕言之耳。蓋'利者義之和'，義之和處便利。老蘇嘗以爲義剛而不和，惟有利在其中，故和。此不成議論，蓋義之和即是利，却不是因義之不和，而遂用些小利以和之。後來東坡解《易》亦用此説，更不成議論也。"（時舉）（卷36，第949頁）

⑩曰："這'利'字是個監界鏖糟的物事。若説全不要利，又不成特地去利而就害。若纔説著利，少間便使人生計較，又不成模樣。所以孔子於《易》，衹説'利者義之和'，又曰'利物足以和義'，衹説到這裏住。"又曰："衹認義和處便是利，不去利上求利了。孟子衹説個仁義，'未有仁而遺其親，未有義而後其君'。衹説到個'義'字時，早是掉了那'利'字不説了。緣他是個裏外牽連底物事，纔牽著這一邊，便動那一邊，所以這字難説……"（卷36，第948—

949 頁）

⑪義之和處便是利，如君臣父子各得其宜，此便是義之和處，安得謂之不利！如“君不君，臣不臣，父不父，子不子”，此便是不和，安得謂之利！孔子所以“罕言利”者，蓋不欲專以利爲言，恐人祇管去利上求也。（去僞）（卷 68，第 1704—1705 頁）

朱子認爲若先以“利”爲言，則即便是“義之和”之“利”，仍容易被人誤解爲一般主觀的利益，因此一再從行動的結果説明“以利爲先”所可能導致的反道德的後果。

我們也可以從朱子對“義”與“利”之意涵的區分説明他爲什麼同樣極力主張“義利之辨”，朱子在《梁惠王》首章的注語指出：

⑫此章言仁義根於人心之固有，天理之公也。利心生於物我之相形，人欲之私也。循天理，則不求利而自無不利；徇人欲，則求利未得而害已隨之。所謂毫釐之差，千里之繆。此孟子之書所以造端托始之深意，學者所宜精察而明辨。①

又以程子之言補充其意：

⑬程子曰：“君子未嘗不欲利，但專以利爲心則有害。惟仁義則不求利而未嘗不利也。當是之時，天下之人惟利是求，而不復知有仁義。故孟子言仁義而不言利，所以拔本塞源而救其弊，此聖賢之心也。”②

朱子指出“義”與“利”之分乃：“天理”之“公”與“人

①朱熹：《四書章句集注》，第 202 頁。

②朱熹：《四書章句集注》，第 202 頁。

欲”之“私”之分，義（天理）是行動者所先天固有的“普遍的”道德標準，利（人欲）則是在後天“物我相形”的情況下，因著欲得利之心所產生的“相對的”私欲之利。① 在這樣的理解之下，朱子分别以“天理之公”之“普遍性”，及“人欲之私”

①引文⑫的説法容易誤導人以爲朱子道德體系中的“心”是“二而非一”（固有理的心與利心），以及“（利）心”是“心理學”意義的“心”。若依據朱子的“人心道心説”，這些問題是可以消解的，固有理的心是“道心”意義的心，而利心則是“人心”意義的心，道心人心衹是一心的兩個不同身份。此外，我認爲徐復觀先生有一段對孟子義理的詮釋也可以幫助我們説明這裏的問題，徐先生説：“一切罪惡的行爲，如前所述，皆有心的認知計慮作用在裏面，以爲其作惡的支持；在一般人看來，便以爲也是從心所發。但孟子的意思，認爲此時固然也有心的活動，但這僅係心的知性的一面。知性是‘無記’的，所以它没有爲行爲作主的能力，而衹能爲耳目口鼻等官能去幫閑。因此，此時作主的是耳目等生理機能的要求，而不是心。不作主之心，衹能算是宋代被俘後，青衣行酒的徽、欽二帝。能作主的心，纔是真正之心。并且真正之心，也一定會作主，使耳目等官能聽命。孟子是針對著僅有知性活動而不能作主的心以言本心；本心即是善，即是道德的心。道德之心呈現時，自然能爲人的生活作主，而欲望自然會受到道德理性的指揮，此時的欲望自然也不是惡的；……”（徐復觀：《中國人性論史》，臺北：臺灣商務印書館，1969 年，第 177—178 頁。）徐先生這段話從兩個意思來説明“心”的意涵：（一）心有“知性的功能”與“道德實踐的功能”；（二）無論爲善或爲惡都是“心”所作成。關於（一），知性的功能主要負責與認知相關的活動，徐先生借佛家的術語稱之爲“無記”的，即不可記爲善，也不可記爲惡，可引伸爲“中性”的意思，若此，則就知性一面而言的“心”無法做出道德上是非對錯的判。由於知性的功能不在做道德判斷，故“知性”不負責我們的道德行動，因此，真正主宰我們道德行動的是負責道德實踐一面的道心。因此，當我們負責道德實踐的道心無法發揮其道德判斷的功能時，心很可能在衹是順著其知性的認知作用而行動的情形下，有“爲惡”的可能。雖然當下心作道

之“相對性”界定“義利”之分。而就朱子“以循仁義”之“循”（基於/依據）對比“徇人欲”之“徇”（追求、營謀）觀之，他主要的目的在於説明：“循仁義”是指行動者僅基於普遍道德命令行動，并無涉及任何其它非道德的主觀目的與行動結果的考量，所以是“無條件”的道德行動；“徇人欲”是指行動者會爲了營謀相對而言的私欲之利，考量其行動的結果是否能實現他謀求個人現實中的主觀利益的目的，所以是“有條件”且非道德的行動。由於每個社群中的每個成員對“利”有不同的理解，很多時候是相對的，因此會在“謀利”的過程中導致彼此衝突的發生，故朱子指出：若行動者一味的逐利而不知當優先以義作爲行動的標準，將會使他自己陷入“求利未得而害已隨之”的麻煩。

此外，朱子之所以極力嚴辨“義利之别”的另個理由，是他反對把“人”視爲是達到個人主觀目的的“工具”，他説：

德判斷的功能無法發揮，但行動仍是出於“心”所作成，也因此會有（二）的情形。雖然徐先生這段話主要在説明孟子系統中的“心”，但我認爲這段話也能够解釋朱子這段話：或問：“心有善惡否？”曰：“心是動底物事，自然有善惡。且如惻隱是善也，見孺子入井而無惻隱之心，便是惡矣。離着善，便是惡。然心之本體未嘗不善，又却不可説惡全不是心。若不是心，是甚麼做出來？”（卷5，第86頁）若仔細看徐先生的説法，我們不難發現其中的義理很同於朱子“人心道心説”的義理思考。依朱子的理解，人心的功能涉及與認知相關的活動，而道心則是負責作道德判斷。衹要是以道心作主，則人心便能正常發揮其功能而無所偏頗，依之，則不會有“惡”的行爲産生。依此回到引文⑫，雖有看似是兩個心的説法：“固有義理的心”與“利心”，但實際上衹是同一個“心”依其不同功能所呈現的結果。

⑭梁惠王問利國，便是爲己，衹管自家國，不管他人國。義利之分，其争毫釐。范氏衹爲説不到聖賢地位上，蓋"義者，利之和也"。（謨。《集義》。）（卷 51，第 1220—1221 頁）

引文⑭的"爲己"依"問利國"的語脉來看，是指爲了自己國家的利益，此不同於引文②的"爲己"是"無條件爲善"的意思。而在"衹管自家國，不管他人國"這段話，朱子的意思是：梁惠王當時衹考量自己國家的利益，如果并吞其它國家而能使自己國家獲得最大的利益，梁惠王勢必會發動戰争侵略之，若此，則是將他國之人當作是達到功利性目的的工具。雖然從表面上看來梁惠王是以國家的利益爲行動的出發點，而以國家爲主也可理解爲以百姓的福祉爲主，此應可算是好事，但即使是如此，以侵犯他國而使自家國獲取利益的做法，或許表面上看起來是對的，然而，就此做法仍無法避免將他國人民當成是工具的事實（犧牲他人的福祉以增進自己的福祉）來看，該做法仍是道德上錯的行爲。所以朱子必反對將人視爲是工具，此意明白同於孟子"行一不義，殺一不辜而得天下，皆不爲也"的立場，亦可算是儒家的共識。在引文⑭，我們除了明顯見出朱子反對將人視爲是工具的立場之外，亦見出朱子的反對藉由侵略而獲得福祉的意識。

透過以上的論析，（P1）朱子在詮釋'義利之辨'的文本中確實强烈表達其（同於孟子）重視無條件爲善（道德存心純粹）的義理思考"是成立的。依之，我們可以確定（P2）朱子的'義利之辨'預設了'存心倫理學'的立場"也必然有理由成立。由於"存心倫理學"的立場是：以行動者的存心而非他的行動結果所産生或可能的非道德的善來判定其行動的道德意義，既然朱子的倫理學型態屬"存心倫理學"的陣營，我們就不難理解爲什麼朱子堅持從行動者的“存心”是否純粹的立場評價漢高帝與唐太宗，而與陳亮進行辯論。因爲朱子是純以主觀道德論英雄”①，即他是以“道德判斷”而非現實的事功的成就作爲評價漢高帝、唐太宗的標準，故朱子説道：

⑮老兄視漢高帝、唐太宗之所爲，而察其心，果出於義耶？出於利耶？出於邪耶？正耶？若高帝則私意分數猶未甚熾；然已不可謂之無。太宗之心則吾恐其無一念之不出於人欲也。直以其能假仁借義以行其私，而當時與之争者纔能知術既出其下，又不知有仁義之可藉，是以彼善於此而得以成其功耳。若以其能建立國家，傳世久遠，便謂其得天理之正，此正是以成敗論是非，但取其獲禽之多，而不羞其詭遇之不出於正也。②

⑯夫人衹是這個人，道衹是這個道，豈有三代、漢、唐之别？但以儒者之學不傳，而堯、舜、禹、湯、文、武以來，轉相授受之心不明於天下，故漢祖、唐宗雖或不能無暗合之時，而其全體却衹在利欲上。此其所以堯、舜、三代自堯舜、三代，漢祖、唐宗自漢祖、唐宗，終不能合而爲一也。③

在引文⑮，“察其心”之“心”是指漢高帝與唐太宗行動的“存心”。在“察其心，果出於義耶？出於利耶？正耶？邪耶?”這段話，很明顯的，朱子是以漢祖、唐宗行動的“存心”是出於

---

①牟宗三：《政道與治道》，臺北：聯經出版事業股份有限公司，2003 年，第 267 頁。

②朱熹：《答陳同甫六》，《朱子文集（肆）》，卷 36，第 1457—1458 頁。

③朱熹：《答陳同甫八》，《朱子文集（肆）》，卷 36，第 1464 頁。

“義”或“利”評價他們的道德地位的。依朱子的理解，由於漢祖、唐宗都是“假仁借義以行其私”，即他們行動的存心并不是純粹出於道德的命令，而實際上是考量其行動的結果是否能實現他們的主觀利益，而此主觀利益是非道德價值的，故他們的行動必然不具道德的價值。再者，若依據漢祖、唐宗現實所成就的功業遂評價他們是“得天理之正”，則這是純粹以行動所產生的非道德的主觀結果而賦予其行動的合理性（以成敗論是非），此乃是以“功利”作爲優先考量的立場。從朱子否定“假仁借義以行其私”的立場觀之，他必然反對以行動所能達到的非道德價值的結果作爲評價漢祖、唐宗的道德地位的標準。故實際上，在朱子看來，儘管漢高祖、唐太宗有輝煌的功業，但這衹是“與天理暗合”，并不能使其私欲合理化，故他們所行的仍是霸道，而非王道。① 也由於漢祖、唐宗行動的存心衹在建功利業、衹預期行動所能達到的非道德價值的結果，而不以“義”爲優先考量，即使從表面上或名義上其行動看似合理，然而這充其極僅能是“行仁義”意義下貌似道德的行動，而非“由仁義行”——不是出於（衹爲了）道德命令的行動。也因此，依朱子評價的標準，他們終究無法在道德上取得與堯舜三代聖王同等的地位。

依上所論，朱子的“義利之辨”確實是預設了“存心倫理學”的立場，但我們似乎還不能安心的把朱子的存心倫理學立場等同於孟子的立場，因爲并非所有的道德體系，“道德存心純粹”必然蘊涵“自我立法”，例如“耶教倫理學”或任何“訴諸權威

①李明輝：《孟子重探》，第 47 頁。

型態”的體系即是如此。① 如果“道德存心純粹”没有蘊涵“自我立法”，則“道德存心的純粹性”充其量衹能作爲行動具有“道德價值”（道德性）的“必要條件”，而不是“充要條件”。换言之，僅從“道德存心的純粹性”不足以判定行動者的行動是否具有道德價值，它無法作爲説明行動之所以具有道德價值的絶對支點。而“道德存心的純粹性”之“純粹性”也因此有“寬泛”與“嚴格”二義的區分：寬泛的純粹性不蘊涵“自我立法”；嚴格的純粹性蘊涵“自我立法”。我們也可以依此原則進一步區分爲：（一）蘊涵自我立法之義的存心倫理學是“嚴格的存心倫理學”；（二）没有蘊涵自我立法之義的存心倫理學是“寬泛的存心倫理學”。這兩個型態的基本區分在於：屬於型態（一）的行動具有“道德性”；屬於型態（二）的行動至多具有“合法性”。

依據孟子主張“仁義内在”，以及在其道德體系，良心是判斷原則與實踐動力的根源，可以確定的是：在孟子的道德體系中，“道德存心”的“純粹性”，是蘊涵了“自我立法”的“嚴

①李明輝教授即采取這樣的區分，他説：“同樣是基於‘爲義務而義務’的存心，一個行動者可能直接采取一項實質原則（譬如‘上帝的誡命’或“民族的榮耀”），另一個行動者却可能根據形式原則（定言令式）來決定其行爲的目的。”（李明輝：《存心倫理學、形式倫理學與自律倫理學》，《儒家視野下的政治思想》，臺北：臺大出版中心，2005 年，第 146 頁。）依李教授的區分，縱使行動者是基於爲了義務而義務的存心，然而，若行動者是以“上帝的誡命”作爲行動的原則，則他所據以行動的原則就不是“自我立法”意義下的原則；相反的，若行動者是以“定言令式”的形式原則作爲行動所依據的原則，由於（在康德）定言令式蘊涵自律（意志自我立法）的意涵，則行動者所以依據的行動原則就是“自我立法”意義下的原則。

格的”純粹性，是“嚴格的存心倫理學”型態。

回到朱子的道德體系，基於他同樣主張“無條件爲善”，以“道德存心的純粹性”作爲判斷一個行動是否具有道德價值的標準，其倫理學型態必然也屬於“存心倫理學”的陣營。然而，朱子是否能從系統内主張“自我立法”，則是決定他是否能合理詮釋孟子義利之辨的關鍵。如果朱子能從系統内説明“自我立法”如何可能，則他的倫理學型態就可以被歸入“嚴格的存心倫理學”型態；若否，則朱子的倫理學型態就衹能被歸屬於“寬泛的存心倫理學”。如果其型態是後者，則朱子詮釋孟子義利之辨的合理性就衹是部分的合理，或者説朱子衹是順著傳統的説法詮釋義利之辨。這部分我會在第四節作詳細的析論，下節先討論存心倫理學的兩個可能意涵。

三、“存心倫理學”的兩種型態：“形式的”與“實質的”存心倫理學

依據李明輝教授的分析，雖然李教授肯定朱子的倫理學屬於“存心倫理學”，但李教授仍然不認爲朱子的倫理學型態與孟子的相同（見下文），换言之，朱子仍未必能完全合理地詮釋孟子的義利之辨。對此，我們有進一步釐清的必要，我們先看李教授的説法：

> 1. 在倫理學層面，朱子堅守孟子的義利之辨，代表“存心倫理學”（gesinnungsethik）的立場。①

又説：

①李明輝：《孟子重探》，第46頁。

2. 朱子從“存心倫理學”的立場將王霸之辨理解爲義利之辨在政治領域中的邏輯延伸。他以孟子所説的“由仁義行”與“行仁義”來解釋王霸之别。“由仁義行”與“行仁義”之區别是一切存心倫理學的基本預設。它相當於康德所謂“出於義務”(aus Pflicht) 與合乎義務”(pflichtmäßig) ——或者説“道德性”(Moralität) 與“合法性”(Legalität) ——之别。康德倫理學也是一種典型的存心倫理學。①

如果僅依據引文1、2，我們會認爲李教授肯定朱子的倫理學型態與孟子（康德）的倫理學型態是相同的。這可以從兩方面説：第一，如果朱子以孟子所説的‘由仁義行’與‘行仁義’來解釋王霸之别，這意味著朱子認同孟子的義理思考，既然朱子認同此義理思考，無疑孟子的義理思考等同於朱子的義理思考，依此，推論的結果必然是朱子與孟子的義理思考是相同的；第二，從引文2這段話，李教授應該也是同意朱子以孟子的“由仁義行，非行仁義”義理思考爲標準，若此，衹要朱子的理解無誤，且也能證成此主張，則李教授也應會肯定朱子與孟子在倫理學層面的思考是一致的。

然而，若再參照李教授以下兩段分别對朱子與孟子倫理學所做的論斷，則李教授明確地指出朱子的倫理學型態與孟子的是不同的，李教授指出：

3. 我們可以斷定：孟子底倫理學是一種形式主義倫理學。這點直接證之於其仁義内在説，間接證於其性善説。②

---

①李明輝：《孟子重探》，第52頁。

②李明輝：《儒家與康德》，臺北：聯經出版事業股份有限公司，2018年，第56頁。

> 4. 即使我們承認：朱子的倫理學系統屬於“存心倫理學”，這并不必然意謂：它也屬於“自律倫理學”。牟先生將朱子的義理系統判爲“他律”系統，是因爲在朱子的系統中，具有道德主體地位的“心”并無道德立法之功能。①

李教授依據康德的觀點指出“形式倫理學”其實便等同於“自律倫理學”②，依此，引文 3“孟子底倫理學是一種形式主義倫理學”可等同於“孟子底倫理學是一種自律倫理學”。在引文 4，雖然李教授表示了與引文 1、2、3 相同的立場：朱子的倫理學系統屬於“存心倫理學”型態，但李教授也依據朱子系統中的“心”無道德立法的功能，而判朱子的倫理學系統不屬於“自律倫理學”的型態。依上所述，很清楚的：朱子的倫理學型態衹能是“存心倫理學”而不是“自律倫理學”（形式倫理學）；孟子的倫理學型態是“存心倫理學”，也是“自律倫理學”（形式倫理學）。由此可知，“存心倫理學”不蘊涵“自律倫理學”（形式倫理學）。對此，李教授已分別在其兩篇文章中做了詳細的區分，他說：

> 5. 康德倫理學之所以被稱爲“存心倫理學”，是因爲它

---

①李明輝：《存心倫理學、形式倫理學與自律倫理學》，第 156 頁。

②同上注，第 147 頁。李教授的推論主是以康德以下兩段話的觀點作爲其義理根據，這兩段話分別是：（1）如果一個有理性者要將其格律設想爲普遍的實踐原則，他衹能將這些格律設想爲這樣的原則，即是：它們不能依質料，而衹能依形式包含意志底決定根據。轉引自《存心倫理學、形式倫理學與自律倫理學》。牟宗三先生翻譯的版本則見牟宗三：《康德的道德哲學》，臺北：臺灣學生書局，1982 年，第 161 頁。（2）“‘善’與‘惡’底概念不能先於道德法則……而被決定，却是必須衹……後於且藉由道德法則而被決定。”轉引自《存心倫理學、形式倫理學與自律倫理學》。牟宗三先生翻譯的版本則見牟宗三：《康德的道德哲學》，第 215 頁。

堅持：一個行爲之道德意義衹能憑其所依據的原則（即存心），而不能憑其後果去判定。但康德并未止於此，他進一步主張：一個真正具有道德意義的行爲衹能以“形式原則”，而不能以“實質原則”爲依據。所謂“形式原則”，簡單地説，就是在目的方面無所預設的原則。如果一個原則預設了任何特定的目的，它就是“實質原則”。實質原則不能作爲道德法則，因爲它不具有道德法則所要求的普遍性。反過來説，真正的道德法則必然是形式原則。所以康德倫理學也被稱爲“形式原則”。就理論上説，一個信奉存心倫理學的人也有可能不依形式原則、而依實質原則來行事。在此情況下，其“存心倫理學”不即是“形式倫理學”。從康德底觀點來看，……耶教倫理學當屬此類。反之，一個信奉“形式倫理學”的人却一定接受“存心倫理學”的原則。總而言之，“存心倫理學”僅構成“形式倫理學”底一個面嚮。康德進而指出：唯有形式原則纔能是道德主體（意志）爲自己所定的法則，纔合乎“自律”——意志之自我立法——的理念。因此，康德倫理學也被稱爲“自律倫理學”（Ethik der Autonomie）。在此意義之下，我們可以將“形式倫理學”與“自律倫理學”視爲同義詞。①

6. ……“存心倫理學”與“形式倫理學”這兩個概念在意涵上并不完全相等：前者涉及“道德價值如何界定”的問題，後者則涉及“道德行爲的原則及其目的之關係如何界定”的問題。就邏輯而言，一個承認“行爲的道德價值衹能

①李明輝：《存心倫理學、責任倫理學與儒家思想》，《儒家視野下的政治思想》，第118—119頁。

> 依行爲者的存心去衡量”的人也有可能依實質原則來行事。在此情況下，“存心倫理學”不即是“形式倫理學”。故在“存心倫理學”中，“出於義務”一詞可能有歧義：同樣是基於“爲義務而義務”的存心，一個行動者可能直接采取一項實質原則（譬如“上帝的誡命”或“民族的榮耀”），另一個行動者却可能根據形式原則（定言令式）來决定其行爲的目的。在第一種情況下，便可能出現謝勒與韋伯所批評的“存心倫理學”。因此，許路赫特將康德的“存心倫理學”進一步規定爲“形式的”，是有必要的。①

引文5、6兩段文字雖分别出自兩篇文章，但其内容大致相同，界定了“存心倫理學”與“形式倫理學”的基本區分，後文的時間晚於前文。我將李教授這兩段説明歸結爲以下七點：（1）康德主張一個真正具有道德意義的行爲衹能是出於“形式原則”而有的行動，而不能是出於“實質原則”而有的行動。（2）“形式原則”（定言令式）與“實質原則”（譬如“上帝的誡命”或“民族的榮耀”）的基本區别在於：前者無預設任何特定（主觀）的“目的”；後者預設特定（主觀）的目的。（3）預設特定（主觀）目的實質原則是主觀的原則，不具有道德所要求的普遍性，所以無法作爲道德法則；形式原則不預設任何特定（主觀）的目的，本身就是客觀的普遍原則，所以可以充作真正的道德法則。（4）存心倫理學涉及“道德價值如何界定”，形式倫理學涉及“道德行爲的原則及其目的之間關係如何界定”的問題；（5）形式倫理學必然預設存心倫理學，但是存心倫理學未必預設形式倫

---

①李明輝：《存心倫理學、責任倫理學與自律倫理學》，《儒家視野下的政治思想》，第146頁。

理學，因爲信奉存心倫理學的人可能以實質原則作爲行動的依據，“耶教倫理學”即屬此型態的存心倫理學。（6）道德主體（意志）爲自己所定的法則必然是能充作道德法則的形式原則，此即意志自我立法的自律之意，康德屬此，所以是自律倫理學（形式倫理學）。（7）“形式倫理學”必然也是“存心倫理學”，但不能反過來説“存心倫理學”也必然是“形式倫理學”。

在康德的道德體系，自律與他律是一組可用以説明行動是否具有道德意義的概念，而這兩個概念是“既窮盡又排斥”。之所以是“排斥”，是因爲自律與他律乃二分法下的一組概念，是自律就不能是他律，反之亦然；之所以爲“窮盡”，是因爲自律與他律之間没有任何的模糊地帶，亦不可能有自律或他律以外的第三者。① 而依照上述七點作爲的界定的原則，則存心倫理學可以區分爲（a）“形式的/自律的存心倫理學”與（b）“實質的/他

①對此，李瑞全教授與李明輝教授分屬不同的立場。李瑞全教授認爲自律與他律之間有模糊地帶，他的理由是：“依康德的自律與他律道德的原則上的區分來説，朱子應當屬於他律道德的一種；但是，就康德所謂窮盡一切他律道德型態的區域來看，朱子的系統也很難納入其中任何一種。由此可見，康德的這個區分，中間似乎有一個含糊的地帶，而朱子的系統也許正是落入這個未界定的地帶之中。”（李瑞全：《朱子道德哲學型態之重檢》收録於李瑞全：《當代新儒學之哲學開拓》，臺北：文津出版社，1993 年，第 209—210 頁。）李教授是借由另一個被判定爲他律的（朱子的）系統無法被納入康德所區分的四個他律原則，而推測康德的自律與他律間似乎有模糊地帶。李明輝教授則認爲：“李（瑞全）先生底主要論點有一項邏輯上的疏失。他未注意到：縱然他能證明康德對他律原則的畫分并未窮盡一切可能的型態，由此仍不足以推斷自律與他律之間有一個‘含糊地帶’。因爲在康德的哲學中，自律與他律底區分是基本的區分，而他律原則底區分是次級的區分。他可以修改次級的區分，而不影響到基本的區分。李先

律的存心倫理學”。①

我們再參照李教授從康德系統内部的觀點對形式原則與實質原則的規定，他説：

> 7. 康德所謂的‘實質原則’即是可以用假言令式來表達的實踐誡規；它們預設某種目的，故其有效性是相對的。反之，‘形式原則’不以任何目的爲前提，故可以用定言令

生所提出來的修正意閎即使能够成立，也僅及於次級的區分，而不影響到自律與他律間的基本區分。康德之區分自律與他律原則，係基於嚴格的二分法，絶不容有中間的‘含糊地帶’。”（李明輝：《朱子的倫理學可以歸入自律倫理學嗎?》收録於李瑞全：《當代新儒學之哲學開拓》，臺北：文津出版社，1993 年，第 226—227 页。）李明輝教授認爲他律的四個區分是次級的區分，即使界定他律的原則能有修改，仍不足以影響自律與他律此二分法意義下的基本區分。

①關於這個區分，我（先閱讀了《存心倫理學、形式倫理學與儒家思想》）在後來閱讀李明輝教授《存心倫理學、形式倫理學與自律倫理學》時，發現李教授引述德國哲學家許路赫特（Wolfgang Schluchter）的説法而作了這樣的區分：“爲了區分康德的‘存心倫理學’與作爲宗教倫理學的‘存心倫理學’，許路赫特還借用康德用語，將前者稱爲‘形式的’，而將後者稱爲‘實質的’。”（李明輝：《存心倫理學、責任倫理學與自律倫理學》，《儒家視野下的政治思想》，第 144 頁。）雖然許路赫特的區分并没有明白指出形式的存心倫理學是自律的，而實質的存心倫理學是他律的，但因爲形式原則相當於“定言令式”，而實質的原則相當於“假言令式”，所以許路赫特的區分隱含了形式的存心倫理學也是自律倫理學，而實質的存心倫理學則是他律倫理學。

式來表達；此即真正的道德原則。①

8. 道德法則之所以爲形式的，是因爲它不預設任何目的（質料）：它可以決定目的，卻不能爲任何目的所決定。②

李教授指出“實質原則”是可以用“假言令式”來表達的實踐誡規，它所要求的行動基本上預設了特定的目的，然而，一旦我們對此目的失去了興趣，則這個令式對我們便喪失了約束力，也因此，假言令式的有效性對行動者而言是相對的、有條件的。③不同於假言令式，“形式原則”是可以用“定言令式”來表達的真正的道德原則。而真正的道德原則必須是形式的，因爲它不能預設任何非道德的目的（但此不否定他肯定行動所帶來的結果是非道德的善），正因爲定言令式所要求的行動并不預設任何非道德的目的，衹是出於道德命令之故，所以這個意義下的行動是無條件的行動。

根據以上的界定，我將“形式的存心倫理學”與“實質的存

①李明輝：《儒家與康德》，第54—55頁。其文獻依據是《道德底形上學之基礎》中康德一段對於“形式原則”與“實質原則”的界定，康德說：“如果實踐的原則不考慮一切主觀目的，它們便是形式的；但如果它們以主觀目的、因而以某種動機爲根據，它們便是質實的。一個有理性者隨意選定爲其行爲底結果的那些目的（實質的目的），均是相對的；因爲唯有它們對主體底一種特殊欲求能力的關係能予它們以價值。所以，這種價值無法提供一切有理性者、也對每個意欲均有效且必然的普遍原則，亦即實踐法則。因此，這一切相對的目的衹是假言令式底根據。”（康德：《道德底形上學之基礎》，李明輝譯，臺北：聯經出版事業股份有限公司，1990年，第51頁。

②李明輝：《儒家與康德》，第55頁。

③李明輝：《存心倫理學、責任倫理學與自律倫理學》，《儒家視野下的政治思想》，第145頁。

心倫理學”的特徵（除了在不以行動的結果判定其行動的道德意義”是相同的之外）作以下簡要的區分：

（a）形式的存心倫理學

（a-1）道德行動不預設道德以外的特定目的（例如：純粹基於應當誠實）；

（a-2）基於（a-1），不適用“手段—目的”（道德法則决定目的）；

（a-3）道德行動的存心是完全純粹（無特定目的），是嚴格的存心倫理學；

（a-4）以“定言令式”表達行動所依據的道德法則；

（a-5）行動依據的道德法則是行動者的意志所自立：自我立法（自律）；

（a-6）行動具有道德價值（moral value）。

（b）實質的存心倫理學

（b-1）道德行動預設道德法則以外的特定目的（例如：行動者實踐“誠實”的原則是爲了實現“上帝誡命”這一特定目的）；

（b-2）基於（b-1），適用“手段—目的”的概念（例如：誠實/手段——實現上帝誡命/目的）；

（b-3）道德行動的存心是不完全純粹（有特定目的），是寬泛的存心倫理學；

（b-4）以“假言令式”表達行動所依據的實踐誡規；

（b-5）行動依據的實踐誡規來自於行動者的意志之外（如上帝）：他者立法（他律）；

（b-6）行動没有道德價值，至多衹有“合法性”（legality）①。

當我們問朱子道德體系中的“存心倫理學”是屬（a）或（b）時，其實等於又是回到朱子道德哲學的義理型態是“自律”或“他律”的判定。目前學界主流的立場是判定朱子的義理系統屬於他律倫理學，持此立場的以牟宗三先生及其學生爲代表②。另外像是劉述先教授則是對牟先生判定朱子的標準提出了一些看法，他説：

當代新儒學對於宋明理學的闡釋，特别是牟宗三先生，是有巨大的貢獻。從某一方面來説，他借助於康德的一些觀念來闡釋宋明儒學的基本概念，并不是完全没有問題的。譬如説，他以智的直覺的肯定來説明中國哲學的特色，對於智的直覺的瞭解，并

①如果“存心倫理學”的基本立場是：不以行動的結果判定其行動的道德意義”，則衹要能被歸入“存心倫理學”的陣營，則其道德理論必然能具有“道德價值”。然而，依據（b-6）的結果所示，“實質存心倫理學”并不具有（康德意義下）的道德價值，若此，是否還能有所謂的“實質的”存心倫理學？

②牟先生指出朱子的系統是：“就客觀地由‘存在之然’來逼顯説，是性理之道德意義之減殺；就主觀地由心氣之靈之凝聚來把握這些理説，吾人之實踐之爲道德的，是他律道德，蓋理在心氣之外而律之也。”（牟宗三：《心體與性體（一）》，臺北：正中書局，1968 年，第 86 頁。）或云：“而朱子却衹轉成主觀地説爲静涵静攝之型態，客觀地説爲本體論的存有之型態。而最大的弊病即在不能説明自發自律之道德，而衹流於他律道德。”（牟宗三：《心體與性體（三）》，臺北：正中書局，1969 年，第 242 頁。）牟先生判朱子他律的判語散見《心體與性體》三大册或其它的著作，此僅舉兩例表示之。牟先生的弟子蔡仁厚教授指出：“儒家内聖成德之教，本來就有兩個基型，一是‘心性是一’，孟子、陸、王可爲代表；一是‘心性爲二’，程伊川、朱子可爲代表。前者是康德所謂‘自律型態’的系統，

不合於康德哲學的原義；他又否定程朱爲自律倫理學，顯然也不合於這一詞的一般涵義；他還過分强調朱子的心爲認識心，乃確定其思想爲歧出於孟子以降的直貫型態所成就之一横攝型態；這些都是難免啓人疑思的説法。[①]

又，中國大陸知名朱子學專家陳來教授也提出朱子究竟屬自律或他律的看法，他的説法是：

> ……一切他律都是與“意志的道德性”對立的，在康德哲學中，意志的道德性與行爲的合法性相對，爲個人幸福作一件合乎道德法則的行爲，祇有合法性，而無道德性，祇有

後者是‘他律道德’的系統。儒家兼容自律與他律二個系統，而又能‘和而不同’（雖不同而能合），實在非常理性，非常可貴。這種文化精神，值得別的文化系統來取資切磋。”（蔡仁厚：《中國哲學史下册》，臺北：臺灣學生書局，2009 年，第 716 頁。）然而，牟先生也有部分的學生對此分判提出了不同的看法，例如李瑞全教授曾撰《朱子道德型態之重檢》討論過這個問題，最後他指出，朱子是關聯合一式的自律型態，仍與孟子、陸、王“自體同一式的自律型態”不同。（李瑞全：《朱子道德型態之重檢》，《當代儒學之哲學開拓》，臺北：文津出版社，1993 年，第 223 頁。）而此立場亦見李教授《朱子之道德規範根源問題》一文，他説：“朱子不免爲較寬泛之關聯合一式的自律型態。”（李瑞全：《朱子之道德規範根源問題》，《當代儒學研究》第四期，2008 年 7 月。）（而就李明輝教授曾撰《朱子的倫理學可歸入自律倫理學嗎?》回應李瑞全教授所撰之《朱子道德型態重檢》，以及二人有深入的論辯來看，李明輝教授基本上的立場與牟先生是一致的。）另，楊祖漢教授説則是希望透過“主理”的思考來説明朱子的道德體系是有效的型態，未必屬於他律的型態。（楊祖漢：《從主理的觀點看朱子的哲學》，《當代儒學研究》2013 年 12 月。由於牟先生的弟子衆多，礙於篇幅，則不一一列舉他們關於朱子是自律或他律的説法。

①劉述先：《有關理學的幾個重要問題的再反思》，《理想與現實的糾結》，臺北：臺灣學生書局，1993 年，第 250 頁。

“正其誼不謀其利”，把正其誼本身作爲目的，纔會有道德性。這樣看來，“他律”所針對的乃是祇講合法性不講道德性的傾嚮。而理學無論程朱還是陸王，都是把正誼不謀利作爲基本實踐原理。從這點看，康德所謂的他律與程朱倫理學顯然有很大距離。從另一角度説，自律與他律的分别用另一種形式表達，就是定言式與假言式的分别，而在用定言式方面，朱子學顯然是爲康德所肯定的。①

陳教授正是基於存心倫理學的立場（道德性或合法性）作爲自律或他律的判準，此涉及了上述（a）與（b）兩個型態的區分。我認爲僅依據“正其誼不謀其利”這句話而不説明其背後的義理根據，其實無法辨明此主張是自律或他律，因爲這句話的詮釋結果可以是（a）或（b）。因此，要判定朱子的義張型態是自律或他律，必須確定朱子系統中的道德法則是“定言令式”或“假言令式”。從“而在用定言式方面，朱子學顯然是爲康德所肯定的”這段話可知，陳來教授認爲朱子是屬於自律的型態。然而，由於“自我立法的自律義”是定言令式的最高原則，所以陳教授必須從朱子的系統内部説明朱子能够主張“自我立法”，否則他如何能够做出“在用定言式方面，朱子學顯然是爲康德所肯定的”的宣稱。對此，陳教授於此并未多作説明。但是，如果從陳教授别處所言：“朱子哲學重視‘心’作爲經驗意識的意義，强調心與理不能現實地同一，從而在認識論上要求用人心之靈莫不具有的知性能力去認識事物中普遍存在的理。就朱子認識論上

①陳來：《有無之境：王陽明哲學的精神》，北京：人民出版社，1991，第39頁。

以心爲主體、以理爲對象而言，可以説是心理爲二；……”① 在這段話，陳來教授從認識論的進路指出朱子是藉由心的知性能力在經驗對象上認識普遍存在的理，此明顯是把“理”視爲是心所認知的外在對象，若此，則“理”絶無可能是心爲自己所立定的法則。縱使心在認知理之後，將理内化爲心的内容，并且在日後以此後天的内容作爲判斷的標準，并在判斷後給出行動所依據的法則，雖然從表面上看起來似乎也是一種“自我立法”，但它絶非康德意義下的意志自我立法的“自律義”。若陳教授是采取此一立場，則明顯與他認爲“在用定言之方面，朱子學顯然是爲康德所肯定的”的説法不一致。

對於朱子是自律或他律的問題，在引文4“牟先生將朱子的義理系統判爲‘他律’系統，是因爲在朱子的系統中，具有道德主體地位的“心”并無道德立法之功能”這段話，李教授認爲朱子的系統無法是自律型態，關鍵在於朱子無法從系統内説明自我立法如何可能，很明顯，李教授必然反對陳來教授的立場。

針對上述，我認爲祇要能證成朱子道德理論中的道德原則不預設任何非道德的特定的目的，即朱子不以“假言令式”表述道德命令，相反的，朱子也是以“定言令式”表述道德命令。則我們就有理由宣稱朱子同樣是以“形式原則”作爲行動的依據，而朱子的存心倫理學型態應該就更能貼近孟子的型態一步。若就節2的分析：（1）朱子不以任何非道德的目的作爲行動考量的先決條件，亦不考量行動所可能帶來的任何主觀效益；（2）朱子道德體系中的道德法則是普遍的形式法則，即以“無所爲而爲”（無條件爲善）的形式原則作爲行動所依據的標準；（3）朱子所理解

①陳來：《有無之境：王陽明哲學的精神》，第42頁。

的“義利之辨”更是如此，他堅決反對以非道德的特定目的（利）來規定“道德法則”（義）。基於（1）（2）（3），我們有理由相信朱子的倫理學體系不蘊涵“實質的存心倫理學”中（b-1）、（b-2）、（b-3）、（b-4）的內涵。然而，朱子的倫理學體系要能完全被排除在“實質的存心倫理學”之外，還需進一步的論證，即我們必須能够從朱子的系統內證成他有足以排除（b-5）的理據。

以上已分別證成（P1）與（P2）爲朱子的義理思考，并說明朱子的倫理學體系是貼近於孟子的倫理學體系，爲了要確定最後的結論（C）是否成立，我們還必須證成（P3）朱子的道德體系能合理地詮釋孟子的“仁義内在說”，祗要能證成涉及（道德）判斷原則來源論述的（P3），則能從系統内證成“自我立法”也是朱子道德理論的基本立場，若此，則能將朱子的倫理學型態完全排除在“實質的存心倫理學”之外。

四、朱子對“仁義内在”的理解與證成

關於（P3），我們不妨先由朱子“仁義内在說”的注解著手，看他如何說明（道德）判斷原則的來源，之後再參照《朱子語類》等相關文獻的說明，進而檢視其說法的一致性。據《孟子集注》所載：

9. 白馬白人，所謂彼白而我白之也；長馬長人，所謂彼長而我長之也。白馬白人不异，而長馬長人不同，是乃所謂義也。義不在彼之長，而在我長之之心，則義之非外

明矣。①

10. 所敬之人雖在外，然知其當敬而行吾心之敬以敬之，則不在外也。②

朱子這兩段的理解與孟子并無二致。外在客觀對象僅是行動者作道德判斷的必要條件，最後仍是行動者依據其内在的判斷標準做出決斷并給出行動的原則。在引文 9 “白馬白人不异，長馬長人不同，是乃所謂義也”這段話，朱子明顯做了知識與道德兩種不同的判斷。就知識層面而言，朱子認爲“白”馬與“白”人都是在説明我們所面對的對象具有“白”的特徵，就顔色的特徵而言，他們有相同的意義，故曰“不异”。即使馬與人是不同意義的存在，但是在二者同樣被劃歸於“白”這一類而言，二者有相同的意義，因爲此處所做的是知識判斷，它是中性意義（非價值）的判斷，不涉及對對象做其它有價值的判斷。依之，知識的判斷完全取决於對象的表象。而就此文段所表示出與知識判斷不同的是“道德判斷”來看，朱子也明確指出長馬與長人之不同是道德意義上的不同。此外，“長”字除了理解釋爲（相對意義下）的年長之人之外，亦可解釋爲（絶對意義下）“輩份”較高者。因此，如果行動者所面對的是道德上值得尊敬的年長者，則行動者之所以表達其尊敬之情，在於他認同該年長者所體現的道德價值，基於這份認同，他做出了應該對該年長者行恭敬之禮的判斷。依之，道德判斷則是取决於行動者的内在判斷標準，外在對象之所是衹是他能做出道德判斷的必要條件。引文 10 這段話正表達了行動者所面對的對象衹是供他做出“敬”的（道德）判斷

①朱熹：《四書章句集注》，第 327 頁。

②同上注。

的必要條件，認知對象的意涵是行動者能做道德判斷的第一步，因爲他必須先確定他與所面對的對象之間是屬於哪種倫理關係，之後纔能給出相應於當下情境的道德判斷。在引文 9、10 中，朱子的注解明顯同樣在反駁告子的“義外”之説，而基於以上對於朱子的理解的闡釋，我們有理由相信朱子的義理思考是“義内”。

然而，在《朱子語類》中，朱子與其學生有段涉及引文 10 相關的討論，此段討論不免讓人質疑朱子的理解反而像是“義外”的主張，據《朱子語類》所載：

11. 李時可問“仁内義外”。曰：“告子此説固不是。然近年有欲破其説者，又更不是。謂義專在内，祇發於我之先見者便是。如‘夏日飲水，冬日飲湯’之類是已。若在外面商量，如此便不是義，乃是‘義襲’。其説如此。然不知飲水飲湯固是内也。如先酌鄉人與敬弟之類，若不問人，怎生得知？今固有人素知敬父兄，而不知鄉人之在所當先者；亦有人平日知弟之爲卑，而不知其爲尸之時，乃祖宗神靈之所依，不可不敬者。若不因講問商量，何緣會自從裏面發出？……”（時舉）（卷 59，第 1379—1380 頁）

引文中的“近年有欲破其説者，又更不是。謂義專在内，祇發於我之先見者便是”、“如先酌鄉人與敬弟之類，若不問人，怎生得知”、“若不因講問商量，何緣會自從裏面發出”這三段話確實容易讓人誤會：行動者能做出判斷必須先向外認知判斷原則，透過認知將判斷原則内化爲自己的道德知識，之後方能以之做出道德決斷，并由最後仍是“我”（而非依對象而決定）做出道德判斷，而從此意義説“義内”。藉牟先生的説法，朱子這是“順著我們眼前之物，即物而窮其理，以此決定道德的實踐”，是康德以前典型的“以知識決定道德”① 的型態。如果這代表朱子的理解，則朱子的“義内説”就不是嚴格的“意志之自我立法之義内之論”②，而其“義内”之義也非真正的（孟子式的）“義内”。

然而，我認爲引文 11 所産生的質疑，可藉由以下文段中朱子的辨明得到解決，朱子有云：

> 12. 謂如人心知此義理，行之得宜，固自内發。人性質有不同，或有魯鈍，一時見未到得；别人説出來，反之於心，見得爲是而行之，是亦内也。人心所見不同，聖人方見得盡。今陸氏祇是要自渠心裹見得底，方謂之内；若别人説底，一句也不是。纔自别人説出，便指爲義外。如此，乃是告子之説。如“生而知之”與“學而知之，困而知之”、“安而行之”與“利而行之，勉强而行之”，及其知之行之，則一也。豈可一一須待自我心而出，方謂之内？所以指文義而求之者，皆不爲内？……（卷 124，第 2976 頁）

又見：

> 13. 必大録云：“嘗與金溪辨“義外”之説。某謂事之合如此者，雖是在外，然於吾心以爲合如此而行之，便是内也。且如人有性質魯鈍，或一時見不到；因他人説出，見得爲是，從而行之，亦内也。金溪以謂，此乃告子之見，直須自得於己者方是。若以他人之説爲義而行之，是求之於外也。遂於事當如此處，亦不如此。不知此乃告子之見耳。’

①牟宗三：《中國哲學十九講》，臺北：聯經出版事業股份有限公司，2003 年，第 396 頁。

②楊祖漢：《朱子對孟子學的詮釋》，《孟子思想的歷史發展》，臺北：中央研究院中國文哲研究所，1995 年，第 150 頁。

……”）（卷 124，第 2976—2977 頁）

在朱子的道德體系，行動者具有先天的道德之知，以及依此知做道德判斷的能力。然而，朱子也意識到現實中“人”有資質賢愚不同的事實，未必人人都能在處於道德情境的當下即刻給出判斷原則，雖然這仍不會否定他具有先天道德之知的事實，但畢竟他當下無法立即做判斷也是一無諍的事實。朱子承認有此實踐上的限制，故他并不認爲我們因爲透過讀書、論學等後天方法獲得道德的“實踐知識（原則）”就是“義外”。理由在於：“實踐知識（原則）”本質上不同於一般認知意義下的經驗知識。我認爲實踐知識的完成必須經過層層上升的三環節：（1）認知、（2）理解、（3）反省認可（reflective endorsement），而最後（3）是區分經驗知識與實踐知識（原則）的關鍵。若僅到環節（2），則該知識仍停留在一般認知意義下的經驗知識，[①] 我們至多祇能説我“理解”（懂）該道德知識的意涵“是什麼”，此衹涉及知識的信念層面，而未涉及實踐層面的規範信念（normative belief），由於知識的信念没有實踐的規範力，所以是否會去實踐則没有必然的保證。由於“道德”是實踐的而非純理論或描述的，因此不能停留在步驟（2）。（3）則是判定所認知的道德知識是否能够成爲真正的道德原則的關鍵環節，當行動者反之於心進行反省的檢驗時，行動者會判斷：（3-1）它必須符合自有的道德判斷標準[②]；（3-1-1）它必須具備“天理之公”意義下的“普遍性”；（3-1-

①例如我們通過認知可以得到“紅燈停，緑燈行”的交通規則（知識），此中無須涉及反省的活動。

②此即朱子“大凡道理皆是我自有之物，非從外得”（卷 17，第 382 頁）的意思，即道理是無需通過後天的學習（含認知）而有的。亦見朱子所言“人心皆自有許多道理，不待逐旋安排入來”。（卷 23，第 558 頁）

2）它要能够被所當然不容已的“性分之理”所認同。祇要它符合這三項條件，我們必然會基於它能够彰顯“人之爲人”的道德價值，認可它具有實踐的絶對性，因爲它代表了我們身爲“人”的基本認同。依之，滿足這三項條件的原則就是作爲行動者實踐此道德原則的“理由”——具有道德規範意義的理由。也因此，通過（3）反省認可的判斷過程，可以從一般認知意義下的經驗知識，轉化成同於“性分之理”是實踐意義的道德原則。在這個意義下，朱子認爲能够通過反省認可（認同）的“道理”也能够稱之爲“内”，此“内”不是“外鑠我也”（即自外以至内”[①]）意義的“内化”之意，相反的，此“内”是“内在”的意思，所以朱子説“因他人説出，見得爲是，從而行之，是亦内也”。

以上大體是引文12、13所蘊涵之義。此外，朱子對《孟子》《盡心》第十六“舜居深山”一章的注解也很能表達這意思。《孟子》的原文是：

14．舜之居深山之中，與木石居，與鹿豕游，其所以异於深山之野人者幾希。及其聞一善言，見一善行，若决江河，沛然莫之能禦也。[②]

朱子的注解是：

15．蓋聖人之心，至虚至明，渾然之中，萬理畢具。一有感觸，則其應甚速，而無所不通，非孟子造道之深，不能形容至此也。[③]

孟子此舉舜耕歷山時與世隔絶的例子作説明，舜固然不是資

---

①朱熹：《四書章句集注》，第328頁。

②朱熹：《四書章句集注》，第353頁。

③朱熹：《四書章句集注》，第353頁。

質魯鈍的人，但依照朱子的説明，意味著似乎也有舜未知的道理。引文 15 前半段是朱子肯定“行動者具有先天道德内涵/標準”的基本立場，[①] 并且是説明後半段舜能够在“一有感觸，則其應甚速，而無所不通”（若决江河，沛然莫之能禦）的義理根據。此“一有感觸”的對象是指“聞一善言，見一善行”，既然善言與善行是透過聞見而來，很可能當下舜是第一次接觸到“善言”與“善行”。依朱子的理解，由於舜（含“一般人”）之心先天本具萬理，因此，在通過上述層層上升的三個環節後，他基於對善言、善行的實踐認同，必然會將之當作自己行動所奉行的道德實踐原則，進而付諸實踐，此即“若决江河，沛然莫之能禦”之意。

在上述理解的基礎上回到引文 11，以“弟爲尸”爲例，這是隨時代發展而來的其中一項倫理關係，如果行動者從未經歷過這樣的情境，即在他尚不理解此倫理情境意涵——“爲尸之時，乃祖宗神靈之所依，不可不敬”——的前提之下，他當然亦不會有實踐的認同，因爲他無法理解與認同爲什麼他必須嚮比他年幼的人執“恭敬之禮”。所以需先問人、講問商量以獲得與“尸”相關的倫理意涵，在理解相關的倫理意涵之後，如果“凡對爲尸者皆當執以恭敬之禮”能够通過“反省認可”的檢驗，而能被認同：當下居於尸位者所代表意義的是祖先而非所見的對象的表象（居於尸位者），其身份是祖先，而我的身份是祖先的後人，故我理當對祖先執恭敬之禮，即使是年幼於我者居於尸位，我都應當

①此立場的相關論證可參考拙作博士論文第 4 章。（賴柯助：《朱子道德哲學重定位：如何回答“道德規範性”問題?》，桃園：“國立中央大學”，2014 年。）

將其視爲祖先身分的象徵而敬之。基於此反檢驗後的認同，行動者就有了實踐恭敬原則的理由，因此，當行動者面對“年長的叔父”與“居於尸之弟”時，他必然基於認同“凡對於爲尸者皆當執以恭敬之禮”的原則而先嚮爲尸之弟執恭敬之禮，而非叔父，因爲當下行動者是基於對象身份所蘊涵意義與與之相應原則，而非表面的對象而執恭敬之禮。①

據上所述可知：在行動者自有非自外得的道德内涵/標準的前提下，他在反省判斷後能够基於他的認同作出相應的實踐原則，即使當下的情境有進一步作（例如“酌則誰先?”、“敬叔父乎？敬弟乎?”的）判别的需要，行動者仍然能够依據原則的“實踐優先性”做出相應的判斷，此即朱子言“因時制宜，皆由中出也”② 之意。而從“皆由中出”可知判斷的原則確實是其“自有非自外得”意義下的“内”，依此也呼應了引文 9、10 所表示的：朱子的義理思考是“義内”。而這樣的義理思考也同樣見諸以下文段：

16. 問：“曾子忠信，却於外面理會?”曰：“此是‘修辭立其誠’之意。”曰：“莫是内面工夫已到?”曰：“内外衹是一理。事雖見於外，而心實在内。告子義外，便錯了。”（可學）（卷 21，第 486 頁）

17. ……曰：“以義爲見於所行，便是告子義外矣。義在内，不在外。義所以度事，亦是心度之。然此果何以别?……仁義皆是心。仁是天理根本處……（卷 51，第 1227 頁）

①“知先敬鄉人”（酌則誰先）的例子之論證與“弟爲尸”的例子相同，故不再論。

②朱熹：《四書章句集注》，第 327 頁。

18. 曰：“……‘事之宜’雖若在外，然所以制其義，則在心也。程子曰：‘處物爲義。’非此一句，則後人恐未免有義外之見。如‘義者事之宜’，‘事得其宜之謂義’，皆説得未分曉。蓋物之宜雖在外，而所以處之使得其宜者，則在内也。”曰：“仁言‘心之德’，便見得可包四者。義言‘心之制’，却衹是説義而已。”曰：“然。程子説‘仁者，天下之公，善之本也’固是好。然説得太渾淪，衹恐人理會不得。大抵説得寬廣，自然不受指點。若説得親切，又覺得意思局促，不免有病。知言則是要説得親切，而不免有病者也。”（卷 51，第 1219 頁）

19. 問：“告子已不知性，如何知得仁爲内?”曰：“他便以其主於愛者爲仁，故曰内；以其制是非者爲義，故曰外。”又問：“他説義，固不是；説仁，莫亦不是?”曰：“固然。”（可學）（卷 59，第 1379 頁）

以上引文主要在表明朱子主張“義内”而駁斥告子的“義外”立場。從引文 19 他與學生的問答來看，朱子認爲告子不知性，且祇以主於愛者爲仁，此很可能不是出於“仁之理”而發的感性的、心理學的情感，由於這不是出於以“仁之理”作爲判斷標準後的“判斷之情”，故朱子據此判定告子甚至無法從其系統内主張“仁内”。

如果對朱子這幾段引文的詮釋不錯，則在朱子的道德體系，理論上，行動者能够在面臨道德抉擇的處境下，通過反省判斷而給出相應的行動原則。由於行動者是基於他對自有非自外得的道德之理的認同而爲自己制定行動所依據的道德法則，而且此行動的法則并不涉及任何非道德的特定目的（幸福），其道德存心是出於“無所爲而爲”的完全純粹性。透過以上的論析，朱子的道德體系能够從系統内證成“自我立法”之意，若此，（P3）是成立的。

要確定朱子的倫理學是否真的能被歸入“形式的存心倫理學”的型態，我們還必須從朱子的系統内部回應李教授認爲朱子無法被歸入形式的存心倫理學的判定：“朱子道德系統中具有道德主體地位的心并無道德立法的功能”。如果根據朱子道德理論的基本觀點①：第一，以心性論的語言表示：心先天本具道德之理而爲其道德判斷的内涵；第二，道心是心的其中一個身份，具有反省判斷的功能，是以先天本具道德之理而爲其道德判斷標準的實踐主體，能够做出普遍的道德判斷；第三，以實踐的語言表示：行動者先天本有普遍的道德之知（常知），預設他在透過格致工夫而達真知的前提之下，他能在道德判斷之後，依據他對判斷之後所給出的道德之理的認同，而實踐道德原則的命令。我們有理由相信：道心不是實然的、心理學的心，它具有道德規範的意義，而衹要心以道心的身份作主，則它呈現的便是全幅是理的狀態。依此，在朱子的道德系統中，“道心”是能做道德判斷的實踐主體，道心能够根據先天本具的性理在反省判斷後爲自己制定道德法則。職是之故，朱子的倫理學體系可以排除（b-5）與（b-6），若此，則朱子道德理論中（道）心能够以先天本具的性理在反省判斷後做出道德决斷，并爲行動者制定道德法則。若依嚴格二分法意義下的“形式/實質”（“自律/他律”）的區分，則朱子的倫理學應該要被歸入“形式的存心倫理學”的型態，既然

①關於朱子道德理論的基本觀點的論證，可參考拙作博士論文。（賴柯助：《朱子道德哲學重定位：如何回答“道德規範性”問題?》，桃園：“國立中央大學”，2014 年。）

朱子的倫理學型態具有被歸入“形式的存心倫理學”的型態的可能性，我先稱之爲：“（道）心能够以先天本具的性理在反省判斷後做出道德决斷，并爲行動者制定道德法則”型態。

當然，我們可以進一步追問的是：朱子的倫理學型態是否與康德的自律倫理學相同？對於這個問題，我擬由李明輝教授對於自律倫理學型態的兩種區分來回答。關於自律倫理學的意涵，李教授認爲可以有兩種型態，而他也依之界定了孟子的自律倫理學型態。所以，爲求慎重，在我們做出“朱子的倫理學型態”與“孟子的倫理學型態”的定位的最後判定之前，我們不妨再參考李教授有關自律倫理學有兩種型態的相關論證。如果李教授的主張成立，則我們就可以依據朱子的義理思考，看他的自律倫理學能被歸入哪一個型態，而做出最終的判定。

關於康德的“意志自律”之意，李教授指出了兩層意涵，他説：

> 20. 總之，對於康德而言，“意志底自律”包涵兩層意義：第一、我們的意志應服從道德法則；第二、道德法則應是我們的意志爲自己制定的。簡單地説，“意志底自律”便是意志之自我立法。①

在不改變意思的前提下，這兩層意涵可轉換爲：“意志底自律是我們的意志應僅服從意志爲自己自制定的道德法則”。這是康德的倫理學之所以爲自律倫理學的基本主張，而這應該也能够普遍被康德學派（Kantians）所共同認可。

在界定自律倫理學的基本主張之後，李教授接著又指出自律

---

①李明輝：《存心倫理學、形式倫理學與自律倫理學》，《儒家視野下的政治思想》，第 152 頁。

倫理學在康德之後的發展遭受到不滿與質疑，但也在這個機緣下，“自律”這概念經歷了不同哲學家的調整與修正而有了新的轉化。康德的自律概念之所以被質疑，其主要的原因在於：

21. 康德倫理學預設了理性與情感嚴格的二分架構，作爲道德主體的“意志”即是實踐理性，一切情感因素（包括道德情感、良心①、愛）均被排除在外。由於這個架構不足以支撑康德在“自律”原則方面的洞見，故從席勒開始，便

①關於“良心”這概念，康德的瞭解是：“因爲良心是這樣的實踐理性，即，‘在每一法則之情形中，此實踐理性在一個人面前執持此人之義務，即爲獲免或定罪而執持此人之義務’這樣的實踐理性（案此即主觀意義的實踐理性而不是客觀意義的實踐理性）；因此，良心并不涉及一對象，但衹涉及主體（即以其自己之活動來影響道德情感）；這樣良心是一不可免的事實，而不是一責成，亦不是一義務。”牟宗三：《康德的道德哲學》，第440頁。又，康德在《附録二：道德學論良心》指出：“每一個人皆有一良心，并且每個人皆覺得他自己爲一内部的法官（檢查官）所注視，此内部的法官威嚇他，并且使他處於恐懼中……；而這一種力量，即‘注視或守護在他之内的法則’之力量，并不是某種‘他自己所隨意造成’的東西，而乃是生而有對者，即組織之於其存有中者。……現在，這一種根源的，智的，而且是道德的（如一義務之概念之爲道德的）能力，所被名曰良心者，……”（同本注，第447頁。）對康德來説，“良心”我們是主觀的能力，而不是客觀的，這意味著良心的能力未必是普遍的，或并非對每個人都有效。而對良心是主觀的瞭解，牟先生有一段評論的案語如下：“依康德，良心衹是主觀的。依陽明，良知之獨知是主觀的，此可説是良知之主觀性，但良知亦是天理，此可説是良知對客觀性。……康德所説的良心却衹是主觀感受。”（同本注，第449頁。）康德對於“良心”概念的理解與儒家（孔孟一脉，雖然孔子没有使用良心這個概念，但其所主張的“仁”則蘊涵良心之意）的理解是不同的，他所理解的良心衹是主觀的能力，或如牟先生所理解的主觀感受，所以康德將良心歸屬於情感一類。

不斷地對它提出質疑，并試圖在理論上加以修正。由此可見，康德倫理學所揭示的“自律”原則可以脱離其哲學架構，而依然不失其意義，甚至還可能展現更充分的意義。因此，“自律倫理學”可以有兩種涵義：或是指在康德哲學架構中所展現之“自律”原則爲基礎的倫理學系統，或是指雖以“自律”原則爲基礎、但不預設康德的主體性架構之倫理學系統。①

①李明輝：《存心倫理學、形式倫理學與自律倫理學》，《儒家視野下的政治思想》，第152—153頁。關於這個架構“不足以支撐康德在‘自律’原則方面的洞見”這點，牟宗三先生早已指出其中主要的問題是：制定道德法則的自由意志衹是一設準，無法給出實踐的實動力，導致實踐動力的落空。然而，由於此非本論文討論的重點，以下兹舉牟先生兩處説法表示之：（1）“康德因講意志底自律，亦預設一自由的意志，但這衹是一預設。到講動力、興趣與格言時，所看到的意志却完全是受感性影響的意志。那個自由意志與理性及法則皆在一凌空而虛懸的狀態中。那三者即由這虛懸的標準與現實的意志間的距離而顯露出，而却不能把它們上提於本心，而亦於自由意志説本心。因此，道德法則本身的動力，是客觀地虛説的動力——虛動力，尊敬是主觀也説的動力——實動力，而此實動力却是法則虛地作用於情感上的一個結果，故雖實而不穩。”（2）“所謂‘堯舜性之’。此即‘心即理’之義。康德不承認此義。因爲他一説法則即是關聯著我們的習心之意説，但是他亦説意志之自律。意志之自律即是全意是理。它既是自律，此意志本身不含有可從可不從此理之或然性。如果有此或然性，其自律亦不必然，那就根本不會有自律之意志。今既有自律之意志，則必即立此理，即從此理，不，即是此理，不但如此，而且必悦此理，不得有不悦之可能。但是康德既不在此自律之意志上説它是本心，而衹把它看成是理性，又把這衹是理性的自律意志（自由意志）看成是個必然的預設、設準，而無智的直覺以朗現之，如是，它不但不是我們的性，而且有不有亦不能定知，衹是分解的必然上的一個預設；如是，一説自律所律的法則，便衹關聯著我們的習心底作意説，好像我們的意志即是這感性層上習

對於引文21，我所關注的焦點是康德倫理學所揭示的“‘自律’原則可以脱離其哲學架構，而依然不失其意義，甚至還可能展現更充分的意義”這段話，此意味著：即使我們没有預設康德的理論架構，我們同樣可以使用“自律”這一概念在道德實踐範疇的意涵（雖然這已部分脱離了康德所使用的意義）。或换句話説，我們可以借用“自律”這概念在倫理學中的意涵，但不必在康德原先的理論架構下使用這一概念。若此，祇要一個倫理學體系能够符合“自律”（自我立法）的條件，以及它蘊涵了上述作爲“形式的存心倫理學”的（a-1）至（a-6）的六個條件，則它也可以使用“自律”的概念（未必完全於同於康德的使用），而被定位爲一種[1]自律倫理學型態。

依上述，李教授對孟子的倫理學型態作了以下的界定：

> 22. 然則，即使我們承認：康德與孟子對“道德感”的理解不同（這屬於哲學人類學的問題），亦無礙於我們同時主張：孟子的倫理學系統是另一種型態的“自律倫理學”。[2]

若參照引文21李教授認爲康德的理性與感性嚴格二分的架構“不足以支撑康德在‘自律’原則方面的洞見”這一判斷，李

心的意志（所謂人心），而那個自律的意志擺在那裏忘記了，好像與我們完全無關似的，好像完全無用似的，而祇是當作純粹的實踐理性以擺在一切有限存有之上而命令著我們，使我們對之生敬心。彼千言萬語祇環繞此中心而説。”兩段引文分别見牟宗三：《康德的道德哲學》，第278—279頁、第284—285頁。

①如前述所提及的，李瑞全教授認爲朱子的倫理學型態并非是“他律倫理學”，而可以是一種“關聯合一式”的自律倫理學。

②李明輝：《存心倫理學、形式倫理學與自律倫理學》，《儒家視野下的政治思想》，第156頁。

教授背後的理據應該與注中牟先生的兩個説法是一致的。雖然李教授於此没有進一步説明此另一種型態的自律倫理學其究竟的實義是什麽，但若就他在《儒家與康德》第九節的論證與在第十節的結論所述：

> 23. 孟子與康德同樣肯定"自律倫理學底本質"的立場，因而其倫理學同屬自律倫理學。在這個前提之下，我們并不否定：孟子與康德底倫理學有基本差异，各自表現出不同的型態……此項基本差异在於兩者所根據的道德主體性底架構。①
>
> 24. 孟子則采"心即理"的義理架構，從四端之心說本心，本心即性。但此項基本差异并不影響兩者之同爲自律倫理學，因爲其差异是在哲學人類學底層面，而非在倫理學的原則論（ethische Prinzipienlehre）底層面上表現。②

李教授基於"孟子與康德底倫理學有基本差异，……此基本差异在於兩者所根據的道德主體性底架構"把孟子界定爲"另一種型態"（非康德的型態）的自律倫理學，這并非是貶意的判定，相反的，若依他與牟先生對孟子的理解幾乎是一致來論，其實李教授的界定是正面的肯定。因爲他同樣認爲孟子的型態足以從系統内説明道德實踐的實動力之所以可能的理論根據。

透過以上的討論，以及在不完全預設康德理論架構的前提下，關於朱子的倫理學型態與孟子的倫理學型態之間的异同的初步衡定，我認爲共同之處是：

（1）二人的"義利之辨"同樣預設存心倫理學的立場，但都

---

①李明輝：《孟子與康德的自律倫理學》，《儒家與康德》，第 79 頁。

②同上注。

不是實質的存心倫理學；

（2）二者都能從其道德體系的内部合理地説明“仁義内在”如何可能；

（3）在（2）的基礎上，二人的倫理學體系都藴涵“自我立法”之意。朱子是基於“反省認可”而做出相應的道德判斷；孟子是“本心”當下呈現而做出相應的道德判斷。所以二人都有理由使用“自律”這個概念；

（4）二人所分别使用的“自律”概念都與康德的自律倫理學型態不同。

我認爲至我目前研究所得出的相异之處是：

朱子的倫理學型態是（道）心能够“以先天本具的性理在反省判斷後做出道德决斷，并爲行動者制定道德法則”意義下的“形式的存心倫理學”，此預設了“心本具性理”的立場，心的身份是“以先天本具的性理爲道德判斷標準的實踐主體”的“道心”。就心、理關係而言，朱子“心本具理”意義的“心”與孟子“本心即理”意義的“心”，仍有一段待於進一步説明與厘清的距離。

五、結論

透過以上的論析，我由以下五點作爲本文的結論：

（一）朱子與孟子對於“義利之辨”的道德思考，初步就以下三點所示是一致的：（1）不以任何非道德的目的作爲行動考量的先决條件，即以“無所爲而爲”（無條件爲善）的形式原則作爲行動所依據的標準；（2）不以行動結果所可能産生的任何主觀效益作爲行動的考量；（3）以“定言令式”表達行動所依據的道德法則，而不是以“假言令式”表達行動所依據的道德法則。

（二）朱子對孟子“義利之辨”的理解并非僅有文意上的契合，他也能從系統内部幾乎完全合理地詮釋孟子的義理思考。雖然仍有一項不同，但這一項的不同不妨礙朱子的道德體系在道德實踐上是合理而有效力的理論型態。

（三）承上，這一項不同也凸顯了朱子有其獨特的義理思考，他依不同的功能區分了心的不同身份，即“人心”與“道心”，并且爲人心與道心各自安立其所屬的責任。認知的功能是作爲道德判斷的必要條件，没有這項功能，行動者無法認識外在對象，如果無法認識外在對象，則其反省的功能亦無法發揮其道德判斷的作用。因此，這兩種功能缺一不可，而“心”也不能衹是其中一個身份。

（四）“存心倫理學”可分爲（a）“形式的存心倫理學”與（b）“實質的存心倫理學”：

（a）“形式的存心倫理學”具有以下的特徵：

（a-1）道德行動不預設道德以外的特定目的（例如：純粹基於應當誠實）；（a-2）基於（a-1），不適用“手段—目的”（道德法則決定目的）；（a-3）道德行動的存心是完全純粹（無特定目的），是嚴格的存心倫理學；（a-4）以“定言令式”表達行動所依據的道德法則；（a-5）行動依據的道德法則是行動者的意志所自立：自我立法（自律）；（a-6）行動具有道德價值（moral value）。

（b）“實質的存心倫理學”具有以下的特徵：

（b-1）道德行動預設道德法則以外的特定目的（例如：行動者實踐“誠實”的原則是爲了實現“上帝誡命”這一特定目的）；（b-2）基於（b-1），適用“手段——目的”的概念（例如：誠實/手段——實現上帝誡命/目的）；（b-3）道德行動的存心是不完全純粹（有特定目的），是寬泛的存心倫理學；（b-4）以“假言令式”表達行動所依據的實踐誡規；（b-5）行動依據的實踐誡規來自於行動者的意志之外（如上帝）：他者立法（他律）；（b-6）行動沒有道德價值，至多衹有“合法性”（legality）。

（五）在我的論證中，基於：

（P1）朱子在詮釋“義利之辨”的文本中確實强烈表達其（同於孟子）重視/强調“道德存心純粹”（無所爲而爲）的義理思考；

（P2）朱子的“義利之辨”乃（同於孟子）預設“存心倫理學”的立場；

（P3）朱子的道德體系具有詮釋孟子“仁義内在説”的合理性，此可作爲支持（P2）的義理根據；

以及朱子的倫理學型態不屬於“實質的存心倫理學”陣營，所以：

（C）朱子能合理地詮釋孟子的“義利之辨”，且其不屬於實質的存心倫理學陣營，據此可確定二人的倫理學型態有重疊之處。

作者簡介：臺灣中央大學哲學博士，現爲臺灣中正大學中文系助理教授。主要研究方嚮爲先秦儒學、朱熹哲學、宋明理學。

中江藤樹的思想與“上帝”信仰

陳曉杰

序　言

中國的“天”在傳統思想中歷來是最高的範疇，其涵義也非常豐富。在明代中期以後對社會産生巨大影響的陽明學，其核心概念無疑是“良知”，而王陽明本人曾説過：“心即天”，“心之本體，無所不該，原是一個天”①，作爲心之本體的良知在所有領域（工夫論、本體論、存在論）都居於核心地位。② 但與此同時，他也承認“天”爲良知的根源：“性是心之體，天是性之原，盡心即是盡性”③。將人之本質歸結於天，可以説是宋明儒學的共識。然而如果將視野擴展到日本江户時代的儒學、例如被稱爲“日本陽明學之始祖”的中江藤樹（以下簡稱“藤樹”），我們却會發現與宋明儒學截然不同的東西。在藤樹思想中居於最高範疇

①陳榮捷《王陽明傳習録詳注集評》（臺灣學生書局，1983 年）第 222 條，第 300 頁。

②陽明後學對於良知學的繼承、發展與演變之關係非常複雜，而尤其以王龍溪以及周海門爲代表，在“良知現成派”的士人當中存在著將“天”吸納入“良知”或者“心”的傾嚮，這一點值得注意。

③《王陽明傳習録詳注集評》（第 6 條，第 36 頁）。

的“太虛”、“上帝”是絶對而超越之神，人則相對處於其“下位”。

本文即圍繞“上帝”的信仰來分析藤樹思想，同時也將中國傳統儒學以及陽明學作爲比較之物件，以使藤樹思想之特質更清晰地顯現出來。本文大致分爲三個部分。首先，對藤樹之宗教觀進行簡要概括，并探討其與中國傳統“天”觀念之异同。其次，分析藤樹思想中的種種對立觀念，指出其中所隱含的“本來性”與“現實性”之對峙與分裂。再次，以上帝信仰中的“孝”問題爲切入點來考察藤樹思想中潛藏的矛盾。①

一、“福善禍淫”之問題

被稱爲“日本陽明學始祖”的藤樹之形象，可以説是日本近代化之後被構築出來的産物。其典範就是高瀨武次郎的《日本之陽明學》（1898 年）和井上哲次郎的《日本陽明學派之哲學》(1900 年)，由此，藤樹被納入到“日本陽明學”之譜繫中②。但中國思想史研究領域中不乏對藤樹之思想是否能冠以“陽明學”來總結而持懷疑立場者，例如溝口雄三就認爲，對於日本的陽明

---

①本文無意站在中國傳統儒學或陽明學的立場上對藤樹進行批判。特別是下面第三章對藤樹的批判，也主要是爲了深入瞭解藤樹之思想。本文所使用的藤樹文獻，主要以《藤樹先生全集》全 5 卷（岩波書店，1940 年）以及《日本思想大系・中江藤樹》（岩波書店，1974 年）爲主，引用時簡稱爲《全集》和《大系》。

②近年來日本思想史学内部也开始出现了自我反省的迹象，可參看子安宣邦的《江户思想史講義》（岩波書店，1998 年）第一章“‘孝’の教説と<孝子伝>との間”。

學，從來的通説都“對從朱子到王陽明之間所産生的理法系統中的構造變化視而不見……可以説是以日本人的‘心’進行過濾後所産生的理解”①。本文認爲，這不僅僅是對於陽明學的理解與把握上的偏差問題，當我們將藤樹沿著歷史脉絡而考察時，這一點將更加清楚。考察藤樹的信仰以及宗教、特别是“我”與“上帝”之關係，將嚮我們揭示出藤樹與陽明學之間的巨大差异。

在進入具體分析之前，筆者想先對本文的標題做簡要説明。首先是“上帝”這個詞。藤樹的思想大致可以分爲三期，這已經是學界之共識②。若按照此劃分，前期的藤樹主要信奉原始儒教的“上帝”信仰，到了中期則受到道教“太乙神”的影響，對於日本的古代神道頗有共鳴，對“太虚”也有所言及。至晚年，藤

①溝口雄三“中國的‘心’”（《文學》，1988 年 2 月號，岩波書店），第 243 頁。

②前期至他還鄉後的 32 歲。這一時期藤樹在受到朱子學影響的同時，也漸漸開始走出朱子學的框架。中期從 33 歲到 37 歲爲止，33 歲時藤樹接觸到《性理會通》和《王龍溪語録》，37 歲時入手《王陽明全集》并閱讀，在深受陽明學的影響的同時，也形成了他自己的思想。後期則從 38 歲到去世時的 41 歲。值得一提的是，學者們對於“三期説”的具體劃分問題存在著意見的分歧。山本命認爲“中期”應該是 33 歲至 37 歲。但是，例如玉懸博之就認爲是 31 歲到 37 歲，其依據是：“（譯者按：中江藤樹）形成了與朱子學一邊倒的‘初期’思想截然不同的思想。與‘初期’不同的（中略）對於天進行人格性的把握的思想，此思想能够明確地在他三十一歲時候看到，我把這一接下來會論述到的從三十一歲開始直到三十七歲爲止的思想轉换稱爲‘中期’。”（《日本近代思想史研究》，ぺりかん社，2008 年，第 105 頁）但是，如本文第二章第一節將會論述到的，藤樹在 31 歲時尤其在理氣論等方面還尚未脱離朱子學的基本框架。例如《持敬圖説》中，將“敬”解釋爲“直内”的“内矩之義”，由此“内矩之義”來駕馭“外規之氣”，“則氣從理，規亦矩也。”這顯然是朱子學的思維。但在

樹對於佛教開始持寬容態度，甚而使用“明德佛性”等用語[①]。

儘管如此，本文以“上帝”爲核心概念來進行考察，主要是基於兩點考慮。第一，藤樹在前期以後，將“上帝”和“天”等同視之，并將“上帝”視爲超越的人格神。“上帝”可以説是藤樹信仰的關鍵字。第二，藤樹對上述用語并没有做嚴格區分，而是基於他自身的體認進行統合。例如中期的代表作《翁問答》，有“太虚神道”（《大系》，第120頁）和“太虚皇上帝”（《大系》，第124頁）等用語，這些幾乎是同義語。因此，本文使用“上帝”這個概念，但并不限於對其著作中的“上帝”之用例進行文獻學式的考察，而毋寧説是以此作爲他所信仰的人格神的統括性詞彙，由此來進行考察。

其次是“我”與“上帝”的關係。正如西方神學歷史上所顯示的，對於造物主“上帝”與被造的“世界”或者“人類”，一般來講存在著兩種截然不同的把握方式。一種是將上帝理解爲超越人類的絶對存在，另一種則是“絶對者與世界同一”的看法。前者屬於神秘主義，後者則是泛神論[②]。由神秘主義出發，絶對

此後，藤樹思想中確實開始出現了一定的原創性思維，例如32歲時所作《論語鄉黨啓蒙翼傳》就區分了“浩然之真氣”與“營衛之氣”（後述）。藤樹恐怕已經開始漸漸懷疑朱子學的學説，而開始思考新的東西。在這個意義上看，劃分“前期”和“中期”的決定性契機，恐怕還是在33歲讀到《性理會通》和《王龍溪語録》的時候吧。

①关於藤树的宗教觀以及各階段的神思想，已經有相當多的研究成果，可以參看山本命的《中江藤樹の儒学—その形成史的研究》（風間書房，1977年）。

②以上基本根據《上田閑照集》第八卷《非神秘主義——エックハルトと禅》（岩波書店，2002年），第304—305頁。

者是與自己隔絶的外部存在；由泛神論出發，則絶對者是在所有存在背後、使存在之成爲存在的最終根據所在。當然，這衹是兩種極端情况，當中存在著很多中間樣態，而藤樹之情况、即“我”與“上帝”之關係便同時蘊含著隔絶性與同一性。

那麼，藤樹的宗教觀究竟是怎樣的呢？從先行研究來看，大致上的結論是，其思想中最高範疇之上帝，是生成并主宰萬物的造物主，全知全能的絶對者，并對其子孫、亦即人類賦予天職，監視人間的活動并給予相應的報應①。此外，在中期著作《孝經啓蒙》中，上帝的“慈愛”（以及“神武”）得到了强調，到了晚年所作的《陰隲經》中，更强調“勸善懲惡”中的“勸善”與“真樂”，作爲絶對主宰而令人畏懼的那個上帝形象到此已經完全淡出。

这个善惡報應之主宰者的上帝，顯然是由《尚書·洪範篇》的“福善禍淫”思想而來，因此有必要考察中國古典背景。

在中國古代，“天”之觀念無疑是信仰體系中的最高範疇，其意義也非常複雜。但與福善禍淫相對應的是所謂“天譴論”之天，此殆無疑問。吉凶成敗是與爲政者自身之行爲和努力相關的東西，君主以國民之委任而得到國家之統治權，若行“不義無道”則必定受“天”之懲罰。

日本的情形又如何呢？在日本傳統中確實有超越人間世界的神或佛，也有“天道”的説法。相良亨指出：“天作爲人們思考中的共通理念而占有重要地位，主要還是從近世開始”②，不過“天”這個理念本身從中世開始就出現，特別在戰亂中作爲超越

①玉懸博之《日本近世思想史研究》，第 116 頁。

②相良亨《日本の思想》（ぺりかん社，1998 年），第 102 頁。

性的審判者的“天道”，以民意爲標準來判斷爲政者的更替與否①。此後，開闢了江户時代的德川家康進一步繼承了中世的“天”思想：“凡行不義無道者，終將無不蒙天誅”（《東照宫御實紀附録》卷十七）。

總而言之，中國古典“福善禍淫”之思想主要是基於天人感應的原理而應用於政治領域中。日本從中世到近世的“天”觀念也受到儒教影響，在政治領域作爲“福善禍淫”之越超者而存在。

而在藤樹之場合，上帝給予的福禍完全限定於個人、内化的層面，與現實政治幾乎没有任何關係。例如前期的《持敬圖説》中寫道：“蓋自天降生民，則既莫不命之以人極。人極者，五倫日用之道，明德之所以□應者是也……敬以立人極，則惟鄉用五福”（《全集》一，第698—699頁）。“五倫日用之道”與君主或者庶民的身份無關，是誰都能進行的實踐。

其次，從中期開始，藤樹注意到現實中的德福不一致（善人未必有善報，惡人未必有惡報）問題，對此他的解答有兩種：一是在《靈符疑解》（寫作時間推定爲與《太乙神經》一致，即32歲）中，若祭祀太乙神而“盡誠敬”，“則雖天定之禍灾，亦可變消。若无變消，必有身後之幸。”（《全集》一，第151頁）藤樹一方面强調了人如果行善，則能逢凶化吉，但如果在世時不得報，則必定在來世之後得到回報。這一點在他38歲題爲《送中西子》的書信中總結得更清楚：“福善禍淫，天道自然之妙理，

①以上主要參照大橋健二《神話の壞滅——大塩平八郎と天道思想》（勉誠出版，2005年）第一章。

無毫髮之差忒。蓋善惡之報應，大率以五世爲大限。”① 這裏明確將善惡報應之期限延長到“五世”，在如此長的時間區間内必定是“福善禍淫”。二是在《翁問答》中，藤樹認爲“不幸短命”的顔淵，體驗到貧賤中的“無上真樂”（《大系》，第55頁）。世俗之富貴與長壽等不過是“凡夫所願之富貴”（同上，第54頁）。通過重新界定“福”與“禍”，藤樹排斥了世俗之禍福，認爲真正的福必定與德行相一致，這和《靈符疑解》不同，屬於内在化的把握方式。在這裏找不到政治方面的關懷，人間之禍福被認爲是次要的東西，即便受到灾禍，若相信自己之德行和上帝的絶對公正性，則一切皆可得到調和。這樣的理解與古典傳統的“福善禍淫”無疑有著很大的差距。

如此，隨著藤樹内省化傾嚮的增强，上帝的存在由個人内在之反省而得到確認，上帝的超越性也得以維持，即君臨於“我”之上的存在。同時，上帝監視人類之行爲而給予禍福。

不過，藤樹思想中也存在我與上帝一體化的看法。例如《孝經啓蒙》中他寫道：

> 始祖之本天地也。天地之本太虚也。舉一祖而包父母先祖天地太虚。（《全集》一，第315頁）

在對《孝經》的“身體髮膚”的注中，藤樹寫道：

> 元來此身體髮膚即父母之身體髮膚，父母之身體髮膚即天地之身體髮膚，太虚之造化無始無終，提撕警覺無量圓神之分身。（《孝經講釋聞書》，《全集》二，第214頁）

---

①此條材料是參考了佐久間正的論文《近世前期における天の思想について——中江藤樹、貝原益軒の所説を中心に》（長崎大學教養部紀要（人文科學篇）第20卷第2號，1980年1月），特别是第37至41頁集中討論了中江藤樹的福善禍淫論。

這種“分身觀”在《翁問答》中也有出現：

> 我之身受於父母，父母之身受於天地，天地若由太虛而來，則本來我之身即太虛神明之分身變化。（《大系》，第26頁）

也就是説，我不僅是上帝、太虛之子孫，所有人從血緣上都可以上溯到原初的上帝，全部都包含在“太虛神明”之内。這便是我與上帝同一化的思考。

如此，藤樹之上帝便至少有兩層看似矛盾的含義：其一，超越人類世界的實在之存在，其二，作爲人類乃至萬物之始祖的内在實在（分身觀）。從存在論上來看的所謂“外/内”區别，以及神秘主義/泛神論之并存，藤樹毋寧説是通過由内省而體認上帝之實在，由這樣的工夫論而超越矛盾。

但是，“我”與“上帝”之關係的把握背後，存在著藤樹思想的基本思考形態，這便是接下來要考察的“本來性”與“現實性”的對峙。

二、“本來性”與“現實性”

“本來性”與“現實性”是荒木見悟在著作《佛教與儒教》中提出的概念範疇。他認爲，宋明儒學這個融合了儒教與佛教的複雜思考的産物的哲學之母胎，是被稱爲“本來成佛”“本來聖人”的“本來性”。“本來性”雖然在一切時刻均爲實在，却有被“現實”之物遮蔽的危險。所謂的“現實性”便是與“本來性”相乖離的東西。通過對“現實性”的批判，本來之物便自然顯露出自己的性格①。

這裏就借用荒木的用語來界定藤樹的思想。不管是朱熹還是王陽明，都明確承認與“本來性”相乖離的“現實性”的存在。其區別在於“本來性”與“現實性”之間的對峙程度如何。朱熹之理論簡要言之就是理氣思想，理若是絶對善，則“惡”衹能歸咎於氣的後天運作。人之心通過氣來運作，因而朱熹對現實世界的意識與行動也表現出不信任感。在未達到聖人的境界前，“現實性”永遠與“本來性”不一致。而在王陽明看來，“本來性”正是在人欲翻騰之時、由當下一念而全體涌現上來，由此，“現實性”與“本來性”就如同手掌的兩面而可以暫態翻轉。

可以簡單地以坐標軸來表示以上的論述。

本來性與現實性之相即性

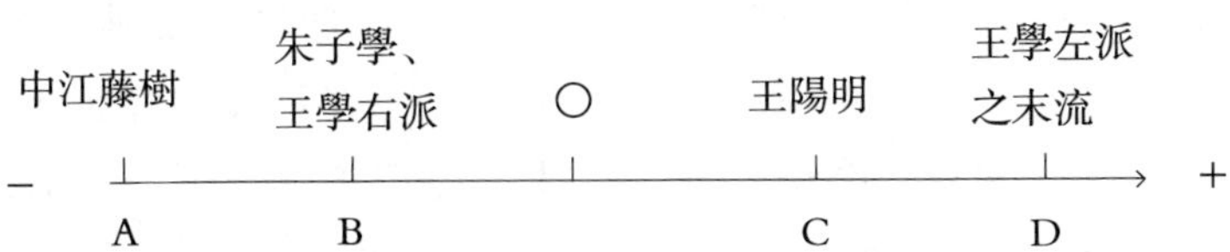

在這裏，“本來性”與“現實性”的相即性之程度假定以數量來表示，從負（-）到正（+），相即性逐漸增强。負（-）表示“本來性”與“現實性”的對峙把握，必須通過漸進地不斷修行纔可能從“現實性”達到“本來性”。正（+）則表示“本來性”與“現實性”的一體化傾嚮，“現實性”瞬間之翻轉即可實現“本來性”的理想狀態。圖中，朱子學與王學右派是負數、即座標 B 的位置，陽明學則在正數的座標 C，王學末流則是座標

①以上主要根據荒木見悟《仏教と儒教》（平樂寺書店，1965 年）的“序論——本來性と現実性”。

D——“現實性”被輕率地等同於“本來性”。

而被稱爲“日本陽明學之始祖”的藤樹，從結論上說，將“本來性”與“現實性”對立起來，并且這種對峙性比朱子學更嚴重，因而處於坐標軸 A 的位置。

所謂“本來性”（“神理”、“浩然之真氣”、“道心”、“良知”等）在藤樹看來是上帝賦予人類的，超越并絶對至善。而“現實性”（“氣”、“營衛之氣”、“人心”、“形”、“意”等）則主要被看成是與“本來性”相乖離的東西，與人的後天營衛相關。以下即進行舉例説明。

1．理與氣

前期的藤樹主要依據朱子學正統的《四書大全》來理解理氣關係。在《明德圖説》中，藤樹説“理尊，而爲氣之帥。氣賤，而爲理之卒徒”（《全集》一，第 679 頁），“理氣妙合無間，本無二物也”（同上，第 680 頁），這些言論看似是某種一元論，其實未必如此，即便是朱熹也説過“理未嘗離於氣”①。而關於善惡，“以善爲直出，以惡爲旁出者”（同上，第 682 頁）。以上看法都没有超出朱子學的框架。在《持敬圖説》中，“敬”被解釋爲“直内”的“内矩之義”，由此“内矩之義”來駕馭“外規之氣”，“則氣從理，規亦矩也”（《全集》一，第 692 頁）。在此，“内—外”之對立同時也是“理—氣”之對立②。

①《朱子語類》卷一“理氣”，第 10 條。

②當然，例如藤樹在《持敬圖説》中嚴厲批判程頤的敬説，提出了宗教化之“敬”的看法。在藤樹看來，重要的是敬畏“上帝之命”，可見藤樹對上帝的信仰在此已經有所表現。

接下來看中期思想。在這個時期，藤樹的思想往往被認爲是"超越了理氣二元論的構造"，在《翁問答》上卷末，"根本天道，純粹至善"被作爲根本前提，從天道之根本中產生的"萬物"也是因"有善無惡"（《大系》，第77—78頁）而得到肯定。但他還説：

> 禀得精之聖賢君子，其氣良而質正，故自然不失根本之善。禀得粗之愚不肖，其氣濁而質偏……若處置無道，則有過，失根本之善而爲惡者也。（《大系》，第78頁）

人的本質是善的，由氣之精粗而產生賢愚的差异，這依然在朱子學思考的範圍之內。由此可見，學界的所謂藤樹在中期已經克服理氣論框架的通説還存在值得商榷的餘地。

另外值得一提的是，《翁問答》中設有儒佛之辨，藤樹認爲儒教是"明辨神理、靈氣不二之二、不一之一，有一段向上精一之神化"（《大系》，第127頁），儒家的聖人是"生知安行"（同上，第130頁），而大賢以下之人必須通過學問修行，纔能最後達到聖人的境界，此時"元神/神理"便與"元氣/靈氣"相"一貫"："譬如登山。從山脚到頂峰皆爲山之一體，然不登得其巔，則不得辨峰頂草木之明細也"（同上）。這也就意味著，在現實世界中的凡人是無法實現理與氣之"一貫"的。

2. "浩然之真氣"與"營衛之氣"

不過，藤樹的"氣"之理解，確實有脱離朱子學理氣論乃至傳統儒學思想的一面。例如"浩然之真氣"與"營衛之氣"的區分。在其32歲時的著作《論語鄉黨啓蒙翼傳》中，藤樹認爲"穀氣"是"營衛之氣"的根源，是人的生命中的具體作用。在《論養氣》一文中則説："蓋浩然之真氣，在太虚則配天道，在人身則配仁義”（《全集》一，第23頁）。由“營衛之氣”是無法轉化爲“浩然之真氣”的立場出發，藤樹以“母胎中的自己的疑似體驗，來養‘浩然之氣’”①。而在朱熹這邊，對於“氣”則没有這樣嚴格的劃分。朱熹雖然認爲由氣之運作的偏差而産生了惡，但氣由理之制禦則可以實現質的變化（“變化氣質”）②。由此可見藤樹思想的特殊性：他不僅區分了“神理”和“氣”，對“氣”本身也進行了二分。

3.“心”与“形·迹·事”

在藤树的思想中，“心”与“形·迹·事”之间存在着对峙的关係。本來，藤树对“心”就有两种理解方式，一是将“道心”与“人心”对峙的理解，二是将“心”（道心）与“形·迹·事”对立的理解。

從前期思想來看，《持敬圖説》中有“惕若天之明命，則動静一於敬。而人心惟雖危厲，而能聽道心之命，而不陷溺於形氣之私，而無咎也”（《全集》一，第690頁），顯然是“道心”（以天爲依據）——“人心”（形氣之私）的思考圖式。在這個時期，藤樹對“心”的理解没有超越朱子學的框架，其區别僅僅在於，“道心”不是非人格性的“理”，而毋寧是歸結於人格性的

①本村昌文《二つの“気”——中江藤樹の人間観と修養論》（《季刊日本思想史》第54期，1999年）第87，90頁。另外，本村認爲藤樹是依據中國醫學典籍《黄帝内經》，但以筆者之管見，藤樹之思想毋寧説接近於道教思想的“先天之氣/真元之氣—後天之氣”的圖式，對此可參看三浦國雄的《呼吸論》（《朱子と気と身體》，平凡社，1997年，特别是第197—200頁）一文。

②以上觀點在本村昌文的前引文章中都已經提及。

“上帝”。

但是，在中期以后的藤树思想中，“心”与“形·迹·事”之对立取代了“道心—人心”的对立。

首先來看“心”與“事”的關係，需要注意的有兩點。其一，藤樹在中期悟到“心事一貫”，但在《孝經啓蒙》中却説：“心事雖一貫，而行事始發於心。以故心之發見終於事業”（《全集》一，第311頁），强調了“心”對於“事”的優越性。二是圍繞“福善禍淫”的信仰的對“心”的理解。依據《翁問答》，與“事上之康寧”相比，“心上之康寧”纔是真正的“無上之真樂”，在現實世界中，我們很少能够“心事一貫”，那就不如在内部静謐的世界中與神相對，體驗永恒的幸福，藤樹就是如此描述顔淵的（《大系》，第55頁）。

要而言之，藤樹將“心”與“事”之關係理解爲“超越—有限”、“本—末”，衹要把握到“本”（心），則不完全的“末”（事）衹是其次的東西而已。

“心”與“迹”之關係，基本也沿襲了上述圖式的看法，在此不贅①。

再來看“心”與“形”之關係。藤樹在其中期著作《孝經

①可以參看玉懸博之的相關研究，他指出：“他將理念性的東西（‘心’）、‘天道之神理’視爲超越現實層面，不具有形體、超越時間空間之制約而存在，在現實中所有具備形體而存在的東西（中略）都衹是受到‘時處位’之制約的相對之物（‘迹’），基於如此前提，人是：①在心上，此心應當與無形迹之‘心’、‘聖人本意之至善’、‘天道之神理’相一致，②在具體行爲方面，人的真正行爲（中略）是與各自之場面（時、處、位元）相適應的情况下，與絶對的‘天道之神理’相一致。”（《日本近世思想史研究》，第208—209頁）

啓蒙》中，有“死生，死謂形體死，生謂生性至誠無息也……蓋雖形死，而鬼神生生之理無息”（《全集》一，第384頁）之説。此處的“理”是超越“形”的，到了其晚年的《中庸續解》中，藤樹説道：

> 其上明德之本體雖形死而無死，天地雖終而無終……若明此，雖形死而心體無死。（《全集》二，第149頁）

所謂“明德之本體”，在前期《持敬圖説》中已有“明德者，上帝在人者，純粹至善者也”之説明。亦即是説，藤樹的“明德之本體”就是上帝在人間的内部之分身，這又被稱爲“心體”。所謂“雖形死而心體無死”的説法，也很顯然是“形”等於有限而不完全、“心”等於無限而超越的對立之體現。

4. **良知的問題**

剛纔提到，藤樹有“道心”與“人心”對立之看法，以下即通過考察其“良知”之理解來看兩心對立的問題。藤樹對於現實中人心的乖離一直持警覺的態度，晚年得到《陽明全集》，“百年以前有先覺王陽明出世，指點朱學之非……信大學古本，解致知之知爲良知”（《全集》二“與池田子”，第441頁），由此表明了自己的轉嚮。但他的“致良知”思想與陽明學宗旨之間存在的巨大差异不容忽視，接下來即以其晚年著作《大學考》來進行探討。

藤樹對《大學》的詮釋，最特殊的當屬《大學》八條目的“誠意”和“致知”。不管是朱熹還是王陽明，都將“意”理解爲心“已發”的意識作用，心之“未發”本體則是“善”。然而，藤樹則認爲：“凡心之起發，有善有惡，本心之裏面伏藏意之故也。然則惡念爲意伏藏而起發，非本心之發見。”（《全集》

二，第14—15頁）惡是由伏藏的“意”所產生的。這裏出現的是“本心（至善）—意（惡）”的圖式：“心有邪正、意知之兩路”（同上，第32頁）。不過，藤樹認爲，衹要全面信賴良知，就没有必要對治“意”：

> 心之所倚，率良知之誠之時，雖倚亦非邪僻。由倚至不倚，倚亦有不倚之理。此本是理所當然之事，然誠意之立言，切實哉，精妙哉。（同上，第15頁）

藤樹還説：“意者就事迹境界所發好惡之念。是軀殼上之知覺，非本體之靈覺。”① 對於良知之發用的全面信賴這一點，確實與陽明學相合，但是在王陽明那裏并没有將“意”與“良知”對立起來的思考。在這裏我們也看不到朱子學典型的“天理人欲相交戰”之景象。朱熹之“理”雖然具有絶對之超越性，但離開“氣”便無所“掛搭”而無從運作，“理”必然是在現實世界中，通過“氣”的媒介而不斷與不正的“私欲”展開較量的。與之相比，藤樹在表面上雖然説“理氣妙合”或者“心事一貫”，但無論是“理”與“氣”、還是“本心”與“意”之關係，總而言之即超越之上帝與人之現實作爲之間的關係，與其説是“對峙”、毋寧説越來越偏嚮於不同次元之間的運作（因而并不在同一次元内發生“對峙”或者“交戰”）。

藤樹的“良知”和陽明學一樣，是純粹至善的，可以説“心（良知）即（神）理”，但依然有區别。例如“答岡村子”第二書中説道：

> 未得自反慎獨之受用，故不覺主翁無時不在對面……信現在心之裏面有常住不易之天君泰然而在……（《全集》二，

①《論語解》，全集二，第71頁。

第 388 頁）

注意“主翁無時不在對面”、“常住不易之天君”的表現，這個“主翁”和“天君”正是存於我心中的上帝（之分身）。當然，在中國哲學中也有將“心”稱爲“天君”的例子，此時“天君”是身體之君主，行動和直覺的指導作用都歸屬於心。但是，藤樹的“主翁”“天君”是外在絶對的上帝宿於人間的東西，非一般意義上的心的運作。藤樹的良知是“主翁”（上帝）之作用，與現實之我顯然不可等同，因而他不説“致良知”（良知を致す）而说“至良知”（良知に至る）①。

5. 本來性與現實性的對峙

由以上的考察，我們不難看出藤樹思想中的對立圖式。總結如下：

〈本來性〉	〈現實性〉
神理	氣
浩然之真氣	營衛之氣
心	形・迹・事

①在這裏，我們很容易聯想到康德著名的“良心”論：“與此完全相一致的也有在我們裏面我們稱之爲良心的那個奇特能力的公正判決。一個人盡可以矯揉造作，以便把他還未忘記的一件違法行爲飾爲無意的過失（中略），因而文飾爲他被自然必然性的湍流所捲入進去的事情，并宣稱自己在這件事上是無辜的；但他畢竟會發現，這位爲他作有利辯護的律師决不可能使他心中的原告保持沉默。”（《實踐理性批判》，鄧曉芒譯，人民出版社，2003 年，第 134 頁，德文版第 114 頁）這裏出現了道德法庭之比喻，重要的是，“法庭”上的“原告”、“良心”（上帝之代理人＝裁判）與“執行人”（“判決”）的關係，與藤樹的二元論思想架構極其相似。

良知·本心　　　意

藤樹的思考中所貫穿的是由“我—上帝”的關係爲基礎的“現實性—本來性”的圖式。這種對立的兩方看起來幾乎屬於不同的次元。他所强調的“營衛之氣”與“浩然之真氣”、“意”與“良知”之間不能相互轉换也證實了這一點。由此可見，藤樹的思想結構與朱熹有相似之處。兩者都在最根本上肯定人本來是“至善”的。但是，在對現實之不完美與諸多問題有洞察與體驗的情況下，兩者都强調在“本來性”與“現實性”之間存在著巨大的隔閡。不同之處在於，朱熹認爲人在出生而具有形體之時，亦即“理”寓於“氣”之瞬間，“義理之性”就變成“氣質之性”，也就是不純的混合物（“理”與“氣”之混合）。藤樹在中期以後，逐漸放弃了理氣論的框架，將“惡”或者説有限性完全歸結於人的後天作爲，并進一步將“本來性”與“現實性”之間設置了不可逾越的鴻溝。

儘管如此，藤樹思想中的“本來性—現實性”構造也并不完全就是對峙甚至分裂的。我們在接下來就會看到，藤樹在中期以後非常重視“孝”的理念，認爲在我對上帝崇敬的宗教感情與我對父母祖先的“孝順”的人間情感之間，存在著本質的統一性。换句話説，“我—上帝”的排他性關係，通過“我—父母—……—上帝”的圖式之變换，仿佛成爲了“本來性”與“現實性”之間溝通的“橋梁”①。此“橋梁”之嫁接成功與否，即是下文要分析的重點。

---

①嚴格地説，“橋梁”之説法是筆者以自己的視點出發而給出的，藤樹本身恐怕并没有意識到“本來性”與“現實性”之間的分裂以及問題所在，當然在主觀上也不存在通過宗教性的“孝”來修復兩者之間關係的意圖。

三、“孝”的問題

1. 作爲宗教的“孝中心主義”

藤樹的上帝觀與“孝”密切相關，將上帝視爲“人倫之始祖”的看法也值得注意。“宗教”與“倫理”由我與上帝的血緣聯係而得以統一。以下，主要以藤樹中期的著作《翁問答》、《孝經啓蒙》以及《太乙神經序》爲主，來探討其與中國傳統以及陽明學之“孝”的不同之處。

衆所周知，藤樹依據《孝經》提出了宗教式的“孝中心主義”，也就是説，上帝創造了天地萬物，是我們的始祖。全人類都是上帝之子孫，故尊敬和崇拜上帝即是“孝”，藤樹甚至明言：“須知，孝之外無德無道。”（《翁問答》，《大系》第156頁）

> 天神地示若爲萬物之父母，太虚皇上帝則爲人倫之太祖……世界之中凡有人之形者，皆爲皇上帝、天神地祇之子孫……敬畏我人之大始祖之皇上帝、大父母之天神地示之命，欽崇敬其神道而受用，此之謂孝行。（同上，第124頁）

創造大致是依照“上帝→天神地祇→萬物與人”的順序。另外，結合《翁問答》中所説的“我之身受於父母，父母之身受於天地，天地若由太虚而來，則本來我之身即太虚神明之分身變化”（前出），則可以有以下之圖式：

> 上帝→天神地祇→萬物、人類的始祖→（中略）→祖父母→父母→我

藤樹預先設定了由上帝開始的無限血緣傳承關係，前面提到的上帝“分身”論也應該這樣去理解。

在中期以後，藤樹逐漸開始强調上帝的“慈愛”側面。上帝

愛作爲子孫的人類，這和父親愛自己的孩子的道理是一樣的，這點也可以從上面的血緣圖式中看出來。

不僅如此，藤樹還進一步將“慈”也歸結爲“孝”。“父子之道即孝也。父之愛子，本所以事其親也，故慈亦孝行之一端也。”（《孝經啓蒙》，《全集》一，第348頁）“父之愛子，本所以事其親也”指的是，父親愛自己的孩子，就好比是父親尊敬自己的祖父那樣的聯繫。子女繼承了祖父的血緣，那麼對子女的慈愛也可以歸結爲對祖先的孝。最終這可以從自己的祖先追溯到人類的“大父母”即上帝那裏，於是所有的“孝”都一致歸結爲對上帝的信仰中。“慈”在過去通常被歸結爲女性氣質，古代就有“父嚴母慈”之説，慈愛往往會流於“姑息”乃至“溺愛”，例如下見隆雄就分析道：“無原則的過剩的慈愛，會助長子女陷溺於貪婪享受之中，應該認識到這樣做會帶來極其負面的效果，即應當在子女心目中培養的賜予與報答的奉獻之道德精神，毋寧會由之而枯萎與瓦解。”① 藤樹對此有很清醒的認識，他在《翁問答》中就對雙親對子女的“姑息之愛”做出了嚴厲批評：“其子氣隨之，無才無德。”又曰：“分我得之於雙親之身，而成子之身，則子之身亦本爲雙親之身也。”（《大系》，第38頁）將“孝”與“慈”結合起來，并進一步在宗教層面上得到統一，這確實可以説是藤樹思想的獨到之處吧。若如此，原本單嚮度的“子←父母”的“慈”之圖式，在理論上的依據却是倒轉的“子→父母→始祖→上帝”。我與自己的父母乃至譜系上的頂點之始祖，所有的人類都是上帝之子孫，在此意義上可以説“人人皆平等”，當然這如同基督教下的平等觀一樣，是在上帝面前的“下

①《孝と母性のメカニズム》（研文出版，1997年），第113頁。

位”之間的平等關係①。但是，由此可能會帶來的一個嚴重問題是，雙親與子女之間的地位差异被間接取消的可能性。例如，父母爲了教育子女而斥責甚至打罵孩子，在前近代社會幾乎被認爲是不言自明的父母之“權利”。藤樹將“慈”歸結爲“孝”的看法，可以推演出如下結論：如果自己的雙親犯錯，父母之身亦是始祖之遺體，放過雙親之錯誤就是“不孝”，因而作爲子女也能够斥責甚至打罵父母。這個推論雖然看似荒謬，但放在宗教倫理高於世俗倫理的框架下來看，是完全有可能的。

這與儒家傳統的立場差异很大。衆所周知，“父父、子子”（《論語・顔淵篇》）是孔子的訓導，父親和兒子的所當爲必須符合被認爲是具有普遍性的規範性，這與對上帝、天的侍奉没有直接關係——在這點上朱子學和陽明學的觀點一致。然而藤樹將“慈”進一步歸結爲“孝”，又將“孝”歸結爲對上帝之信仰的宗教性中。如此，現實世界的倫理就被上帝的信仰所吸收，有被取消或代替的危險。現實性不是被“本來性”揚弃而得到升華，而是被完全替代。

在中國儒教傳統中，“孝悌”是最重要和基本的倫理實踐：“孝弟者其爲仁之本與?”（《論語・學而篇》）“堯舜之道，孝弟而已矣。”（《孟子・告子篇下》）

當然，在强調“即體即用”的明代中期以後的風潮中，像吕

---

①黑住真如此評價江户時代的儒學：“而且，此（天）爲超越者，但不可言及與其之究極同一性——這是成爲實體而將自己‘絶對主體’化的境地。正因爲是超越自己的意志，人就在其下位，由其賦予意義并不斷接受考驗與報應……毋寧説相反，這是對自己的上位者、屬於全體者的一種奉仕與責任之執行。”（《近世日本社會と儒教》，ぺリカン社，2003年，第129—130頁）

妙芬所指出的那樣，出現了“仁孝一體”的思想①。到了陽明後學、特別是泰州學派，“孝”的地位明顯上升，例如《孝經啓蒙》中，羅近溪和弟子有如下的問答：

> 問：“仁與孝亦有别乎。”羅子（筆者按：即羅近溪）曰：“無别也。孔子云‘仁者人也’，蓋仁是天地生生之大德，而吾人從父母一體而分，亦純是一團生意……人固以仁而立，仁亦以人而成，人既成，即孝無不全矣。”（楊起元輯《孝經宗旨》，轉引自吕妙芬《〈西銘〉爲〈孝經〉之正傳？——論晚明仁孝關係的新意涵》，第152頁）

“仁”和“孝”被認爲是“無别”，但這是基於天地不斷創生新事物的“生生”之“仁”來説的。我與父母由“仁”而得以聯係，“孝”和“仁”由天地生生之運作而得以統一。“仁”之德并没有爲“孝”之行爲所化解，换句話説，這是前文所説的“本來性”與“現實性”的相即性的體現。

另外，藤樹在三十三歲時讀到的《性理會通》爲晚明的鍾人杰所著，其編輯對象主要是王學左派和氣論哲學，當中也有易學的神秘思想。在這當中又有唐樞的《禮元剩語》，對於藤樹的《靈符疑解》以及《全孝圖》影響很深，而虞淳熙的《孝經大全》更是如此，對此加地伸行已經有詳細介紹與分析，故在此不贅。總而言之，藤樹在孝問題上的宗教情懷與晚明思想界的宗教化傾嚮顯然存在著密切的關係，但即便如此，藤樹的思想依然具有其獨特性。

---

①吕妙芬：《〈西銘〉爲〈孝經〉之正傳？——論晚明仁孝關係的新意涵》，《中國文哲研究集刊》2008年第33期。

2．超越性與現實

藤樹將對親人的愛敬、這種人間的自然情感歸結到對上帝的虔誠中，在《孝經啓蒙》中又有這樣的論述：

> 愛之極爲敬，敬之極爲齋。齋戒洗心，到得浩然之氣塞乎兩間，赫然之光照乎四表，方纔是謂愛敬盡於事親。（《全集》卷一，第361頁）

> 人之常情，挾恩恃愛，而易失於不敬，故先敬而後愛。（同上，第347頁）

前一段資料中，“愛”之極是“敬”，“敬”之至則是“齋”。後一段資料則對自然流露的感情之“愛”持警戒的態度，强調了“敬”的重要性。應當注意的是“齋戒洗心，到得浩然之氣塞乎兩間，赫然之光照乎四表”的説法，由“愛”而“敬”、由“敬”而“齋”的主張正是從倫理到宗教的邏輯。“齋戒洗心”的説法顯然表明超越倫理層次而達到宗教敬虔的境界。“赫然之光”的説法是神秘主義者的常用語，山本命説“象徵性地指示上帝”①，這應該是正確的推測。

根據岡本版本《年譜》，藤樹在33歲時“讀性理會通，有所發明而感，每月一日齋戒而祭太乙神。士庶人無祭天之禮。由此祭而士庶人祭天，是以祭此而不怠。”（《全集》五，第21頁）之後在34歲的時候，“參拜勢州大神宫”。藤樹在多大程度上受到神道或道教的影響暫且不論，需要注意的是其對於上帝的“物件化”把握方式。對於藤樹來説，上帝是作爲人格性的他者而凌駕於我和世界之上的。即便我是上帝的子孫和分身，我内心中的上帝即良知也是作爲“常住不易之天君”而凌駕於我之上。我和父

①《中江藤樹の儒學—その形成史的研究》，第568頁。

母之間的關係即“孝”是人類最基本的行動，但是如前所述，藤樹不僅將這種血緣的聯係無限上溯和歸結到上帝，對上帝的理解還是實體化和物件化的。

當我們在侍奉父母時，自己的所有注意力、感情與意志都投嚮作爲“所指”（noema）的雙親。同樣，如果上帝是作爲實體和物件，那麼我侍奉上帝就應該將自己的全部注意力都集中在此侍奉之行爲上，如果摻雜了其他念頭就顯然是對上帝的“不敬”。若如此，無論在“我—父母”與“我—上帝”之間如何設定“子孫—始祖”的血緣關係，其連續性都很成問題。換句話説，藤樹所主張的“我—雙親→上帝”（“→”表示表示超越性的跳躍，即從倫理到宗教的升華）之超越，如果上帝是作爲物件而被把握，那麼理論上説要實現其純粹性，就很難避免直接跳過“我—雙親”的關係而進入“我—上帝”的關係中。之所以會出現這樣的可能，就是因爲藤樹對上帝的物件性把握，以及設定了“愛之極爲敬，敬之極爲齋”這樣的等級關係所致。

儒家一般認爲人生來即有愛親敬長的能力，從這種純粹的感情出發，天的超越性或至善性便如是爲我所有，此即是天的所謂“内化”①。特别是在心學思想中，通過自身之體認而把握天人之間的聯係，抱著這樣的確信而全身心地投入到生生不息的世界中。對天進行對象化的侍奉和膜拜，這對於“君子”而言是不必

---

①與此相比，藤樹的分身觀以及良知的思想因爲物件化的性格太强，可以説是部分的“内化”吧。

要的（并且尤其在朱子學看來是僭越了自身之身份的行爲①）。或者我們可以這樣説，“父子君臣”在朱子學和陽明學看來都是人之“天性”也是“天理”，在現實生活中踐行孝順與忠誠，此“即是”天理，“即是”對天之崇敬。在最高層面上，“愛”“敬”“齋”都應當是統一而不悖的。

在《太乙神經序》的末尾，藤樹寫道：

> 愚嘗拜靈像，而以爲易神之尊像，而儒者之所敬事者也。然宋儒排斥符章，而無他左驗，是以疑而不能决……今讀《唐氏禮元剩語》，而豁然得證悟靈像之真。（《全集》一，第140頁）

上帝本來就没有“形色”，因而“神妙不測，通萬變，主萬化，昭昭靈靈，是以聖賢畏敬而不違”。但是，昧於明德者無法看到“無形之神”（同上，第144頁）。因而聖人“乃爲中人以下不昧者而所製作也”（同上，第145頁）。民衆看到靈像，便有篤

---

①叔器問：“天子祭天地，諸侯祭山川，大夫祭五祀，士庶人祭其先，此是分當如此否？”曰：“也是氣與他相關。如天子則是天地之主，便祭得那天地。若似其他人，與他人不相關後，祭個甚麼？如諸侯祭山川，也衹祭得境内底（中略）又問：“如殺孝婦，天爲之旱，如何？”曰：“這自是他一人足以感動天地。若祭祀，則分與他不相關，如何祭得？”又問：“人而今去燒香拜天之類，恐也不是。”曰：“（中略）某説人家還醮無意思（一作“最可笑”）。豈有斟一杯酒，盛兩個餅，要享上帝！且説有此理無此理？某在南康祈雨，每日去天慶觀燒香。某説，且謾去（一作“且慢”）。今若有個人不經州縣，便去天子那裏下狀時，你嫌他不嫌他？你須捉來打，不合越訴。而今祈雨，却如何不祭境内山川？如何更去告上帝？”（《朱子語類》卷九十）對此問題，可參看拙作《從“上帝”到“萬神殿”——以真德秀的青詞禱告爲例》（《儒道研究》第一輯，社會科學文獻出版社，2013年，尤其是第219—222頁）。

信神的效果。

教化民衆這件事對於中國而言并不陌生。特別是明代中期以後，以陽明學的講學活動爲契機，“鄉約”“功過格”等形式在中下層社會滲透的教化運動的影響巨大。其與藤樹思想的區別，可以從下面羅近溪的話中看出來。

> 若泛然祗講個德字，而不本之孝弟慈，則恐於民身不切……今祗爲民上者實見得此孝弟慈三事是古今第一件大道……在吾身可以報答天地父母生育之恩，在天下可以救活萬物萬民萬世之命。現現成成而不勞分毫做作，順順快快而不費些子勉强。(《近溪子集》卷書，第 173 頁)

羅近溪説“報答天地父母生育之恩”，這個方法是在“現現成成”的生生之場中，感受到天的“生育”之意志而力行“孝第慈三事”。在這裏，天是行動之正當性的內在化根據，而不是物件化的“神”。天由人在當下體認人自身的根源之超越性（“天命之謂性”）而自我顯現出來。這種思維與藤樹之間的差别可以説是一目了然的。

結　論

本文主要圍繞“我—上帝”關係來考察藤樹的宗教觀。藤樹與中國傳統思想中的超越性上帝信仰有共鳴，但同時也依據自身的體認而形成了獨特的思想。在對藤樹思想進行全方位考察的時候，我們就能看出他和中國儒家思想以及陽明學之間的巨大差异。

首先，藤樹的“上帝”信仰當然源於中國傳統思想，但同樣是講“福善禍淫”，中國古代的討論主要集中在政治領域的天人感應中，而藤樹的關心則是完全個人化與内嚮型的，配合年譜以及各種資料，這一點與他對政治的關注日漸淡薄是相一致的。本文提出“我—上帝”作爲總結藤樹思想之關鍵字。就兩者之關係而言，我與上帝即可以説是“同一”（我是上帝之子孫并且是分身），也可以説是“非同一”的（作爲外在物件的超越之上帝與有限的人類），并且隨著藤樹思想的發展，非同一的側面日益成爲其思想的主旋律，其原因就在於，當我們俯瞰藤樹一生的思想，很容易發現“本來性”與“現實性”這一條隱含的綫索貫穿其中。與强調兩者之“相即性”的陽明學相比，藤樹則在“神理—氣”“浩然之氣—營衛之氣”“心—形・迹・事”“良知・本心—意”等層面上，以“理想—現實”的形式而分别對立起來。不僅如此，衹要全面相信本來完全性，那麽不完美的現實態就可以得到消解。這樣的本來性—現實性之間的對峙，可以説甚至是强於朱子學的。

其次，以血緣倫理來比擬我與上帝之關係，藤樹提出了特有的孝中心主義，由此在“本來性”與“現實性”之間、以及宗教和倫理之間架設起了聯繫的橋梁。作爲儒家最基本的生活實踐之一的“孝”，因爲人類都被認爲是“大父母”上帝之子孫，人對上帝之崇敬被理解爲我對父母之“孝”這種人間感情的超越性升華。對“良知”和“孝”做如此把握，在陽明學中都是看不到的。

但是，不管説“背離”還是“差异”，這都是以中國思想爲基準的看法。以藤樹自身的思路而言，可以説是有其自身之邏輯的。從更普遍的視野來看，藤樹作爲江户時代早期的儒者，在極其有限的條件下一方面積極學習與吸收舶來的中國思想資源，另一方面以自己的體悟與經驗（在其晚年，日本本土宗教例如神道之影響不可低估）爲基準，積極地進行整合與創新。雖然在我們後人看來，其思想理論上可能存在著一些問題，但依然是值得我們學習與借鑒的。藤樹曾對明代聚訟不已的《大學》版本以及詮釋有如下之評論：

> 蓋程朱、陽明皆先覺也。吾何所偏袒哉？今吾以古本爲是而從陽明，見經傳之差別而從朱子，可知無黨同之私也。吾其唯希與至當。（《大學考》，《全集》二，第 12 頁）

藤樹思想的開闊性由此可見一斑。可以說，在理清了藤樹思想中的諸多“非陽明學”的要素之後，將更有助於我們去確認其在思想史之展開中所處的獨特地位以及評價。

作者簡介：陳曉杰，男，1981 年生，江蘇常熟人，復旦大學中國哲學碩士，日本關西大學文化交涉學博士，現任武漢大學國學院專任教師。研究方嚮爲宋明儒學、日本近世儒學思想，研究成果有《“場”——論朱熹之“心”》（《九州學林》2011 年夏季刊，香港城市大學中國文化中心出版，2012 年）、《從“上帝”到“萬神殿”——以真德秀之青詞禱告爲例》（《儒道研究》第一輯，社會科學文獻出版社，2013 年）、《荻生徂徠における“天”の問題》（《東西學術研究所紀要》第 47 號，2014 年）等論文十餘篇以及日文學術翻譯若干篇。

論日本江户時代的《中庸》“鬼神”章注釋及其思想史意義①

傅錫洪

摘要： 日本江户時代前期的儒學思想家山崎闇齋及其門下的朱子學者們繼承了朱熹《中庸章句》的注釋，强調“鬼神實有”而“誠”即是對此“實有”的肯定。與此同時，伊藤仁齋發起的“古學”運動，却使得朱子學以《四書》爲中心的儒家經典體系崩壞，表現在《中庸》上，即是認爲對“鬼神”采取“敬而遠之”態度的孔子不應當如此正面論述“鬼神”，因而判定“鬼神”章爲後人僞作并且竄入了《中庸》原文，而且該章與上下章之間無法銜接，由此否定了現有《中庸》文本的整全性和連續性。這一主張引起巨大反響，使得其後衆多注釋家均認爲“鬼神”章“非明鬼神也”，其意圖乃是借“鬼神”以論“誠”，由此將“神主誠客”的詮釋立場扭轉爲“誠主神客”。正是在這一立場支配之下，江户時代後期注釋家們雖然實際上都捍衛了《中庸》原文的整全性和連續性，由此否定了伊藤仁齋對《中庸》文

①本文的研究受到國家留學基金（批准號：留金歐［2012］6043號）和國家社科基金重點項目“日韓朱子學的承傳與創新研究”（批准號：13AZD024）資助，初稿曾在2014年7月“朱子之路”研習營之“兩岸研究論壇”上發表，得到張崑將教授指教，在此一并致以謝意！

本之整全性與連續性的解構，但他們認爲"鬼神"章"非明鬼神也"，則表明他們仍受制於仁齋不能正面談論"鬼神"的設定，由此與對於"鬼神"本身給予了相當充分關注和深入探討的朱熹思想保持了很大的距離。這也就意味著他們詮釋《中庸》等儒家經典的最終指嚮，并非是朱子學以《四書》爲中心的學問思想體系，而是折衷於朱子學與仁齋學之間，由此亦可對日本江户時代朱子學接受、展開和變化的面貌獲得一項瞭解。

一、引言：朱子學經典注釋的受容與展開

進入江户時代（1603—1868）以後的日本，以朱子學爲核心的儒學日漸興盛，自藤原惺窩（1561—1619）發其端，林羅山（1583—1657）將其發揚光大，尤其因其侍奉江户幕府最初的幾代將軍，故而對於推動儒學的發展起到了極大的作用。他建立的先聖殿即後來的昌平黌，堪稱江户時代日本的最高學府。此外，江户初期的山崎闇齋（1619—1682）和惺窩另一弟子木下順庵（1621—1699）等也堪稱杰出的朱子學者，他們講學不輟，培養了大批弟子，使得朱子學在日本得以廣泛傳播。

就朱子學派的《中庸》"鬼神"章注釋而言，最顯著的莫過於崎門學派。山崎闇齋在《文會筆録》中引述朱熹《答歐陽希遜書》"來喻言如其神之在焉，非真有在者也，此言尤害理。若如

此説則是僞而已矣，又豈所謂誠之不可掩乎？”① 三宅尚齋《中庸筆記》詳細分析朱熹《章句》，指出鬼神實有之理，鬼神本有。② 朱熹的《中庸》“鬼神”章注釋，或可從以下一段話中得到基本的瞭解：“蓋鬼神是氣之精英，所謂‘誠之不可掩’者。誠，實也。言鬼神是實有者，屈是實屈，伸是實伸。屈伸合散，無非實者，故其發見昭昭不可掩如此。”③

不過緊隨朱子學的興起，以伊藤仁齋（1627—1705）等人興起“古學”爲起點，反對朱子學的聲浪也日漸高漲，并對江户中後期的思想界産生了至爲深遠的影響。伊藤仁齋的學塾與朱子學派山崎闇齋的學塾在京師（現在的京都）祇有一街之隔，兩者在思想上可謂水火不容。本文即欲在上文簡要論述山崎闇齋學派對於朱子學《中庸》“鬼神”章注釋的吸收的基礎上，討論伊藤仁齋興起“古學”運動，提出對朱子學注釋的批評與否定，接著探討這一思路對於江户時代中後期思想界的某種支配性影響，這也導致朱子學在其後的發展偏離了朱子學原有的方嚮，而匯入了各派思想融匯折衷的大潮之中。

---

①山崎闇齋：《文會筆録》卷六，京都：風月莊右衛門出版，1683 年，關西大學圖書館藏本。朱熹原文可參見《朱子文集》卷六十一《答歐陽希遜》第 3 書，《朱子全書》第 23 册，上海：上海古籍出版社，合肥：安徽教育出版社，2002 年，第 2960 頁。

②三宅尚齋《尚齋先生中庸筆記》，出版者及時間地點不明，關西大學圖書館泊園文庫藏本（關西大學圖書館登録的書名則爲《尚齋先生中庸章句筆記》，筆記本文開頭有題名《中庸章句筆記》，但封面題名則爲《尚齋先生中庸筆記》）。

③黎靖德編：《朱子語類》，北京：中華書局，1985 年，第 1544 頁。

二、《中庸》的雙重危機

仁齋早年醉心於宋儒的義理之學，中年開始懷疑義理之學不盡同於孔孟本旨，進而發覺《中庸》并非孔氏遺書，認爲孔門并無“以中爲傳授心法”，而《大學》則屬漢代人附會之作，絶非孔子之言。他認爲孔孟的真精神衹在《論語》《孟子》之中，兩書已經包含了天下所有的道理，足以成爲萬世遵守的規矩準繩。《四書》之中，仁齋尊《論語》《孟子》而貶《大學》《中庸》，以貶低《大學》《中庸》爲標志，朱子學以《四書》爲核心的經典體系開始崩壞，自此以後各部經典的地位摇摇欲墜，岌岌可危，而《中庸》正是其中的一個典型。

《中庸》面臨的危機是雙重的，一方面，伊藤仁齋認定自“鬼神”章開始的後半部分并非《中庸》本文，出現了屬於後人僞作而竄入的内容，由此否定了《中庸》原文的整全性；另一方面，肇始於仁齋的“中庸錯簡説”，則經三宅石庵（1665—1730）和中井履軒（1732—1817）等大阪懷德堂學者具體付諸實踐和大力宣傳，將“鬼神”章的位置大幅度後移，由此否定了《中庸》原文的連續性。

仁齋認爲《中庸》“鬼神”章爲“僞作”的理由是什麽呢?《中庸》“鬼神”章原文如下：

> 子曰：“鬼神之爲德，其盛矣乎！視之而弗見，聽之而弗聞，體物而不可遺。使天下之人，齊明盛服，以承祭祀。洋洋乎如在其上，如在其左右。《詩》曰：‘神之格思，不可度思，矧可射思。’夫微之顯，誠之不可掩如此夫。”

在仁齋看來，“夫鬼神之事，自詩書所載以來，古之聖賢，皆畏敬奉承之不暇，豈敢有所問然哉”①？《論語》已經强調“子不語怪力亂神”以及“未能事人，焉能事鬼”，孔子認爲如果沉溺於鬼神之事，一方面一定會忽視人道，另一方面有關鬼神的説法也會給人們帶來迷惑，所以孔子一定不會像《中庸》這樣來討論鬼神之事。由此仁齋認爲“此章恐非夫子之語”②。也就是説，《中庸》“鬼神”章這樣一個正面討論鬼神之事的文本，違背了“不語”以及以“事人”爲先的原則，也違背了《詩經》《尚書》以來敬畏而無暇議論鬼神的傳統，所以不應該出自孔子之口。而這樣一段文字却出現在這裏，那衹能解釋爲是從其它文本中竄入的，而其它文本中之所以會有這樣的記載，則是後人僞作的。關於這一點，繼起的古學派另一代表人物荻生徂徠（1666—1728）進行了斷然否認，他指出孔子在《禮記·祭義》《易傳·繫辭》等處都談到了鬼神，絶非如仁齋所説的那樣諱言鬼神，③ 由此也可説是捍衛了《中庸》這一章的真實性以及《中庸》的整全性。

接著仁齋認爲此章與上下章之間存在斷裂：“上無所承，下無所啓，則亦它書之脱簡不疑。”④“斷裂”之感早已有之，例如朱熹（1130—1200）和張栻（1133—1180）有關中庸的討論即已有所涉及，并在中井履軒的《中庸錯簡説》中被引述。如朱熹所

---

①伊藤仁齋：《中庸發揮》，《日本名家四書注釋全書》1，關儀一郎編，東京：鳳出版，1973 年，第 24 頁。以下徵引《日本名家四書注釋全書》版本同。

②伊藤仁齋：《中庸發揮》，第 24 頁。

③可參見荻生徂徠：《論語征》，小川環樹編《荻生徂徠全集》，東京：みすず書房，1977 年，第 3 卷第 301 頁和第 4 卷第 110 頁等處。

④伊藤仁齋：《中庸發揮》，第 24 頁。

説："鄙意此書既是子思所著，首尾次序又皆分明，不應中間出此數章，全無次序"①，而朱熹所作努力即在不否認鬼神是論述之物件的前提下，探尋這幾章之間的內在聯係。但仁齋態度與此恰恰相反，認爲正面探討"鬼神"的這一章既不應該出現，而且也與上下章之間無法銜接。如果説仁齋懷疑此章非孔子之語時尚且衹是説"恐"而帶有推測的語氣，那麽這裏他就直接以"不疑"結句，表達了斷然的、毫不懷疑的肯定語氣了。而在後來的三宅石庵等人看來，"脱簡"不在"它書"，而就在《中庸》的後半部分裏，由此將這一"脱簡"之説坐實，并還原回它"原有"的位置，於是就誕生了《中庸懷德堂定本》。②

以下我們結合朱熹《中庸章句》中的分章，來看看這一移動。數字爲朱熹對《中庸》的分章，○是"鬼神"章在朱熹《中庸章句》（同時也是漢代以來的古本）中的位置，●爲按照"中庸錯簡説"移動之後，其在《中庸懷德堂定本》中的位置。

15. 君子之道，辟如行遠必自邇，辟如登高必自卑。《詩》曰：'妻子好合，如鼓瑟琴。兄弟既翕，和樂且耽。宜爾室家，樂爾妻帑。'"子曰："父母其順矣乎！"

16. ○

17. 子曰："舜其大孝也與！德爲聖人，尊爲天子，富有四海之内。宗廟饗之，子孫保之。故大德必得其位，必得其禄，必得其名，必得其壽。故天之生物，必因其材而篤

①朱熹：《再答敬夫論中庸章句》，見朱杰人等編《朱子全書》第21冊，上海：上海古籍出版社，合肥：安徽教育出版社，2002年，第1347頁。

②中井履軒自稱述三宅石庵之意而作《中庸錯簡説》，与《中庸懷德堂定本》均收入懷德堂友の会编《懷德堂覆刻叢書》7《中庸雕題：并中庸关係諸本》，東京：吉川弘文館，1994年，第2—3頁和5—8頁。

焉。故栽者培之，傾者覆之。《詩》曰：‘嘉樂君子，憲憲令德。宜民宜人，受祿於天。保佑命之，自天申之。’故大德者必受命。”

……

24. 至誠之道，可以前知。國家將興，必有禎祥。國家將亡，必有妖孽。見乎蓍龜，動乎四體，禍福將至：善，必先知之；不善，必先知之。故至誠如神。●

25. 誠者自成也；而道自道也。誠者物之終始，不誠無物。是故君子誠之爲貴。誠者，非自成己而已也，所以成物也。成己，仁也；成物，知也。性之德也，合外内之道也，故時措之宜也。

經過這樣的移動，“鬼神”章脱離了原文有關“孝”等問題的論述脉絡，而進入了有關“誠”的論述脉絡之中，於是在履軒等人看來，“鬼神”章的主題也就不再是正面論述“鬼神”，而是借由“鬼神”以論述“誠”，這樣一來也就回應了仁齋的第一點質疑，從而使得這一章不必被清除出《中庸》的文本，但在《中庸》的整全性得以挽救的同時，付出的代價却是犧牲了原文的連續性。

仁齋以及其後的懷德堂學者的學説引起了巨大的反響。他們給江户時代的思想界提出的課題就是：如果要挽回《中庸》作爲經典的地位，就必須論證它的整全性（亦即“不僞”）以及連續性（亦即“不斷”）。面對這一課題，本文所選取的江户時代後期四位《中庸》的注釋者們，雖然各自的立場有所不同，但却無一例外地認定“鬼神”章并非正面論述“鬼神”（由此與荻生徂徠立場相反），而是對於“誠”、“孝”或者“微顯”的論述，“鬼神”衹是服務於上述内容而已，由此“鬼神”章就與15章和17

章的内容得以銜接而無需移動（由此與懷德堂學者立場相左）。這樣一來，《中庸》原文的整全性和連續性得以捍衛。而他們與朱熹的差异之處則在於：朱熹的解釋方案也是以“微顯”以及“費隱”爲整體框架，但與此同時却也對於“鬼神”本身給予了充分的關注和深入的探討，而上述四人則無一例外地否認這一章的論述對象爲“鬼神”。那麼，他們這種可以稱之爲“拯救”《中庸》的論述是如何展開的呢，以下我們具體加以討論。

三、“拯救”《中庸》

爲了論述的方便，我們姑且沿著“東條一堂（一般歸入折衷學派）—大田錦城、海保漁村（考證學派的大家）—增島蘭園（屬於寬政以後的朱子學派）”的順序進行。這并非是以他們的出生年月或者《中庸》注釋書成書年代爲順序，而主要是基於江户中後期日本儒學思想界風氣轉移的邏輯順序。而事實上學派之間的界限和時代區分并不是絶對和嚴格的。

如前所述，古學派的興起影響至爲深遠，其中之一便在於極大地“撕裂”了江户日本的儒學思想界，使得各派陷入紛争，尤其是各派的後學末流拘於門户，各執己見，相互攻擊，衆多學者不滿於這種狀況，由此催生了折衷學風。而考證學風的興起則既受到清朝學術傳入以及城市商業呼喚實證精神的影響，同時也是試圖上溯漢唐古注，尋求終極的判斷標準，以確定折衷學風盛行以後各種思想的是非對錯。① 而以昌平黌爲中心的朱子學則在寬

①可參考市川本太郎：《日本儒教史》5《近世篇下》，東京：汲古書院，1995年，第275頁和352頁等處。

政年間（1789—1800）復興。當然此期間各派學術繼續相互折衷和融合，不少思想已經趨於相同或者相近。

1．**東條一堂**

東條一堂（1778—1857）年輕時前往京師，投入被認爲是考證學派開創者之一的皆川淇園（1735—1807）門下求學。後來回到江户，在昌平黌邊上開辦私塾，昌平黌的衆多師生都來嚮他拜師求學。他精通古代的章句注疏之學，極力排斥朱子學。

在《中庸知言》“鬼神”章的注釋中，一堂引用了仁齋第一點涉及内容真僞的質疑的全文，并在注釋的結尾對仁齋的説法進行了回應。他説：“此章以誠之不可掩一句爲主”。因爲按照《中庸》所説“不誠無物”，人事是至爲顯著的，如果不能感動人（物），那是因爲没有誠心。與此正好相反，鬼神是最爲微妙的，它“視之而弗見，聽之而弗聞”，却能使天下的人對它奉承敬畏，虔誠祭祀，原因就在於鬼神之“誠”。所以説這一章的宗旨就在於：“此正假無形之鬼神，以形有形之人事，非專贊鬼神之德也。”① 接著一堂引用荻生徂徠的觀點，將“誠”解釋爲“勉强僞飾”的反面，“率性”而行即無須勉强，如此便即是“誠”，而“鬼神”并無思慮勉强，所以可以用來比擬人之“率性”而“誠”。隨著視綫被拉回到“人事”領域，“鬼神”章也就與前後幾章得以貫穿，這樣也就對仁齋第二點有關連續性的質疑作出了反擊。

2．**大田錦城**

大田錦城（1765—1822）的學統可以經由山本北山（1752—

①均見東條一堂：《中庸知言》，《日本名家四書注釋全書》11，第28頁。

1812）上溯至井上金峨（1732—1784），兩位均爲折衷學派的大師。錦城本人擅長經學，他將經學分爲長於訓詁的漢學、長於義理的宋學和長於考證的清學。他廣泛閱讀清朝考證學者的著作，積極吸收他們的成果，成爲日本考證學派的大家。

錦城對"鬼神"章的整體看法與一堂比較接近。他在《中庸原解》"鬼神之爲德，其盛矣乎"一句之下，便道出了對這一章主旨的看法："是假鬼神之情狀，説微之顯，誠之不可掩。故曰：如此夫。此字，指鬼神也。可見此章非説鬼神矣。"① 他認爲想要使父母真正安心（第十五章），就必須内心真誠（第十六章）地去孝順父母，舜之所以稱得上"大孝"（第十七章），也正因爲他能"反身而誠"。所以説："順乎親有道，反諸身不誠，不順乎親矣。此章上承父母之順，下起舜之大孝，一氣貫穿，可謂妙矣。"反身而誠，從内心細微而隱秘的念頭著手，即爲"慎獨"，錦城强調："古之慎獨，畏敬鬼神之降臨也。"② 而於隱微之處做到"慎獨"可以收到顯著的效果，此即"微之顯，誠之不可掩"。由此，錦城將十六章的這一觀點與第一章的"莫顯乎微，故慎其獨也"與最後一章"知微之顯可以入德矣"，由此"微顯二字，實貫穿一篇，是亦可謂妙矣。"③

3. 海保漁村

海保漁村（1798—1866）24 歲時來到江户（今天的東京）投入大田錦城門下，錦城初次見到漁村便極爲驚异其才學，料定

①大田錦城：《中庸原解》，《日本名家四書注釋全書》12，第 72 頁。
②同上，第 74 頁。
③同上。

他將來必然大有成就。而漁村也的確没有讓錦城失望，因爲錦城等人開創的日本考證學正是在漁村手上臻於成熟。漁村《中庸鄭氏義》成書於 1851 年其 54 歲之際，與 1834 年 37 歲時成書的《大學鄭氏義》兼采鄭玄以外例如朱熹等人的注釋不同，《中庸鄭氏義》幾乎全依鄭注。不過兩書均能博采衆家之長，并在文字訓詁的基礎上，致力於義理的闡發，因而被認爲是訓詁與義理兼備的上乘之作。

在“鬼神”論方面，由於朱熹極爲欣賞并采納了鄭玄（127—200）的解釋，所以，一依鄭注的漁村與朱熹的見解反而可以相通，而僅僅是在有關張載“良能”和程頤“功用”的具體提法上對朱熹提出了异議。通觀漁村的注釋全文，可説精義迭出。如其據“體物而不可遺”指出“天地之間無一物而非鬼神綱維之而主宰之者。是故凡有一物，則必有鬼神寓焉。可見無物而無鬼神，無處而無鬼神。其每照鑒而謂禍福者以此也。否則聖人制禮，祀山川……豈虚設之耶？”① 如此漁村致力於將鬼神與天地萬物、吉凶禍福、祭祀禮儀等加以融會貫通，尤其是指出了人爲建立的祭祀禮儀制度具有天地自然的根據，這是其它幾種注釋所未有的。

不過漁村在總結“鬼神”章旨趣時還是一仍舊説，認爲：“承上章言君子之道，自家以及國天下，其本在於反身而誠。順乎父母，即明王之以孝治天下，其義亦猶是也。是此章所以承上章以起下文舜之大孝也。”② 由此可見這一章的重點仍在於“反

①海保漁村：《中庸鄭氏義》，《日本名家四書注釋全書》11，第 83 頁。結語部分將再提及此處的引文。

②同上，第 89 頁。

身而誠”從而實現“孝治天下”。這也是我們在其師錦城那裏就已經看到的觀點。

4. 增島蘭園

最後我們再來看朱子學者在這一問題上的態度，他們是否與上述三位學者有顯著的差异呢？增島蘭園（1769—1839）是江户時代後期的朱子學者。他極爲刻苦勤奮，以至於廢寢忘食，曾師從在朱子學復興期中起到重大作用的號稱“寛政三博士”之一的古賀精里（1750—1817），後來他擔任了昌平黌的教授，并隨即出任幕府的儒官。他博涉經史百家而歸宗朱子學。所著《大學章句參辨》和《中庸章句諸説參辨》首先列舉後人對於朱熹章句的疏釋，例如明代蔡清《四書蒙引》和清代李沛霖、李禎《四書朱子异同條辨》等，其次徵引朱熹的章句，而對疏釋的得失加以論斷，最後再綜述全章之旨。

有關疏釋部分的討論，可以説完全是限於朱子學的用語和思維，例如“性情功用”和“理氣”等，這一部分討論與蘭園對於整章宗旨的討論似乎并無實質性的關係。關於“鬼神”全章的宗旨，蘭園明確總結爲：“此章言鬼神，以明費隱，見道不可離之義，非明鬼神也。”① “費隱”出自第十二章：“君子之道，費而隱。”意思與“顯隱”相近。而“道不可離”則第一章已經提出：“道也者，不可須臾離也，可離非道也。”朱熹在第十二章的總結中指出：“右第十二章，子思之言，蓋以申明首章道不可離

---

①增島蘭園：《中庸章句諸説參辨》，《日本名家四書注釋全書》11，第25頁。

之意也。其下八章雜引孔子之言以明之。”① “其下八章”當然包括第十六“鬼神”章，從十三章一直到二十章爲止（二十章之後開始有關“誠”的集中論述）。毫無疑問，蘭園所要做的是基於對十二到二十章的這一“局部”的整合并進而涉及《中庸》全書的整合。這可以説完全就是按照朱熹的指點行事。不過，在認定“鬼神”章“非明鬼神也”這一點上，他的立場却又與東條一堂、大田錦城和海保漁村等人如出一轍。這或許也可説是各派思想趨近的一個明證。

四、在仁齋與朱熹之間

“鬼神”章“非明鬼神也”這一論調并不新鮮，漁村即已引用中國學者的相關意見，如明人高中玄所謂：“此即鬼神也，以發明顯微之義耳，意非在於鬼神也。”② 頗喜明人著述議論的江户時代學者對此或許并不陌生。不過，中國學者的影響并不足以解釋爲何上述儒學者們都如此諱言“鬼神”。最讓人驚异的是，以考證學著稱的大田錦城在引用《禮記·祭義》的“僾然必有見乎其位”　“肅然必有聞乎其容聲”這段話時竟然將極爲重要的“必”字予以删除，可謂與考證學的精神背道而馳，由“必”所帶來的有關“鬼神”問題給這些學者們思想上帶來的困擾或許由此可見一斑。這種困擾如此讓人不安，以至於他們需要通過直接改動經典文本來加以回避。而這與仁齋否定經典原文真實性的做

①朱熹：《四書章句集注》，北京：中華書局，1983 年，第 23 頁。

②海保漁村：《中庸鄭氏義》，第 83 頁。

法如出一轍。[1] 這或許可以解釋，儘管上述四位注釋家實際上都捍衛了《中庸》原文的整全性和連續性，但仁齋設定的"紅綫"——不能正面談論"鬼神"——在他們那裏，却都始終没有被打破的緣由。

如此一來，與仁齋學塾"對門"的山崎闇齋，其門下"三杰"之一的佐藤直方（1650—1719）如下一段極有可能是針對仁齋而發出的批評，或許也適用於這些學者。原文爲日文："俗儒モ仁義礼智信平常底ノコトハユガミナリニモ論説スレトモ、鬼神ノ吟味ニナッテハ一嚮主意ナシ。サルニヨッテ鬼神ノコトヲ論ズルコトナク、子不語怪力亂神ノコトデフタヲシテ人ノ吟味スルニモトトリ合ヌナリ。近時大儒ト稱スル學者ニ鬼神ノ論説ヲシタル人ヲキカズ。"[2] 關於江户時代日本儒者這一"輕視鬼神"的傾嚮，實際上主要源自他們對於"鬼神"的敬畏態度，這不僅與日本自身的神靈信仰有關，也與儒家"敬鬼神而遠之"的傳統是有一致之處的。同時，這也與另一個因素存在著關聯，即他們缺乏祭祀的體驗，而對由中國傳入的"鬼神"觀念感到非常不協

①另外中井履軒也否定了朱熹在解釋"體物而不可遺"時提及《祭義》的"昭明、焄蒿、凄愴"，認爲"是愚昧妄誕之甚者，不當采入"。（中井履軒：《中庸逢原》，《日本名家四書注釋全書》1，第70頁。）

②佐藤直方：《中庸鬼神大意》，收入《增訂佐藤直方全集》第一卷，東京：ぺりかん社，1979年，第168頁。其大意爲：俗儒平時也一知半解地討論仁義禮智信這些儒家思想，但是討論鬼神之際却始終没有自己主觀的意見，都是按照書本上的話説説而已，他們不討論鬼神這件事，遇到別人提鬼神的問題時，他們就搬出"子不語怪力亂神"，因此不理會他們。近來被稱爲大儒的那些人也并不願意討論鬼神的問題。

調，因此一般是照著儒學經典所寫來進行闡發，而并没有自己的主觀意見。① 而由於主觀體驗以及相應的祭祀制度安排的缺乏，他們的理解是有限度的，由此纔不僅催生了對於不能理解的内容加以否定而使得經典體系“崩壞”的現象，而且也最終决定了對於這一“崩壞”所實施的“拯救”將難以充分、完全地達成目標。

而正如島田虔次指出的，對於中國本土的思想家朱熹來説，是絶對不會否認對於鬼神的祭祀的。② 因此，諱言鬼神這一立場就不僅與日本的荻生徂徠截然相反，而且也與中國的朱熹有很大的距離。而且實際上問題不僅僅局限於祭祀。其與朱子學的距離可以從如下的事實中看出來。東條一堂在《中庸知言》中已經觸及到的《易傳》之“鬼神”與《中庸》之“鬼神”（實際上也就是朱熹《中庸章句》中所謂天地“陰陽之鬼神”與人類“祭祀之鬼神”）是否屬於同一的問題。一堂的回答是否定的，而如前文所引，海保漁村可以説對於這兩者進行了綜合性的理解，他力圖將鬼神與天地萬物、禍福以及祭祀等統一起來理解。而這也正是朱熹所要追求的目標。漁村的這一思路或許可以説是江户後期儒學者們在這一問題上與朱子學最爲接近的一次“照面”，而這也正好體現了他的著作在考證之外的義理方面所取得的成就。

而關於朱熹的立場和目標，除了從朱熹在《中庸》注釋時屢屢强調“陰陽之鬼神”與“祭祀之鬼神”這“兩樣鬼神”“不是二事”以外，還可參考《朱子語類》如下一條正好涉及了漁村提

①可參渡邊浩：《近世日本社會と宋學》，東京：東京大學出版社，2010 年，第 171 頁。

②島田虔次：《中國古典選》6《大學・中庸》，東京：朝日新聞社，第 16 章。

及的天地萬物和吉凶禍福（卜筮）的語録：“鬼神衹是氣。屈伸往來者，氣也。天地間無非氣。人之氣與天地之氣常相接，無間斷，人自不見。人心纔動，必達於氣，便與這屈伸往來者相感通。如卜筮之類，皆是心自有此物，衹説你心上事，纔動必應也。”① 實際上在《中庸》的語境中，有關“顯微”或“費隱”的討論借助於對“鬼神”的討論而得以展開的同時，“鬼神”之兼具“顯微”“費隱”的特點也得以充分顯現，由此對於溝通天與人、平常自然與微妙神奇起到了關鍵作用。

衹不過，和一堂立場如此不同的漁村，最終的結論竟然也是諱言“鬼神”章所言即爲“鬼神”。這麼説來，即使不滿於仁齋以來日本思想界對於《中庸》之整全性與連續性的否定，但這些儒學者們在某些極爲根本的問題上，可能與朱熹的“朱子學”之間仍然有著一定的距離。這也就意味著對於《中庸》等儒家經典“拯救”的最終指嚮并非是朱熹等人建構起來的以《四書》爲中心的學問思想體系，而有著他們自身對經典的理解。當然從這一例子也可以看出伊藤仁齋在他身後的江户日本儒學思想界投下的巨大“陰影”。

五、結語

在朱熹及其追隨者如崎門派朱子學者們看來，鬼神是“本有”的，而“真實無妄”之“誠”正是對此“本有”的確認，而祭祀活動將微妙的天道鬼神與顯著的孝悌倫常關聯在了一起，由此可見“鬼神”章與前後章之間構成了連續的整體。

①分別見黎靖德編《朱子語類》，第 1545、34 頁。

掀起《中庸》之雙重危機的伊藤仁齋，正是在整全性與連續性兩個方面，對現有的《中庸》文本發起了挑戰，他的推理論證可以簡要地表示如下：

大前提：子不語怪力亂神、敬鬼神而遠之

小前提：《中庸》子曰鬼神

結論：小前提與大前提矛盾，所以可以判定《中庸》“鬼神”章是“錯簡”，是後人僞作，從别的書裏竄入《中庸》的，因而爲了復原《中庸》的原貌，就必須將這一章清理出去。

附論：“鬼神”章和前後章内容之間是斷裂的。這也强化了上述結論。

對此的反應，可以區分爲三個派别：

（1）修正派（懷德堂學者）：同意大前提和小前提，但不完全同意結論。他們認爲“鬼神”章的確是錯簡，但來源不在别的書，而在《中庸》自身“至誠如神”一句之後。

（2）反對派（崎門朱子學者和荻生徂徠）：不同意大前提，因而不同意結論。如在崎門學者佐藤直方看來，朱子所言極是，可是近來的儒者却輕視鬼神，對於“鬼神”的事情一知半解，衹是照著書本說說而已，被問及鬼神的問題時他們就拿“子不語”做擋箭牌而說不出自己的主觀意見。而荻生徂徠則從另一個方面提出了質疑，認爲“鬼神”是聖人設立的，以便讓人們聯結爲宗族，建立起社會的秩序，回避這一問題就從根本上違背了聖人之道。

（3）折衷派（江户時代後期多數注釋家）：同意大前提，反對小前提，而主張結論是“鬼神”章說的不是鬼神，說的是要像鬼神一樣誠心正直，衹有這樣纔能讓父母順心，配享幸福。由此挽救現有《中庸》文本的整全性和連續性，但這一“誠主神客”

的立場，無疑也就背離了“神主誠客”的朱子學立場。

上述各派與朱子學立場之間的异同也可簡要概括如下：

（1）朱熹與仁齋：都認爲“鬼神”章所言即是“鬼神”，差异在於儒家是否應談論“鬼神”，以及現有的《中庸》文本是否具有整全性和連續性，朱熹的回答都是肯定的，而仁齋的回答都是否定的。

（2）朱熹與徂徠：都認爲“鬼神”章所言即是“鬼神”，且現有的《中庸》文本具有整全性和連續性，差异在於朱熹認爲鬼神自然而本有，徂徠認爲鬼神本無而人爲。

（3）朱熹與折衷學者：都認爲現有的《中庸》文本具有整全性和連續性，差异在於儒家是否應談正面談論鬼神，鬼神章所説是否即是鬼神，朱熹的回答都是肯定的，折衷學者的回答都是否定的。

這第（3）點代表了江户時代儒學者在這一問題上認識的“終點”，由此保持了與朱子學的不小距離。由此亦可從思想史的角度，看出伊藤仁齋之於江户日本儒學思想界的巨大影響；另外，作爲戰後日本近世思想研究叙述之中心的荻生徂徠在這一脉絡中僅僅是仁齋觀點衆多流變中的一支而已，其“鬼神者聖人所立焉”的第一命題直接導源於仁齋；而寬政以後復興的“正學派”的朱子學實際帶有濃厚的折衷色彩，各學派之間趨於相互融合和接近。

作者簡介：傅錫洪，男，1986 年生，福建上杭人，2009 年畢業於復旦大學，2012 年獲得復旦大學哲學碩士學位，現就讀於日本關西大學東亞文化研究科，專攻宋明儒學與東亞儒學，在國内外學術刊物和學術會議上各發表論文十餘篇。

王船山論法治與政治權威的互動

彭傳華

摘要：船山學研究史上，關於船山是“人治論者”還是“法治論者”一直聚訟不已，其中的關鍵在於没有把握理解船山法治思想的鑰匙，這把鑰匙就是法治與政治權威的互動。船山法治思想中的一個非常重要的内容就在於船山認識到了法治與政治權威之間互動的關係，這一認識主要體現在三個方面：第一，船山聲稱“任人任法，皆言治”，揭示了政治權威與法治的辯證聯接；第二，船山主張“法者非必治，治者其人也”，强調了政治權威在法治中的重要作用；第三，船山宣揚“法善以待人，則人之失者鮮矣”，凸顯了良法對於制約政治權威的重要性。全面、完整、準確地把握這三個方面的内容纔是正確理解船山的法治思想的關鍵。

基金專案：國家社科基金青年項目“王船山與中國政治思想的近代轉型研究”（11CZX036）；中國博士後科學基金項目“王船山政治思想的歷史地位與歷史貢獻研究”（2014M551767）。

出於對人治和法治的不同理解以及對船山學術主旨的不同把握，許多學者圍繞船山是主張人治還是主張法治展開了曠日持久的争論：一派是以陳遠寧、張懷承爲代表的力主船山爲“人治論者”；一派是以鄧潭州、蕭萐父、許蘇民爲代表的力主船山爲

“法治論者”。陳遠寧的觀點是：“在‘人治’與‘法治’的問題上，他（指船山，引者注）的基本傾嚮是繼承儒家强調聖君賢相的‘人治’觀點的，而他的新特點則主要在於，更加明確地運用了‘任人’與‘任法’的概念，并對之作了具體闡發，同時把‘法治’提高到更高的地位，在一定程度上把傳統儒家過分突出‘人治’，以爲‘法治’應完全從屬於‘人治’的觀點改造、發展爲‘人治’爲主，‘法治’爲輔的觀點。”① 出於對“治惟其人，不惟其法”② 一句的理解，張懷承認爲：“王夫之得出結論，治國安邦、經世濟民主要并非依賴於法，而是依賴於人。”③ “從根本上説，法律依靠人制定、修改、執行，是人的某種意志的反映，故法治實際上就是人治，或確切地説，是人治理國家的一種方式。基於這種認識，王夫之提倡人治，反對‘任法而不任人’。”④ 張懷承的這種説法值得商榷，依他之見，人類社會絶不存在“法治”這一統治類型，因爲所有的“法治”都是人的某種意志的反映，從而歸根結底都是“人治”。其實費孝通早已明言：“法治的意思并不是説法律本身能統治，能維持社會秩序，而是説社會上人和人的關係是根據法律來維持的。法律還得靠權力來

①陳遠寧：《中國古代政治觀的批判總結——王船山政治觀研究》，長沙：湖南出版社，1992 年，第 83 頁。

②王夫之：《讀通鑒論》卷二十，《船山全書》第 10 册，長沙：岳麓書社，1996 年，第 755 頁。

③張懷承：《王夫之評傳——民族獨立自强之魂》，南寧：廣西教育出版社，1997 年，第 62 頁。

④張懷承：《王夫之評傳——民族獨立自强之魂》，第 63 頁。

支持，還得靠人來執行，法治其實是‘人依法而治’，并非没有人的因素。”① 張懷承的理解忽視了法治中人的因素和人的作用。與陳遠寧、張懷承持不同觀點的是，鄧潭州認爲“王船山是傾嚮於法治的。”② 蕭萐父、許蘇民也承認“在17世紀中國的歷史條件下，王夫之不可能對‘法治’與‘人治’的學理辨析得很清楚。”但又認爲“王夫之對‘虚君共和’的嚮往，‘使有君而若無’，實質上就是主張實行法治。”肯定船山“在論及法律的諸多方面是突破了特權人治傳統的局限的”，認爲船山許多見解和主張都能反映“現代法治重在防止官員犯罪、法律至上和以人道的方式對待罪犯的基本精神，從而與特權人治的專制暴政劃清了界限。”③

筆者不揣冒昧，發表淺陋之見，求教於方家。筆者發現兩派論者的觀點之所以大相徑庭，除了對於明清之際思想家的社會歷史地位理解有别，對於船山思想之主旨把握不同，對於詮釋方法運用各异等重要原因之外，另一個很重要的原因在於對“任人”與“任法”的不同理解，尤其對於“治惟其人，不惟其法”一句的理解存在著嚴重的分歧。關於這句的理解，張懷承認爲：“法律衹是一些條款。從根本上説，它由人制定，由人執行。法律雖好，執非其人，則衹能成爲人們行爲的桎梏，將被歪曲、濫用”④，這種説法忽視了法律的積極意義，未能充分挖掘“然法

①費孝通：《鄉土中國　生育制度》，北京：北京大學出版社，1998年，第48頁。

②鄧潭州：《王船山傳論》，長沙：湖南人民出版社，1982年，第241頁。

③蕭萐父、許蘇民：《王夫之評傳》，南京：南京大學出版社，2002年，第417、418頁。

④張懷承：《王夫之評傳——民族獨立自强之魂》，第62頁。

之不善，雖得其人而無適守，抑末由以得理，況乎未得其人邪?"[①] 的豐富内藴；蕭萐父、許蘇民雖持船山爲"法治論者"，而稍顯遺憾的是，他們對於"治惟其人，不惟其法"以及類似的言論未能進行具體的解釋，而是認爲"四百年前的王夫之不可能把人治與法治的界限劃得很清楚，又有什麽奇怪?"[②] 從而回避了對這個問題的正面回答。愚以爲，如果不對此作出正面的回答，很難反駁那些力主船山爲"人治論者"的論調。筆者認爲，理解這一難題的關鍵在於揭示船山已經注意到了法治與政治權威之間互動的關係，而不是單純地將二者視爲截然對立的緊張關係。所以，可以這麼説，法治與政治權威的互動是理解船山法治思想的鑰匙，掌握了它，就可以解開船山究竟是法治論者還是人治論者的堅固之鎖。筆者研究發現，王船山論法治與政治權威的互動主要包括以下三個方面的内容：

一、"任人任法，皆言治"——政治權威與法治相結合

明清之際，圍繞著"人治"與"法治"，"任人"與"任法"等話題展開了熱烈的討論。吕坤説："任人不任法，此惟堯、舜在上，五臣在下可矣。非是而任人，未有不亂者。"[③] 顧炎武非常

①王夫之：《讀通鑒論》卷十九，《船山全書》第10册，第700頁。

②蕭萐父、許蘇民：《王夫之評傳》，第417、418頁。

③吕坤撰，王國軒、王秀梅整理：《呻吟語》卷五《治道》，《吕坤全集》（中册），北京：中華書局，2008年，第824頁。

贊同杜元凱解《左傳》的一句話："法行則人從法，法敗則法從人。"① 黄宗羲則説："論者謂有治人無治法，吾以謂有治法而後有治人"②；倘有是法，"其人是也，則可以無不行之意；其人非也，也不至深刻網羅，反害天下。故曰：有治法而後有治人。"③ 將任人任法理解爲先後關係。對於其時有識者關於治人治法的不同主張，最方便的解釋是對於所謂"治法"界定的不同。但事實是，差异并没有那麽大。黄氏《原法》之"法"，固然也包括根本大法，由其表達看，也未必不包括制度規章、科條律令。張灝説："宋明儒者所謂的'治法'，不僅限於有關官僚政體的制度規章。它是指所有的外在客觀的規章制度，不論後者是否與官僚制度直接有關。"④

其時最具思想深度的王船山，也爲這一討論氛圍感染，與吕、顧、黄不同的是，他避免在治人/治法，任法/任人間做非此即彼的選擇，而是注意到了政治權威與法治的辯證聯接，反對"任人"、"任法"各執一端，他説：

> 任人任法，皆言治也，而言治者曰：任法不如任人。雖然，任人而廢法，則下以合離爲毁譽，上以好惡爲取捨，廢職業，徇虚名，逞私意，皆其弊也。於是任法者起而摘之曰：是治道之蠹也，非法而何以齊之？故申、韓之説，與王

---

①顧炎武：《日知録·法制》，《顧炎武全集》第18册，上海：上海古籍出版社，2011年，第364頁。

②黄宗羲：《明夷待訪録·原法》，《黄宗羲全集》第1册，沈善洪主編，杭州：浙江古籍出版社，2005年，第7頁。

③同上。

④張灝：《宋明以來儒家經世思想試釋》，《幽暗意識與民主傳統》，北京：新星出版社，2006年，第91頁。

> 道而爭勝。乃以法言之，《周官》之法亦密矣，然皆使服其官者習其事，未嘗懸黜陟以擬其後。蓋擇人而授以法，使之遵焉，非立法以課人，必使與科條相應，非是者罰也①。

船山反對任人與任法各執一端的做法，認爲二者必須結合而不可有所偏廢，并分別指出了各執一端的不良後果：如果任人而廢法，將導致“下以合離爲毀譽，上以好惡爲取捨，廢職業，徇虛名，逞私意”的弊端；如果任法而不任人將導致“申、韓之説與王道而爭勝”的惡果，二者均不可取。另外，船山還從反面説明“任法而不任人”的危害：“治之弊也，任法而不任人。夫法者，豈天子一人能持之以遍察臣工乎？勢且仍委之人而使之操法。於是捨大臣而任小臣，捨舊臣而任新進，捨敦厚寬恕之士而任徼幸樂禍之小人。其言非無征也，其於法不患不相傅致也，於是而國事大亂。”② 認爲治理國家的弊端在於衹是依靠法律却不信任賢士，因爲皇帝一人利用法令是不能操持治理好天下的，必須任用官吏執行法令。如果不任用賢士，而是任用小臣、新進、徼幸樂禍之小人，將導致國事大亂。

可見，由於船山注意到了法治與政治權威的互動關係，所以他針對“任人而廢法”以及“任法而不任人”兩種錯誤的觀念，能夠正確地指出這兩種觀念錯誤的根源在於：割裂了“任法”與“任人”即法治與政治權威的辯證聯接，衹注意到兩者之間的緊張關係，却未能注意到二者的互動關係，因此各執一端，難免收之東隅，失之桑榆。

---

①王夫之：《讀通鑒論》卷十，《船山全書》第 10 册，第 397 頁。

②王夫之：《讀通鑒論》卷六，《船山全書》第 10 册，第 234、235 頁。

二、“法者非必治，治者其人也”——政治權威在法治中的重要作用

船山宣稱“法者非必治，治者其人也。”① 應該强調的是，“治者其人也”一句中的“人”主要是指政治權威，“法者非必治，治者其人也”的深意在於强調政治權威在法治中的重要作用。吕坤曰：“無治人則良法美意反以殃民，有治人則弊習陋規皆成善政。”② 船山則曰：“法不可以治天下者也，而至於無法，則民無以有其生，而上無以有其民。故天下之將治也，則先有制法之主，以使民知上有天子、下有吏，而己亦有守以謀其生。”③“天下將治，先有制法之主，雖不善，賢於無法也。”④“人而苟爲治人也，則治法因之以建。”⑤ 船山反復説明政治權威在法治中的重要作用，其中重要的一個方面即是“天下將治，先有制法之主”，法律和制度最初即是由政治權威制定的，然後也需要人甚至是普通的人進行操作。正如密爾所説：“政治機器并不自行運轉。正如它最初是由人製成的，同樣還須由人，甚至由普通的人去操作。它需要的不是人們單純的默認，而是人們積極的參

①王夫之：《讀通鑒論》卷十九，《船山全書》第10册，第700頁。

②吕坤撰，王國軒、王秀梅整理：《呻吟語》卷五《治道》，《吕坤全集》（中册），第821頁。

③王夫之：《讀通鑒論》卷三十，《船山全書》第10册，第1152頁。

④王夫之：《讀通鑒論》卷三十，《船山全書》第10册，第1153頁。

⑤王夫之：《讀通鑒論》卷十一，《船山全書》第10册，第422頁。

加……”① 密爾此處所言之理與船山所説“法者非必治，治者其人也”之精義是相通的，二者有异曲同工之妙，説的就是好的制度和法律離不開人的運作和人的執行。

政治權威在法治中的重要作用不僅體現在政治權威制定法律和制度并推動法治事業的發展，還在於政治權威在法治中的作用關係到國家的治亂。船山説：“即有不善之政，亦不能操之數十年而民無隙之可避。由此言之，不善之政，未能以久賊天下；而唯以不善故，爲君子所争，乃進小人以成其事，則小人乘之以播惡，而其禍乃延。故曰：‘有治人，無治法。’則亂天下者，非亂法亂之，亂人亂之也。”② 在此，船山從反面强調政治權威在法治中的關鍵作用，揭示了政治權威的個人品質是法治事業成敗的關鍵，政治權威如果個人道德修養不够、思想境界不高，可能利用手中的權力傳播惡，此時將是法治的末日，也是國政的末日。正如余英時所説：“傳統儒家‘有治人、無治法’的觀念固然已失時效，但‘徒法不足以自行’終究是一條經得起歷史考驗的原則。制度離不開人的運作，越是高度發展的制度便越需要高品質的人去執行。”③

當然，僅有政治權威充分發揮自己在法治中的作用是不够的，要想實現真正的法治必須依靠社會全體成員的共同努力，正如梁啓超所言：“儒家所謂人治主義者，絶非僅持一二聖賢在位以爲治，而實欲將政治植基於‘全民’之上。荀子所謂‘有治人

①［英］J. S. 密爾：《代議制政府》，汪瑄譯，北京：商務印書館，1982 年，第 7 頁。

②王夫之：《宋論》卷八，《船山全書》第 11 册，第 192 頁。

③余英時：《現代儒學的回顧與展望》，北京：生活·讀書·新知三聯書店，2004 年，第 185 頁。

無治法’，其義并不謬，實即孔子‘人能弘道，非道弘人’之旨耳，如曰法不待人而可以爲治也，則今歐美諸法之見采於中華民國者多矣，今之政，曷爲而日亂耶？”① 人治的精髓尚且不是一二聖賢在位者爲治，而必須將政治植基於“全民”之上，况法治乎？

三、“法善以待人，則人之失者鮮矣”——强調良法對於制約政治權威的重要性

船山説：“法嚴而任寬仁之吏，則民重犯法，而多所矜全。法寬而任鷙擊之吏，則民輕犯法，而無辜者卒罹血不可活。”② 認爲法寬而任鷙擊之吏不如法嚴而任寬仁之吏，説明船山意識到執政者、“法律人”也必須有德有才，法治纔能生長出來和運作下去。誠然，正如柏拉圖所説的那樣，“如果在一個秩序良好的國家安置一個不稱職的官吏去執行那些制定得很好的法律，那麼這些法律的價值便被掠奪了，并使得荒謬的事情大大增多，而且最嚴重的政治破壞和惡行也會從中滋長。”③

英國的約翰·彌爾頓爲新的理想社會——法治社會確立了一

①梁啓超：《先秦政治思想史》，天津：天津古籍出版社，2003 年，第 101 頁。

②王夫之：《讀通鑒論》卷三，《船山全書》第 10 册，第 120—121 頁。

③柏拉圖：《法律篇》，轉引自法學教材編輯部西方法律思想史編寫組編：《西方法律思想史資料選編》，北京：北京大學出版社，1983 年，第 24—26 頁。

個基本目標："法律永遠是社會最高的權威。"① 這就是法治的核心標準之一。對於政治權威來説，它具有雙重的意義：其一，將法律奉爲"國王"，足以限制和約束政治權威，政治權威衹能是在法律之下而非法律之上的：其二，通過"法律至上"來維護甚至强化政治權威的權力和威信。要注意的是，"法律至上"并不是説忽視政治權威的作用，因爲光有良法還不行，必須執行得好，纔能建立一個真正的法治社會。杰斐遜因此特别指出："一般來説，真實的情况是：法律好，而且執行得好，人民纔會幸福，而法律制定得好，執行得好，是取决於制定及執行法律的人們是否聰明、正直。"② 這裏也包含兩方面的含義：一方面，政府政策、制度和法律，對於一個國家的人們的品行、德性和才幹的狀况具有不可忽視的重大影響。另一方面，執政者、"法律人"也必須有德有才，其中包括法律方面的德性和才能，有力行法治的意志和决心，并且切實行動，法治纔能生長出來和運作下去。

"法嚴而任寬仁之吏，則民重犯法，而多所矜全"説明船山充分認識到執政者、"法律人"必須有德有才，法治纔能生長出來和運作下去的道理。尤其重要的是，船山强調"治道之裂，壞於無法"③，并注意到良法對於政治權威的制約作用："若夫吏人之得失，在人而不在法。然法善以待人，則人之失者鮮矣。"④ "法善以待人，則人之失者鮮矣。"是一個具有啓蒙意義的法治命

①約翰·彌爾頓：《爲英國人民聲辯》，何寧譯，北京：商務印書館，1958年，第70、71頁。

②梅利爾·D. 彼得森注釋編輯：《杰斐遜集》（上），劉祚昌、鄧紅風譯，北京：生活·讀書·新知三聯書店，1993年，第392頁。

③王夫之：《讀通鑒論》卷二十七，《船山全書》第10册，第654頁。

④王夫之：《讀通鑒論》卷二，《船山全書》第10册，第110頁。

題，其豐富的寓意可以從兩個方面進行詮釋：一方面，“法善以待人，則人之失者鮮矣”，是從消極的意義上講良好完善的法律可以有效約束政治權威，這是防止政治權威蛻化變質或腐敗的重要機制；另一方面，“法善以待人，則人之失者鮮矣”，從積極的意義來講，法治爲政治權威展示其雄才大略、獨創性和聰明才智提供了機制和空間。可以用新自然法學家富勒的觀點來詮釋船山“法善以待人，則人之失者鮮矣”豐富的思想蘊涵。富勒將通常意義上人們所指的道德（由“正確”、“好壞”、“公平”、“正義”等原則和觀念組成）稱爲外在道德，法律在內容上必須體現外在道德的觀念。外在道德又可分爲“義務的道德”和“追求的道德”，前者是低層次的、人類生存最起碼的道德要求，社會生活本身要求人們必須履行這些義務的道德，必須用法律手段來禁止人們違反義務的道德；“追求的道德”是高層次的、值得鼓勵和稱贊的道德要求，但不能用法律來要求人們達到這些美德。因此，富勒贊成法律在內容上必須體現義務的道德①。富勒認爲法律制度必須具備八個標準，這是法律的內在道德或者説是法律的合法性原則。這八個標準是：法律規則必須符合普遍性、公開性、明確性、内部協調性（法律規則不能相互矛盾）、可行性、穩定性、不溯及既往、立法與司法一致等。法律的内在道德實際上是對法律形式上的要求，滿足這些要求將使道德上較好的法律更有可能實現。因此富勒將法律的内在道德又稱爲程式自然法②。船山所謂的“法善”雖然没有富勒所言之程式自然法有如此豐富

①何勤華主編：《西方法學流派撮要》，北京：中國政法大學出版社，2003年，第20頁。

②何勤華主編：《西方法學流派撮要》，第21頁。

的内涵，但船山論法治所强調法律的普遍性（“自天子始天下咸受裁”）、立法與司法一致（“罪者，因其惡而爲之等”）等原則也與富勒所言之法律的内在道德旨趣相通。以這樣的“善法”待人，人將不會犯下什麼錯誤，這就是“法善以待人，則人之失者鮮矣”的意思。富勒認爲法律有内在道德（即程式自然法）和外在道德（實體自然法），而法律的内在道德不能爲邪惡的目的服務。希特勒爲了達到根除猶太人的目的，曾不止一次地制定溯及既往的法律，這就違背了法律的内在道德。這就是惡法非法的道理。船山雖然不可能達到富勒的思想高度，但他能够認識到“治道之裂，壞於無法”，强調良法之於法治事業甚至國家統治的重要性，又説：“法者非必治，治者其人也；然法之不善，雖得其人而無適守，抑末由以得理，况乎未得其人邪?”①，其“法善以待人，則人之失者鮮矣”的思想内蕴逼近富勒。

綜上所述，船山的高明之處在於他能够認識到任人（政治權威）與任法（法治）的互動關係，在船山那裏，法治與政治權威的互動主要包括政治權威與法治的辯證聯結、政治權威在法治中的重要作用、良法對於制約政治權威的重要性三個方面的重要内容，其實質即在承認法治的生成就是爲了限制與約束政治權威的前提下，强調政治權威在法治中具有重要作用，强調政治權威之德行和才能往往關係到法治事業的興衰成敗，强調良法之於法治事業甚至國家統治的重要性。總之，愚以爲衹有通過全面、完整、準確地把握王船山法治思想中的上述三個方面的内容，纔能正確理解王船山法治思想之深意，避免不必要的争論和分歧。

①王夫之：《讀通鑒論》卷十九，《船山全書》第10册，第700頁。

作者简介：彭傳華，男，1975年出生。江西遂川人。畢業於武漢大學哲學學院，獲哲學博士學位。現爲寧波大學國學與哲學研究中心教授。主要從事儒家倫理、明清哲學研究。現主持國家社科基金青年項目“王船山與中國政治思想的近代轉型研究”（本文即爲該課題的階段性成果之一）。在《政治學研究》、《哲學與文化》（A&HCI）、《武漢大學學報》、《浙江學刊》、《齊魯學刊》、《南昌大學學報》、《船山學刊》、《民族論壇》、《鵝湖》月刊、《文化中國》、*Frontiers of philosophy in china* 等期刊發表論文二十餘篇。Email：whupch@ 163. com。

梁啓超主義與大陸新儒學的未來展開①

李　强

摘要：現代新儒學并非如大陸新儒家所認定的衹是一種心性儒學，而是自有其政治哲學建構，其傳統可以延伸至梁啓超，“梁啓超主義”已呼之欲出。“梁啓超主義”的核心成員有梁啓超、張君勱、張東蓀、唐君毅、牟宗三、徐復觀等人。經過三四代的努力，他們在中國現代民族國家建構的主題下，從文化、政治、經濟三個方面建立了一套完備的儒家政治哲學體系，可以稱爲民主憲政的立國之道。“梁啓超主義”在對現代性價值認同基礎上進行的儒家政治哲學建構，對大陸新儒學的未來展開，可以提供有益的思想啓發和豐厚的理論資源。

一、引言

如所周知，現代新儒學是産生於20世紀20年代，以接續儒家道統、復興儒學爲己任，服膺宋明理學，特別是其中的儒家心性之學，力圖以儒家學説爲主體吸收、融合西學，尋求中國從傳

①本文爲國家社科基金項目“二十世紀中國文化保守主義民族國家建構理論研究”（18CZX034）的階段性成果。方克立：《現代新儒學與中國現代化》，長春：長春出版社，2008年，第11頁。

統嚮現代轉型的一個學術思想流派。此可稱爲廣義的現代新儒學，而狹義則單指由熊十力開創、而爲唐君毅、牟宗三、徐復觀及其弟子們所繼承的學術流派。① 後者主要發展於港臺和海外地區，又稱爲港臺新儒學或海外新儒學。從中我們可以看到，港臺新儒學或海外新儒學是現代新儒學第二代、第三代的發展，它們屬於同一理論陣營，有著相同的價值關懷和致思路徑。

而目前流行的大陸新儒學，雖然在開始階段受港臺新儒學或海外新儒學的啓發和滋養，但隨著它的不斷壯大，則明顯表現出批判、否定現代新儒學的思想傾嚮，對後者采取了一種拒絶乃至替代的態勢。其中最主要的差异點是前者認爲後者是一種心性儒學，不關注儒學的政治面嚮，没有儒家政治哲學的建構，而他們則試圖回歸儒家公羊學、發掘傳統儒學的政治智慧，發展一種政治儒學，進而認爲現代新儒學在政治方面不加批判地接受西方傳來的民主和自由，是一種西方文化對中國文化的變相殖民。而目前大陸新儒學的最主要代表——“新康有爲主義”——則通過回歸康有爲，把對現代新儒學的批判和否定，進行了更細致化的演繹。

由此産生的問題即是，現代新儒學是否像大陸新儒家認爲的那樣，衹是一種心性儒學，而没有關於現實社會問題、政治問題的思考，没有對儒家政治哲學的現代重建，從而被有的人直接稱爲“港臺心性儒學”?② 或者對西方價值觀念，如民主、自由、

①劉述先：《儒家思想的轉型與展望》，石家莊：河北人民出版社，2010 年，第 77—80 頁。

②曾暐杰：《“大陸新儒家”與“港臺新儒家”的交鋒、交流與交會儒學在當代社會的使命與展望》，《國際儒學論叢》2016 年第 1 期。

人權、平等等不加批判和反思，直接拿來與儒家價值觀念進行對接和融合，并作爲評斷儒學現代轉型是否成功的唯一標準？通過閱讀現代新儒家特別是唐君毅、牟宗三、徐復觀的著作我們可以發現，他們不僅有面對近代中國社會政治危機而重思儒學現代命運、從而進行的儒家政治哲學現代重構，而且他們體大思精，創發特出的儒家政治哲學更是接續著從梁啓超到國家社會黨的“二張”——張君勱、張東蓀的政治哲學建構而來，共同構成了一條二十世紀中國文化保守主義政治哲學傳統。

這條政治哲學傳統自有其核心議題，即傳統中國嚮現代中國轉變的民族國家建構問題，在這個主題下，現代中國應該是什麽樣子，政治方面、經濟方面、文化方面、社會方面，乃至於現代國家中的個人、家庭、宗教、民族國家之上的天下等一系列問題，這一政治哲學傳統皆有甚深的措思和繼承而發展的觀點，從而建構了一套完備的現代儒家政治哲學體系。這一二十世紀中國文化保守主義政治哲學傳統，由於由梁啓超開其端、奠其基，而且代有傳人，觀點鮮明，因此可以被稱爲“梁啓超主義”。而“梁啓超主義”的重構與闡揚，爲我們當前“大陸新儒學”① 的健康開展，反思“新康有爲主義”否定現代性價值、試圖徹底回到傳統儒學的封閉性等弊端，或許可以提供不同的思路啓發和觀點借鑒。

①這裏加了引號的大陸新儒學，已經不專指“新康有爲主義”，我們後文第四部分借助郭齊勇教授的說法對此一概念有重新的說明。

二、“梁啓超主義”的學術譜系與發展歷程

如所周知，梁啓超是近代中國政界和學界的風雲人物，影響巨大，圍繞梁啓超，甚至形成了有學者稱爲的“梁啓超派士人群”。① 如果僅就對其社會政治思想的繼承和發揚而言，最直接和影響最大的，則首推與任公處於亦師亦友之間的“二張”——張君勱和張東蓀。② “二張”之後，真正能够繼承他們政治哲學并予以推進的，則是與“二張”有甚深私人交集和學術淵源的牟宗三。薛化元、應奇認爲牟宗三與張君勱之間不僅在道德哲學，也在民主政治建構方面有學術上的繼承關係，前者在社會政治思想方面的理論資源，即來源於張君勱。而魏萬磊從“再生派學人群”的角度，論述了牟宗三與張東蓀、羅隆基等國家社會黨成員之間的學術關聯。③

把梁啓超、“二張”、牟宗三從思想史方面勾連起來，羅義俊

①姚中秋：《現代中國的立國之道：以張君勱爲中心》，北京：法律出版社，2010 年，第 517 頁。

②張朋園《梁啓超與民國政治》一書第八章“青出於藍的後起之秀”一節叙述了梁啓超與張君勱、張東蓀師友之間相互影響的關係。（張朋園：《梁啓超與民國政治》，上海：上海三聯書店，2013 年，第 227—232 頁）；楊永乾《張君勱傳》從張君勱的角度叙述了其與任公的師友關係，參看該書第二章。（楊永乾：《張君勱傳》，臺北：唐山出版社，1993 年，第 20—51 頁）；張東蓀的角度則可參看左玉河編著：《張東蓀年譜》，北京：群言出版社，2014 年。

③魏萬磊：《20 世紀 30 年代“再生派”學人的民族復興話語》，北京：中國社會科學出版社，2011 年，第 63—74 頁。

《當代新儒家的自我定位與其政治學的現代展開》這篇文章有開創之功，唯其衹在於平鋪直叙，并没有看到他們之間的思想傳承，及其可以構成有學術繼承關係、有共同理論旨趣的一條政治哲學傳統，也即没有看到是否有一種可以構成“梁啓超主義”的可能性；另外這篇文章没有看到張東蓀在其中的地位。[①] 發現從梁啓超中經“二張”，再到牟宗三等現代新儒家第二代之間有一條明顯的政治哲學傳統、可以構成“梁啓超主義”的，是姚中秋，并且他把近代此一哲學傳統、此一“梁啓超主義”稱爲“現代中國的保守—憲政主義傳統”，“用以描述現代中國歷史上的一種以儒家心智爲基底，而致力於現代國家構建的思想與政治力量。”[②]

但“梁啓超主義”是一個怎樣的譜系、經過了怎樣的演變歷程，姚中秋的論説却顯得相當含混。他認爲，在這一傳統中，梁啓超無疑處於開創者和奠基者的地位，在梁身邊，聚集了一批追隨者，形成了一個“梁啓超派士人群”，成爲此一傳統的第二代。這一群體中，包括張君勱、張東蓀、梁漱溟、丁文江、蔣百里、林宰平、曾琦、李璜等，第三代則包括牟宗三、徐復觀和唐君毅，更年輕的一輩則爲周德偉、余英時、林毓生、韋政通等。并且他認爲在較爲純粹的思想學術領域，王國維、陳寅恪、吴宓、蕭公權也可以包括在此一傳統之中。從這裏我們可以看出來，他所給出的“梁啓超主義”的譜系構成相當混亂。比如梁啓超之

---

①羅義俊：《當代新儒家的自我定位與其政治學的現代展開》，見氏著《生命存在與文化意識——當代新儒家史論》，上海：學林出版社，2009 年，第 95—98 頁。

②姚中秋：《現代中國的立國之道：以張君勱爲中心》，第 515 頁。

後，梁漱溟、丁文江、蔣百里、林宰平等對於民主建國到底有多少理論思考，則是值得懷疑的，他甚至把王國維、陳寅恪、吴宓、蕭公權也包含進去，則使得此一傳統、使得“梁啓超主義”變得了無意義。本文以爲，爲了方便入手、簡明扼要起見，首先可以從思想聯係更爲緊密、有明確學術繼承關係的學者入手，考察此一哲學傳統、“梁啓超主義”的譜系構成與發展演變，在此基礎上逐漸加入有相同主張的人物。因此本文暫定這一政治哲學傳統、“梁啓超主義”的譜系，以梁啓超、國家社會黨的“二張”以及現代新儒家第二代的牟宗三、徐復觀、唐君毅爲代表。

其實牟宗三在爲張君勱所作的祝壽文章《中國數十年來的政治意識——壽張君勱先生七十大慶》中通過分析和評判近代中國的三種政治意識，即傳統的革命意識、社會主義的意識和民主政體建國的意識，對此一從梁啓超開端、中經張君勱再到其自己的民主政體建國意識的傳統，已經有了清晰的學術認識，對於接續和闡揚“梁啓超主義”，已經有了明確的理論自覺。我們即藉著牟宗三此文，闡述“梁啓超主義”的譜系構成及演變歷程。

在這篇文章一開始，牟宗三即談到了近代中國的三種政治意識，而祇有民主政體建國的意識纔是正宗的，原因何在？他認爲祇有民主政體的建國纔是“近代的”，纔能建立一個近代的民族國家。“民主政體之出現，在西方，有其歷史文化之長期醞釀，其本身亦有一定之觀念，意識，與夫一定之軌道。而這一套正是所謂‘近代的’。”① 由此牟宗三論證了民主政體建國意識的“正宗性”，也爲近代從梁啓超開端的政治哲學傳統、“梁啓超主義”

①牟宗三：《中國數十年來的政治意識——壽張君勱先生七十大慶》，見《生命的學問》，臺北：三民書局，1984 年，第 46—47 頁。

確立了明確的學術標準和思想旨歸。“數十年來中國之主要課題仍當是民主政體建國之政治問題，此爲一中心之所在。故政治意識離乎此者爲歧出，相應乎此者爲正宗。”①

他首先論述了在近代中國相應於此民主政體建國意識、對民主建國有貢獻的梁啓超，成爲此一政治哲學傳統、“梁啓超主義”的開創者和奠基者。

> 疾風知勁草，而當時真能保持民主政體建國之政治意識者，則爲梁任公先生。他於袁氏帝制囂張之時，發表《异哉所謂國體問題》一文。文中明言政治家衹問政體，不問國體。其意是國體不可常動，雖有皇帝，亦可立憲而成民主，譬如英日，故在清末，不主革命，而主君主立憲。現在既已革命矣，改國體爲民國矣，何又紛紛再事開倒車？故仍主民主，從事民主政體之充分實現。他這裏雖分國體與政體，實以作爲内容之民主政體爲主要。②

由此可以看出梁啓超對於民主政體建國的貢獻，其實不僅在倒袁時期。其在此之前與之後的所有政治活動與政治論述，都顯示梁啓超對於民主政體建國，有著清醒的認識和不懈的堅持。倒袁之前梁啓超的民主政體建國意識，主要表現爲清末在東京與革命黨人就立憲與革命進行的論戰，之後則主要通過辨析“國體”與“政體”的區别和聯係，來堅守其民主政體建國的政治意識，由此可見梁啓超在此一民主政體建國意識的政治哲學傳統中、在

---

①牟宗三：《生命的學問》，第 51 頁。

②牟宗三：《生命的學問》，第 47 頁。

“梁啓超主義”中的開創者和奠基者的地位。①

接著，牟宗三論述了與梁啓超不僅有緊密的私人情誼、更有緊密的學術承繼關係的中國國家社會黨創黨領袖張君勱對於此一政治意識的繼承、深化和發揚，後者對於民主政體立國之道的信守和堅持，使其成爲此一政治哲學傳統、“梁啓超主義”承上啓下地位的關鍵人物；我們後面可知，他對現代新儒學第二代牟宗三、徐復觀、唐君毅的政治哲學，皆産生了巨大的影響。

對於民主政體建國之政治意識，一生信守而不渝，梁任公而外，惟張君勱先生能之。……他能保持西方理想主義之正音，他能毅然肯定宋明理學之價值。……他始終反對打天下之意識，而以政黨政治之實現爲己任。他實具有政治家之意識與風格，故其論民主政治決不囿於政治學教授之立場，而能通著歷史文化以及哲學上之理想主義。此實爲一實踐的謀國以忠的民主政體建國之政治家的立場。②

這段話不僅談到了張君勱在民主政體建國意識上對任公的繼承，更有其深化的地方，即是他在中國文化中肯定了宋明理學、中國唯心主義傳統的價值，并認爲民主政治必須有唯心主義的哲學基礎；此與後來牟宗三的致思路徑是一致的，即民主政治必須通著歷史文化與哲學上的理想主義，衹不過後者的思考更爲深化與精微。

最後，牟宗三説到了他對現代政治的看法，如果説有一點點心得的話，也是得自張君勱的啓發，儼然繼承了此一民主政體建

---

①姚中秋：《書牟宗三〈中國數十年來的政治意識——壽張君勱先生七十大慶〉文後》，見陳明、朱漢民主編：《原道》第16輯，北京：首都師範大學出版社，2010年，第112—117頁。

②牟宗三：《生命的學問》，第50頁。

國意識的政治哲學傳統，成爲“梁啓超主義”最重要的繼承者和闡揚者。“凡吾今日對於政治所有之一點知識，皆先生之所賜。目擊而道存，故勝於讀坊間之政治學也。”①

由此，近代中國文化保守主義陣營中一條從梁啓超中經張君勱最後到牟宗三的民主政體建國意識的政治哲學傳統，或者可以稱爲“梁啓超主義”的政治哲學傳統，於焉形成，梁啓超、張君勱、牟宗三，成爲此一傳統、“梁啓超主義”的核心成員。

需要進一步説明的是，根據牟宗三此文的敘述，中國國家社會黨的另一領導人物，與張君勱不僅思想立場一致、更情同手足，與梁啓超也有學術繼承關係的張東蓀，亦應該成爲此一傳統、“梁啓超主義”的核心人員。僅僅從牟宗三方面來説，他早年與張東蓀的學術及私人關係，比張君勱更爲密切，其加入國家社會黨，即直接得於張東蓀的介紹，但由於後者在抗戰開始之後逐漸左傾，牟宗三即對其産生厭惡和不滿，特别是在國共和談和内戰期間，他“雖得罪張東蓀、梁漱溟諸先生而不辭”，② 最終没有把張東蓀包含在此一傳統之内。③ 其實我們知道，張東蓀與張君勱思想立場一致、同屬於梁啓超的“研究系”成員，也是國家社會黨的創黨領袖，理應成爲“梁啓超主義”的核心成員。

---

①牟宗三：《生命的學問》，第 51 頁。

②牟宗三：《時代與感受》，《牟宗三先生全集》第 23 册，臺北：聯經出版事業股份有限公司，2003 年，第 296 頁；牟宗三詳細的説明可以參看氏著：《五十自述》，《牟宗三先生全集》第 32 册，臺北：聯經出版事業股份有限公司，2003 年，第 116—117 頁。

③關於張東蓀的“左傾”以及與共産黨的關係，楊奎松有詳細的考辯，參看楊奎松：《忍不住的“關懷”：1949 年前後的書生與政治》，桂林：廣西師範大學出版社，2013 年，第 18—26 頁。

另外，與牟宗三同屬於港臺新儒家、現代新儒學第二代的唐君毅和徐復觀，不僅與牟宗三的政治思想有相同的致思路徑和理論旨趣，更與張君勱有或直接或間接的繼承關係，同樣肯認任公對其學術精神的影響，最關鍵者，則是他們亦對民主政治有極大的信念，并有其獨到和深刻的思考，理應屬於此一傳統、"梁啓超主義"第三代的核心成員。①

以上我們在勾勒此一近代中國文化保守主義政治哲學傳統的同時，對"梁啓超主義"的學術譜系和演進歷程，進行了細致的梳理和歸納：第一代爲梁啓超，是"梁啓超主義"的奠基者和開創者；第二代則爲與梁啓超有師友關係的國家社會黨"二張"——張君勱和張東蓀，成爲"梁啓超主義"承上啓下的核心人物；第三代則爲港臺新儒家牟宗三、唐君毅和徐復觀，成爲"梁啓超主義"的光大者和發揚者；關於是否有第四代，海外新儒家的代表劉述先、成中英、杜維明，乃至於李明輝、何信全等，或可以歸入"梁啓超主義"陣營。而現代新儒學的現代性建構，大陸新儒學的健康開展，似乎都可以通過回到梁啓超、接續"梁啓超主義"而獲得新的思想啓發和理論借鑒。

---

①徐復觀有《中國知識分子精神之回響——壽張君勱先生》一文，文中說："君勱先生，實一承儒林傳統以争自由民主之人。"見徐復觀：《論知識分子》，北京：九州出版社，2014 年，第 75 頁；又有《略談民主社會主義》一文，論述其民主社會主義的主張，同收入上書，第 260—263 頁；唐君毅在《海外中國知識分子對當前時代之態度》一文中說："講民主立憲制度，在中國近代思想中，我認爲更要從康梁到張君勱這一傳統中去找。"進而說："民主、自由、社會主義之觀念，在基本上，亦原生根於中國之社會人文思想中。"見《説中華民族之花果飄零》，臺北：三民書局，1974 年，第 73、84 頁。由此可見二先生與張君勱的思想關聯。

三、民主政體的立國之道

此一政治哲學傳統的主張、“梁啓超主義”成其爲“梁啓超主義”的地方，姚中秋從保守和憲政主義兩方面進行了概括，這也是他把此一傳統稱爲“保守—憲政主義傳統”的原因。他認爲保守“是指保守傳統，尤其是保守中國傳統，主要是儒家價值及由此價值體系塑造并支持的文化、社會結構”，而“憲政主義”，則指的是“在中國建立旨在保障人的自由和權利的憲政制度之意嚮、信念與觀念、社會、政治實踐。”① 但本文認爲，姚中秋對保守的定義過於寬泛，不要説中國文化派别紛呈、儒釋道各家主張互异，即就儒家價值而言，至少也有孟子、陸王心學的傳統，荀子、漢儒、王通等的傳統，更有葉適、陳亮、顏元、李塨的事功主義傳統，到底此一傳統傾嚮的是儒家哪一流派和觀念，很有説清楚的必要。另一方面，姚中秋僅僅注意到此一政治哲學傳統、“梁啓超主義”在現代民族國家建構總體綱領下文化、政治方面的主張及其相互關係，没有注意到他們在經濟方面也有社會主義的共同訴求，這也是重構和闡揚“梁啓超主義”需要繼續探討的地方。

1. 文化上的保守主義

按照研究者的説法，梁啓超在儒家傳統中認同的是從孟子開始的陸王一系的心學傳統，并在此基礎上，繼承此一傳統，建立

①姚中秋：《論現代中國的保守—憲政主義思想與政治傳統》，見氏著《儒家憲政主義傳統》，北京：中國政法大學出版社，2013 年，第 202 頁。

了一個具有近代哲學意義的“心體”學説，成爲他的政治思想、經濟思想的哲學基礎。關於此一具有儒家心學傳統的“心體”學説，研究者對它的特點從三個方面進行了概括：一、在價值論和知識論的統一中，更重價值；二、在義利關係的把握上，梁啓超在兩者統一中承認“生之謂性”，但反對爲物欲所蔽；三、在客觀規律與主觀能動性的關係上，梁啓超承認“有命”，但又不爲命所拘。由此梁啓超的文化保守主義不僅認同於儒家傳統，更認同和繼承陸王的心學傳統，并在此基礎上建立了自己融合康德哲學的“心體”學説、唯心主義的哲學體系，成爲其民主政治主張、社會主義經濟主張的心性論基礎。

而張君勱對宋明理學的推崇和肯定，更是在其早年參與“科學與人生觀”論戰時，即提出了“新宋學的復興”的命題，而這裏的“新宋學”，指的就是陸王的心學傳統。① 至於張君勱對心性之學的看法，我們完全可以以他與徐復觀、牟宗三、唐君毅聯名發表的《中國文化與世界》宣言中的論述做説明。在這篇宣言的第六節，他們談到了“中國心性之學的意義”，“正爲中國學術思想之核心”。② 并且認爲應該知道在此心性之學下，“人之外在的行爲，實無不爲依據，亦兼成就内在的精神生活，亦無不兼爲上達天德，而贊天地之化育者。此心性之學，乃通於人之生活之内與外及人與天之樞紐所在，亦即通貫社會之倫理禮法、内心修

①見張君勱：《再論人生觀與科學并答丁在君》，見黄克劍、吴小龍編《張君勱集》，北京：群言出版社，1993年，第166頁。

②《中國文化與世界》，見唐君毅著《説中華民族之花果飄零》，臺北：三民書局，2005年，第139頁。

養、宗教精神，及形上學等而一之者。”① 由此可以看出張君勱對於儒家心性之學的看法，其所保守的是儒家式的心性之學，并且他也通過康德哲學，對宋明理學的心性之學，進行了現代詮釋，成爲他的民主政體立國之道的哲學基礎。

我們知道，牟宗三早年研究西方哲學、知識論、邏輯學，抗戰時候在熊十力、唐君毅等師友的影響和啓發下，接上宋明理學心性之學的精神，傾嚮於陸王心學一派，并在此基礎上，建構了他徹底的唯心主義的“道德的形上學”哲學體系，這些衹要我們稍微接觸過牟宗三哲學，都會有清晰的認識，不再贅述。

質言之，近代中國追求民主政體立國之道的政治哲學傳統，“梁啓超主義”在文化方面皆主張和肯認宋明理學的陸王心學，并在此基礎上建構了各自的唯心主義哲學體系，豐富了近現代中國的“新心學”思想傳統。并且可以説，此一心學傳統的建構和肯認，正是此一政治哲學傳統被稱爲保守主義的地方，他們也正是通過建構各自的心學體系，爲其政治方面的民主主義和經濟方面的社會主義，奠定道德理想主義的根基。

2. 政治上的民主主義

“梁啓超主義”在政治上必然主張民主主義，并且其旨歸在於建立民主政治基礎上的現代民族國家。梁啓超主要是通過對國體與政體兩個概念的辨析，來論述其政治上的民主主義的。

> 夫國體本無絶對之美，而惟以已成之事實爲其成立存在之根原；欲憑學理爲主奴而施人爲的取捨於其間，寧非天下

①《中國文化與世界》，見唐君毅著《説中華民族之花果飄零》，第143—144頁。

> 絶癡妄之事？……若在當時現行國體之下，而國民合群策群力以圖政治之改革，則希望之遂，或尚有其期；舊國體一經破壞，而新國體未爲人民所安習，則當驟然蜕變之數年間，其危險苦痛將不可思議。不幸則亡國恒於斯，即幸而不亡，而緣此沮政治改革之進行，則國家所蒙損失，其何由可贖？①

這裏也從反面説明，若國體變幻莫定，人民即無所適從，并且政治變革所依賴的道德秩序、文化秩序、社會秩序、經濟秩序等，都已改變破壞，也將不利於政體方面民主政治秩序的建立，由此可見梁啓超對於民主政體建國的堅持。正是從這個角度來説，梁啓超無愧爲這一民主政體立國傳統、"梁啓超主義"的開創者和奠基者。

而張君勱在政治上最重要的主張則是"修正的民主政治"。那麽什麽是"修正的民主政治"呢？它是針對什麽而提出來的呢？我們先來看張君勱自己的叙述：

> 我們所想出的修正的擬案是什麽？首先可説的便是：必須建立一種政治制度在原則上完全合乎民主政治的精神；在實施上必須使黨派的操縱作用不能有所憑借。於是這種政治，在平時，不拘兩黨或多黨都能運用，即假定無黨亦可運用；而在緊急時候立刻可以集中全民的意思與力量，不分黨派。我們相信這樣的制度不是不能創造的。②

這裏張君勱"修正的民主政治"在於創造一種政治制度，其在原則上是合乎民主自由精神的，便於實際操作，防止黨權的無

①梁啓超：《飲冰室合集·專集》33，北京：中華書局，1989年，第86—87頁。

②《我們所要説的話》，《再生》創刊號，1932年5月20日。

限擴大，但又吸收了獨裁政治的好處，即可以在緊急時候，集中全民的力量。由此我們可以看出，張君勱“修正的民主政治”，既不同於傳統英美式的議會民主政治，當然也不同於獨裁政治，而是吸收和集中兩者的好處，形成一“第三種政治”。

與張君勱一道創立中國國家社會黨的張東蓀，在政治方面亦主張民主主義，他認爲中國未來的出路，即在於實行民主主義。“西方的學術思想本來極複雜。其中可寶貴者，尚有多種而大概與我們相比并不見得可貴。而唯獨這個當做整個兒文化的民主主義却正是西方道統中最可寶貴的東西。我們接受西方文化亦衹須取來這一點即足了。因爲這不僅是西方的至寶，乃且是人類的至寶。”① 由此我們可以看出張東蓀對於民主政體建國的認識在中國政治現代化建設中的價值和意義，也説明他在政治方面完全是主張民主主義的。

至於牟宗三對中國現代國家建構政治方面的認識，他依然認爲中國未來的出路，在政治的現代化，而政治的現代化，關鍵即在於建立保障人民權利、實現政權和平轉移的民主制度，并且從“保住人類及文化”的高度，論述了民主政治的可欲性，并把它提高到了從來儒者所期待的“自非聖人崛起，以至仁大義立千年人極”② 的高度。

> 我們願見中華民族各宗族都能和平而有秩序地共同生活在一個具有高度理性化制度化的政治體系中，我們願見在國家政治中，政權的轉移，各級政府負責人的繼承，都有一個

---

①張東蓀：《思想與社會》，上海：商務印書館，1946 年，第 179—180 頁。

②王夫之：《讀通鑒論》，《船山全書》第 10 册，長沙：岳麓書社，2011 年，第 728 頁。

和平而理性的法律制度來安排。這，就今天説，非靠 constitutional democracy 出現不可。①

中國傳統政治、傳統社會中最根本的困結，也即“政權轉移”、“宰相難處”、“王位世襲”，必須要在民主政治下纔能得到解決。牟宗三這裏如此肯定民主政治對於解決中國傳統政治困局的意義，乃至於有“民主政治是最後一種政治形態”的堅決説法。②

3. 經濟上的社會主義

對於社會主義，梁啓超認爲提倡這種主義應該把精神和方法分開，“講到國計民生上，社會主義自然是現代最有價值的學説”，“但我意見，提倡這種主義，精神和方法，不可并爲一談”。③ 也即是説，社會主義的精神無疑是正確的和完全必要的，但至於實行此一精神價值的方法、運動，則各國應該各不相同。此處實已隱含了梁啓超所認同的社會主義，并不是蘇俄式的社會主義，也即説，中國不能走俄國的道路，而應該走穩健的社會主義道路。

所謂穩健的社會主義道路，梁啓超總結爲兩方面，即獎勵生産和平均分配。“吾以爲在今日之中國而言社會主義運動，有一公例當嚴守焉，曰：在獎勵生産的範圍内，爲分配平均之運動。若專注分配而忘却生産，則其運動可謂毫無意義。”④ 通過這段話

①牟宗三：《時代與感受》，《牟宗三先生全集》第 23 册，第 410—411 頁。

②牟宗三：《中國哲學十九講》，《牟宗三先生全集》第 29 册，第 174 頁、第 198 頁。

③梁啓超：《飲冰室合集·專集》23，第 32—33 頁。

④梁啓超：《飲冰室合集·文集》36，第 3 頁。

我們可以看出梁啓超所主張的實現社會主義的方式，并不僅僅注意於分配，乃至於以階級鬥争的方式進行，而主要是集中精力於社會生産，增加社會財富，在此基礎上，運用經濟的手段，調節分配，實現公平。由此我們也可以看出來他所主張的社會主義，其實更接近於基爾特社會主義，而非蘇俄的社會主義。質言之，梁啓超此一社會主義主張，可以説開啓了他們這一政治哲學傳統、“梁啓超主義”對社會主義的認識，他們皆傾嚮於社會主義的精神，但却認爲中國不能走蘇俄式的社會主義道路，他們主張的無疑是民主社會主義。

基於其早年歐游的見聞和儒家求富求均的思想影響，張君勱對歐洲所産生的社會主義情有獨鍾，但正如梁啓超一樣，他在德國道路還是俄國道路之間，選擇了德國漸進改良的社會主義道路，而排斥俄國階級鬥争的革命道路。“俄藍寧（即列寧）輩之所爲，震驚一世之力，可謂前無古人，然以爲他人所可學或他人所能學，則吾未之敢信。”而對於德國的做法，張君勱説道：“德之革命則异乎是，建築於五十年訓練之上，醖釀於四年戰争之中，有國民爲之後盾。無一革再革之反覆。及新政府既成，以各方之交讓，議定憲法，雖社會革命之理想，并未完全實現，然規模具在，循此軌道以行，則民意成熟自然水到渠成矣。”① 兩相對比，張君勱傾嚮於德國的道路，可謂顯然矣。按照有學者的總結，張君勱主張通過“法律手段”、“議會策略”來實現社會主義的目的，與俄國通過階級鬥争的方式實現社會主義目的的方式完全不同，而此也正奠定了張君勱一生社會主義的基調，即是以民

①翁賀凱編：《中國近代思想家文庫·張君勱卷》，北京：中國人民大學出版社，2014 年，第 33 頁。

主的手段，實現社會主義的主張，也即是説，張君勱主張的是一種民主社會主義。① “社會主義的實現，盡可依民主政治原則行之，不必有無産階級專政與之相輔而行。”② 他認爲在社會主義與民主政治之間并不存在矛盾不可調和之處，我們完全可以在民主政治制度下，通過經濟的、政治的乃至於文化的手段，以漸進改良的方式，逐步實現社會主義。由此我們可以看到張君勱的社會主義主張，與梁啓超有相似而繼承之處。

“二張”中的另一位——張東蓀，對社會主義亦有深入的研究，其關於社會主義的論述，亦可以説是一種民主社會主義，他曾寫過一本書，書名即爲《民主主義與社會主義》，來探討民主主義與社會主義結合的問題。他説：“民主主義終必是社會主義，而真正的社會主義又必以民主主義爲其精神。……社會主義離開了民主主義依然是不行的。……一切弊病都由於二者的分開，即有民主主義而無社會主義或有社會主義而無民主主義。”正是基於此一認識，張東蓀主張把二者結合起來，建立一種民主社會主義的主張：“我敢説倘使今後而能造一個新文明，且爲人類之真正起見，則衹有由我們起來把真正的民主主義與社會主義合二爲一。”③ 由此我們也可以看出來張東蓀所認同的社會主義，與張君勱、梁啓超相同，都是以民主主義作爲基礎的民主社會主義，而反對蘇俄式的社會主義，最終實現政治民主和經濟平等。

最後則是牟宗三對社會主義的看法。他不僅有許多關於社會

①參見翁賀凱：《近代中國的自由民族主義：張君勱民族建國思想評傳》，北京：法律出版社，2010 年，第 136—137 頁。

②《中國民主社會黨》，北京，檔案出版社，1988 年，第 228 頁。

③張東蓀：《思想與社會》，長沙：岳麓書社，2010 年，第 267 頁。

主義的正面論述，而且其社會主義也是建立在民主主義基礎上的，是一種民主社會主義。也就是說，在民主與社會主義兩者之間何者爲前提、何者爲根本的問題上，他始終認爲應該以民主主義爲前提和基礎，也即是在民主主義基礎上吸收社會主義的做法，建立民主社會主義的主張。并且不止於此，他更認爲唯有儒家的道德理想主義，纔能實現社會主義與民主主義的融合，也唯有在儒家的道德理想主義基礎上，民主社會主義纔有其精神上的、理上的根據，纔能得到其最終的形上學證成。①

四、大陸新儒學的未來展開

以上我們扼要地勾勒了近代中國此一由梁啓超開端的政治哲學傳統、“梁啓超主義”的學術譜系與觀念主張，每個學者各有其獨特之處，也顯示著他們之間相似而繼承的關係。

在此一傳統、“梁啓超主義”核心觀念的三個方面之間，文化的主張尤其是他們各自的哲學主張，無疑處於核心和基礎性地位，貫穿和潤澤在政治的民主主義與經濟的社會主義之中，也決定著後兩種主張的基調。具體地說，無論是民主主義還是社會主義，都是基於儒家道德理想主義精神，都有其唯心主義的哲學基礎；而在民主主義與社會主義之間，他們皆主張要以民主主義爲建國的目標，社會主義爲其具體的内容，以民主主義爲實現社會主義的手段。總之，在文化保守主義的籠罩下，文化、政治、經濟三者之間有一種相輔相成、相互潤澤的關係，共同構成了“梁啓超主義”的主要内容，也成爲目前港臺新儒家特別是在政治哲

①牟宗三：《道德的理想主義》，《牟宗三先生全集》第9册，第61—72頁。

學方面的核心觀點和思想底色。

我們知道，大陸新儒學的發端與展開，最初是受到現代新儒學的觀念啓發和思想滋養，但隨著中國大陸社會情勢的變化，逐漸走上了一條批判、否定、乃至取代現代新儒學的道路。他們認爲現代新儒學是一種心性儒學，没有現實政治方面的關懷、没有儒家政治哲學的建構，從而走上了一條政治儒學、乃至於政治化儒學的道路；“新康有爲主義”幾乎成爲目前大陸新儒學最突出的標志和唯一的代表，幾乎成了大陸新儒學未來展開的唯一可能。① 但是“新康有爲主義”在發展演進過程中所表現出來的封閉性、排他性、沙文主義傾嚮以及對現代價值觀念的拒斥，已經爲敏鋭的學者所感覺到。例如任劍濤說：“大陸新儒學以學術的‘驅除韃虜，恢復中華’爲由對文化話語的自我封閉，相對於‘現代新儒學’融入世界的取嚮，明顯是一個倒退。”② 而港臺新儒家目前最主要的代表李明輝則針對大陸新儒學的發展，提出了兩大隱憂：沙文主義與宗派意識。③

那麽大陸新儒學的未來展開是否衹有“新康有爲主義”一種圖景？是否衹能隨著“新康有爲主義”而發展成一種僅僅適用於自己所在民族或群體的一時一地之需的理論，而失去了儒學的普遍主義立場？答案明顯是否定的。爲了避免“新康有爲主義”的排他性和封閉性等缺陷，我們必須首先打破“新康有爲主義”對大陸新儒學的壟斷，必須首先重新界定“大陸新儒學”。

---

①參見張旭：《大陸新儒家與新康有爲主義的興起》，《文化縱横》2017 年第 3 期。

②任劍濤：《重審“現代新儒學”：評“大陸新儒家”的相關論述》，《天府新論》2017 年第 1 期。

③李明輝：《由近來的論争省思儒學的發展》，《天府新論》2016 年第 2 期。

按照郭齊勇教授的看法，大陸新儒學“是受到當代哲學思潮特別是現代新儒學思潮的影響，面對中國大陸改革開放以來社會生活的實際問題，在馬克思主義哲學、中國哲學、西方哲學互動的背景下，以儒家哲學思想的學術研究爲基礎，積極調動以儒學爲主體的中華優秀傳統文化資源，促進儒學與現代社會相適應，并創造性地詮釋儒學精義、推動儒學現代化與世界化的學派”①。從中我們可以看到，大陸新儒學是儒學面對當前大陸新的社會政治問題，吸收新的理論資源，特別是儒學在二十世紀發展的理論成果——現代新儒學基礎上的發展。這一概括既是對大陸新儒學的客觀性描述，也是對其未來展開的殷殷期許；“新康有爲主義”當然屬於大陸新儒學的重要組成部分，但却不能是唯一的部分。按照此一定義，大陸新儒學面對當代及未來中國社會問題的發展，一方面必須調動中西馬等古典的和現代的各種思想資源，然而更爲重要的，則是必須吸收現代新儒家前輩在二十世紀孜孜探索所留下的寶貴理論成果。那麼，我們上文所著力論證和重構的“梁啓超主義”，不管是開端的梁啓超，還是處於承上啓下階段的二張、唐、牟、徐，還是現代新儒家的第三代，他們圍繞現代中國的核心議題——民族國家建構，進行的多方理論探索，提出的一套完備的現代化方案，文化方面的保守主義，政治方面的民主主義以及經濟方面社會主義，都爲大陸新儒學的未來展開，提供了不同於“新康有爲主義”的另一種方案，而回到梁啓超，堅持“梁啓超主義”對民主與科學背後的自由、平等、理性等現代價值的篤定和持守，或許是大陸新儒學未來展開更堅實和健康的一

①郭齊勇：《當代新儒學思潮概覽》，見《光明日報》2016 年 9 月 11 日第 5 版。

條道路。

作者信息：李强，男，1987 年 4 月生，漢族，陝西蒲城人，西北大學馬克思主義學院講師，研究方嚮：現代新儒學。電子郵箱：liqiang_2201@ 163. com。通訊地址：陝西省西安市長安區學府大道 1 號西北大學馬克思主義學院（710127）。

熊十力早期哲學思想中的兩層體用系統

桑　雨

内容提要：熊十力在二十世紀二十年代初期曾經提出過一個兩層的體用系統，而他之後的體用哲學體系正是在這個兩層體用系統的基礎上逐步建立起來的。因此，對這個兩層體用系統的闡明有助於我們更好地理解熊十力的整體哲學思想。遺憾的是，迄今并没有其他學者注意到熊氏的這部分思想。基於熊十力 1923 年出版的《唯識學概論》，本文將詳細介紹他的這個兩層體用系統，分析他對體用的理解，并指明他的思想來源，以期對熊氏體用哲學體系有一個更加精確的觀照。

熊十力是現代新儒家代表人物，體和用是其宇宙本體論中的一對核心概念。總體來説，體指的是宇宙的本體，是事物固有的本質；用指的是現象世界，是事物的外在表現。熊十力的體用哲學體系萌芽於二十世紀二十年代初，經過十年的發展，於三十年代初初步形成。在二十世紀二十年代初期，熊十力系統的體用思想雖然尚未形成，但是他零零散散的體用觀點分布在他於 1923

年出版的《唯識學概論》中，[①] 成爲了他體用哲學體系的發軔開端。本文將以這部《唯識學概論》中的内容爲主要研究對象，來探討熊十力在他體用哲學思想發展的早期階段對體用概念的理解。

雖然這部《唯識學概論》是在1923年出版的，然而熊十力却宣稱他早在1921年就已經開始起草這部專著了。[②] 由於那時他正在南京支那内學院跟隨近代佛學大師歐陽竟無（1871—1943）學習唯識佛學，那麼很自然地，這部關於唯識學的著作必然就與他當時所學習的内容交織在一起了。很久以後，熊十力曾回憶説：

> 余初叩佛學即專攻唯識論，追尋玄奘、窺基宣揚之業，從護法諸師以上索無著、世親，悉其淵源、通其脉絡、綜其體系、控其綱要，遂成《唯識學概論》一書，壬戌講授北庠（原注：北京大學。）即此書節本。[③]

毫無疑問，熊十力所説的“初叩佛學”指的便是他在南京支那内學院時的學習經歷。他所提及的無著（Asaṅga，公元四世紀）、世親（Vasubandhu，公元四世紀）和護法（Dharmapāla，公元六世紀）都是印度的唯識大師，而中國唐代僧人玄奘（602—664）和窺基（632—682）則傳承和發揚了他們的思想。

---

①由於熊十力在1926年也曾出版過一部名爲《唯識學概論》的著作，爲了與之區分，我將在本文中把這部1923年出版的著作稱爲“1923《唯識學概論》”。

②熊十力：《新唯識論》（文言文本，一九三二年），《熊十力全集》第二卷，武漢：湖北教育出版社，2001年，第9頁。

③熊十力：《新唯識論》（删定本，一九五三年），《熊十力全集》第六卷，第5頁。

從上述引文我們可以看出，熊十力在南京支那内學院期間的學習研究主要是圍繞唯識宗中的“無著—世親—護法—玄奘—窺基”一系（下文中將簡稱爲“護法—玄奘一系”）來進行的。基於自己的學習研究，熊十力起草了他命名爲《唯識學概論》的書稿，而這部書稿的删節版，也就是熊氏於 1922 年在北京大學授課時的講稿，正是他於 1923 年出版的《唯識學概論》。①

雖然 1923 年《唯識學概論》是一部論述唯識哲學的專著，但熊十力在這部著作中的體用觀點也恰恰體現在他對一些唯識理論的詮釋上。因此，本文將會把大量的注意力放在熊十力如何詮釋那些唯識理論上。總體來説，在這部著作中，熊十力爲護法—玄奘一系的唯識思想提供了一份忠實而又準確可靠的詮釋。然而，在詮釋的過程中，他依然對那些唯識理論做出了獨立的評判，并在其中融入了自己的意見。熊氏思想的獨立性主要通過三種途徑得以發揮：（1）他自行决定了哪些唯識理論被包括（或被排除）於這部著作；②（2）在對某個特定的唯識理論的詮釋上，

①關於熊十力 1922 年在北京大學的講稿與他的 1923 年《唯識學概論》之間的關係，也可參看蔡仁厚：《熊十力先生學行年表》，臺北：明文書局，1991 年，第 18 頁。

②關於這一點，王守常也曾提到，1923 年出版的《唯識學概論》一書在唯識學内容上做出的取捨反映了熊十力對唯識學的理解。見王守常：《二十世紀儒佛之争——熊十力與劉定權的争論》，《熊十力全集》附卷（上），第 567 頁。

他自行選擇采取哪些唯識論師的意見;① （3）他在解釋唯識理論的同時，經過自己的理解，也融合了其他哲學學派中的思想。這些途徑在熊十力表達自己的體用觀上起到了重要作用，因此也將會在本文中進行討論。另外，雖然熊十力在解釋唯識理論時參閱了很多相關資料，但對他來説，窺基的《成唯識論述記》纔是其中最重要最權威的參考書目。《成唯識論述記》是窺基爲他的老師玄奘的《成唯識論》所提供的一份非常重要的注解，而《成唯識論》是一部糅合了印度十大論師對世親《唯識三十頌》所作的多種詮釋的著作。窺基宣稱，在這些詮釋中，護法的意見是最權威的。②因此，筆者將會選擇性地從這些文本中引述一些段落，或者參閱一些其他學者對這些文本的解釋，來澄清一些熊十力的觀點。通過比較這些原文的意思與熊十力對其的詮釋，筆者將會指出熊在哪些地方偏離了護法—玄奘一系的唯識學（甚至整個唯識宗），以及他的觀點有什麽思想傾嚮性，因爲正是這些地方和傾嚮性反映出了他自己的看法。

最重要的是，通過上述這些研究方法，本文主要試圖回答以

①梅約翰（John Makeham）教授提出了一個與此相關的論點。據他所述，在1923《唯識學概論》中，熊十力采取了玄奘對早期印度唯識家陳那（Dignāga，約480—540）的《觀所緣緣論》（*Ālambana-parikṣā*）的詮釋，從而展示了自己對陳那的一些觀點的不同意見。因此，熊十力實際上在他1923年的著作中就已經表現出對唯識的批判性態度。見John Makeham, "The Significance of Xiong Shili's Interpretation of Dignāga's *Ālambana-parikṣā* (Investigation of the Object)", *Journal of Chinese Philosophy*, vol. 40, no. supplement S1, December 2013, pp. 205—225.

②參見John Makeham, "Introduction", in *Transforming Consciousness: Yogācāra Thought in Modern China*, ed. John Makeham, New York: Oxford University Press, 2014, p. 8.

下幾個問題：在二十世紀二十年代初期，熊十力認爲什麼是體？什麼是用？它們各自有什麼特性？體用的關係是什麼？尤其是，他認爲體和用是兩個不同的界域還是非二元的？這些問題的答案可以清晰地展現熊十力在這個時期是如何理解體用的。

總體來説，通過借用一些唯識概念和理論，熊十力在他的1923《唯識學概論》中提出了一個兩層的體用系統：

> 不生滅是體，生滅是用。用中復分體用：功能是用之體，現行是用之用。①

如我們將會在本文中所看到的，這裏的“不生滅”指的是唯識學中的“真如”（tathatā）概念，“生滅”指的是唯識學中的“識”（vijñāna）這個概念，或者説是由識所產生的現象/諸法（dharma）。②熊十力的這句話表明，真如和識構成了他的體用系統的第一層，而唯識學中的另外一對概念，功能（śakti）和現行（adhyācarati），則構成了這個體用系統的第二層。這個兩層的體用系統可以用下圖來表示：

①熊十力：《唯識學概論》（一九二三年），《熊十力全集》第一卷，第129頁。

②“法”（dharma）是佛教中的一個術語，可以被用來指代任何事物，既包括有爲法（saṃskṛta-dharma），也包括無爲法（asaṃskṛta-dharma）。“有爲法”指的是現象世界中受制於因果并且經歷生、住、异、滅的事物，比如各種因素和感覺，等等。“無爲法”與之相反，指的是不受因果或生滅變异限制的事物，常常用來形容真如/涅槃。見*Digital Dictionary of Buddhism*, ed. A. Charles Muller, available at: http://www.buddhism-dict.net/ddb/, under the entry“有爲法”and“無爲法”, accessed November 28, 2019.

	體	用
第一層	真如(tathatā)	識(vij ñāna)
第二層	功能(śakti)	現行(adhyācarati)

爲了厘清熊十力在1923《唯識學概論》中的體用觀點并使之易於理解，本文將基於這個兩層體用系統分成三個部分。前兩個部分討論熊十力在這兩層上分别對體用的理解。第三部分將會介紹歐陽竟無的體用觀，因爲他的體用觀與熊十力的極爲相似，很有可能是熊兩層體用思想的一個重要來源。因此，對歐陽竟無體用觀的介紹有助於進一步闡明熊十力對體用的理解。

一、第一層：真如作爲體，識作爲用

1．“識”作爲現象世界的代表

在1923《唯識學概論》中，熊十力用唯識佛教中的“識”的概念來代表現象世界。他主要是通過解釋唯識哲學中的“識轉變（pariṇāma）”理論來實現這一點的。這個理論提出，我們的心識實際上是分成感知/能緣和被感知/所緣這兩個部分的。關於這一點，熊十力强調，我們所説的“識”是相對於“境”(viṣaya)而言的。如果没有所謂的境相，又怎麼能産生分别呢?①

①熊十力：《唯識學概論》（一九二三年），《熊十力全集》第一卷，第137頁。

這也可以換一種方式來表達，用 Jay Garfield 的話來說：識即是對某種事物的認知，這即是說，識總是代表著一種關係，那就是感知的官能和它的對象之間的關係。①簡單來説，識必然包含兩個方面："認識的主體"和"認識的對象"。

根據熊十力對識的這兩個方面的解釋，境，也就是認識的對象，并不是存在於感知它的心識之外的東西，而是這個識轉變而成的相分（nimittabhāga）。這是因爲，當認識發生時，如果心識上没有原本就存在的境相，那麼心識的認識對象就與其他事物没有任何區别了。這樣的話，心識就無法感知它的認識對象，否則它就應該能够同時感知所有的事物。另外，如果識没有原本就包含它所感知的境相，那麼對於它的認識對象來説，這個識就與其他的識没有任何區别。如此一來，在其他時刻感知其他事物的心識就應該可以同時感知這個識的認識對象。熊十力把感知境相的認識主體描述爲識的見分（darśanbhāga）。據他所述，如果心識上没有一個作爲感知者的特性，那麼在這一點上，我們的心識就會與不能感知的虚空没有任何區别了。如果是這樣的話，心識就應當無法感知任何事物，否則我們就不得不説虚空也能够感知緣慮了。②由於我們的識所感知的各種各樣的事物構成了與認識主體相對的我們所以爲的"外在世界"，而認識主體又正是現象世界

---

①Jay Garfield, *Engaging Buddhism: Why It Matters to Philosophy*, New York: Oxford University Press, 2015, p. 131.

②以上見熊十力：《唯識學概論》（一九二三年），《熊十力全集》第一卷，第 61—62、137 頁。熊的解釋源自《成唯識論》。關於玄奘在《成唯識論》中對識的這兩個方面的相關解釋，參見 Tao Jiang, *Contexts and Dialogue: Yogācāra Buddhism and Modern Psychology on the Subliminal Mind*, Honolulu: University of Hawaii Press, 2006, pp. 52—53.

的另一部分，熊十力實際上將整個現象世界都包含在了識的領域之內。

如此，熊十力的觀點便源於世親和護法的思想并與之相一致。如吴汝鈞所指出的那樣，我們通常將世界分成兩個方面："主觀的自我"與"客觀的世界"。在世親的《唯識三十頌》中，這兩個方面被稱爲"我"（ātman）和"法"（dharma）。對世親來説，"我"和"法"都衹是假説（upacāra），即衹是一種施設性的、方便的説法，因爲現象世界中的一切事物都是通過識轉變而產生的，是心識所變現的，因此都不是真實的。據《成唯識論》所述，護法進一步地用"見分"（darśanbhāga）和"相分"的概念來解釋"我"和"法"。他提出，由於識的虚妄分別，識的這兩個部分被錯誤地當成"我"和"法"。因此，在他的思想中，構成整個現象世界的正是識的這兩個部分。①

對於熊十力來説，"主觀的自我"與"客觀的世界"并非二元，其根本原因在於二者皆是從識的轉變中產生的。這一點在熊對見分、相分和識自體之間的關係的闡釋中得到體現。對於熊來説，見分和相分衹是兩種功用而已，因此必須存在一個二者所依之體。正是由於這個原因，識的自證分（*svasaṃvittibhāga*）被建立起來。② 這表明見分和相分所指嚮的僅僅是識的活動，而自證分纔是爲了突出和强調識的自體而被建立起來的那一部分。熊對自證分、見分和相分之間的關係的理解首先體現在他對唯識宗的

①吴汝鈞：《唯識現象學：世親與護法》，臺北：臺灣學生書局，2002 年，第 17—22 頁。

②熊十力：《唯識學概論》（一九二三年），《熊十力全集》第一卷，第 62 頁。

識轉變理論的闡釋中。據熊氏所述，識轉變理論起源於世親的《唯識三十頌》，由三位唯識大師分别提出了三種不同的詮釋：（1）唯有識自證分，無相、見二分。識的自體，即自證分，轉變現似二分，但此二分都無自體，因爲它們都是遍計所執。這是七世紀唯識家安慧（Sthiramati）的理解。[①]（2）衹立識的相、見二分，不立自證分。由於相分是見分所變，遂唯識（vijñaptimatra）義成。這是六世紀唯識家難陀（Nanda）的理解。（3）識的自證分是依他性，它轉變爲見分和相分，同樣是依他性。這個觀點是護法提出的。在這三種詮釋"識轉變"的版本中，熊十力遵循了窺基的意見，唯獨采取護法的解説作爲正義。[②] 熊氏把護法的這個版本解釋爲：

> 謂一識體，（原注：即自證分，亦云自體分。）現起二用：即見有能緣用，相有質礙用等。用不離體，體必有用。[③]

我們可以看到，在這段引文中，熊十力借用了"體用"概念來解釋自證分和相分、見分之間的關係：自證分是識的體或自體，見分和相分是識的兩種功用，體和用彼此相互需要、不可或缺、不可分離。顯然這裏的體和用指的并不是宇宙本體和它的功用/外在表現，而僅僅是被用來解釋識的自證分和見、相二分之

---

①事實上，安慧把這二分稱爲"能取分"和"所取分"，而非"見分"和"相分"。雖然聽起來意思相近，但安慧思想中的"能取分"和"所取分"是否等同於《成唯識論》中的"見分"和"相分"還有待商榷。關於這一點，參見曹志成：《護法—玄奘一系與安慧一系對識轉變之解釋的比較研究》，《圓光佛學學報》第二期，1997 年 10 月。

②以上見熊十力：《唯識學概論》（一九二三年），《熊十力全集》第一卷，第 55—56 頁。

③同上，第 56 頁。

間的關係。但是如此一來，熊的觀點便與護法和玄奘在《成唯識論》中的觀點相一致了：他們都將見分和相分當作內在於識的兩種特性，認爲這二分以及自證分互相不在彼此之外。①同時，通過在上述引文中對體用概念的應用，熊實際上駁斥了安慧和難陀的觀點。這即是説，既然見分和相分是自證分所表現出來的功用，那麼如果自證分存在，見分和相分自然也就是存在的，而不會衹是没有自體的、虛妄的遍計所執。再者，既然見分和相分僅僅是兩種功用，那麼它們便不能離體而存。像這樣，熊十力實際上認可了護法的觀點：盡管見、相二分和自證分都是由於依靠其他事物纔得以生起，但它們畢竟是存在的。

如果與熊十力用識來代表現象世界這個論點相聯係的話，那麼熊采取了護法對“識轉變”的詮釋，而没有采取安慧和難陀的，這個抉擇的意義和重要性又在哪裏呢？如前文已經解釋過的，見分和相分所代表的其實是“我”和“法”，是現象世界的兩個方面。安慧的觀點看起來似乎暗示了識轉變爲現象世界僅僅是我們的遍計所執，是我們的想象。雖然難陀對見分和相分關係的解釋表明了“唯識”之義，但是從熊十力的角度來看，由於見分和相分都衹是功用而已，而難陀又不立自證分，那麼識的這兩個部分便缺少了一個共同的基礎。護法的解釋彌補了難陀的不足：他説明了“主觀的自我”和“客觀的世界”僅僅是識分化的結果，以此爲現象世界的這兩個方面提供了一個共同的基礎。熊十力借助體用概念來詮釋護法的觀點表明他認爲現象世界與識并非二物。

---

①關於護法和玄奘在《成唯識論》中的相關思想，參見 Jiang，*Contexts and Dialogue*, pp. 51—55.

從本文的上述部分我們可以看出，通過解釋識的見分、相分和自證分，尤其是識轉變理論，熊十力論證了現象世界實際上是識的變現，所有的認識對象都不在識之外，因此都不離識，① 從而成功地將現象世界與識等同起來。由於識的界域即是現象世界，熊十力自然便可以用識這個概念來代表現象世界。這就是爲什麼當他在1923《唯識學概論》中討論體用時，把識當作“用”的原因。關於這一點，我們在本文的後面部分將會看到。

2. 識的特性

在1923《唯識學概論》中，識的一個重要特性是“生滅”。根據熊十力的理解，上文中所討論的識轉變理論——識的體/自體/自證分轉變成一個見分和一個相分——是“頓起頓滅”的。② 很明顯，這裏的“識”指的是識的一念或一瞬，識的頓起頓滅意味著識的每一念都會展現爲現象世界，然後又隨即消失。在1923《唯識學概論》中，熊十力并没有直接解釋識的生滅，但是他討論了現象或者有爲法的這個特點。③ 既然識表現爲現象/有爲法，代表了現象世界，熊氏對現象/有爲法的生滅特性的討論也可以被認爲是他對識的這個特性的討論。

---

①説現象世界不在識之外并不一定是在否認有一個“外在世界”存在的可能性。然而，根據玄奘的觀點，由於我們無法知道我們的識之外的事情，這個“外在世界”也就無法被我們證實，因此也就没有必要假設一個這樣的“外在世界”。*Ibid.*，pp. 56—57.

②熊十力：《唯識學概論》（一九二三年），《熊十力全集》第一卷，第56頁。

③需要注意的是，在熊十力對這個問題的討論中，“現象”或“法”指的是在識的一念/一瞬中作爲一個整體的所有的現象/法。

根據熊十力的論述，有爲法“纔生即滅”。[①] 雖然這看起來是在强調有爲法最終還是會斷滅，但是熊氏真正想要表達的却是一個有爲法斷滅之後總會有一個新的有爲法即刻產生。用他自己的話來説，“應知頓滅，實是頓生”。[②] 如此一來，存在於識的每一念中的法便一起構成了一個無間斷的生滅連續體。這一點清晰地體現在熊十力對大乘佛教中所批判的兩個概念——“常見”和“斷見”——的駁斥之中：

> 夫异生僻執，有計諸法是常，有計諸法是斷，斯二皆過。故説纔生即滅，念念盡故非常，新新生故非斷。[③]

説諸有爲法“非常”是因爲它們不間斷地斷滅；説它們“非斷”是因爲新的有爲法不間斷地產生。因此，我們所謂的現象世界中的一個事物實際上僅僅是瞬時生滅的諸有爲法的一個連續體。這表明現象世界中的事物都是没有自性（svabhāva）的。既然諸法的生滅代表了識的念念生滅，那麼諸法的連續性自然也揭示了我們的識并不是一個單一的事物，而同樣是一個諸多瞬時纔生即滅的心念的連續體，因此也是没有自性的。

基於諸有爲法纔生即滅的特點，熊十力又提出了這些法是静止而非活動的：

> 又即依據是理，諸法無實動義。一剎那纔生即滅，前不待後，此不至彼，各住本位。雖復幻相遷流，實則自性湛寂。（原注：《肇論》。《物不遷》一篇，雖宗三論，讀者亦

①熊十力：《唯識學概論》（一九二三年），《熊十力全集》第一卷，第57頁。

②同上。

③同上，第59頁。

可參考。)①

既然諸有爲法纔生即滅，那麼它們自然無法遷移到其他的時刻，而是必須停留在它們自己發生的時刻。我們所看到的某種可以移動和變化的事物其實衹是由一系列静止的、瞬時生滅的有爲法所組成的連續體。換言之，一個事物的運動和變化是由諸多有爲法的連續生滅所導致的，因此是虚幻的。盡管那些事物看起來是可以移動和變化的，但它們實際上是静止的。

值得注意的是，熊十力的以上表述明顯采取了東晋僧人僧肇（384—414）的論點。僧肇在他的《物不遷論》中展示出事物僅存在於它們發生的那個時刻，而不會移動到其他的時刻。根據他的陳述，從真諦的角度來看，事物是静止的，然而從俗諦的角度來看，事物是“流動”的。② 如此看來，熊十力用他“頓生頓滅”或“纔生即滅”的觀點證實了僧肇的論點。再者，如熊十力在自注中的解釋，僧肇的《物不遷論》與佛教的三論宗的學説相一致。三論宗是印度的中觀宗在中國的發展。既然熊氏支持僧肇的觀點，那麼他在一定程度上一定也是贊同中觀思想的。比如説，在上述引文中，他説諸法“雖復幻相遷流，實則自性湛寂”，這個表達明顯采取了僧肇對真諦和俗諦的區分，而二諦思想正是源自中觀哲學。

不過，僧肇真正想要論證的是，既然所有的事物都衹停留在它們發生的時刻，那麼它們就都衹是暫時的而不是永恒的。更重要的是，通過展示事物缺少永恒的自性，中觀宗旨在闡明一個終

---

①同上。

②見僧肇：《物不遷論》，《肇論》第 1 卷，《大正新修大藏經》，中華電子佛典協會（CBETA）版本，http：//www. cbeta. org/，T45n1858_001，0151a09–0151c29。

極的絶對的“空”。①换句話説，他們都强調了事物的最終寂滅。但是在這一點上，熊十力的觀點與僧肇和中觀宗都不同，因爲他不僅指出法是瞬間斷滅的（非常），而且强調了總是有新的法持續產生（非斷）。因此，在這個問題上，雖然熊十力從他們的思想中吸取了對自己有用的觀點，但是他并没有將注意力放在他們通過這些觀點想要論證的問題上。

除了聲稱諸有爲法（或表現爲諸有爲法的識）頓生頓滅或纔生即滅之外，當熊十力解釋那些有爲法是如何產生的時候，他又指出了它們的另一個特性：

> 諸法無作者、無作用、無實自性，唯依托衆緣而起，故名緣起。②

這裏的“緣”（pratyaya）指的是唯識哲學中的“四緣”，即“因緣”（hetu-pratyaya）、“等無間緣”（samanantara-pratyaya）、“所緣緣”（ālambana-pratyaya）和“增上緣”（adhipati-pratyaya）。根據熊十力的理解，所有的有爲法都是由衆緣的集聚而產生的，因此是没有自性的。既然這些法是識的自我表現，那麽這些法的產生也就代表著識的產生。這意味著識也是依賴衆緣而生，也是没有自性的。

總而言之，在1923《唯識學概論》中，關於識的特性，熊十力主要提出了三點：（1）識是一個由一系列纔生即滅/頓生頓滅

①關於中觀哲學中的相關思想，參見 Zhihua Yao, “Yogācāra Critiques of the Two Truths”, in *A Distant Mirror: Articulating Indic Ideas in Sixth and Seventh Century Chinese Buddhism*, eds. Chen-kuo Lin and Michael Radich, Hamburg: Hamburg University Press, 2014, pp. 316—317.

②熊十力：《唯識學概論》（一九二三年），《熊十力全集》第一卷，第59頁。

的瞬時心念構成的連續體；（2）識是由衆緣的集聚而產生的；（3）以上兩點都表明識是没有自性的。

3. 熊十力對“識”的存在的否定

盡管1923《唯識學概論》中涵蓋了很多關於“識”的理論，但仍有迹象表明，對於熊十力來説，“識”衹是從俗諦的角度建立起來的理論而已，而實際上，如下面的引文所表明的，熊認爲從真諦的角度，識真實存在的觀點必須被遣除。在這部1923著作中，熊通過對“唯識”的討論表明了這個觀點。“唯識”在唯識佛學中是一個非常重要的概念。總的來説，它表示呈現在我們面前的、我們所感知到的事物是被我們的心識所構造、投射和詮釋過的。因此，現象世界中的所有事物都無法超越識的活動範圍。[①]熊十力在解釋“唯識”時説：

> 法性離言，識唯寧立，以對破衆生迷執，假説唯識。原夫凡外計有實我，爲説五蘊假名，小乘之徒，又計有實法，説法無自性，不了義大乘，復蹈惡取空，以是攝法歸識，遣空有執。若使諸執盡除，唯識亦自不立。諸聞唯識教者，以爲實有建立，有識可唯，則亦成法執，同於所破。[②]

對於熊十力來説，“唯識”是從俗諦的角度來説的，“唯識”理論衹是種假説（upacāra），目的是爲了反駁兩種觀點：第一個

---

①參見 Makeham，“Introduction”，in *Transforming Consciousness*，ed. John Makeham，p. 22；Dan Lusthaus，“Yogācāra School”，in *Encyclopedia of Buddhism*，ed. Robert E. Buswell，Jr.，New York：Thomson Gale，2004，vol. 2，pp. 917—918.

②熊十力：《唯識學概論》（一九二三年），《熊十力全集》第一卷，第50頁。

觀點是認爲有真實的“我”和“法”存在；第二個觀點是“惡取空”，也就是説，除了“空”以外没有任何其他事物存在，進而對“空”起執。從真諦的角度來説，識并不是真實存在的。這樣看來，熊氏的觀點意味著識僅僅是被臨時建立起來作爲揭示終極真相的一種手段，而“唯識”理論也僅僅是一種批駁“妄執”的“方便”（upāya）法門。熊十力稱“若使諸執盡除，唯識亦自不立”，想必是因爲他認爲識與“我”和“法”并没有什麼區别——這些都祇是遍計所執，是虚妄的，都祇是“假名”（prajñapti）而已，也因此都不是真實存在的。可能也正因爲如此，熊氏纔會説如果有人認爲識真實存在，那麼這便成爲一種“法執”。看起來，熊十力以這樣的方式將他所有對識的討論——無論是把識當成生滅的連續體還是認爲它依靠衆緣而起——都包含於一個更加寬廣的理論框架之中。

如果是這樣的話，那麼以上便揭示了熊十力和護法—玄奘一系在對於識的看法上的一個分歧。在《成唯識論》的一開始，玄奘便討論了這部專著力圖澄清的一個問題，那就是對“唯識”理論應有的理解。他認爲對於“唯識”理論，通常有兩種誤解：

> 復有迷謬唯識理者，或執外境如識非無，或執内識如境非有。①

通過將此作爲對“唯識”的誤解，玄奘在這裏首先簡單區分了“外境”和“内識”：前者不存在，而後者是存在的。② 然而，

---

①玄奘：《成唯識論》第 1 卷，《大正新修大藏經》，中華電子佛典協會（CBETA）版本，http：//www. cbeta. org/，T31n1585_001，0001a07。

②當然，這裏的“外”與“内”是相對來説的，而并不是説有個“内境”和“外識”存在。

我們可以看出，這裏識的存在與境的不存在是相對於彼此來説的。那麼這裏識的“非無”究竟是什麼意思呢？在多大程度上我們可以説識是存在的呢？

稍後在《成唯識論》中討論“識轉變”——一個識的自體/自證分轉變爲一個見分和一個相分，“我”和“法”由此施設——的時候，玄奘爲上述觀點提供了一個解釋：

> 外境隨情而施設，故非有如識。内識必依因緣生，故非無如境。……境依内識而假立故唯世俗有，識是假境所依事故亦勝義有。①

至於外境“無”而内識“有”的原因，很明顯，玄奘在這裏訴諸於唯識宗對“遍計所執性”（parikalpita-svabhāva）和“依他起性”（paratantra-vabhāva）的區分。“遍計所執性”和“依他起性”是唯識學中“三性”（tri-svabhāva）理論的前兩性。前者指的是現象世界中的那些事物的假名，是我們對那些事物的概念化，也是我們錯誤地認爲成真實的、但實際上却是虛構出來的東西。後者指的是有爲法依靠衆緣而生這個性質。雖然這些有爲法没有自性，但既然它們依靠衆緣而生，那麼它們就并非不存在。②根據玄奘的理解，外境是隨情而施設的，也就是説這些外境僅僅是遍計所執，是我們的識所虛構的。因此，它們并非真實存在。與之相比，識是因緣和合而生，所以即使它没有自性，它也并非不存在。再者，對於玄奘來説，因爲外境是基於識的轉變和虛妄

①玄奘：《成唯識論》第1卷，《大正新修大藏經》，中華電子佛典協會（CBETA）版本，http://www.cbeta.org/，T31n1585_001，0001a23。

②關於“三性”，可參見于凌波：《唯識三論今詮》，臺北：東大圖書公司，2008年，第233—237頁。

分别而施設的，所以它們衹是從俗諦的角度纔能説爲真實的。相比之下，識是這些外境施設的基礎，因此即時在勝義諦——也就是真諦——的層面上它也可以被説成是存在的。

一些學者認爲玄奘所説的“識在真諦的層面上存在”是有問題的。例如，吴汝鈞認爲，既然識依靠因緣和合而生，也因此是没有自性的，那麽它就不能從真諦的角度説成是存在的，而衹能是與那些施設的外境相比較時纔能説是存在的。因此，“勝義”在玄奘的陳述中很有可能是不準確的，因而不應該按照它平時的意思（絶對的真理）來解讀。① 雖然吴汝鈞的觀點看起來很合理，但關於玄奘的陳述，我認爲還有另外一種可能性。那就是，當玄奘説識在真諦的層面上存在時，這裏的“識”并不是指的我們命名爲“識”的這個概念化了的東西，而是指的這個東西作爲緣起這種狀態，這種狀態即使從真諦的角度來看也是真實的。

無論如何，在《成唯識論》中，玄奘認爲識與外境有著不同的性質：前者由因緣和合而生，後者是由我們的識所虛構。這就與前文中所引述的熊十力關於“唯識”的詮釋有著實質性的不同了：熊認爲識與“我”和“法”都衹是一種虛構，是一種施設，因此它們在本質上并没有什麽區别。②

事實上，在玄奘的《成唯識論》中，的確有一個段落讀起來

---

①吴汝鈞：《唯識現象學：世親與護法》，第 24—25 頁。關於玄奘陳述中的問題，也可參見余凌波：《簡明成唯識論白話講記》，http：//www. book853. com/wap. aspx? nid = 1551&p = 1&cp = 5&cid = 91。

②如前文所述，雖然熊十力在 1923《唯識學概論》中也把識解釋爲具有緣起的性質，但是從他對“唯識”概念的詮釋中我們可以看出，很有可能他衹是把這個概念，連同其他所有關於識的理論，都限定在了一個更加寬廣的理論框架之中。

和熊十力的陳述相似，然而却在意思上與熊氏的觀點有著根本的不同：

> 諸心、心所，依他起故，亦如幻事，非真實有。爲遣妄執心、心所外實有境故，説唯有識。若執唯識真實有者，如執外境，亦是法執。①

在這個段落中，玄奘借助了唯識宗“三無性”理論中的“生無性”來解釋識。“三無性”是唯識宗中的一個由“三性”引申出來的理論。“生無性”即是説，既然現象界中的事物都是依他起性，那麽它們便不具有自性。玄奘在這裏想要表達的是，既然識（諸心、心所②）依靠其他事物（衆緣）産生，那麽它就是没有自性的。從這一點來説，他認爲識并不是真實存在的。然而，這僅僅表明玄奘認爲識不是作爲一個實物而存在的，却并没有表示他認爲識不是作爲某種緣起的東西存在的。如果我們把識當作一個實際存在物，那麽這種觀點就相當於賦予了識一個“遍計所執性”。因此，玄奘提出，如果我們相信識是真實存在的，那麽這就如同我們執著於外境真實存在一樣。

玄奘的觀點與熊十力的陳述有著一個不易察覺却又非常重要的區别。那就是，盡管玄奘否認識作爲實物而存在，但他并没有否認識是作爲緣起的狀態而存在的。與之相反，熊十力却含糊地、一概而論地把識當成是虚構的，是與“我”和“法”没有什麽區别的一種東西，也就是説，它們都衹是種“遍計所執”。

---

①玄奘：《成唯識論》第 2 卷，《大正新修大藏經》，中華電子佛典協會（CBETA）版本，http：//www. cbeta. org/，T31n1585_002，0006c21。

②“心”指的是識在總體上的認知功能，“心所”（caitta）指與心相伴相關的精神功能、運作和活動。

從上文所引用的玄奘的表述可以看出，關於識是否存在，在多大程度上可以説爲存在，我們應該借助於“三性”和“三無性”理論來理解。然而，熊十力在他的1923《唯識學概論》中完全没有闡釋這兩個理論。這是很令人驚訝的，因爲有一些證據顯示，他在1920年之前就已經對“三性”和“三無性”理論有所了解了，而且還很喜愛和贊同這些理論。① 退一步講，熊十力在二十年代初期撰寫《唯識學概論》時没有提及“三性”理論原本就是件不尋常的事，因爲這個理論在唯識學中是非常重要的。這些表明至少有一種可能性，那就是，熊十力有可能在1923《唯識學概論》中對唯識學進行闡釋時故意遺漏了“三性”理論，以免這個理論會影響到他自己對於識的表述。

看起來，熊十力對識的存在的否認似乎證明了他在一定程度上傾嚮於中觀宗的一些觀點。中觀宗和唯識宗大體上都主張有爲法由衆緣聚合而起，因此没有自性。但是，如吴汝鈞所指出的那樣，這兩個學派的側重點却有所不同。中觀宗用一切法没有自性這個觀點來强調終極的“空”，而唯識宗却用“唯識”的觀點來强調現象的緣起。② 實際上，和玄奘一樣，那些唯識家，比如無著，并没有否認識的存在，盡管他們承認的衹是識作爲緣起而存在。然而中觀派却認爲一切法皆是假名，因此一切皆“空”。③熊十力把識當作是一個名義上的建立，又把“唯識”理論當作是用來説明現象世界中没有任何事物真實存在的一種方便善巧，這看起來便像是用唯識宗的理論來詮釋中觀宗的觀點了。

---

①見熊十力：《心書》，《熊十力全集》第一卷，第6頁。

②吴汝鈞：《唯識現象學：世親與護法》，第212頁。

③參見 Yao，“Yogācāra Critiques of the Two Truths”，pp. 316—317，329—330.

的確，在一定程度上，熊十力的路徑與寂護（śāntarakṣita，725—788）對融合唯識與中觀的嘗試有著相似之處。寂護是一位印度的僧人學者，以將唯識理論融入中觀哲學而聞名。他首先通過拒絕接受外境存在的觀點來支持“唯識”理論，然後又應用了中觀哲學中的分析來説明識從本質上來説也是不存在的——它衹在俗諦上而非真諦上存在。①這與熊氏的思想是極爲相近的。另外，熊十力的觀點——所有關於識的論述都被限定在一個理論範圍之内——也近似於中觀自續派（Svātantrika）。自續派是中觀宗的一個派系，承襲的是清辨（Bhāviveka，約 490—570）的思想。對於自續派來説，可以有大量的能够在俗諦上被認可的理論，這些理論甚至可以脱離我們在直覺或常識上對世界的理解，而我們却無須承認這些理論所討論的對象在真諦的層面上存在。②盡管熊十力可能并不是有意采用寂護和自續派的思想的，但他的觀點的確與其有著相似之處。

4. 熊十力對真如的理解

如本文開始部分所展示的那樣，在 1923《唯識學概論》中，熊十力將識與真如相聯係，認爲這兩者構成了他的體用系統的第一層。盡管在這部著作中熊氏并没有對真如進行詳細的叙述，但他却明確地將其等同於宇宙本體。首先，在解釋“真如不離

①參見 James Blumenthal，“Two Topics Concerning Consciousness in śāntarakṣita's Yogācāra-Madhyamaka Syncretism”，in *Madhyamaka and Yogācāra：Allies or Rivals?*，eds. Jay L. Garfield and Jan Westerhoff，New York：Oxford University Press，2015，pp. 242—251.

②參見 Jay L. Garfield and Jan Westerhoff，“Introduction：*Madhyamaka and Yogācāra：Allies or Rivals?*”，in *ibid.*，p. 9.

識”——“唯識”的三義之一——時，他説：

> 識之實性，（原注：性者體也。）字曰真如，説真如不離識。①

根據熊十力在自注中的解釋，“性”就是“體”。另外，在他於 1937 年出版的《佛家名相通釋》中，他將佛教文本中的“實性”等同於“東方玄學”中的“本體”、“實體”或者“體用”中的“體”。他認爲所有的這些措辭都指嚮“絶對的真理”。② 的確，熊氏有時候也會用“實體”來指代宇宙本體。既然在熊氏的思想中，識的活動範圍等同於現象世界，那麼真如，作爲識的實性，實際上指的便是整個現象領域的本體。除了將真如和識明確表述成體用關係之外，熊十力在他的 1923 著作中還曾説：“（無爲）有實用，是諸法實體故。”③ 這裏，“無爲”等同於真如，因爲除了説無爲是諸法實體以外，熊氏還遵循唯識哲學，在 1923 著作中把真如直接稱作“無爲法”。④ 而且，在《佛家名相通釋》中，熊氏也提到，諸法的實體，即所謂的“真如”，又名“無爲法”，“真如”與“無爲法”實爲同一物。⑤

在 1923《唯識學概論》中，熊氏還把真如的“有實用”與

①熊十力：《唯識學概論》（一九二三年），《熊十力全集》第一卷，第 49 頁。

②熊十力：《佛家名相通釋》，《熊十力全集》第二卷，第 370 頁。

③熊十力：《唯識學概論》（一九二三年），《熊十力全集》第一卷，第 238 頁。

④例如上書第 50 頁。

⑤熊十力：《佛家名相通釋》，《熊十力全集》第二卷，第 354、430—432 頁。

色法的“礙用”作對比。① 他想要表明的是，即使真如是無爲的，它依然能够對有爲法產生作用和影響。熊十力的這個觀點與唯識學中對無爲/真如的理解并不一致。如吴汝鈞所解釋的那樣，“真如”是對梵文 tathatā 的翻譯，可以被解釋爲“如性”或“如實性”。大體上來説，它可以被理解爲“真理”，然而不同的佛教學派對什麼是真如有著不同的理解。對於唯識宗來説，② 真如指的是現象世界中所有事物都由識變現因而没有自性這個情况。③ 根據 Alan Sponberg 的解釋，在唯識哲學中，有兩種對真如的基本理解：（1）真如是現象世界中事物的依他起性被我們領悟時的那種境界（這與吴汝鈞所提及的唯識宗對真如的理解相一致）；（2）真如是一切存在潜在的基礎，衹能通過擯弃和超越事物的遍計所執性和依他起性纔能達到。④最重要的是，基於以上理解，真如作爲無爲法是不可能對有爲法產生作用和影響的。

然而，在中國哲學中，宇宙本體通常被認爲是現象世界得以產生的基礎。比如説，在六世紀中國佛學著作《大乘起信論》中，通過將真如和現象包含入衆生心（一心）之中，本應是無爲法的真如便能隨緣產生有爲法了。又比如，在宋代理學家程頤（1033—1107）和朱熹（1130—1200）的哲學中，“理”作爲本體被認爲可以表現爲現象世界。這種對本體的理解就與唯識哲學

①熊十力：《唯識學概論》（一九二三年），《熊十力全集》第一卷，第 238 頁。

②這裹的“唯識宗”指的應該是護法—玄奘一系的唯識學派。

③吴汝鈞：《唯識現象學：世親與護法》，第 212—213、237—238 頁。

④Alan Sponberg, “The *Trisvabhāva* Doctrine in India & China: A Study of Three Exegetical Models”, *Bulletin of Institute of Buddhist Cultural Studies*, Ryukoku University, Kyoto, 1983, no. 21, pp. 100—102.

中對真如的理解不同了。看起來，熊十力認爲真如能够對有爲法產生作用和影響的傾嚮性是他受中國哲學思想影響的結果。

在 1923《唯識學概論》中，熊十力并没有具體説明真如的特性，但是如下面的引文所顯示，他把真如稱爲“不變”。當他解釋“識”的義界時，他談及世親的《唯識三十頌》：

> 天親《三十頌》，則以爲識者能變之謂。（原注：色法是所變，真如不變，皆此所遮。）①

從熊十力在自注中的補充説明可以看出，他認爲真如是不變的。這與他把真如認作是一個恒常、不生不滅、不受任何條件限制的無爲法是一致的。

5. 真如與識的關係

在熊十力的 1923《唯識學概論》中，關於真如和識的關係的論述非常少——僅有兩處直接和這個問題有關。因此，下文將著重討論這兩處的陳述，以此來分析熊十力在二十年代早期在這個問題上所持有的觀點。

首先，熊十力認爲，我們説真如/體/不變和識/用/能變是爲了顯示同一事物的兩個方面，而且後者依靠前者來實現它的轉變。他説：

> 詮實性曰不變，（原注：性者體也。）顯大用曰能變。能變依於不變，而有其變。②

這個陳述在熊十力解釋識的義界之後，那麽很明顯，這裏的

①熊十力：《唯識學概論》（一九二三年），《熊十力全集》第一卷，第 51 頁。

②同上，第 53 頁。

“不變”和“能變”指的分別就是真如和識。這個陳述中的前半部分表明真如和識是一個事物的兩個方面：真如代表恒常的那一面，而識代表轉變的那一面，恒常的一面是體，轉變的一面是用。陳述的後半部分揭示了熊十力自己的一個看法：不變（真如/體）是一個基礎，依靠這個基礎，它的轉變之用纔能得以實現（根據上下文，這裏的“轉變”指的是識轉變爲現象世界）。

雖然熊十力主張能變依靠不變來產生它的變，他却并沒有詳細闡述這是怎樣發生的。這即是説，既然真如是不能有任何活動的無爲法，那麼它怎麼能作爲識轉變成現象世界的基礎呢？事實上，如果參閱唯識理論的話，這個問題是很難回答的。前文已經説過，唯識哲學中的真如對有爲法沒有任何作用或影響。因此，盡管真如是現象世界的本體，它却與現象的產生沒有任何關係。那麼，把真如當成是識轉變得以實現的基礎是不合理的。再者，熊十力所説的“能變依於不變，而有其變”既無來由又缺乏一個清晰的上下文相關語境。這樣看來，這句話有可能并不是來自唯識學。①

實際上，在漢傳佛教中有一些觀點與熊十力的看法非常相似。例如，《大乘起信論》提出：

> 心生滅者，依如來藏故有生滅心。所謂不生不滅與生滅和合，非一非异，名爲阿黎耶識。②

在《大乘起信論》中，衆生心被認爲開有二種門：真如門和

①佛教僧人學者巨贊（1908—1984）同樣指出，盡管熊十力的觀點的確源於佛教文本，但它却并不是唯識宗的思想。見巨贊：《評熊十力所著書》，《熊十力全集》附卷（上），第340頁。然而，巨贊并沒有解釋熊十力的觀點來自哪個佛教學派。

②高振農校釋：《大乘起信論校釋》，北京：中華書局，1992年，第25頁。

生滅門。前者指的是衆生心固有的本性，後者指的是此心的一種表現，而這種表現能够導致現象世界的產生。上面引文中的“生滅心”指的就是衆生心的生滅門。“如來藏”（tathāgatagarbha）指的是衆生的自性清净心（prakṛtipariśuddhacitta），也就是真如。[①]根據上述引文，依如來藏故有生滅心。换句話説，真如是現象活動產生的基礎。這明顯與熊十力的觀點相似。而且，在《起信論》中，衆生心固有的本性，也就是真如，被稱爲“不變”。[②]熊十力用“不變”來指代真如看起來似乎是對《起信論》的一個呼應。這些相似性表明熊十力的思想與《大乘起信論》之間有某種聯係的可能性。

然而，《大乘起信論》不衹提出真如是生滅心（現象活動）產生的基礎，而且還成功地解釋了這是如何成立的。首先，在這部佛教典籍中，真如心和生滅心都被包括在衆生心之中，作爲這“一心”的兩種不同的表現。這就爲“一心”的這兩個方面提供了一個共同的基礎。其次，《起信論》提出，生滅心的產生是自性清净心受到“無明”所擾的結果。[③] 這表明生滅心是真如的一個表現（盡管是虚妄的表現），也解釋了爲什麼真如是現象產生的基礎。然而，雖然真如或如來藏隨緣顯現生滅的現象世界，它固有的本性却并不會改變。如果無明被滅除，那麼生滅心也將會被滅除。[④] 這就是爲什麼“不生不滅”與“生滅”被説爲“非一非异”。盡管熊十力没有用這種方式來解釋他自己的觀點，但是

---

①高振農校釋：《大乘起信論校釋》，北京：中華書局，1992 年，第 25 頁注釋 1，以及第 101、125 頁。

②見上書，第 61 頁。

③見上書，第 36—39 頁。

④同上。

在對體用的理解上，他的確有可能參閱了《大乘起信論》。

熊十力對真如/體和識/用的關係的另外一個理解是：前者可以通過後者被揭示出來。本文前面已經説過，熊十力宣稱真如是識的實性，因此不離識。對此，他在一個自注中解釋説：

> 不异故不離，謂即用顯體。①

根據熊十力的解釋，由於真如是識的實性，因此二者并不是截然不同的二物，既然不是二物，那麼它們自然是不能分離的。在這個意義上，體（真如）可以通過用（識）來顯示。

然而，應該注意的是，這裏熊十力所説的“即用顯體”意思并不是説體自身展現爲用，因此我們可以通過用來認知它。如我們已經了解的，雖然真如是識的本體，或者説是識所轉變成的現象世界的本體，但是真如并不能够把自己展現爲識或各種現象，因爲它是一個無爲法，是没有任何活動的。而且，根據熊十力的觀點，識是臨時建立起來用來證明現象世界中的一切事物都不是真實的。那麼“即用顯體”的意思就應該是説，通過對識的臨時建立，我們可以反駁現象有自性這個主張，而在領悟到現象世界中的一切事物都并非真實的之後，甚至領悟到就連識也不是真實存在的之後，體（真如）纔可以顯現出來。在這個意義上，通過用（識或者現象）來顯示體（真如）就衹是種遮詮而非表詮了。②

---

①熊十力：《唯識學概論》（一九二三年），《熊十力全集》第一卷，第49頁。

②“表詮”是一種通過直接描述某個事物的屬性來解釋那個事物的表述。與此相反，“遮詮”是一種通過展示那個事物所不具有的屬性來間接地揭示事物真相的表述。參看郭齊勇：《論熊十力的“境論”與“量論”》，《熊十力全集》附卷（下），第1147—1148頁。

這種對真如/體和識/用的關係的理解很有可能是對中觀學派所提出的真諦和俗諦之間的關係的一個吸收。Peter N. Gregory 借用了長尾雅人（1907—2005）的研究，指出印度大乘佛教的兩個主要傳統——中觀學派和唯識學派——在真諦和俗諦關係問題上持有的立場是不同的。中觀學派，尤其是其中的應成派（Prāsaṅgika），認爲在真諦和俗諦之間存在著一條不可逾越的鴻溝，俗諦掩蓋了真諦，而且俗諦是與虛假和錯覺聯係在一起的。因此，爲了揭示真諦，俗諦必須最終被遣除。另一方面，以安慧爲中心的唯識傳統（以及中觀宗中的自續派傳統）認爲從俗諦到真諦存在著一個必然的連續，前者是後者的表現，而且二者的領域是相關聯的。因此，俗諦可以被我們用來當作抵達真諦所必需的橋梁。①熊十力的思想在這一點上與中觀宗的觀點相一致，因此他對"即用顯體"的理解再一次表明了他對唯識學的某種背離。

實際上，唯識學中的"三性"理論展示了真如和識/現象之間的聯係。吴汝鈞指出，這個理論把事物的第二個性質（依他起性）作爲它的核心。這個性質指的是任何事物都是依靠因緣和合而生這個情況。如果我們把事物當成是真實的、有自性的，而不能認識到它們的真實性質，也就是它們依靠衆緣而起這個性質（第二性），那麼這種由錯誤的認知而產生的狀態就是事物的三性中的第一個性質，遍計所執性。如果事物的緣起而無自性這個"事實"被正確地領會了，那麼識的這個狀態就是事物的第三個性質，叫作"圓成實性"（pariniṣpanna-svabhāva），也就是真如。

①Peter N. Gregory, *Tsung-mi and the Sinification of Buddhism*, Princeton: Princeton University Press, 1991, pp. 103—104.

因此，事物的第一性和第三性實際上是我們的識理解第二性的兩種形式。①因此，如 John Powers 所闡明的那樣，在唯識哲學中，真如，或者說真諦，是内在於現象的，因此它在本體論層面是無法與現象分離的。實際上，是我們的識區分了它們。② 然而，當識從虛幻的現象中認識到了這些現象的實性，那時識在這種狀態下就與真如無异了。在唯識佛學中，識的這種狀態可以通過“轉識成智（jñāna）”的認識論方法來實現。③

雖然熊十力説真如是識的實性/體，因此不離識，但是他在1923《唯識學概論》中并没有詳細解釋這個觀點。如我們所見，他完全没有闡述“三性”理論。而且，在這部著作中，除了偶爾

---

①吴汝鈞：《唯識現象學：世親與護法》，第176—178 頁；吴汝鈞：《唯識宗轉識成智理論之研究》，《佛教的概念與方法》，臺北：臺灣商務印書館，1988 年，第118—124 頁。如 Alan Sponberg 所述，這種對三性的理解（也就是説，把第二性放在一個軸心的位置上）基於《攝大乘論》（*Mahāyānasaṃgraha-śāstra*）最初對三性的描述。然而，之後在東亞出現了另外一種對“三性”學説不同的詮釋。這種詮釋將三性作爲三個層次，這三個層次（從遍計所執性到依他起性，再到圓成實性）在揭示世界真相的程度上是逐層遞進的。見 Sponberg，“The *Trisvabhāva* Doctrine in India & China”, pp. 99—103.

②John Powers, “Yogācāra: Indian Buddhist Origins”, in *Transforming Consciousness*, ed. John Makeham, p. 45. 需要注意的是，這裏 Powers 的觀點依然衹是表明雖然真如/真諦被現象所掩蓋，但它却是現象的實性，而不是在説它與現象没有區别。

③關於對“轉識成智”的解釋，可以參見 Ronald Epstein，“The Transformation of Consciousness into Wisdom in the Chinese Consciousness - only School According to the *Cheng Wei-shi Lun*”, available at: http://online.sfsu.edu/rone/Buddhism/Yogacara/TRANSFORMATION%20OF%20CONSCIOUSNESS.htm；吴汝鈞：《唯識宗轉識成智理論之研究》，第98—208 頁。

提及一些相關的概念之外,① 他也没有解釋“轉識成智”理論。既然這兩個理論都没有出現在熊的 1923 著作中，那麼這就意味著没有任何證據表明他認爲真如的領域和識的領域有任何的聯結。而且，既然他認爲真如在識被遣除之後纔會顯現，那麼看起來在熊氏的這部早期著作中就存在著一個將真如和識彼此分開的趨勢。此外，這兩個理論在熊十力 1923 著作中的缺失使得熊在二十年代初期對唯識學的理解顯得有些淺顯而簡單。當然，這個疏漏也有可能是熊氏有意爲之，目的是爲了使他自己對真如和識的詮釋在書中保持一致。

二、第二層：功能作爲體，現行作爲用

1. 熊十力對功能概念的理解

在熊十力以真如爲體的時候，他同時提出了另外一個本體，那就是功能。與作爲諸法實性的真如不同，熊把功能當成是諸法的因緣。根據熊氏的理解，功能又名“種子”（bīja），是由於它作爲一種大勢力能够産生現象世界中的諸法而得名的。②

與不變的真如不同，功能具有生滅的特性：

> 謂此功能自體，纔生無間即滅，非生已可容暫住。……杀那滅者，非滅已即斷。由此功能自性，前滅後生，刹那刹那（原注：連言之者，顯其相續，便是長時。）相似隨轉。

①比如説，他把真如當作根本智和後得智的所緣緣。見熊十力：《唯識學概論》（一九二三年），《熊十力全集》第一卷，第 104、152 頁。

②見上書，第 69—70 頁。

（原注：轉者生起義。）①

這裏熊十力主張功能瞬間生起，刹那即滅，没有任何短暫的停留。然而，一個功能一旦斷滅，另外一個具有相似性質的功能立即生起。這樣一來，就形成了一個由衆多具有相似性質的瞬時功能所構成的連續體。

根據熊十力的理解，纔生即滅這個特點對於功能産生諸有爲法來説至關重要。他解釋説：

> 由暫住時，無轉變故，即是常法，不可説有能生用也。②
>
> 功能非斷、非常，宛爾生滅，（原注：前念種滅，後念種生，幻有遷流，乃云宛爾。）成其勝用。（原注：體是生滅，故有能生勝用，若是常住法者，即非能生。）③

這兩段陳述都説明一個不變的恒常法是不能産生有爲法的。因此，衹有功能不斷地轉變——也就是説，生滅——它纔可以具有産生諸有爲法的能力。看起來，熊十力意識到了唯識哲學中的真如是個不能産生有爲法的無爲法，所以他將功能描述爲一種不同類别的本體，目的是爲了解釋有爲法是如何出現的。

然而，對於熊十力來説，功能僅存在於俗諦的層面上。他主張，關於功能，我們應該區分二諦：

> 然此功能，約二諦分别：唯依世俗，可名實有；推入勝義，即是虚幻假法。④

此外，據熊所述，功能被儲藏在第八識/阿賴耶識

---

①熊十力：《唯識學概論》（一九二三年），《熊十力全集》第一卷，第71頁。

②同上。

③同上，第96—97頁。

④同上，第72頁。

(ālayavijñāna) 之中,[①]作爲此識的相分，因此功能與識是不相離的。[②] 這個觀點，以及上面引文中的觀點，揭示了熊十力爲什麼認爲功能是“用（中）之體”，爲什麼功能和現行構成的這一對體用是被包含在他的體用系統第一層的用之中的，即他所説的“用中復分體用”。這即是説，既然功能衹能在俗諦的層面上被認爲是真實的，那麼它也衹能在現象世界或識的活動範圍，也就是“用”的領域之内，被施設爲體。再者，既然功能是識的一部分，那麼這一點也説明功能是包含於用（識）之内的。

2. **熊十力對現行概念的理解**

盡管在 1923《唯識學概論》中有迹象表明功能是真如的用，熊十力同時也認爲它是現行的體。那麼，“現行”是什麼呢？在這部著作中，熊氏將“現行”指定爲識的一個别名。[③] 確實如此，他有時候將“現行識”和“現識”交替使用，這兩種措辭都與“現行”的涵義相同。[④] 除此之外，熊十力也用“現行”來指代識轉變而成的色心諸法。在這一點上，他有時候用一些詞彙，比如“現行色心法”、“色法現行”或“色現”、“心法現行”或

①在唯識哲學中，識被分成八種：前五種是感官識（眼、耳、鼻、舌、身），第六種是意識（mano-vijñāna），第七種是末那識（manas），第八種是阿賴耶識（ālaya-vijñāna）。關於八識的詳細解釋，可參看 Tagawa Shun'ei, *Living Yogācāra: An Introduction to Consciousness-only Buddhism*, translated with an introduction by Charles Muller, Boston: Wisdom Publications, 2009, pp. 11—18.

②熊十力:《唯識學概論》（一九二三年），《熊十力全集》第一卷，第 53、70、72 頁。

③見上書，第 50 頁。

④例如上書第 70、98 頁。

“心現”，來替代“現行”。①

如梅約翰（John Makeham）所解釋的那樣，現行其實指的是事物從第八識的種子中產生之後，在前七識中所顯現出來的樣子。②換句話説，事物可以被分成兩個方面：顯現的一面和潛在的一面。顯現的那一面指的是前七識所轉變而成的現象界中的諸法；潛在的那一面指的是那些色心諸法的種子，這些種子作爲諸法的起源被貯藏在第八識中。就這一點而言，現行實際上是種子的顯現形式，而且它正是相對於種子——它的潛在形式——而命名的。在本文的下面部分，我們將會看到熊十力是如何詮釋作爲體的功能種子和作爲用的現行之間的關係的。

3．功能和現行的關係

據熊十力所述，功能可以與其他衆緣一起引起現行的產生。③然而，這并不意味著功能和現行是截然不同的、獨立於彼此的兩種事物。正相反，從熊的觀點來看，這兩者并非二元：

> 一切現行色心法，俱由各自功能轉變，宛爾幻有。若離各自功能，無别自相。故功能者，推顯至隱而言之也。④

根據這段陳述，每一個現行法都是由它自己的功能轉變而成：後者是前者的根源和本性，前者是後者的虛幻表現。“功能

①例如上書第70、72、98頁。

②見John Makeham, “Xiong Shili's Critique of Yogācāra Thought in the Context of His Constructive Philosophy”, in *Transforming Consciousness*, ed. John Makeham, p. 254, note 41.

③熊十力：《唯識學概論》（一九二三年），《熊十力全集》第一卷，第97頁。

④同上，第70頁。

者，推顯至隱而言之”明確表達了現行法是事物顯現的那一面，而它的功能則是隱藏的那一面。因此，二者指的其實是同一個事物，是非二元的，它們衹是從不同的方面來表達而已。

既然熊十力認爲功能和它的現行是同一事物的兩個方面，那麼在功能產生現行這一點上，自然就不是説一個功能斷滅後，它的現行纔會生起，而是説二者同生同滅。雖然熊氏認爲二者是因果關係（功能是作爲諸有爲法產生的因緣被建立起來的），但他的意思并不是説它們有先後順序。與唯識哲學中的“果俱有”原則相符，①熊氏清楚地表達了每一個功能都和它自己的現行相互依存、同生同滅的觀點：

> 雖剎那滅，然非已滅乃生其果。由此功能殊勝，正轉變位，能取與果。（原注：能爲因義，名爲取果。若果起時，因付於果，名爲與果。言正轉位者，簡异過、未，轉已名過去，未轉名未來。）即種（原注：因也。）生現，（原注：果也。）因果同時，相依俱有，不同經部前法望後法爲因。②

雖然熊十力認爲一個功能和它的現行具有因果關係，但是他并不認爲它們之間有先後順序。這就與世俗對因果關係的理解相矛盾了，因爲在世俗觀念中，因是先於果而存在的。因此，熊十

①在唯識哲學中，功能有六個特性：剎那滅、果俱有、恒隨轉、性决定、待衆緣、引自果。見玄奘：《成唯識論》第2卷，《大正新修大藏經》，中華電子佛典協會（CBETA）版本，http：//www. cbeta. org/，T31n1585_002，0008c07。根據蔣韜的解釋，因果同時這個觀點是護法—玄奘一系所特有的，但是這個觀點并不一定被其他的唯識家所接受。見 Jiang，*Contexts and Dialogue*，p. 62.

②熊十力：《唯識學概論》（一九二三年），《熊十力全集》第一卷，第71頁。

力不得不爲他的論點提供一個合理的解釋。他所説的功能“正轉變位，能取與果”可以説是對於提供這樣一個解釋的一種嘗試。熊氏在自注中進一步解釋説功能既非位於過去，也非位於未來，而是位於當下（轉變的那一刻）。可是，作爲一個解釋，這種説法還是不够清楚。

然而，對於這個問題，玄奘其實早已提供了一個更爲清晰的解釋：如果因先於果而存在，那麼當果出現的時候，因就已經消逝了。同樣，如果果在因之後纔出現，那麼當因處於產生果的活動之時，果其實還没有出現。如果是這樣的話，既然因和因產生果的活動屬於過去，因此已經不復存在，那麼又從什麼意義上我們可以宣稱因導致了果的產生呢?①這樣就解釋了爲什麼功能必須位於“正轉變位”：因爲衹有這樣它纔能“取與果”。鑒於因果的這個意義，如蔣韜所指出的那樣，玄奘實際上將世俗意義上的因果關係轉變爲一種“基礎”關係。這即是説，因果同時這個觀點致使前者成爲後者的基礎。②

玄奘的情況同樣適用於熊十力。通過支持“果俱有”，即因果同時的觀點，熊十力當然也就將因果關係轉化爲“基礎”關係了。這與他的觀點——功能是它所轉變而成的現行法的本性，基於這個轉變，現行法（盡管是虛妄的）纔能够顯現——相一致。關於功能和現行的關係，蔣韜還引用了日本佛教學者深浦正文（1889—1968）的比喻：一個功能產生自己的現行法就像是一個物體投射出自己的影子。正如這個物體和它的影子之間的因果關係以及它們的同時存在一樣，每個功能和它的現行法盡管是因果

①參見 Jiang，*Contexts and Dialogue*，p. 62.

②*Ibid.*，p. 63.

關係，却也是同時存在的。[①] 這個比喻對我們理解熊十力的觀點很有幫助。最重要的是，通過上面的分析，我們可以看到，在熊十力的 1923《唯識學概論》中，功能和現行的因果關係并不會和二者分别作爲本性與外在表現而同時存在這個觀點相衝突。

在提出功能與現行不相離的同時，熊十力也强調了二者之間的不同：

> 現行是用，功能是體。體用固不離，而實不即。如心（原注：現行。）能緣慮，心種不爾；色（原注：現行。）有質礙，色種不爾。[②]

根據熊十力的解釋，説功能與現行不同是因爲前者没有實際的功用，但是後者却有。然而，由於現行僅僅是功能的表現形式，因而缺少除功能以外的其他自相（sva-lakṣaṇa），那麼它的功用就必須同時被功能所具有，盡管這個功用對於功能來説衹是潛在的。因此，熊十力的陳述可以被理解爲：衹有當功能轉變爲現行時，它潛在的功用纔能被實現。從這一點來説，功能可以被認爲是現行的潛在化，而現行可以被認爲是功能的現實化。這樣看來，上面這個陳述揭示了熊十力在將功能和現行理解爲隱藏的一面和顯現的一面的同時，又從另一個角度論證了二者并非二元的觀點。

功能和現行作爲“潛在化和現實化”以及“本性和外在表現”的關係也體現在熊十力對二者屬性一致性的闡釋上。在上面

---

①*Ibid.*, p. 72. 事實上，如梅約翰教授與筆者交流時所言，這個比喻并不是完美的：物體可以獨立於影子而存在，這樣的話，二者的同時俱存便被打破了。

②熊十力：《唯識學概論》（一九二三年），《熊十力全集》第一卷，第 97 頁。

的引文之後，熊氏又説：

> （原注：然復當知，體用定相隨順，如色種不生緣慮用，心種不生質礙用。故所生現，望能生種，亦説名自類。）……種望現是因緣性，即體（原注：謂種。）用（原注：謂現。）決定相似。如心種定生心法現行，不生色現；色種定生色法現行，不生心現。①

正是由於每一個種子都與它的現行是“潛在化”和“現實化”以及“本性”和“外在表現”的關係，它們的屬性纔必須要一致，盡管現行將這個屬性外在化了，而功能却并不能够這樣。與此相關，熊十力接下來又提出一個論點：由於種子和它的現行法的屬性是一致的，那麼鑒於在現象世界中有著各種各樣的數不清的現行法，這樣就不可能衹有一個因（功能/種子）來產生一切果（現行）了。這樣的結果便是，必然有各種類別的種子分別作爲它們各自的現行法的起源和本體。② 這個觀點爲熊十力的思想渲染了一種多元論的色調。

從本文已經展示的內容來看，在 1923《唯識學概論》中，熊十力是基於對二諦的區分來把他自己的體用系統分成兩層的。從真諦的角度來看，真如是唯一的本體，而代表現象領域的識是它的用。從俗諦的角度來説，功能、種子是體，而現行是用。但其實，功能、種子和現行都被包括在識的領域之內。因此，從真諦的角度來説，功能仍然是一種現象而非本體。

①同上，第 97—98 頁。關於這一點，也可以參見這部著作的第 72 頁。

②同上，第 72、98 頁。

三、歐陽竟無的體用觀

雖然熊十力首先是基於對二諦的區分來提出他的兩層體用系統的，但是其實他這個思想的形成可能還有另外一個重要來源，那就是歐陽竟無的體用觀點。與熊十力的思想極爲相似，熊氏的老師歐陽竟無也曾提出一個體用系統，其中真如和識構成了這個體用系統的第一層，而種子和現行則構成了這個體用系統的另外一層，種子和現行所構成的這對體用被包含在識的領域内。

根據歐陽竟無於 1922 年在支那内學院所做的系列講座“唯識抉擇談”的文字記録，① 他在那時提出了一個三層的體用系統：

> 無爲是體，有爲是用；此粗言之也。若加細別，則有體中之體，體中之用，用中之體，用中之用。②

這其實描述了三對體用：一般而言的體用、體中的體用、用中的體用。

關於一般而言的體用——無爲是體，有爲是用——歐陽解釋説：

> 無爲法不待造作，無有作用，故爲諸法之體。反之，由造作生，有作用法，即是有爲，故有爲是用。③

通過解釋爲什麼“無爲是體”“有爲是用”，歐陽竟無主張，

---

①歐陽竟無的演講稿有兩個版本，一個是歐陽自己提供的稿件，另一個是聶耦庚（？—1928）筆記、吕澂（1896—1989）校訂的文字記録。前者非常簡潔，後者則更爲詳細地記録了歐陽的思想。

②歐陽竟無：《歐陽竟無先生演講》（聶耦庚筆記，吕澂校訂），《唯識抉擇談》，南京：支那内學院，1922 年，第 3 頁。

③同上。

至於這一對體用，體（即真如①）既不是被創造出來的，也没有任何活動。相比之下，用指的是那些被創造出來、有活動的有爲法。然後歐陽通過突出它們的“相”，也就是它們的特性，進一步討論了這對體用：

> 非生滅是體，生滅是用；常一是體，因果轉變是用。②

根據歐陽接下來的解釋，“生滅”指的就是我們的識，包括無數個生滅相續、没有絲毫停留的心念。引文中的“轉變”意思就是生滅。由於因果（這裏“因果”指的是種子産生現象）轉變（即瞬時心念的生滅），虛妄的現象纔會出現。他進一步解釋説，與因果轉變相反的便是“常一”了。③ 我們可以看出，歐陽竟無對這一對體（真如）和用（識）的理解明顯與熊十力所提出的體用系統的第一層（真如作爲體，識作爲用）相一致。

對於歐陽竟無來説，“體中之體”指的是一真法界，④“體中之用”指的是二空（“我”空和“法”空）所顯真如。⑤ 既然這一對體用并没有在熊十力的1923《唯識學概論》中出現，這裏就不再進行討論了。

歐陽竟無所説的“用中之體”和“用中之用”指的分别是種子和它們的現行。歐陽將這對體用解釋爲：

> 何以謂種子爲用中之體？以種子眠伏藏識，一切有爲所

①同上。

②同上，第4頁。

③同上。

④“一真法界”是唯識宗和華嚴宗用來表示“極致的真理”的名詞術語。參見吴汝鈞：《佛教思想大辭典》，臺北：臺灣商務印書館，1992年，第15頁。

⑤歐陽竟無：《歐陽竟無先生演講》（聶耦庚筆記，吕澂校訂），第3—4頁。

> 依生故。何以謂現行爲用中之用？以現行有强盛勢用，依種子而起故。①

説種子在用之内即是説種子被貯藏在第八識中；説種子是體是因爲種子是有爲法產生的基礎。説現行是種子的用既是因爲現行有强大的勢用，也是因爲它們依靠種子而生起。這些與熊十力對作爲體的種子/功能和作爲用的現行的理解一致。

其實，"無爲/非生滅/真如是體，有爲/生滅/識是用"的觀點并不是由歐陽竟無首先提出的。② 但是，如常崢嶸所指出的那樣，歐陽竟無却是第一個提出"種子是體，現行是用"的人。③當歐陽竟無在1922年做講座時，熊十力早已開始了在他的指導下對唯識佛學所進行的學習，而且同時也正在撰寫他的1923《唯識學概論》。那麼，這樣一來，就存在著一個很大的可能性：在二十年代初期，熊十力是吸收了他的老師歐陽竟無的思想來闡發他自己對體用的理解的。

四、結論

在二十世紀二十年代初期，通過區分二諦，也通過對歐陽竟

①同上，第4頁。

②這個觀點早在禪宗學者永明延壽（904—975）所編纂的佛學典籍《宗鏡録》中就已經出現了。《宗鏡録》吸收了《大乘起信論》中"一心開二門"的概念，提出："真如是體，生滅是用。"見永明延壽：《宗鏡録》第57卷，《大正新修大藏經》，中華電子佛典協會（CBETA）版本，http：//www. cbeta. org/，T48n2016_057，0742c13。

③常崢嶸：《歐陽竟無的三重四種體用觀》，《宗教學研究》，2012年第4期，第135頁。

無的體用思想的吸收，熊十力在他的1923《唯識學概論》中提出了一個兩層的體用系統。在真諦的層面上，他把真如當作體，把識以及識所轉變而成的現象世界當作用。在他的討論中，真如是識/現象世界的實性；它是恒常不變的，是不受任何條件制約的。相比之下，代表現象世界的識是一個由衆多纔生即滅的瞬時心念所構成的連續體，是由衆緣和合產生的，因此是没有自性的。對於熊十力來説，識的建立是爲了駁斥兩種觀點：現象是真實的，以及衹有“空”存在。不過，識最終也是應該被遣除的，因爲它也不是真實存在的。在這個意義上，熊十力實際上提出了一個不具有“用”的“體”。與熊對這對體用的理解相一致的是，他的1923《唯識學概論》中所提及的“即用顯體”實際上説的是用不是真實存在的，通過遣除它，體纔能被揭示。再者，鑒於真如是識/現象的實性，熊十力認爲二者不可分離。然而，既然真如是無爲法，不能引起有爲法的產生或被有爲法所引起，也因爲識衹是臨時建立起來的，所以從某種意義上來説，真如和識實際上是獨立於彼此而存在的。换句話説，識的產生與真如没有任何關係，而即使没有識，真如也依然存在。事實上，真如和識是兩種揭示真諦的方式：前者展示了真諦是什麼（表詮），後者展示了真諦不是什麼（遮詮）。雖然熊十力在1923《唯識學概論》中説識是依靠真如而轉變的，但是他却并没有進一步解釋這個觀點。

如此看來，上文中所概述的熊十力的觀點——“有體無用”或“體用相互獨立”——就與中國哲學中體用範式的基本含義背道而馳了。在中國哲學中，體和用，作爲概念上的對立，是相對於彼此來説的：體是用的體，用是體的用。二者通常被認爲是一個對立統一的整體，彼此不可分離，也因此可以説是“不二”的。作爲結果，就如同牟宗三所展示的那樣，中國哲學語境下的體用範式并不適用於印度佛學。[①] 通過應用中國哲學中的體用範式，熊十力對唯識理論的分析不可避免地導致了他後來對唯識理論合理性的質疑。

在俗諦的層面上，熊十力將功能當作體，現行當作用。現行指的就是識或者識所表現爲的現象界的諸有爲法。功能被建立起來作爲現行的因緣。它具有生滅的特性，因此可以產生現行。盡管功能是因，現行是果，但對於熊來説，它們却并非是截然分離的。與此相反，從他的角度來看，它們是同一事物的兩個方面：功能是事物的本性，是隱藏的、潛在的那一面；現行是事物的外在表現，是顯現的、現實化了的那一面。在這個意義上，二者是“不二”的。對於熊來説，因爲功能衹能在俗諦上被認爲是真實的，也因爲它實際上是識的一部分，所以從真諦的角度來看，它依然衹是現象而非本體。這即是爲什麼由功能和現行所組成的這對體用衹能從俗諦的角度被認爲是存在的。

在熊十力的1923《唯識學概論》中，雖然真如和功能都被當作是識、現象的本體，但它們却扮演著不同的角色。真如是識、現象的實性，然而這却并不能反映出識、現象是如何出現的。因此，功能這個概念被用來解釋識、現象的產生。與真如獨立於識、現象相比，功能和識、現象明顯有著更爲緊密的聯係。

熊十力在他的1923著作中對體用的理解是通過他對唯識理論的詮釋來表達的。然而，他的體用觀不僅體現在他對唯識學的忠實詮釋上，同時也體現在他對一些唯識理論的偏離上。事實上，他把真諦和俗諦區分爲“存在”和“不存在”，或將二者分

①牟宗三：《佛家體用義之衡定》，《心體與性體》第1卷，臺北：正中書局，1968—1969年，第571—577頁。

離開來，這正是一些唯識家所反對的做法。姚治華指出，唯識哲學中的“三性”理論表達了一種整體性的、非二元的世界觀，而中觀學派中的二諦範式則表達了一個關於世界真相的兩層結構，以及一個將“存在”與“不存在”對立起來的二元傾嚮。通過提出“三性”理論，一些唯識家，如無著、世親等，反駁了中觀宗的二諦範式。①然而，如前文所示，熊十力在他的 1923 著作中忽略了三性理論——一個他在早些時候非常喜愛的唯識理論，反而采取了二諦範式。不得不說，這在一定程度上偏離了護法—玄奘一系的唯識思想。

而且，如姚治華所展示的那樣，唯識宗（以一些早期唯識家，如無著和世親的思想爲中心）與中觀派的主要分歧正表現在三性理論和二諦範式的衝突上。從中觀學派的角度來看，事物在俗諦的層面上是真實的，但是在真諦的層面上，没有任何事物存在，所有的一切都没有自性。與此相反，基於三性理論，唯識宗主張事物的遍計所執性實際上是不存在的，但是依他起性却是存在的。②盡管熊十力很可能是因爲吸取了歐陽竟無的體用觀從而發展出了他自己的兩層體用系統，但是他通過對二諦的劃分來進一步闡明這個體用系統的做法却傾嚮於中觀思想。最重要的是，他對護法—玄奘一系的唯識傳統的背離，以及他對中觀哲學的吸

---

①Yao, “Yogācāra Critiques of the Two Truths”, pp. 327, 332—333.

②*Ibid.*, pp. 314, 317—327. 需要注意的是，根據姚治華所提供的例子，他所說的“唯識宗”指的其實是護法—玄奘一系的唯識傳統。實際上，如 Alan Sponberg 所提出的，在唯識佛學中還存在著另外一種觀點，這種觀點認爲祇有“圓成實性”是真實存在的，而且也認爲在“存在”和“不存在”之間有著一個明確的界限。見 Sponberg, “The *Trisvabhāva* Doctrine in India & China”, pp. 101—103.

取，顯示出他在二十年代初期時的思想具有將本體和現象劃分成兩個領域的傾嚮性。

作者簡介：桑雨，中國社會科學院哲學研究所博士後、澳大利亞國立大學中華全球研究中心訪問學者。

牟宗三建構道家圓教模型之嘗試

徐　波

摘要： 牟宗三先生晚年屢屢提及圓教，并稱中國儒釋道三家有著一個共通的圓教模型可以解決德福一致的圓善問題。牟宗三在其晚期著作中尤爲重視這一整套關於圓教的理論，其中就包括以“道家式存有論”爲核心的道家圓教模型。由於這其中涉及到牟宗三哲學中的許多關鍵概念，以及他自身對於道教哲學的理解和再詮釋，因此就首先需要厘清諸如主觀境界形上學、縱貫橫講、作用層與實有層等重要概念。在此基礎之上，牟宗三建構道家圓教模型所做嘗試的價值纔能得到彰顯，從而更好地認識整個圓教圓善系統的構思。

一、引言

牟宗三先生在《才性與玄理》、《現象與物自身》、《中國哲學十九講》以及《圓善論》中對道家哲學進行了系統的梳理，其對於道家哲學的觀點，若一言以蔽之，則非“主觀境界形態的形上學”莫屬。一直以來，關於此“主觀境界形態的形上學”的争論不斷，唐君毅、袁保新、劉笑敢等學者均對此作出過回應。而其争論的焦點，則主要集中在老莊，尤其是老子的“道”是傳統所認爲帶有客觀實在意義的，抑或是如牟宗三所說是一境界形態的“道”。而由此問題衍生而來的諸如老莊之异同、王弼解老以及向、郭注莊是否符合老莊本義等問題更吸引了衆多學者參與討論。正如劉述先先生指出的，在中國哲學的領域内牟宗三的思想始終是我們無法繞過去的。在牟宗三看來，中國哲學的一個關鍵特質即在於儒釋道三家都有一“無限智心”的觀念來説明圓教乃至於圓善的可能性根據，而不像西方上帝概念因其被不斷對象化、實體化和人格化從而導致虛幻。這個“無限智心”在儒家，是本心、良知，在佛家是般若智，而在道家，則是道心或玄智。無論是圓教還是無限智心，目前學界關於儒家良知的討論可謂汗牛充棟，於佛教圓教以及般若智的研究也日趨成熟，唯有對道家系統下的圓教形態則論述不多。本文將主要從牟宗三晚年總結中國哲學的性格，構建儒釋道三家圓教模型的嘗試入手，探究其對於道家精神的把握，以圖勾勒出牟宗三所理解之道家圓教藍圖。

二、牟宗三圓教概念的提出與發展

圓教本來是佛教内部判教中的一個觀念，在佛教看來，佛陀説法四十九年所留下的佛經衆多，但因時間、地點、機緣、物件的不同，所以在内容、形式、方法等方面都有所區分，甚至在一些看似完全同樣的問題上，佛陀會有迥然不同的説法。因此，就有必要對佛經進行系統地整理，對這些佛教内部的問題進行解釋，以回應來自佛教内外的質疑。佛教通過這樣一種判定、解釋教義的工作，所要説明的是：全部佛經之間没有自相矛盾之處，而是相輔相成、依次遞進的關係。那些看似矛盾的説法，其實是佛陀在不同情況下的方便説法。然而，判教的工作必然會産生高低、上下、深淺之分，各個派別出於自身的考慮也必然都會從本派的義理系統出發，對佛經的判定做出各種有利於自己的解釋。這在印度佛教中有大小乘之分，在中國則以天台宗判各派爲藏、通、别、圓教以及華嚴宗小、始、終、頓、圓教的判教系統最爲精密。關於天台圓教和華嚴圓教的聯係與區别一直是佛學内部的重要問題，不同背景的學者均試圖通過他們對於佛教内部義理系統的理解，對二者究竟誰最爲圓融做出分析和判斷。

牟宗三在《心體與性體》附録《佛教體用義之衡定》中對天台圓教和華嚴圓教有過細緻的分析，亦有一概括性總結：

> 就義理之發展説，天台之判教實比較如理如實，精熟而通透。華嚴之判教以及其所説之圓教，是超越分解思路下的判教與圓教，天台之判教以及其所説之圓教，是辯證圓融思路下的判教與圓教，是通過那些分解而辯證詭譎地、作用地、遮詮地消融之圓教。①

而在《佛性與般若》中，牟宗三更是重新梳理中國佛學史，將天台圓教與華嚴圓教進行了系統地對比。簡言之，牟宗三認爲在華嚴宗的判教體系中，圓教高居於小、始、終、頓四教之上，他將其稱爲“寶塔型的圓教”，認爲其高高在上，通過隔絶九法界之權境而爲佛。但正因爲這樣一層隔絶，却顯示出華嚴宗本身的不够圓滿之處。因爲真正的圓教不能懸空在九法界之外，必須把華嚴宗這一層次的“權”也圓融掉，方纔真正地成爲圓實佛。而天台宗判教中的圓教正是把那“寶塔頂”上的佛法身之圓拉下來，使之即于權教而爲圓教，即於九法界而爲佛，因此纔是真實圓教。

---

①牟宗三：《心體與性體》上册，上海：上海古籍出版社，1999 年，第 549 頁。

事實上，牟宗三對於圓教這個概念的重視絶不僅限於佛教内部，圓教的思想在他那裹有著進一步的發揮，尤其在其晚年所著的《圓善論》中，圓教思想更是牟宗三解决諸如德福一致、最高善等西方哲學問題的有力武器。對此，牟宗三的弟子尤惠貞有一個總結：牟宗三不但以其淵博的哲學涵養來詮釋與建構佛教義理系統，并且更藉由天台宗判教所呈現之“圓教模型”的啓發，進而對儒、道及其他中西哲學思想作一反省與分判，企圖爲實踐哲學找出真正之圓滿究竟的歸趣處。① 就筆者所掌握的資料而言，牟宗三對於圓教概念的重視以及將其升華以跳出佛教内部的努力由來已久，其在《心體與性體》開頭論及周濂溪對於道體之體悟時就對圓教的概念有一個相當“儒家化”的梳理。

> 圓滿者聖人踐仁知天圓教之境也。此圓教之境，《中庸》、《易傳》盛發之，北宋諸儒即契接此境而立言。故其澈悟天道天命而有形上學的意義與宇宙論的意義，是圓教義。……圓教者亦相應聖人境界而言也。故儒家道德哲學之有形上學的意義與宇宙論的意義必依踐仁知天之圓教而理解始不誤。②

在其後期《中國哲學十九講》和《圓善論》等書中，牟宗三對於圓教這一概念有著進一步的發揮，在他看來，圓教必涵一圓善問題之解决，而圓善問題亦衹能在圓教中獲得真實性。在此，他引入了康德哲學中“最高善”的概念，即德福一致的問題。牟宗三認爲康德把最高善的可能建立在上帝存在與靈魂不朽這兩個預設之上，是康德固有的宗教傳統所導致，而最高善的問題可以

---

①參見尤惠貞：《天台哲學底“形上學”詮釋與省思》，揭諦，2003. 6。

②牟宗三：《心體與性體》上册，第 276 頁。

通過中國哲學特有的方式來解決。“我們依此傳統可期望有一‘徹頭徹尾是理性決定’的説明模式。”這種説明的模式就是牟宗三圓教的理論模型。對於這個模型的構建，他首先對“教”進行了定義，“凡能啓發人之理性，使人運用其理性從事于道德的實踐，或解脱的實踐，或純净化或聖潔化其生命之實踐，以達至最高的理想之境者爲教。”① 而一個教之所以爲圓教，在於它“依理性通過實踐以純潔化一己之生命”，簡言之，就是成德，而不管這個成德成的是儒釋道哪家，這個部分主要是實踐的功夫；其次，在成德之外而有獨立意義的“改善存在”的期望即“幸福”的期望，這個部分則牽涉到了存在。對於西方哲學將此問題推給上帝的做法，牟宗三則認爲儒釋道三家有著自己獨特的途徑，那就是三家不約而同地肯定“無限智心”這樣一種即於存在、而非諸如上帝這樣個體人格化的無限存有。要想達到德福一致的最高善境界，確立無限智心是一個必要環節，但光是這樣還遠遠不够，祇能打開德福一致的門。若要真正達到德福一致的境界，必須由無限智心而至圓教。因此，德福一致是任何教法達到極致的關鍵環節，而圓教就是使德福一致真實可能的終極圓滿之教。“德福一致是圓善，圓教成就圓善。就哲學言，其系統到此爲止。”②

①參見牟宗三：《中國哲學十九講》，上海：上海古籍出版社，1997 年，第 297 頁。此定義亦見于牟宗三：《圓善論》，臺北：聯經出版事業股份有限公司，2003 年，第 261 頁。大體相同但有細微差別。

②牟宗三：《圓善論》，第 264 頁。

三、牟宗三對道家哲学性格的把握

牟宗三對於儒釋道“無限智心”的肯定，其關鍵在於三家都從實踐理性的進路來啓發對生命的覺悟，而不涉及思辨理性的虛構①。以《老子》爲例，一些研究者根據“道生一，一生二，三生萬物”等語句將道解讀爲宇宙生成論和演化論，也有不少學者認爲道是一個客觀的、形而上的實存，其特點是周行不殆、獨立不改而爲萬物之先和根源。然而在牟宗三看來，縱觀《老子》五千言，如果能拋開現代人固有的思維模式，不訴諸于若干章句破裂而支離的解讀，而是以同情理解之態度，將老子思想作爲一個整體來考察，則老子對於宇宙第一因，對於絶對真實究竟有多大興趣，則實在令人懷疑。先秦百家之所以能出現百家争鳴的盛況，一個極其重要的因素就在於他們有著共同的問題意識，即周文疲弊、禮崩樂壞的大背景下如何解决政治人生價值歸宿，此亦是一個民族發展到一定文明程度階段時所必然經歷的對人性和社會的集體反省。深受牟宗三影響的袁保新曾將老子五千言的根本意旨歸納爲四個問題：

1. 如何建立理想政治；
2. 如何成爲聖人；
3. 如何向上實現生命之善與大；
4. 道何以失落。②

---

①牟宗三：《圓善論》，第249頁。

②袁保新：《老子哲學之詮釋與重建》，臺北：文津出版社，1983年，第88—91頁。

道家最主要的思想背景在於周文疲弊，以周禮爲核心的文化價值體系已經不再能爲社會提供有效的規範，老子解決問題的進路立基於人生實踐的修養之上，而非形上學的思辨。陳康和袁保新都對此有過深入論證，“無論道是第一因、無限實體、自然律則，這種具有普遍性必然的存有原理都無法與人生實踐的應然原理構成邏輯推導的關係”①。因此，道家的道不是客觀的實體，亦不是上帝，也不像儒家的天命道體，而是一種“讓開一步”的智慧，不操縱把持、不禁其性、不塞其源以讓萬物自己生長。袁保新對此有一總結：

1. 老子形上之道是由其實踐功夫的體證來確立其意涵的真實性，換言之，我們不認爲老子思想可以建立在經驗觀察或純理的思辨推求之上。

2. 形上之道的基本性格必須理解作存在界價值秩序的基礎，而不能擬同於西方形上學的第一因、無限實體或自然規律。否則，形上之道與人生實踐之道，必如陳康先生所析，斷裂爲兩橛。②

而若以此種“讓開一步”的智慧來審視老子四十章“天下萬物生於有，有生於無”以及五十一章“道生之、德畜之、物形之、勢成之”等的“生”，則其意涵并非創生，牟宗三認爲，一般意義上的創生可以用於儒家，但用在道家那裏就很不恰當，道家的“生”是一種“不生之生”。由不生之生所表示的，則是道

---

①袁保新：《老子哲學之詮釋與重建》，臺北：文津出版社，1983 年，第 124 頁。

②同上，第 99 頁。

寄托于主觀實踐所呈現的境界，牟宗三將其命名爲“境界形態的形而上學”①。最早在《才性與玄理》一書中牟宗三就有提及此概念，然一直到《中國哲學十九講》中方趨於成熟。在他看來，這種“境界形態的形而上學”和“無限智心”一樣，都是中國儒釋道三家實踐形上學的一個重要共性。

此處需要特別指出的是，首先，牟宗三對於老子問題意識的把握，采取的方法是由整體到局部，即以當時的時代大背景來框定老子的基本精神，這種方法誠然有其價值所在，但其缺點也顯而易見。牟宗三對道家的關注主要集中在老莊以及王弼、向、郭注之上，而對黄老道家和道教則多少有所忽視，因此其論述亦尚有未盡美之處。我們固然欽佩牟宗三對老子所做“主觀境界形態”的開創性解讀，但例如後世道教所發展出來的一整套較爲精密的宇宙論以及外丹之道，亦很難説就不是老子五千言題中應有之義。其次，在具體章句的解讀上，研究者大都同意，牟宗三基本上是以王弼和向、郭注爲準，而這就必然牽涉到原文和注本之間意義的差别問題。林安梧教授曾撰《關於老子哲學詮釋典範的一些省察——以王弼〈老子注〉暨牟宗三〈才性與玄理〉爲對比暨進一步的展開》一文對此有過詳細的分析，并指出牟宗三過分注重王弼《老子》注中所體現的主體性而忽略了其他可能的意旨。這些批評的意見都較爲中肯，也是我們理解牟宗三對道家思想把握時需要注意的問題。

①參見牟宗三：《中國哲學十九講》，第98、105—107頁。

四、道家無限智心的妙用及圓教模型的證成

牟宗三在用“境界形態的形而上學”來把握道家的道時，亦認爲此種以實踐的工夫修養爲基礎的形上學是儒釋道三家所共有的，而道家的特點則在於其既不同於儒家道德實踐的進路，亦不同於佛家解脱的實踐，而是一種特殊的“縱貫的關係横講”。牟宗三用此種“縱貫横講”來定義道家的境界形態形上學，縱横系統也是其哲學體系中一個重要概念，源自天台智顗《摩訶止觀》中有關縱横之説：“若從一心生一切法者，此則是縱；若心一時含一切法者，此即是横。”簡言之，縱貫與横剖相對，縱貫意指人類慧命對於生命境界的升華以及存在意義的創造，而横剖則是指建立在主客觀對立基礎上對科學知識的認知。牟宗三認爲現代人的心智對横剖面——知識科學這一面重視過多，而對縱貫的意識——文化生命、文化背景則日漸淡薄。然而，生命若是没有縱貫的覺悟是没有意義的，中國哲學的特質即在於對此有自覺的反省，都從實踐的進路入手，因此從大分類上來講，儒釋道三家均是縱貫系統。學界也一直有聲音指出牟宗三的思想是以儒家爲體，而必然帶有某種儒家本位主義的色彩。此種批評固然有所根據，但牟宗三在《中國哲學十九講》最後一講的《縱貫系統的圓熟》中對儒釋道三家的縱貫系統都做了高度的評價，并無高下之分。

我們現在先説明，這三個系統最後所指嚮之處都屬於同一層次，此處無高低可言，衹能并列地比較其同异。若要説我高你

低，那是護教的立場，我們現在不采取這個立場。①

而對於“縱貫橫講”、“縱貫縱講”中第二個縱橫，則源自於牟宗三將客觀的、形式的瞭解視爲綱、經和縱綫，而對工夫的瞭解是維、緯和横綫。在他看來，儒釋道三家的差別，尤其是儒家與佛道二家之間的差别在於儒家是“縱貫者縱講”，道家圓教的形態和佛教圓教都是一“縱貫者横講”的系統。縱講與横講的差别在於儒家以天命不已、生生不息、創生萬物的道體體現其道德實踐的積極面，而道家則以不生之生體現其境界形態。

> 道家的道和萬物的關係是縱貫的，但縱貫的從不生之生、境界形態，再加上緯來瞭解，就成了“縱貫横講”，即縱貫的關係用横的方式來表示。這横并不是知識、認知之横的方式，而是寄托在工夫的緯綫上的横。②

值得注意的是，牟宗三對儒釋道三家的看法有一個重要的轉折，按照他以前的思路，縱貫系統用在儒家是最爲恰當的，縱貫縱講最爲合適和順當，最能真正契合創造的實義。他也并不諱言這個詞是專門爲儒家所量身訂造，因爲在他看來，縱貫系統的關鍵在於追問天地萬物的最後根源，儒家天道流行、生生不息，通過對人“性體”的强調，打開了主體之門，而縱貫系統正是需要這樣一種超越的根據使得道德的創造性得以保證。而反觀道家，雖然其并不否認創生實體的存在，但道家的特點，尤其是道家之“道”的特點在於把這個客觀的實體轉化爲主觀的境界或智慧。因此，道家的縱貫横講既不創造，也不把横剖面的知識帶入縱貫系統，而指以不同於縱貫系統那種創生方式去講，道家的有、無

①牟宗三：《中國哲學十九講》，第400頁。

②牟宗三：《中國哲學十九講》，第109頁。

在此視角之下亦不復是客觀的實有，而是由主觀修行實踐中所呈現的觀念。因此，牟宗三將道家視爲一觀照的境界、藝術的境界，讓主觀的心與客觀的物一體呈現，“并非道心創造一草一木，而是兩者同時呈現”①。然而，按照牟宗三以前的看法，縱貫系統終須縱講纔能滿足縱貫系統之“實”，道家不創生，因此不够圓滿和周至。牟宗三在《中國哲學十九講》中對此種看法進行了檢討，認爲這是站在儒家的立場上看道家，而若要真正客觀地去看道家，恰當地瞭解它，則需要跳出這個窠臼。道家縱貫系統誠然没有創生的意義，但其無生之生的境界形態，却是需要極大的智慧纔能達到②。

除道家之外，牟宗三亦把佛家定義爲縱貫横講系統，然對此二者他亦有所區分。前文已述儒釋道三家在大類上均屬縱貫系統，就最高的境界三家并無高下之分，我們若是以儒視道，當然會覺得道家立不住，而若以佛觀道，也一定會發現道家不徹底。不過就表達縱貫體系的形式而言，佛家縱貫横講要比道家更爲明顯，因而亦顯示出二家慧命的進路不同。道家至少還有若干容易被人解讀爲創生的語句，需要用道體來保障。而佛家則是從最初反對婆羅門教梵天開始就取消了以某種實體來創造或保證萬物，其最基本的教義緣起性空甚至連縱貫系統本身都要取消，牟宗三亦坦言將佛教納入縱貫系統會招致佛教内部一些派别的反對。在佛教看來，一切法都是如夢幻泡影，都是無自性的。但法之存在，却是有其必然性，因此佛教雖然講緣起性空，但發展到最後依然不得不發展出一套佛性、法身的理論來保住萬法存在的必然

①牟宗三：《中國哲學十九講》，第403頁。

②參見牟宗三：《中國哲學十九講》，第399—403頁。

性。此種保障本身并無自性，乃是即九法界而成佛，而此一“即”字，則是佛法智慧的關鍵妙用所在，此種妙用與儒道二家均有不同。儒家圓教的修養功夫是道德實踐，道家是主觀境界形態，而佛家則是偏重於解脱。儒家積極創生毋需多言，佛道兩家之間的關係則要微妙得多，而不僅僅是境界和解脱所能涵蓋。

中國歷來佛老并稱，牟宗三雖對佛道二家有所分殊，但亦認爲兩者之間的聯係相當緊密。若是僅以縱貫橫講的模型内來講二家的關係，則多少有些剪不斷理還亂。而若從最終證成圓教的過程和圓教形態入手，則道家圓教模型躍然紙上，佛老二家之最基本特質亦越辨越明。前文已述，牟宗三認爲儒釋道三家皆肯定一“無限智心”而爲圓教之基礎，最終使圓善成爲可能。道家的“無限智心”是玄智、道心，其具體的性格則體現在老子第一章“有無兩者同出而异名，同謂之玄，玄之又玄，衆妙之門”等語句之中。在牟宗三看來，道心、玄智有著具體而真實的妙用，一旦呈現，則人的生命虚一而静、和光同塵而成全一切：

> 此一無限的道心玄智一旦呈現亦可保住玄德之純與夫存在之諧和與德（道家意義的德）。此亦可開德福一致之機。此亦是純由實踐理性（道家意義的實踐理性，虚一而静的清明至心即是實踐理性）而説圓滿，并無思辨理性之虚幻。①

在界定道家玄智的作用時，牟宗三將其視爲和佛教般若智蕩相遣執一樣，都在於“融通淘汰”，而其差别則在於道家的玄智是令萬物各歸根復命而得自在，而在佛家則歸於實相。换言之，在牟宗三看來，從作用上講，道家的玄智和佛家的般若智是基本相同的，而其最終指嚮的不同則在於兩者基本精神的分别。所以

①牟宗三：《圓善論》，第257頁。

若就玄智、般若智的妙用而言，般若智破一切法而一切法之必然性亦得以保證，而玄智亦使仁義道德在道家體系中得以安定，而不妨礙天地萬物的自在。此處需要指出的是，在牟宗三看來，道家亦很講德，但其是道家意義上的，其引王弼將老子第十九章的“絶聖弃智，民利百倍；絶仁弃義，民復孝慈；絶巧弃利，盜賊無有”闡發爲“絶聖而後聖功存，弃仁而後仁德厚”，進而來論證道家玄智的妙用，歸根到底，并非是從存有上絶聖弃智之類的消極義，而是一種“作用的成全”。

“作用的成全”又稱“保用的保存”，是牟宗三創造的一個新詞，而與其相關的，則是他哲學體系中一對重要的概念，“實有層”與“作用層”。此對概念之關鍵在於道家的“無”。前文已述，道家的特點在於不生之生的、境界形態。因此其論及“有”與“無”亦不是在存有論上的意義，衹是個姿態。在道家那裏，衹有 how 的問題，没有 what 的問題，其不是從存有論的立場來講有無，而是從作用層次來顯示道是什麽。道家的特點即在於實有層、作用層没分别，道家不在存有論的立場來説明何謂道、何謂聖、智、仁、義？它衹從作用層（工夫上如何達到）上來回答如何做到，其所有的觀念，都在作用層上①。

> 此一圓境惟是就無限智心（玄智）之體化應務（亦曰體化合變）與物無對（順物者與物無對）而成全一切迹用亦即保住一切存在而設，然而却無對於一切存在做一存有論的根源説明。……是一境界形態之圓境，……是縱貫者横講②

事實上，“實有層”和“作用層”是牟宗三直到《中國哲學

①參見牟宗三：《中國哲學十九講》，第 140—145 頁。

②牟宗三：《圓善論》，第 293—294 頁。

十九講》中方纔提出的一對概念，其作用自然不止是對道家“無”的觀念進行更清晰地梳理，而在於此對概念直接聯係到道家圓教的證成方式。正是因爲道家無實有、作用二層之區分，所以道家對縱貫系統在存有上的説明，必然落在作用層，所以道家對現實的仁義道德都没有定義，順著儒家繼續講，亦没有在實有層上進行肯定或是否定。道家的真正問題在於，如何在没有實有層的情况下還能保住一切、對萬物的根源進行説明。其中的關鍵就在於玄智之妙用，道家正是通過玄智作用的成全，纔在作用的圓中保住了一切德（道家意義的），最終證成道家式的圓教存有論。

作者簡介：徐波，浙江大學人文學院博士後，香港科技大學哲學博士，現爲復旦大學哲學學院講師。

圖書在版編目(CIP)數據

儒家文化研究. 第十一輯/郭齊勇主編 . —長沙:岳麓書社,2020. 12
ISBN 978-7-5538-1263-2

Ⅰ. ①儒…　Ⅱ. ①郭…　Ⅲ. ①儒家—傳統文化—研究　Ⅳ. ①B222. 05

中國版本圖書館 CIP 數據核字(2021)第 001877 號

RUJIA WENHUA YANJIU DISHIYI JI

儒家文化研究. 第十一輯

主　　編:郭齊勇
責任編輯:劉　文
責任校對:舒　舍
封面設計:羅志義

岳麓書社出版發行
地址:湖南省長沙市愛民路 47 號
直銷電話:0731-88804152　0731-88885616
郵編:410006
岳麓書社網址:www. yueluhistory. com

版次:2020 年 12 月第 1 版
印次:2020 年 12 月第 1 次印刷
開本:890mm×1240mm　1/32
印張:16.375
字數:430 千字
ISBN 978-7-5538-1263-2
定價:88. 00 元

承印:長沙鴻和印務有限公司

如有印裝質量問題,請與本社印務部聯繫
電話:0731-88884129